中国家族企业
与共同富裕研究报告

2023

中国民营经济研究会家族企业委员会 编著

高质量发展促进全体人民共同富裕
家族企业已成不容忽视的重要力量

中华工商联合出版社

图书在版编目（CIP）数据

中国家族企业与共同富裕研究报告 / 中国民营经济研究会
家族企业委员会编著. -- 北京：中华工商联合出版社，2023.11

ISBN 978-7-5158-3738-3

Ⅰ.①中… Ⅱ.①中… Ⅲ.①家族—私营企业—关系—
共同富裕—研究—中国 Ⅳ.①F279.245②F124.7

中国国家版本馆CIP数据核字（2023）第150411号

中国家族企业与共同富裕研究报告

作　　者：	中国民营经济研究会家族企业委员会
出 品 人：	刘　刚
策　　划：	李红霞
责任编辑：	李红霞　孟　丹
装帧设计：	周　琼
责任审读：	郭敬梅
责任印制：	陈德松
出版发行：	中华工商联合出版社有限责任公司
印　　刷：	北京毅峰迅捷印刷有限公司
版　　次：	2023年9月第1版
印　　次：	2023年9月第1次印刷
开　　本：	710mm×1000mm　1/16
字　　数：	342千字
印　　张：	22.5
书　　号：	ISBN 978-7-5158-3738-3
定　　价：	98.00元

服务热线：010—58301130—0（前台）
销售热线：010—58302977（网店部）
　　　　　010—58302166（门店部）
　　　　　010—58302837（馆配部、新媒体部）
　　　　　010—58302813（团购部）
地址邮编：北京市西城区西环广场A座
　　　　　19—20层，100044
http://www.chgslcbs.cn
投稿热线：010—58302907（总编室）
投稿邮箱：1621239583@qq.com

《中国家族企业与共同富裕研究报告》
课题组名单

总 指 导 李兆前

指　　导 林泽炎　李惠森　王忠明

组　　长 沈丽霞

执行组长 赵　兹　刘红路

成　　员（按姓氏笔画排序）

王均豪	丛　林	丛夕乔	丛欧阳	曲　江
曲忠林	江　伟	江玉锦	许志达	许志华
许景南	刘　艳	邢　力	李红霞	李　璇
李　昕	李学礼	张　沛	张　娅	张之君
茅忠群	茅理翔	周海江	单谋君	阿木日朗
金　缦	范　斌	杨　薇	林惠斌	林瑞龙
施　浩	施忠旗	剧锦文	凌世显	凌鸿程
莫婉莹	黄健龙	章晓雯		

总 撰 稿 人　剧锦文

主报告撰稿人（按姓氏笔画排序）

　　　　　剧锦文　凌世显　凌鸿程　金　缦

案 例 撰 稿 人（按姓氏笔画排序）

　　　　　刘　艳　齐瑞萍　江玉锦　江　楠

　　　　　许秋丽　李　琴　吴念博　金　缦

　　　　　胡晓婧　范　斌　杨　薇　宫盛俐

　　　　　栾　芳　剧锦文　耿福能　章晓雯

家族企业促进共同富裕的道与术

出差归来的我，看到办公桌上摆放着由中国民营经济研究会家族企业委员会编写的《中国家族企业与共同富裕研究报告》，甚是喜欢，立马放到公文包里，想带回家好好学习。我利用几个晚上很快就看完了长达几百页的报告，它确实给了我很多启迪、引发了许多思考。因为工作机缘，企业特别是民营企业促进共同富裕是我近几年来关注比较多的专题，一直在收集学习相关研究资料，总是希望看到令人眼前一亮、研究比较深入的专题报告。在某种意义上可以说，《中国家族企业与共同富裕研究报告》就是这样一本难得的参考书。

共同富裕是深嵌人心的"千年理想"。为了让更多人的生存更有尊严、生活更有质量，人类从未放弃公平正义、生活美好和社会和谐的探索。可以说，共同富裕便是自古以来人类孜孜以求的美好社会理想。从孔子的"不患寡而患不均，不患贫而患不安"，到孟子的"老吾老以及人之老，幼吾幼以及人之幼"；从《礼记·礼运》所描绘的"大道之行也，天下为公"的"大同社会"理想，到陶渊明的《桃花源记》所勾勒的"世外桃源"，到近代康有为的《大同书》、孙中山的"天下为公"，无不体现了朴素的追求共同富裕的思想。伴随共同富裕思想的提出，中国人几千年来从未放弃对共同富裕的美好追求。但是，基于当时的生产力条件和社会发展水平，这些美好愿景都不可能实现。

早期空想社会主义，其对理想社会的设想，无论是"乌托邦"，还是"新和谐公社"，都有关于财产公有、共同富裕的内容。近代以来，西方"资本主义宏伟的理想，是拥有资本的人将其用于创造更多财富，由此为每个人带来更多的工作机会和收入。不仅富人得到好处，他们的财富也产生'涓流效应'，使每个人的收入都会水涨船高"。但现实却事与愿违，无产阶级贫困化、贫富分化充塞整个社会。正如马克思在《资本论》中指出的，"在一极是财富的积累，同时在另一极，即在把自己的产品作为资本来生产的阶级方面，是贫困、劳动折磨、受奴役、无知、粗野和道德堕落的积累"。恩格斯也指出，"我们的目的是要建立社会主义制度，这种制度将给所有的人提供健康而有益的工作，给所有的人提供充裕的物质生活和闲暇时间，给所有的人提供真正的充分的自由"。随着马克思、恩格斯提出唯物史观和剩余价值学说并继而创立科学社会主义，社会主义从空想走向科学，共同富裕才有了科学理论的指导，从而有了实现的可能。马克思、恩格斯指出的，"无产阶级的运动是绝大多数人的，为绝大多数人谋利益的独立的运动"，在未来社会，"生产将以所有人的富裕为目的"。列宁在领导俄国十月革命和社会主义建设中对共同富裕问题继续进行探索。他指出，在社会主义制度下，"人人都能在决不掠夺他人劳动的情况下完全达到和保证达到富足的程度"。可见，共同富裕既是自古以来我国人民追求的美好愿景，也是马克思主义经典作家在批判资本主义基础上构想的未来理想社会的重要特征，激励人们不懈探索。

家族企业是促进共同富裕的众多主体之一。就促进共同富裕的主体来看，主要应该是个体的人、企业、政府及其他社会组织等。所有主体既是共同富裕的促进者，也是共同富裕的获益者。"人"作为创造财富、分享财富的个体，是促进共同富裕的出发点和落脚点，人的劳动态度、劳动技能、能力水平、健康状况等人力资本决定着劳动生产效率的高低、创造财富的多少。人力资本投入产出效率也深受组织管理水平和科学技术水平高低的影响。"企业"作为市场主体，在市场竞争中是科技、信息、人才、资本、管理等要素的组织体，其高质量发展是做大"蛋糕"、创造财富、促进共同富裕的前提基础和必然路径。"政府"作为监管主体，积极履行经济调节、市场监管、社会管理、公共服务、环境保护等职能，促进科技创新、提高效率、发展经济、增加社会财富，制定兼顾公平效率的分配制度，分好"蛋糕"，实现普遍富裕基础上的差别化富裕。"社会组织"作为服务供给主体，重在提供专业服务、营造社会氛围等。就各主体的主要作用而言，在促进共同富裕的过程中，人是关切点，企业是创造者，政府是规制者，社会组织是协同者。可见，企业是促进共同富裕极为重要的主体。据统计，民营企业已占到企业数量的90%以上，家族企业占到民营企业数量的80%以上，正如《中国家族企业与共同富裕研究报告》提到的，"家族企业是民营企业的主体部分"。可以说，民营企业，特别是在其中占比较大的"家族企业"作为促进共同富裕的主体之一，至少在社会主义初级阶段，对促进共同富裕发挥着不可替代的重要作用。家族企业促进共同富裕，实际上就是以家族企业这一市场主体为载体，以物质财富和精神财富创造这一客体为绩效，以共同富裕这一理想追求为目标，探讨家族企业创造、分配、继承财富（物质财富和精神财富）的过程。家族企业促进共同富裕的意向、方式及内容会随时代变化、社会发展而变化。《中国家族企业与共同富裕研究报告》认为，计划经济时期我国私营工商业者开始萌生社会责任意识、改革开放初期家族企业有意识地承担社会责任、20世纪90年代家族企业从被动向主动承担社会责任转变、进入新千年家族企业从离散的向规范的承担社会责任转变、进入新时代家族企业从战术性向战略性地参与共同富裕转变。诞生于诸如"乐善好施""义利兼顾""扶危济困"等中华优秀传统文化中的中国家族企业履行社会责任、促进共同富裕是具有一定自发性的。但就履行社会责任、促进共同富裕的方向、贡献大小以及方式等，还得取决于企业本身的实力、政府的引导、制度的规范和社会的鼓励等。

家族企业促进共同富裕的"四维"机理。谁也不会否认家族企业促进共同富裕的作用。但其作用发挥的机理是什么，应该是所有关心企业特别是家族企业促进共同富裕的人们希望搞清楚的问题。如果把关于共同富裕的认识和促进共同富裕的行动统一起来进行分析，从更加抽象的层面可以用"四个维度"，即：人性、利益、情势和规制来解释共同富裕及其实现。"人性"就是人类所具有的一般的、共性的心理特征及其在社会活动中的表现。"利益"就是人类所追求的物质需要和精神需要。"情势"就是人类所处环境条件及资源禀赋。"规制"就是引导人类通向特定目标的各种规章制度的总和。就促进共同富裕这一社会实践而言，不过就是把人作为终极关心对象，从人出发，又落脚于人（人性），根据特有的环境条件、资源禀赋及发展阶段状况（情势），采取一系列战略、政策及措施（规制），达到实现物质生活和精神生活等共同富裕的目标（利益）。所有主体在促进共同富裕的过程中皆需从这四个维度着眼，采取合适措施，为促进共同富裕做出贡献。家族企业亦不例外。阅读《中国家族企业与共同富裕研究报告》，给人感觉或明或隐也有以上"四个维度"的呈现，只是更加凸显了各种规制或制度，如分配制度、金融政策、财政政策、创新政策、企业治理政策、参与国家战略和公益事业的引导政策等的重要性。在引导家族企业为促进共同富裕做出积极贡献的过程中，强化制度（规制）的重要性是十分必要的。可以说，制度是家族企业促进共同富裕的重要保障。制度对家族企业促进共同富裕的影响，不仅具有经营方向的引导性，也具有经营行为的规范性，更是具有经营管理的时代性。当然，除了正式制度外，非正式制度，如企业声誉、企业共同认可的价值观等对家族企业促进共同富裕的作用，也是十分重要的。不管是家族企业创造财富，还是分配财富，甚至是继承财富，都是离不开各种制度的引导、规范和监管的。创造财富的制度引导重在激发家族企业这一市场主体持续健康发展的积极性、能动性；分配财富的制度规范重在保障各主体依据要素、贡献、价值参与分配的公平性；继承财富的制度引导重在将社会责任意识植入家族企业中，既要讲财富的持续增值，又要讲财富的社会价值。

创造"共同体"的"涟漪效应"促进共同富裕。探索企业促进共同富裕，大都喜好把收入分配作为切入点加以分析探讨。这可能源于收入分配和共同富裕的关系极为直接、可见相关联。《中国家族企业与共同富裕研究报告》提出，初次分配是要素主导下的收入分配，再次分配是政府主导下的收入分配，第三次分配是企业主导下的自愿性收入分配。并且从初次分配、再次分配和第三次分配三个层面用十分翔实的数据探讨了家族企业和共同富裕的相关性，以及家族企业促进共同富裕的影响因素。在家族企业与初次分配层面，主要探讨了家族企业在吸纳就业、员工收入、高管薪酬、劳动收入份额等方面的行业、区域变化情况。在家族企业与再次分配层面，主要探讨了家族企业在税收缴纳、社保缴纳等方面的行业、区域变化情况。在家族企业与第三次分配层面，主要探讨了家族企业在慈善捐赠、精准扶贫、员工培训、ESG表现、研发投入等方面的行业、区域变化情况。研究发现，新形势下不同行业、区域的中国家族企业参与共同富裕的程度整体向好，而且不同行业、区域的家族企业的贡献差距在持续缩小。同时，企业财务特征和公司治理特征是影响家族企业参与共同富裕的重要因素。令人可喜的是，大多数家族企业不仅秉承诚信为本、博施济众、经世济民的优秀传统，而且有一部分家族企业已经将共同富裕与自身经营发展联系在一起，将如何参与促进共同富裕提升到了企业战略层面。看来，大多数家族企业促进共同富裕的努力皆是一种重点关注收入分配的"外在引导"式的经营行为，很少基于共同富裕理想、企业战略嵌入制度设计的"内在自主"式的系统推进。因此，家族企业促进共同富裕仅以收入分配作为切入点，是远远不够的。这在许多专家的研究报告中也有提及。《中国家族企业与共同富裕研究报告》在随后的章节中亦提出，要按照习近平总书记的重要思想，从改革现有初次分配、再次分配、第三次分配的基础性制度做起，认为初次分配以改革为主，再次分配以功能调整为主，第三次分配以激励为主，要鼓励广大家族企业在一次分配中充分考虑各种利益相关者的利益，并通过各种激励性政策，鼓励它们积极参与第三次分配。在这里，分配的概念就逐渐被泛化了或宽泛了，而且分配的前提是财富的创造，财富创造的前提是人力资本、金融资本、技术等生产要素的组织化，形成一种特定的生产函数。同时，社会主义市场经济绝不是资本雇佣劳动那种简单的劳资关系，而是一种企业、员工及企业利益相关者共创共享共赢的新型命运共同体。因此，家族企业促进共同富裕，应该鼓励企业和员工及企业利益相关者建立"事业共同体、发展共同体和利益共同体"。正是基于"共同体"的建立，在家族企业和员工及企业利益相关者的共同努力下，随着家族企业的发展壮大，各方都能获得公平合理的报酬，迈向共同富裕。也正是通过一个个家族企业建立的"共同体"产生促进共同富裕的"涟漪效应"，进而聚合无数家族企业促进共同富裕的贡献，推动实现全体人民的共同富裕。

实现共同富裕的伟大理想必须走"中国特色道路"。实现共同富裕是人类至今一直追求的伟大理想，也可以说是一场伟大的"社会试验"。就世界各国的发展实践及方向来看，只有在中国共产党的领导下走中国特色社会主义道路，才能实现全体人民共同富裕这一伟大理想。这份坚定信心，源自中国共产党"全心全意为人民服务"的根本宗旨和习近平总书记提出的"以人民为中心的发展思想"，等等。中国共产党的初心和使命，就是为人民谋幸福、为民族谋复兴。共同富裕作为中国共产党领导的社会主义的本质要求已经深深植入各项治国理政实践中。习近平总书记指出，"共同富裕，是马克思主义的一个基本目标，也是自古以来我国人民的一个基本理想"。新中国成立之初，毛泽东同志就提出了我国社会制度是推动国家走向"更富更强"的制度，而且"这个富，是共同的富，这个强，是共同的强，大家都有份"。改革开放后，我们党深刻总结正反两方面经验，认识到贫穷不是社会主义。邓小平同志（1993）指出，"社会主义的本质，是解放生产力，发展生产力，消灭剥削，消除两极分化，最终达到共同富裕"。江泽民同志（2006）指出，"实现共同富裕是社会主义的根本原则和本质特征，绝不能动摇"。胡锦涛同志（2007）指出，要"走共同富裕道路，促进人的全面发展，做到发展为了人民、发展依靠人民、发展成果由人民共享"。进入新时代，以习近平同志为核心的党中央提出以人民为中心的发展思想和新发展理念，高度重视促进全体人民共同富裕，反复强调实现共同富裕的原则要求，告诫全党实现共同富裕是党的历史使命和对人民的庄严承诺。习近平总书记在主持十八届中央政治局第一次集体学习指出，"共同富裕是中国特色社会主义的根本原则"。习近平总书记在关于《中共中央关于制定国民经济和社会发展第十四个五年规划和二〇三五年远景目标的建议》的说明中提出，"共同富裕是社会主义的本质要求，是人民群众的共同期盼。我们推动经济社会发展，归根结底是要实现全体人民共同富裕"。促进共同富裕已经成为开启全面建设社会主义现代化的目标之一，已然昭示中国式现代化新道路是共同富裕的现代化，充分体现了中国特色社会主义的本质要求。2021 年 8 月 17 日，习近平总书记在中央财经委员会第十次会议上指出，"共同富裕是社会主义的本质要求，是中国式现代化的重要特征，要坚持以人民为中心的发展思想，在高质量发展中促进共同富裕"。习近平总书记在党的二十大报告中指出，"从现在起，中国共产党的中心任务就是团结带领全国各族人民全面建成社会主义现代化强国、实现第二个百年奋斗目标，以中国式现代化全面推进中华民族伟大复兴"。"中国式现代化是全体人民共同富裕的现代化。"这为实现全体人民共同富裕提供了理论遵循和工作指南。习近平总书记将推进全体人民共同富裕摆在"不仅是经济问题，而且是关系党的执政基础的重大政治问题"的极端重要位置，始终念兹在兹，使实现共同富裕成为"看得到、摸得着"的目标，激励我们更加积极有为地为之奋斗。可以自信地说，实现全体人民共同富裕的伟大理想"还看今朝"。家族企业有其治理制度的局限性和资本拓展的劣根性，必须顺应时代发展大势和技术进步方向，在企业战略、文化建设、企业管理、技术研发、市场开拓、发展生态构建中做到心中"有民"、依法诚信。唯有如此，在中国共产党的领导下、在改革开放的大潮中成长起来的中国家族企业，作为促进共同富裕的重要主体，积极投身中国特色社会主义伟大事业，必然能在中国特色共同富裕伟大征程中做出不可替代的积极贡献。

巧合的是，我2022年在中央党校出版集团大有书局出版过拙作——《企业促进共同富裕》。如果说我之拙作更多是对企业促进共同富裕宏观层面的理论思考，那《中国家族企业与共同富裕研究报告》就是更为具体的关于某一特定主体——家族企业促进共同富裕的专业研究。正是学习了这份专业研究报告，促使我产生了写点体会的"躁动"。但真要把一些零散的学习思考记录下来，形成书面文字，着实有点难度，更多的是担心自己的无知和莽撞。以上结合学习《中国家族企业与共同富裕研究报告》，我仅是谈了一些个人不太成熟的学习感悟，恳请广大专家、读者批评指正。

全国工商联副秘书长

全国工商联经济服务部部长

中国民营经济研究会副会长

林泽炎

我们大于我，在高质量发展中推进共同富裕

作为中国民营经济研究会家族企业委员会的创会会长，非常有幸为此次《中国家族企业与共同富裕研究报告》写序，这已经是中国民营经济研究会家族企业委员会连续13年编著的第6本家族企业专题报告，也是李锦记家族支持推动中国家族企业可持续发展工作的第15个年头，能亲身参与这项事业，我感到价值非凡、意义重大。

记得曾有一位记者问我，作为百年家族企业一名成员、一位企业家，为什么要花那么多时间与精力关注与商业无关的其他家族企业传承的事呢？当时我找到了一个最简单的答案：李锦记是数百万中国家族企业中的一员，作为大家庭的成员，理应关注家里的事。所以早在2008年，作为承担企业社会责任的一种创新，我们成立了"家族企业群体事务部"，专门研究中国家族企业问题并与其他家族企业搭建沟通、交流的平台，通过参加学术研讨、国际论坛或以家族企业为主体的治理传承研讨活动，分享李锦记传承百余年的教训与经验，希望大家得到"治未病"观念的启迪，令更多家族企业顺利传承，实现健康持续发展。

白驹过隙。

改革开放四十余年，中国民营经济从小到大，从弱到强，为国民经济发展发挥了举足轻重的作用。时至今日，家族企业作为民营企业群体中的重要

成员，已成为我国经济体系中一股不可忽视的力量。随着传承换代和创二代的崛起，越来越多的家族企业以全球的视野审视自身价值，不仅在创造价值、追求利润、遵守商业道德、保护自然环境、对股东负责等同时，更加意识到加强社区责任、支持慈善事业、帮助弱势群体已成为家族企业可持续健康发展的重要任务，并在此方面不断实践、创新与突破。可以说，多年来中国家族企业在消除贫困、改善民生，实现共同富裕的伟大实践中，发挥了极为重要的作用。

现在若让我再次回答为什么关注中国家族企业传承与发展，我会说，中国家族企业是否可实现健康可持续发展不再只是家族企业的"家事"，而是事关中国经济整体发展的"国事"。

有智者曾经说过，人生的紧要处不过几步，人生是这样，企业亦如此。李锦记家族事业从20世代70年代由我的父亲接班，发展到今天所用的时间不过四十余年。在这四十余年里，李锦记能从一个小小酱料作坊起步，发展成为今天这样一家令人信赖的跨国企业，除了家族成员持续努力打拼的内在因素，还有重要的外在因素，也就是国家的政策和大环境为李锦记提供了历史性的机遇。可以说，李锦记的家运与国运息息相关，家运得益于国运，同时也有助于国运。

"思利及人"是李锦记的核心价值观。"思利及人"的意思是"做事先思考如何有利于我们大家"，它不仅体现了古人"修身岂为名传世，做事惟思利及人"朴素而辩证的思维，蕴含着深厚的哲学思想，更强调"思利"需从"利人"中来，要惠及更多的人，从你、我、他到我们，从个人到集体，从小家到大家，从群体到社会。

李锦记还有一个家族企业宏图——"秉承思利及人核心价值观，永远创业精神和自动波领导模式，让世界变得更健康、更快乐，成为最受人信赖，延续千年的企业"。这一宏图为所有家族成员及企业明确了李锦记要去哪里，能给他人和世界带来什么样的价值。延续千年，不只是一个时间概念，而是一种思维模式。一个人如果只想解决当下的问题，就不会重视那些对人生更重要、更长远的事情；一家企业如果只关注当下，可能会做一些损害消费者、员工、合作伙伴甚至社会利益的事情。如果有一千年这个思维模式，想法和做法会完全不同，会做出有长远发展、对社会、对他人有贡献的事情，持续为社会创造价值。

正是基于这样的家族价值观、家族宏图与始终贯穿其中的"我们大于我"的思维模式与实践，李锦记实现了家族的有序传承、企业的健康发展，直至走过百年、展望千年。我想，这应该也是李锦记家族的共同富裕基因。

有鉴于此，2022年我出版了新书《我们大于我》，将"我们大于我"这一思维模式多年在家族治理、企业发展及日常生活中的运用进行了思想提炼及实践分享。书中主要讲的是通常情况下大多数人都从"我"的角度看待问题和审时度势，遇到问题时满脑子都是个人利益与得失，而"我们大于我"的思维方式可以引导我们从更广阔的维度看待与分析问题，以更多同理心进行换位思考，以全局视角最终找到让"我们"获益的多赢方案。

从个人到社会、从社会到国家、从国家到世界，如果大家都以"我们大于我"的思维方式对待每个人、每件事，以超越民族、国家的"全球观"，从全人类的共同利益出发，营造共同富裕的环境，打造一个人人都能蓬勃发展、获得机会、共享繁荣的社会，这也吻合习近平总书记提出的"构建人类命运共同体，实现共赢共享"的理念与发展趋势，为共同富裕奠定坚实基础。

同时，作为第十三届全国政协委员，为进一步清晰家族企业参与共同富裕的定位与所需内、外部环境，我于2022年全国两会期间递交了"关于进一步支持家族企业创新发展，积极履行社会责任，参与共同富裕建议"的提案，建议包括：持续营造良好营商环境，支持企业创新发展；政府部门应充分发挥引导、组织和协调作用，营造完善的政策和法制环境，推动企业高质量发展；企业家应以"我们大于我"的思维模式，定位为政府政策的协同者，将企业自身发展与国家战略实现有机结合；规范、专业化运作，借鉴及创新社会责任模式，构建出相对先进、科学的共同富裕"中国方案"等。

推进共同富裕是一个长期过程，需要政府、企业及社会各界的关注与参与，正像《中国家族企业与共同富裕研究报告》所说，"为了能使共同富裕在未来能够比较顺利地推进，我们需要对其有一个宏大的规划和考量"，"我们要从党和政府层面研究国家政策制定的要点，从企业层面探究参与共同富裕的方式、方法和路径"。

我期望通过《中国家族企业与共同富裕研究报告》的出版，使社会各界对中国家族企业在经济发展中的重要作用有更加深刻全面的了解，同时通过真实、生动的案例领会到蕴含在这些家族企业中，推动企业不断践行共同富裕的文化与精神内核。

三年疫情与复杂的外部环境给国家和企业带来了巨大的挑战，担当与践行社会责任是一件崇高的事情，也是一件不容易的事情。但越是在艰难时刻，我们更要坚持信念与准则，在企业自身高质量发展同时，以"我们大于我"的思维模式，以中华民族企业的责任之心持续践行共同富裕，共同营造更加和谐的社会，为推进构建人类命运共同体而努力，让世界变得更美好！

李锦记集团执行主席

李惠森

家族企业是推进共同富裕的重要力量

　　党的十八大以来，在习近平总书记的"一切为了人民，一切依靠人民"的思想指引下，党和国家逐渐将实现"共同富裕"上升为国家的重大战略安排。那么，共同富裕的真正含义是什么？为什么是在这个时点上提出的？民营经济能不能成为推动共同富裕可以依靠的力量？家族企业在其中能发挥怎样的作用？这是我们需要尽快给出答案的现实问题。为此，中国民营经济研究会家族委员会于2022年10月设立了一个专门课题，并委托由我牵头负责课题主报告的研究和写作。

　　接到任务后，由我组织了写作组，我任写作组负责人，成员包括：凌士显、金缦和凌鸿程，他们都有博士学位和相当的研究功力。然后，由我先拟定了写作大纲并进行了分工：我承担第一章、第七章和总报告的统编；凌士显承担第二、三章；凌鸿程承担第四章；金缦承担第五、六章。分工明确之后，就进入资料搜集阶段。原全联副秘书长王忠明先生首先提供了民营经济研究会的一些资料；凌士显和金缦搜集了中外相关研究文献；凌鸿程重点搜集、整理了上市家族公司的系统数据；与此同时，我通过国家市场监管总局登记注册局原局长杨红灿先生得到了最新的《工商行政管理统计汇编2021》；也感谢人民网研究院刘志华院长的支持。接着，写作组进行了一系列的实地调研。2023年2月7日—9日，写作组一行6人（王忠明、剧锦文、凌士显、金缦、杨薇、章晓雯）前往浙江宁波方太集团公司、海天集团和佳尔灵公司进行了调研，受到方太董事长茅忠群、佳尔灵总经理单谟君等公司领导的热情接待，并就家族企业与共同富裕等问题进行了互动和交流。2023年4月7日—9日，写作组一行7人（刘红路、剧锦文、凌士显、凌鸿程、刘艳、李昕、杨薇）前往江苏无锡红豆集团进行了调研，受到红豆集团周海江主席等公司高层领导的热情接待，并参观了公司的制衣、轮胎的制造过程。2023年4月25日，我还参加了"李锦记希望厨师12周年公益嘉年华"活动，进一步了解了李锦记公司多年来一直参与的社会公益项目及取得的丰硕成果。在资料搜集的同时，写作组成员开始转入写作阶段。经过近4个多月的奋力拼搏，写作组成员完成了初稿并先后对自己承担的写作内容进行了多轮修改，于4月底基本完成了各自的写作任务。在实际的写作过程中，写作任务又调整为：剧锦文：第一、二、六章；凌士显、金缦：第三、四章；凌鸿程承担第五章。在此基础上，我从4月下旬开始进入统稿阶段，并于5月中旬完成了主报告的统编。经过半年多的资料和数据搜集、实地调研，经过多轮的讨论、撰写和修改，于2023年5月底完成了研究和写作任务。

纵观整个研究成果，我认为在理论上取得了三个重要结论。第一，充分证明了共同富裕的内生性。社会主义制度是共同富裕的制度基础；以"大同"理念为核心的中国传统文化成了共同富裕的文化基础；我国经济特别是改革开放以来取得的巨大成就成了共同富裕的经济基础。这三大基础构成了共同富裕的必然性；此外，解决日益扩大的收入分配差距的紧迫性、防止脱贫后的"返贫"压力，促进形成国际国内大循环新的发展格局的战略需要等，构成了推进共同富裕的现实必要性。第二，证明了民营经济是推动共同富裕的一支重要力量。众所周知，改革开放以来民营经济的崛起积累了大量财富，一批又一批企业家的涌现，民营企业强大的技术创新和产业创新能力，民营企业的收入分配调节能力，民营企业家越来越强的社会责任意识，都从不同方面支撑着共同富裕的推进。第三，家族企业在推进共同富裕过程中发挥着独特的作用。由于家族企业的企业制度、治理结构、管理模式、企业文化等多个方面有着自身鲜明的特点，她们会在参与共同富裕的过程中起到意想不到的特殊作用。这些重要结论大大丰富了人们对共同富裕的理解和认识，为深入研究涉及共同富裕的相关问题做出了贡献。在研究方法上，我们充分运用了实证和案例的研究方法，对涉及家族企业在参与共同富裕中体现出来的行为及效果进行了深入剖析，得到了一些很有价值的结论。在对策建议方面，我们针对在推进共同富裕过程中存在的问题，向政策制定部门提出了包括舆论、财政、金融、技术创新等方面的政策建议；同时，向广大家族企业推荐了一些企业在参与共同富裕过程中创新出来的成功模式和具体做法。据我了解，在国内甚至国外，这是第一本系统研究家族企业与共同富裕之间关系的著作。整体而言，我们的研究报告不仅在理论上有所突破，而且具有很强的操作性，它必将在推进共同富裕的过程中逐渐体现出它的价值。

在课题的资料搜集、调研和写作的全过程中，得到了全国工商联原副秘书长王忠明、"民营经济50人谈"的负责人刘迎秋教授、刘红路秘书长、秘书处负责人李昕、李锦记家族企业群体事务高级经理杨薇、中国民营经济研究会家族企业委员会赵兹秘书长、秘书处秘书章晓雯女士的大力支持，在此表示衷心感谢。

中国社会科学院经济研究所研究员、博士生导师

中国社会科学院大学经济学院教授

剧锦文

目　录

上篇　**主报告**

下篇 案例

上篇　主报告

导　言

　　党的十八大以来，在习近平总书记的"一切为了人民，一切依靠人民"的思想指引下，"共同富裕"已经上升为国家的重大战略安排。我们已经明确了新时代背景下共同富裕的真正含义，那就是全体人民的共同富裕，是全体人民共同奋斗的共同富裕，是在高质量发展中逐步实现的共同富裕。共同富裕的内涵十分丰富，有着深厚的中国文化基础，其中民营经济扮演重要角色是应有之义。然而，近些年来，在网上不断传出一些污名化民营企业的声音，在一定程度上造成了社会上对民营企业和民营企业家的误解，也引起了一部分民营企业家思想认识上的动摇和心理上的恐慌，给广大民营企业家造成了不小的压力。那么，民营企业、家族企业到底能不能在促进共同富裕的进程中发挥重要作用、影响它们参与共同富裕的主要因素有哪些、如何才能更好地发挥其作用等问题，就成为社会各方关注的焦点。

　　正如习总书记于2018年11月1日在民营企业座谈会上的讲话指出："一段时间以来，社会上有的人发表了一些否定、怀疑民营经济的言论。比如，有的人提出所谓'民营经济离场论'，说民营经济已经完成使命，要退出历史舞台；有的人提出所谓'新公私合营论'，把现在的混合所有制改革曲解为新一轮'公私合营'……等等。这些说法是完全错误的，不符合党的大政方针。"①

　　很显然，一些有关民营经济的言论在理论上是站不住脚的，特别是对于

---

① 习近平.在民营企业座谈会上的讲话［N］.人民日报，2018–11–02.

正在号召广大民营企业积极参与共同富裕的当下，已经造成了很大的负面影响。即便如此，我们仍然同时看到了逐步壮大起来的民营企业、家族企业，他们一方面在努力地经营着自己的企业并积极向善，努力践行着各种社会责任，自觉不自觉地以各种方式参与到促进共同富裕的伟大实践之中，为广大民营企业（包括家族企业）树立了榜样。比如，李锦记公司、江苏的红豆集团和浙江的方太集团等（这几个企业的详细情况请参阅本书后面的相关案例）。这些企业的案例表明，我国众多民营企业，尤其是家族企业都以各自的方式在积极地践行着共同富裕的理念，表明民营企业特别是家族企业只要注重企业利益、家族利益和社会利益的均衡和共赢，企业就能够健康成长，就能够成为促进共同富裕的可靠力量。我们的研究就是要总结他们的实践经验和模式，探寻他们在追求共同富裕的过程中遇到的种种问题，也为他们更好地实现企业、家族和社会的多赢营造良好的舆论环境，并为党和政府出台相关支持政策提出合理的建议。

第一章 共同富裕及其内生性

促进全体人民的共同富裕已经成为我国社会进步的重大战略安排，然而，如何准确把握其内涵和本质呢？目前，学术界和有关部门、社会团体已经展开热烈的讨论。2023年4月22日，我们以"共同富裕"为主题词，在中国知网和百度上进行搜索，分别得到了37 812个和1亿个查询结果。这就充分说明"共同富裕"已经成为学术界、政府部门和广大民众热议的话题。为了能够全面、系统、准确地把握"共同富裕"的真正含义及其思想体系，我们将重点研究习近平总书记关于"共同富裕"的思想，并在此基础上探究共同富裕的必然性和必要性。

第一节 习近平关于共同富裕的思想

为了研究家族企业与共同富裕之间的关系，我们必须首先搞清楚"共同富裕"的真正内涵，共同富裕的目标、重点、原则和基本政策主张。

以儒家"大同"思想为核心的中国传统文化，经过了几千年几代人的不断探索，已经形成了比较接近我们现在所说的"共同富裕"的内涵，比如古代的孔夫子的"天下为公"和社会平等的思想。近代思想家、政治家梁启超、孙中山等人提出的公平社会，和以民为本的民生主义，以及福利的社会共享等进步理念。

中华人民共和国成立特别是1956年党的八大宣布我国进入社会主义建设时期后，毛泽东、邓小平、江泽民和胡锦涛等党和国家领导人都曾先后对"共同富裕"做过重要的论述。尤其是党的十八大以来，党中央准确把握我国经济社会发展阶段的新变化，把逐步实现全体人民共同富裕摆在更加重要的位置上。着力推动区域协调发展，采取有力措施保障和改善民生，打赢脱贫攻坚战，全面建成小康社会，为促进共同富裕创造了良好条件。在我国进入新时代的背景下，习近平总书记多次提及"共同富裕"，并对此进行了更为深入的思考，形成了完整的理论和政策考量。

一、关于"共同富裕"的内涵和本质

早在2012年11月15日，习近平在十八届中央政治局常委同中外记者见面时首次指出："在全面建设社会主义现代化国家新征程中，我们必须把促进全体人民共同富裕摆在更加重要的位置"。首次提出共同富裕是"全体人民共同富裕"的重要思想。2015年8月21日，在党外人士座谈会上，习近平指出："广大人民群众共享改革发展成果，是社会主义的本质要求，是我们党坚持全心全意为人民服务根本宗旨的重要体现。我们追求的发展是造福人民的发展，我们追求的富裕是全体人民共同富裕。"首次提出共同富裕"是社会主义的本质要求"的论断。2021年1月，在十九届中央政治局第二十七次集体学习时习近平总书记指出："实现共同富裕不仅是经济问题，而且是关系党的执政基础的重大政治问题。"他强调指出："共同富裕本身就是社会主义现代化的一个重要目标。"2022年10月，习近平在中国共产党第二十次全国代表大会上的报告中指出："中国式现代化是全体人民共同富裕的现代化。"首次提出共同富裕是社会主义现代化的重要目标。2021年2月25日，习近平在全国脱贫攻坚总结表彰大会上的讲话再次重申："共同富裕是社会主义的本质要求，是人民群众的共同期盼。我们推动经济社会发展，归根结底是要实现全体人民共同富裕。"2021年8月，习近平总书记在中央财经委员会第十次会议上讲话指出："共同富裕是社会主义的本质要求，是中国式现代化的重要特征。我们说的共同富裕是全体人民共同富裕，是人民群众物质生活和精神生活都富裕，不是少数人的富裕，也不是整齐划一的平均主义。"[①]2021年12月，习近平总书记在中央经济工作

① 习近平.扎实推动共同富裕[J].求是，2021（20）.

会议上再一次对共同富裕的内涵和本质做了高度概括："共同富裕是社会主义的本质要求，是中国式现代化的重要特征，要坚持以人民为中心的发展思想，在高质量发展中促进共同富裕。"这两次重要讲话，进一步丰富了"共同富裕"的内涵。

二、共同富裕的目标设定

我们倡导共同富裕，那我们到底要实现怎样的目标呢？2013年3月17日，在第十二届全国人民代表大会第一次会议上，习近平说："保证人民平等参与、平等发展权利，维护社会公平正义，在学有所教、劳有所得、病有所医、老有所养、住有所居上持续取得新进展，不断实现好、维护好、发展好最广大人民根本利益，使发展成果更多更公平惠及全体人民，在经济社会不断发展的基础上，朝着共同富裕方向稳步前进。"2014年3月，习近平在中法建交50周年纪念大会上的讲话中指出："我们的方向就是让每个人获得发展自我和奉献社会的机会，共同享有人生出彩的机会，共同享有梦想成真的机会，保证人民平等参与、平等发展权利，维护社会公平正义，使发展成果更多更公平惠及全体人民，朝着共同富裕方向稳步前进。"2018年5月4日，在纪念马克思诞辰200周年大会上他又强调指出："我们要坚持以人民为中心的发展思想，抓住人民最关心最直接最现实的利益问题，不断保障和改善民生，促进社会公平正义，在更高水平上实现幼有所育、学有所教、劳有所得、病有所医、老有所养、住有所居、弱有所扶，让发展成果更多更公平惠及全体人民，不断促进人的全面发展，朝着实现全体人民共同富裕不断迈进。"2020年10月，在党的十九届五中全会通过的《关于制定国民经济和社会发展第十四个五年规划和二零三五年远景目标的建议》中，关于共同富裕目标是到2035年，"人均国内生产总值达到中等发达国家水平，中等收入群体显著扩大""人民生活更加美好，人的全面发展、全体人民共同富裕取得更为明显的实质性进展"。

三、共同富裕的工作重点

我们在促进共同富裕方面的重点又在哪里呢？2021年1月，在省部级主要领导干部学习贯彻党的十九届五中全会精神专题研讨班开班式上，习近平指出："要自觉主动解决地区差距、城乡差距、收入差距等问题。"2021年2月，在赴贵州看望慰问各族干部群众时，习近平指出：共同富裕要"主动解决地区差距、城乡差距、收入差距等问题。"2021年8月，在中央财经委员会第十次会议上习近平指出："扩大中等收入群体比重，增加低收入群体收入，合理调节高收入，取缔非法收入，形成中间大、两头小的橄榄型分配结构"。很显然，当下共同富裕的工作重点是放在了对收入分配的再调节之上了。

四、推进共同富裕的基本原则

2021年，习近平在《求是》杂志第20期发表了题为《扎实推动共同富裕》的专论，专门论述了促进共同富裕的基本原则。

——鼓励勤劳创新致富。幸福生活都是奋斗出来的，共同富裕要靠勤劳智慧来创造。要坚持在发展中保障和改善民生，把推动高质量发展放在首位，为人民提高受教育程度、增强发展能力创造更加普惠公平的条件，提升全社会人力资本和专业技能，提高就业创业能力，增强致富本领。要防止社会阶层固化，畅通向上流动通道，给更多人创造致富机会，形成人人参与的发展环境，避免"内卷""躺平"。

——坚持基本经济制度。要立足社会主义初级阶段，坚持"两个毫不动摇"。要坚持公有制为主体、多种所有制经济共同发展，大力发挥公有制经济在促进共同富裕中的重要作用，同时要促进非公有制经济健康发展、非公有制经济人士健康成长。要允许一部分人先富起来，同时要强调先富带后富、帮后富，重点鼓励辛勤劳动、合法经营、敢于创业的致富带头人。靠偏门致富不能提倡，违法违规的要依法处理。

——尽力而为量力而行。要建立科学的公共政策体系，把蛋糕分好，形成人人享有的合理分配格局。要以更大的力度、更实的举措让人民群众有更多获得感。同时，也要看到，我国发展水平离发达国家还有很大差距。要统筹需要和可能，把保障和改善民生建立在经济发展和财力可持续的基础之上，不要好高骛远，吊高胃口，作兑现不了的承诺。政府不能什么都包，重点是加强基础性、普惠性、兜底性民生保障建设。即使将来发展水平更高、财力更雄厚了，也不能提过高的目标，搞过头的保障，坚决防止落入"福利主义"养懒汉的陷阱。

——坚持循序渐进。共同富裕是一个长远目标，需要一个过程，不可能一蹴而就，对其长期性、艰巨性、复杂性要有充分估计，办好这件事，等不得，也急不得。一些发达国家工业化搞了几百年，但由于社会制度原因，到现在共同富裕问题仍未解决，贫富悬殊问题反而越来越严重。我们要有耐心，实打实地一件事一件事办好，提高实效。要抓好浙江共同富裕示范区建设，鼓励各地因地制宜探索有效路径，总结经验，逐步推开。①

五、推进共同富裕的总思路和实现途径

习近平总书记的系列讲话，还非常清晰地概括了促进共同富裕总的思路，并且指出了今后我们在促进共同富裕过程中的主要举措。

促进共同富裕，总的思路应当是，坚持以人民为中心的发展思想，在高质量发展中促进共同富裕，正确处理效率和公平的关系，构建初次分配、再分配、三次分配协调配套的基础性制度安排，加大税收、社保、转移支付等调节力度并提高精准性，扩大中等收入群体比重，增加低收入群体收入，合理调节高收入，取缔非法收入，形成中间大、两头小的橄榄型分配结构，促进社会公平正义，促进人的全面发展，使全体人民朝着共同富裕目标扎实迈进。

第一，提高发展的平衡性、协调性、包容性。要加快完善社会主义市场经济体制，推动发展更平衡、更协调、更包容。要增强区域发展的平衡性，实施区域重大战略和区域协调发展战略，健全转移支付制度，缩小区域人均财政支出差异，加大对欠发达地区的支持力度。要强化行业发展的协调性，加快垄断行业改革，推动金融、房地产同实体经济协调发展。要支持中小企业发展，构建大中小企业相互依存、相互促进的企业发展生态。

---

① 习近平.扎实推动共同富裕［J］.求是，2021（20）.

第二，着力扩大中等收入群体规模。要抓住重点、精准施策，推动更多低收入人群迈入中等收入行列。高校毕业生是有望进入中等收入群体的重要方面，要提高高等教育质量，做到学有专长、学有所用，帮助他们尽快适应社会发展需要。技术工人也是中等收入群体的重要组成部分，要加大技能人才培养力度，提高技术工人工资待遇，吸引更多高素质人才加入技术工人队伍。中小企业主和个体工商户是创业致富的重要群体，要改善营商环境，减轻税费负担，提供更多市场化的金融服务，帮助他们稳定经营、持续增收。进城农民工是中等收入群体的重要来源，要深化户籍制度改革，解决好农业转移人口随迁子女教育等问题，让他们安心进城，稳定就业。要适当提高公务员特别是基层一线公务员及国有企事业单位基层职工工资待遇。要增加城乡居民住房、农村土地、金融资产等各类财产性收入。

第三，促进基本公共服务均等化。低收入群体是促进共同富裕的重点帮扶保障人群。要加大普惠性人力资本投入，有效减轻困难家庭教育负担，提高低收入群众子女受教育水平。要完善养老和医疗保障体系，逐步缩小职工与居民、城市与农村的筹资和保障待遇差距，逐步提高城乡居民基本养老金水平。要完善兜底救助体系，加快缩小社会救助的城乡标准差异，逐步提高城乡最低生活保障水平，兜住基本生活底线。要完善住房供应和保障体系，坚持房子是用来住的、不是用来炒的定位，租购并举，因城施策，完善长租房政策，扩大保障性租赁住房供给，重点解决好新市民住房问题。

第四，加强对高收入的规范和调节。在依法保护合法收入的同时，要防止两极分化、消除分配不公。要合理调节过高收入，完善个人所得税制度，规范资本性所得管理。要积极稳妥推进房地产税立法和改革，做好试点工作。要加大消费环节税收调节力度，研究扩大消费税征收范围。要加强公益慈善事业规范管理，完善税收优惠政策，鼓励高收入人群和企业更多回报社会。要清理规范不合理收入，加大对垄断行业和国有企业的收入分配管理，整顿收入分配秩序，清理借改革之名变相增加高管收入等分配乱象。要坚决取缔非法收入，坚决遏制权钱交易，坚决打击内幕交易、操纵股市、财务造假、偷税漏税等获取非法收入行为。

经过多年探索，我们对解决贫困问题有了完整的办法，但在如何致富问题上还要探索积累经验。要保护产权和知识产权，保护合法致富。要坚决反对资本无序扩张，对敏感领域准入划出负面清单，加强反垄断监管。同时，也要调动企业家积极性，促进各类资本规范健康发展。

第五，促进人民精神生活共同富裕。促进共同富裕与促进人的全面发展是高度统一的。要强化社会主义核心价值观引领，加强爱国主义、集体主义、社会主义教育，发展公共文化事业，完善公共文化服务体系，不断满足人民群众多样化、多层次、多方面的精神文化需求。要加强促进共同富裕舆论引导，澄清各种模糊认识，防止急于求成和畏难情绪，为促进共同富裕提供良好舆论环境。

第六，促进农民农村共同富裕。促进共同富裕，最艰巨最繁重的任务仍然在农村。农村共同富裕工作要抓紧，但不宜像脱贫攻坚那样提出统一的量化指标。要巩固拓展脱贫攻坚成果，对易返贫致贫人口要加强监测、及早干预，对脱贫县要扶上马送一程，确保不发生规模性返贫和新的致贫。要全面推进乡村振兴，加快农业产业化，盘活农村资产，增加农民财产性收入，使更多农村居民勤劳致富。要加强农村基础设施和公共服务体系建设，改善农村人居环境。[1]

习近平认为，"像全面建成小康社会一样，全体人民共同富裕是一个总体概念，是对全社会而言的，不要分成城市一块、农村一块，或者东部、中部、西部地区各一块，各提各的指标，要从全局上来看。我们要实现14亿人共同富裕，必须脚踏实地、久久为功，不是所有人都同时富裕，也不是所有地区同时达到一个富裕水准，不同人群不仅实现富裕的程度有高有低，时间上也会有先有后，不同地区富裕程度还会存在一定差异，不可能齐头并进。这是一个在动态中向前发展的过程，要持续推动，不断取得成效。"[2]

第二节　"共同富裕"的内生性

以上的分析让我们清楚地看到，习近平总书记对共同富裕的思考是全面和

---

① 习近平.扎实推动共同富裕［J］.求是，2021（20）.
② 习近平.扎实推动共同富裕［J］.求是，2021（20）.

深刻的，是将其作为党和国家的重大战略安排来看待的。之所以如此绝不是一时的心血来潮，而是有着多方面的客观基础，是当下我国社会多重因素共同促成的"内生性"要求的集中体现。

一、实现共同富裕是社会主义的本质要求

社会主义的本质到底是什么？这是一个涉及社会主义理论和实践最根本的问题。

马克思、恩格斯并没有对社会主义经济的本质做过直接的论述，但是这并不等于说他们没有这方面的思想。实际上马克思、恩格斯对这一问题早有认识，主要体现在他们对未来共产主义社会的论述之中，这又集中在马克思所写的《1844年经济学哲学手稿》、1848年的《共产党宣言》和1875年的《哥达纲领批判》三部作品中。在《1844年经济学哲学手稿》中，马克思指出："共产主义是对私有财产即人的自我异化的积极的扬弃"，"共产主义是被扬弃了的私有财产的积极表现"。[①] 在《共产党宣言》的"无产者和共产党人"一节中，马克思进一步明确指出："共产党人可以把自己的理论概括为一句话：消灭私有制"。不过，在1875年的《哥达纲领批判》中，马克思论述了在未来社会废除私有制之后，"在一个集体的、以生产资料公有为基础的社会，……这样的共产主义社会，它不是在它自身基础上已经发展了的，恰好相反，是刚刚从资本主义社会中产生出来的，因此它在各方面，在经济、道德和精神方面都还带着它脱胎出来的那个旧社会的痕迹，……但是这些弊病，在经过长久阵痛刚刚从资本主义社会产生出来的共产主义社会第一阶段，是不可避免的"。[②] 也就是说，在首先废除私有制之后的共产主义第一阶段，尚会存在一些资本主义社会的东西，甚至在这个时期，"每个生产者在生活资料中得到的份额是由他的劳动时间决定的"[③]，即后人归纳的"按劳分配"。列宁则更明确地指出；"人类从资本主义只能直接过渡到社会主义，即过渡到生产资料公有和按每个人的

---

① 马克思，恩格斯.马克思恩格斯文集：第1卷［M］.北京：人民出版社，2009：185—186.
② 马克思，恩格斯.马克思恩格斯文集：第3卷［M］.北京：人民出版社，2009：433—436.
③ 马克思，恩格斯.马克思恩格斯文集：第5卷［M］.北京：人民出版社，2009：98.

劳动量分配产品。"①很显然，他认为，未来的社会主义社会最基本的特征就是"公有制"加上"按劳分配"。

邓小平曾指出："我们坚持了社会主义公有制和按劳分配的原则。"②在此基础上，邓小平进一步发展了马克思、恩格斯关于社会主义本质的理论。他指出："一个公有制占主体，一个共同富裕，这是我们所必须坚持的社会主义的根本原则。"③他首次把共同富裕作为社会主义追求的目标明确地提了出来。

进入新时代，早在2012年11月，习近平在主持十八届中央政治局第一次集体学习时就指出，共同富裕是中国特色社会主义的根本原则。2017年10月，习近平在中国共产党第十九次全国代表大会报告中强调，中国特色社会主义已经进入新时代，但无论社会主义采取了怎样的形式，其本质和基本要求都没有发生根本变化，那就是要实现全体人民的共同富裕。2020年11月，在《中共中央关于制定国民经济和社会发展第十四个五年规划和二〇三五年远景目标的建议》的说明中，习近平再次强调，共同富裕是社会主义的本质要求，是人民群众的共同期盼。我们推动经济社会发展，归根结底是要实现全体人民的共同富裕。

由此我们看到，只要我们坚持社会主义制度，促进全民的共同富裕就必然是我们不容放弃的追求目标。或者说，社会主义成为共同富裕的制度基础。

二、实现共同富裕有着深厚的中国文化基础

以儒家学说为主的中国传统文化蕴含着深厚的"共同富裕"思想，这种文化贯穿于我国的古代、近代直到现在，已经成为中华民族重要的文化基础。《礼记·礼运篇》指出："大道之行也，天下为公。选贤与能，讲信修睦。故人不独亲其亲，不独子其子，使老有所终，壮有所用，幼有所长，矜、寡、孤、独、废疾者皆有所养，男有分，女有归。"明确提出了未来社会普遍富裕

① 列宁.列宁全集：第29卷［M］.北京：人民出版社，1985：178.
② 邓小平.邓小平文选：第二卷［M］.北京：人民出版社，1994：165.
③ 邓小平.邓小平文选：第三卷［M］.北京：人民出版社，1993：111.

的"大同"理想。在《论语·季氏》中，孔子说："丘也闻有国有家者，不患寡而患不均，不患贫而患不安。盖均无贫，和无寡，安无倾。"到了近代，康有为在其《大同书》中对未来社会的最高理想进行了系统阐发，他说："大同之世，天下为公，无有阶级，一切平等。"[①]20世纪初，民主革命的先行者孙中山先生提倡"民族、民权、民生"的三民主义，提出民生主义的经济纲领。他指出："真正的民生主义，就是孔子所希望之大同世界。"[②]按照他的设想，大同社会就是：土地国有，大企业国营，但生产资料私有制仍然存在，资本家和雇佣劳动者两个阶级继续存在；生产力高度发展，人们生活普遍改善；国家举办教育、文化、医疗保健等公共福利事业，供公民享用，等等。

由此可见，以"大同"思想为核心的中华优秀传统文化中蕴含着丰富的"共同富裕"思想，它与社会主义的本质是高度契合的，已经成了当前推进"共同富裕"重要的文化基础。

三、新时代中国经济跃上新台阶，为实现全体人民的共同富裕奠定了雄厚的物质基础

既然社会主义是共同富裕的制度基础、传统文化是共同富裕的文化基础，那为什么在早些时候没有实现全体人民的共同富裕呢？事实上，共同富裕还需要相应的经济基础，而这个经济基础又是逐步积累起来的。

中华人民共和国成立70多年来，在几代中国人的不懈努力下，我国经济实现了不断的跨越。中华人民共和国成立之初，我国经济可谓"一穷二白"。1952年我国的GDP只有679亿元，人均GDP仅有119元，排在世界的100位之外；1956年，GDP首次突破1 000亿元，达到1 031亿元。1978年改革开放后，我国经济插上了腾飞的翅膀。1980年GDP达到4 600亿元，相当于美国的6.7%、德国的20.1%、日本的17.3%。进入2000年，我国GDP首次达到

---

① 康有为.大同书［M］.北京：中华书局，2012：1.
② 孙中山.孙中山全集：第9卷［M］.北京：中华书局，1986：394.

100 280亿元。①2010年，我国GDP达到41.21万亿元，为美国的40.4%，德国的179.1%、日本的105.7%，成为世界第二大经济体。2018年，GDP总量超过90万亿元。2021年我国的GDP为114.92万亿元，为美国的77.1%、德国的419.9%和日本的359.2%。②2022年我国GDP进一步增加到1 210 207亿元。与中华人民共和国成立初期相比，累计实际增长190多倍，经济规模特别是改革开放以来的不断扩大，为更大范围地推进共同富裕奠定了雄厚的物质基础（见图1-1）。

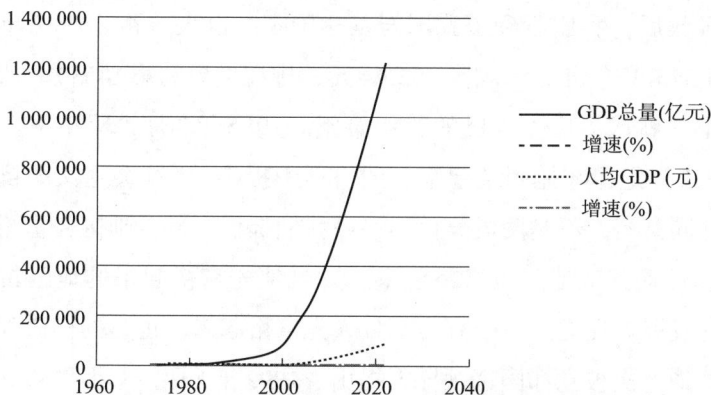

图1-1　1952—2022年我国经济增长概况

经济实力是实行共同富裕的物质基础这是显而易见的。而且，经济实力的强弱决定着实行共同富裕的范围、深度和进度。这可以从中华人民共和国成立以来的实践生动地反映出来。

1.计划经济时期，我国经济底子薄，"共同富裕"的重点只能局限于农村和农民

中华人民共和国成立后，我们面对的是一个经过长期战乱，国民经济遭受巨大破坏的烂摊子，特别是广大农民生活和收入水平极度低下。1952年，我国的GDP总量只有679.09亿元，人均GDP仅为119.37元。尤其在广大农村，农民的收入水平就更低。因此，如何尽快提高农民生活水平便成为当时国家的

---

① 国家统计局.中国统计年鉴（2022）[M].北京：中国统计出版社，2022：51.
② 国家统计局.中国统计年鉴（2022）[M].北京：中国统计出版社，2022：51.

头等大事。1955年7月，毛泽东在"关于农业合作化问题"一文中指出："在逐步地实现社会主义工业化和逐步地实现对于手工业、对于资本主义工商业的社会主义改造的同时，逐步地实现对于整个农业的社会主义的改造，即实行合作化，在农村中消灭富农经济制度和个体经济制度，使全体农村人民共同富裕起来。"[①]

2.改革开放初期，在引入市场机制的前提下，共同富裕重点首先放在了那些有竞争力的"部分人"身上

改革开放后，我们看到了我国与发达国家的巨大差距。1982年，我国的GDP达到5 373.35亿元，人均为532.74元，排在世界的第145位。所以，尽快把经济搞上去就成为广大人民的殷切希望。1985年3月，邓小平在一篇题为《一靠理想二靠纪律才能团结起来》的讲话中提出："社会主义的目的就是要全国人民共同富裕，不是两极分化。……我们提倡一部分地区先富裕起来，是为了激励和带动其他地区也富裕起来，并且使先富裕起来的地区帮助落后的地区更好地发展。提倡人民中有一部分人先富裕起来，也是同样道理。"[②]"共同富裕"一词再次被党和国家领导人提出。1992年1月，邓小平"在武昌、深圳、珠海、上海等地的谈话要点"中再次重申："走社会主义道路，就是要逐步实现共同富裕。"[③]尽管邓小平强调"一部分人先富起来"，但他也警惕出现"两极分化"。他在1985年一次讲话中就指出："对一部分先富裕起来的个人，也要有一些限制，例如，征收所得税。还有，提倡有的人富裕起来以后，自愿拿出钱来办教育、修路。当然，决不能搞摊派，现在也不宜过多宣传这样的例子，但是应该鼓励。"[④]

进入20世纪90年代，我国经济在改革开放的大力推动下已经初显成效。1992年，我国的GDP达到27 194.53亿元，人均为2 334.35元，排在世界的第175位，继续深化改革成了时代的潮流。在这一背景下，江泽民在党的十四大所作的报告中提出："在分配制度上，以按劳分配为主体，其他分配方式为补

① 毛泽东.毛泽东选集：第五卷［M］.北京：人民出版社，1977：187.
② 邓小平.邓小平文选：第三卷［M］.北京：人民出版社，1993：111.
③ 邓小平.邓小平文选：第三卷［M］.北京：人民出版社，1993：373.
④ 邓小平.邓小平文选：第三卷［M］.北京：人民出版社，1993：111.

充，兼顾效率与公平。……合理拉开收入差距，又防止两极分化，逐步实现共同富裕。"①1993年，党的十四届三中全会通过了《关于建立社会主义市场经济体制若干问题的决定》（以下简称《决定》），《决定》指出："建立以按劳分配为主体，效率优先、兼顾公平的收入分配制度，鼓励一部分地区一部分人先富起来，走共同富裕的道路。"②江泽民还明确提出："正确处理一次分配和二次分配的关系，在经济发展的基础上普遍提高居民收入水平，逐步形成一个高收入人群和低收入人群占少数、中等收入人群占大多数的'两头小、中间大'的分配格局，使人民共享经济繁荣成果。"

3.新千年的头十年，我国经济跃上新台阶，共同富裕的重点开始从"部分人"逐渐向"所有人"过渡

进入2000年之后，我国经济得到了进一步的发展壮大。GDP达到120 332.7亿元，人均达到9 606.2元，排在世界的第130位，实现了一个质的飞跃。然而，随着经济的快速发展，收入分配中两极分化的问题日益严重。在这一背景下，时任党的总书记胡锦涛同志于2003年提出了以人为本的"科学发展观"，并指出："走共同富裕道路，促进人的全面发展，做到发展为了人民、发展依靠人民、发展成果由人民共享。"胡锦涛同时指出："依法逐步建立以权利公平、机会公平、规则公平、分配公平为主要内容的社会公平保障体系，使全体人民共享改革发展的成果，使全体人民朝着共同富裕的方向稳步前进。"由此我们看到，这个时期中国共产党共同富裕的指向已经从以前的"部分人"转向了"所有人"，从政策指向转向了制度建设，尽管还没有明确提出"全体人民的共同富裕"的思想。

4.进入新时代，我国成为世界第二大经济体，已经具备了实现"全体人民共同富裕"的物质条件

2010年，我国GDP高达40万亿元，首次超过日本，成为世界第二大经济体。2012年，我国经济总量再创新高，GDP达到540 367.4亿元，人均为

---

① 中共中央文献研究室.十一届三中全会以来党的历次全国代表大会中央全会重要文件选编［G］.北京：中央文献出版社，1998：170—171.
② 中共中央文献研究室.十一届三中全会以来党的历次全国代表大会中央全会重要文件选编［G］.北京：中央文献出版社1998：269—270.

39 874.28元，排在世界的第84位。2021年9月，中国国务院新闻办公室发布《中国的全面小康》白皮书，指出中国人均国内生产总值从1952年的几十美元增至2020年的超过1万美元，已经实现了从低收入国家到中等偏上收入国家的历史性跨越。白皮书同时还指出，我国制造业的增加值已经从2010年起连续11年位居世界第一制造业大国，220多种工业产品产量居世界第一，同时，我国已是全球货物贸易第一大国、服务贸易第二大国、商品消费第二大国、外汇储备第一大国，2020年利用外资居全球第一。2022年，纵使经历了新冠疫情的巨大冲击，我国依然实现了121万亿元的GDP，人均达到1.04万美元，位居世界的第63位。正是在这一背景下，习近平同志正式提出了实现"全体人民共同富裕"的思想。

改革开放以来特别是进入新时代，我国在经济建设上取得了如此巨大成就，为在全社会推动共同富裕奠定了雄厚的经济基础。这同时也说明，只有首先生产、创造出更多的社会财富，然后才谈得上共同富裕。所以，生产和价值创造是共同富裕的核心。

四、解决贫富差距持续扩大，成为促进全体人民共同富裕的迫切要求

改革开放四十多年来，我国经济实现了举世瞩目的高速增长。然而，伴随着改革的不断推进，尽管我们一开始就十分警惕两极分化的出现，但事实上民众的收入与财富的差距总体上却在不断地扩大，甚至达到了比较严重的程度。集中表现在阶层收入差别扩大、城乡收入差别扩大和地区收入差别扩大等多个层面。

第一，不同阶层的居民收入差距持续居于高位。

1. 少数富人的个人财富越来越大

根据世界不平等数据库（WID）的数据进行的研究表明，中国个人净财富前1%的人群所占总财富份额，1995年为15.8%，2009年上升到31.1%，2015年达到29.6%，2020年上升到了30.6%。另据招商银行2021年私人财富报告的

数据①，这些超级富豪人群的财富状况是：2020年中国个人拥有的可投资资产总额为241万亿元，其中超过1 000万元的高净值人群达到262万人，这些人持有的可投资资产总额为84万亿元，占全国可投资资产总额的35%，人均持有3 209万元。这些人士的身份大致构成是：创富一代和二代占37%，董事、监事和高管以及职业经理人占31%，专业人士占12%，全职太太占11%，其他占8%。由此可见，我国少数富人阶层的确拥有着越来越多的财富，其收入也是各阶层中最高的。

2. 中等收入人群规模偏小，而绝大多数人的收入偏低

按照2017年三口之家年收入9.5万元到47.6万元这个中等收入标准，2020年，我国达到这个标准的户数为17 872万，占全国总户数的1/3以上，大约有4.23亿人口②；家庭年收入低于10万元的人口有近9.9亿人，占70%。2020年，我国低收入者人均可支配收入7 869元，中间偏下收入者人均可支配收入16 443元，中等收入者人均可支配收入26 249元，中等偏上收入者人均可支配收入41 172元，高收入者人均可支配收入80 294元。高收入人群的可支配收入是低收入人群的4.88倍。③我们再从收入基尼系数的角度观察一下我国收入分配变化的状况。基尼系数④通常是用来判断一国或一个地区收入分配的不平等状况的重要指标。国际上通常将基尼系数在0.2以下者称之为绝对平均；基尼系数在0.2到0.3之间的称之为比较平均；基尼系数在0.3到0.4之间的称之为收入相对合理；基尼系数在0.4到0.5之间的称之为收入差距较大，基尼系数在0.5以上的就是贫富差距悬殊。

改革开放以来，我国的收入基尼系数尽管有些年份是下降的，但从总趋势上看则一直处于上升状态。根据国家统计局的数据，1978年我国收入基尼系数为0.317，2000年越过0.4警戒线，2004年超过0.465。根据中国社会科学院一个研究报告的数据，2006年我国基尼系数达到0.496，尽管2021年有所下降，

① 该数据转引自北京大成企业研究院：“推动共同富裕，民企担纲主力”（工作论文），2021年10月。
② 江小涓. 中国式现代化道路：历史脉络与未来路径［J］.经济研究. 2022（11）.
③ 以上数据转引自北京大成企业研究院：“推动共同富裕，民企担纲主力”（工作论文），2021年10月。
④ 基尼系数是国际上通用的、用以衡量一个国家或地区居民收入差距的常用指标。包括“收入基尼系数”和“财富基尼系数”。这两个系数的算法大致相同，区别在于收入基尼系数的数据是来自某地区的家庭收入统计，财富基尼系数的数据是来自地区的家庭总资产统计。财富基尼系数一般要比收入基尼系数大。

但仍然达到0.472的高位[①]（见图1-2）。

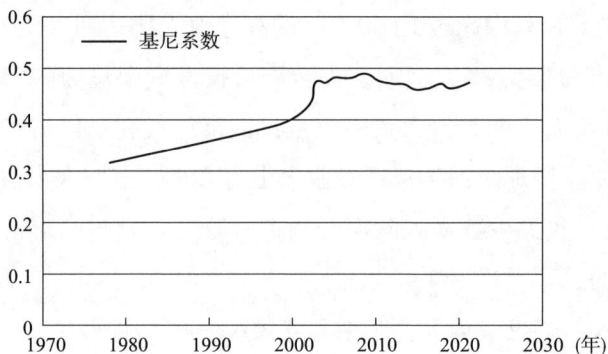

图1-2　1978—2021年我国基尼系数的变化趋势

个人收入的基尼系数从根本上说是由于财富基尼系数决定的。根据国际通则，财富基尼系数小于0.7为贫富差距较低，大于0.8为贫富差距较大。中国财富基尼系数从2000年的0.599持续上升至2015年的0.711，2019年降低到0.697，但2020年在疫情冲击下再次升到0.7以上，达到0.704。

尽管我国居民收入分配的差距一直居于高位，但专门研究收入分配的经济学家陈宗胜等人（2023）的研究发现，中国居民总体差别基尼系数虽然较高，但是已经越过最高点而转向下降，其基于时间及发展水平的变动轨迹呈现出明显的倒U形。他们的研究表明，我国居民的收入差别从1978年以来一直在波动中持续上升，直到2008年前后停止扩大并发生转折，此后在波动中逐步下降。也就是说，在中国经济保持多年快速持续增长的同时，收入分配没有发生严重两极分化。相反，在最近十多年来实际上收入分配是逐步改进的，收入差别在波动中缩小，虽然总体差别程度依旧较大，但其变动趋势有助于保持社会稳定。这个结论让我们看到了近年来在遏制两极分化方面的成效，也让我们看到了促进共同富裕的希望。

---

① 以上数据转引自北京大成企业研究院："推动共同富裕，民企担纲主力"（工作论文），2021年10月。另外，根据李实、万海远（2018）的资料，我国基尼系数的变化是：1988年为0.395，1995年为0.456，2002年为0.460，2007年为0.483。他们还提供了国家统计局公布的我国基尼系数数据：2003—2008年，基尼系数从0.479上升到0.491。2008年之后有所下降，2010年为0.481，2015年为0.462。但此后又转为上升。2016年为0.465，2017年为0.467。参见李实，万海远．中国收入分配演变40年［M］．上海：格致出版社，上海人民出版社，2018：2.

第二，城乡居民收入差距也呈倒U形。

改革开放以来，我国居民收入差距的不断扩大，同样体现在城乡居民之间。有研究显示，如果以农村居民收入为1，城乡居民收入比的状况是：1978年为2.57∶1，1985年为1.8∶1，1994年为2.86∶1，1997年为2.47∶1，2001年达到2.90∶1，2003年为3.23∶1，2004年为3.2∶1。[①]但如果将城镇居民的可支配收入[②]加上涵盖城市居民所享有的各种各样的实物性补贴，比如城市居民所享有医疗、教育、养老金保障、失业保险、最低生活费救济等各种各样的实物性补贴，城乡收入差距可能要达到4~5倍，甚至是6倍。

不过，进入新时代，城乡收入分配不公问题引起了党和政府的高度重视，随着乡村振兴战略和脱贫攻坚各项政策的纵深推进，农村居民人均可支配收入增速持续快于城镇居民。根据国家统计局发布报告的数据，2021年城镇居民人均可支配收入47 412元，比2012年增长96.5%；农村居民人均可支配收入18 931元，比2012年增长125.7%。2013—2021年，农村居民年均收入增速比城镇居民快1.7个百分点。2021年城乡居民人均可支配收入之比为2.50∶1，比2012年下降0.38。城乡居民收入相对差距持续缩小。从以时间为维度的走势来看，我国城乡居民收入和消费差别比率也呈明显的倒U形（见图1-3）。

第三，区域居民收入差距仍然显著。

我们再从区域的角度考察一下我国居民的收入差距。崔红娟（2006）研究了从1981年至1999年，我国东、中、西部城镇居民的收入状况。按现价折算，这期间东部地区城镇居民收入增长了15.01倍，中部地区增长了12.2倍，而西部地区增长了9.5倍。以中部地区为1，中、东、西三大区域的收入比例从

---

① 李实，万海远.中国收入分配演变40年［M］.上海：格致出版社，上海人民出版社，2018：64.

② 根据我国的统计口径，居民可支配收入一般包括现金收入和实物收入两大类。按照收入的来源可分为：工资性收入、经营性净收入、财产性净收入和转移性净收入。工资性收入指就业人员通过各种途径得到的全部劳动报酬和各种福利；经营净收入指住户成员从事生产经营活动所获得的净收入；财产净收入指住户或住户成员将其所拥有的金融资产、住房等非金融资产和自然资源交由其他机构单位、住户或个人支配而获得的回报并扣除相关的费用之后得到的净收入；财产净收入包括利息净收入、红利收入、储蓄性保险净收益、转让承包土地经营权租金净收入、出租房屋净收入、出租其他资产净收入和自有住房折算净租金等；转移净收入指国家、单位、社会团体对住户的各种经常性转移支付和住户之间的经常性收入转移。比如说养老金或退休金、社会救济和补助、政策性生产补贴、政策性生活补贴、救灾款、经常性捐赠和赔偿、报销医疗费、住户之间的赡养收入等。

1981年的1.2∶1∶1.8变为1999年的1.48∶1∶1.10。中、西部与东部收入差距的绝对额由79元、8元，扩大到1999年的2 299元和1 844元，分别扩大了29倍和231倍。到了2010年，根据国家统计局公布的年度我国城镇居民收入与支出调查报告的数据，我国省际间最高收入与最低收入之比为2.3∶1，绝对额的差距为10 665元。东部地区城镇居民人均可支配收入是中部、西部、东北部城镇居民人均可支配收入的1.52倍、1.52倍、1.53倍。

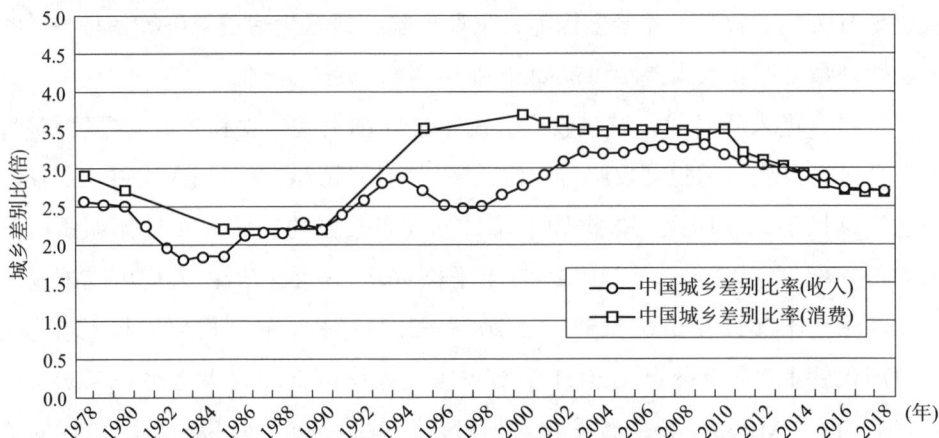

图1-3　改革开放以来，我国城乡居民收入和消费比率

注：本图来源于陈宗胜，杨希雷.共同富裕视角下全面综合测度城乡真实差别研究［J］.财经科学，2023（1）.

进入新时代，党和政府针对区域居民收入差距持续扩大的问题，实施了一系列专门针对区域协调发展的战略和区域重大发展战略，地区收入差距随地区发展差距的缩小而开始有所缩小。2011—2020年，收入最高的省区市上海与最低省区市西藏、甘肃间居民人均可支配收入相对差距逐年下降，收入比由2011年的4.62倍（上海与西藏居民收入之比）降低到2020年的3.55倍（上海与甘肃居民收入之比）。2020年，东部与西部、中部、东北地区的收入之比分别为1.62、1.07、1.11，分别比2013年下降0.08、0.03、0.18。根据最近公布的内地省区市人均可支配收入的数据（参见搜狐网：《31省市公布2022年居民人均可支配收入，上海、北京、浙江稳居前三》，2023年2月3日）。我们发现，2021年第一名的上海大约是倒数第一名甘肃的3.53倍，2022年再下降到3.42

倍。在最高收入的前10名省市区中，共有9个是东部地区的，有1个是西部地区的，它们分别是上海、北京、浙江、江苏、天津、广东、福建、山东、辽宁和内蒙古（见图1-4）。

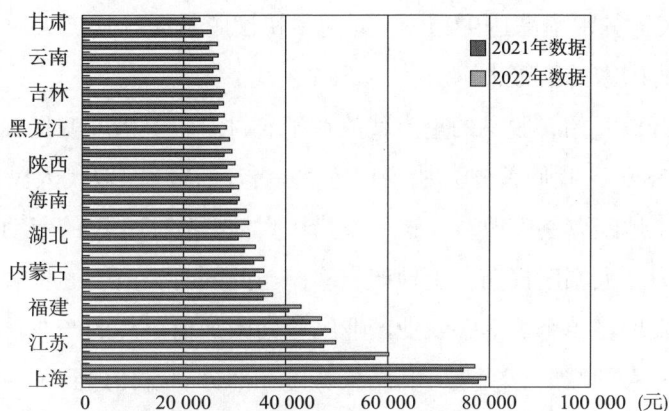

图1-4　2021—2022年中国部分省市人均可支配收入

　　收入差距的扩大和持续维持在高位的状况，不仅与我们追求的共同富裕目标相悖，而且长此以往，还会威胁中国共产党的执政基础。早在1985年，邓小平就指出："如果我们的政策导致两极分化，我们就失败了。"①2021年1月，习近平在省部级主要领导干部学习贯彻党的十九届五中全会精神专题研讨班开班式上，就实现共同富裕的意义指出："实现共同富裕不仅是经济问题，而且是关系党的执政基础的重大政治问题。我们决不能允许贫富差距越来越大、穷者愈穷富者愈富，决不能在富的人和穷的人之间出现一道不可逾越的鸿沟。"由此可见，促进共同富裕已经不仅仅是经济上的需要，更是涉及政治安全、全社会治理的要求。

五、脱贫攻坚任务完成后，共同富裕是防止"返贫"的重要手段

　　以上事实表明，尽管我国改革开放以来经济实现了快速增长，但不同阶层、城乡之间和不同地区的居民收入依然存在一定差距，这些差距集合起来就

---

① 邓小平.邓小平文选：第三卷［M］.北京：人民出版社，1993：111.

会聚焦在我国农村的贫困人口身上，而且，90%都集中在中西部的贫困县等地区。因此，与解决收入分配不公问题相比脱贫更具紧迫性。

根据国家统计局的数据，在改革开放初期的1978年，我国农村贫困人口多达7.7亿人，贫困率高达97.5%。如何尽快摆脱贫穷，让广大农民过上温饱的日子就成为国家的头等大事。

从改革开放开始，脱贫的重点就放在了农村。主要措施就是农业管理体制的改革。1978年，我们首先开始了以家庭承包经营制度取代人民公社的集体经营制度的土地经营制度改革，这一举措极大地激发了农民的劳动热情，解放了农业生产力，大幅度提高了土地产出率。与此同时，由于逐步放开了农产品价格、大力发展乡镇企业等，农业产业结构向附加值更高的产业转化，农村劳动力开始在非农领域广泛就业，其结果就是一部分利益传递到了一些贫困人口身上，使得一部分贫困农民得以脱贫致富，农村贫困现象开始大幅度缓解。

从20世纪80年代中期到90年代后期，伴随着我国经济实力的增强，我们进入了有目的的大规模开发式扶贫阶段。部分地区由于资源禀赋、改革的先后等种种原因，农村发展不平衡问题日益凸显。为此，从1986年起国家专门采取了一系列应对措施，成立了专门扶贫的工作机构、安排专项资金、制定专门优惠政策，并对传统的救济式扶贫进行彻底改革，确定了开发式扶贫的基本方针。然而，即便这样，从1986年至1991年，中国农村贫困人口规模和贫困发生率却有升有降，不平等程度不断上升，减贫效应是下降的。[1]

针对这种情况，2001年我国颁布实施《中国农村扶贫开发纲要（2001—2010年）》，开始构建起专项扶贫、行业扶贫、社会扶贫"三位一体"的"大扶贫"开发格局。尽管这些措施在于实现惠农政策贯彻落实和体系化，但是，进入21世纪以后，我国农村贫困人口规模下降速度却在放缓，其中2003年贫困人口规模和贫困发生率比上年有所扩大。2005年，全国共有绝对贫困人口28 662万人，2010年尽管比2005年减少了1.2亿绝对贫困人口，但仍然还有16 567万人。[2]这一状态反映了脱贫任务的复杂性和艰巨性，这也要求我们必须

---

① 汪三贵.在发展中战胜贫困——对中国30年大规模减贫经验的总结与评价［J］.管理世界，2008：11.

② 北京大成企业研究院.推动共同富裕，民企担纲主力（工作论文）.2021年10月，第9页.

拿出更大力度和更有针对性的攻坚措施。为此，2011年，中共中央、国务院联合发布《中国农村扶贫开发纲要（2011—2020年）》，作为此后十年农村扶贫开发工作的纲领性文件，明确要求把集中连片特殊困难地区作为主战场，把稳定解决扶贫对象温饱、尽快实现脱贫致富作为首要任务，实行扶贫开发和农村最低生活保障制度的有效衔接。有资料显示，通过两年努力，2012年我国尚有9 899万绝对贫困人口，比2010年减少了7 000多万。[①]

党的十八大以来，党和政府高度重视反贫困问题，将扶贫和脱贫工作作为头等大事来抓。2013年11月，习近平首次提出"精准扶贫"概念。2013年年底，中共中央办公厅、国务院办公厅印发《关于创新机制扎实推进农村扶贫开发工作的意见》，对精准扶贫战略和政策体系进行了顶层设计。2014年10月，习近平在对扶贫开发工作的批示中指出："消除贫困，改善民生，逐步实现全体人民共同富裕，是社会主义的本质要求。"2015年11月，中共中央、国务院联合下发《关于打赢脱贫攻坚战的决定》，正式把精准扶贫、精准脱贫作为扶贫开发的基本方略，标志着全面打响了脱贫攻坚战。2016年11月，国务院印发《"十三五"脱贫攻坚规划》（以下简称《规划》），对脱贫攻坚作出总体部署和工作安排，把脱贫攻坚摆在治国理政的突出位置，把脱贫攻坚作为全面建成小康社会的底线任务。《规划》确立的脱贫攻坚目标：到2020年稳定实现农村贫困人口不愁吃、不愁穿，农村贫困人口义务教育、基本医疗、住房安全有保障；同时实现贫困地区农民人均可支配收入增长幅度高于全国平均水平、基本公共服务主要领域指标接近全国平均水平。脱贫攻坚主要针对四个片区、832个贫困县、12.8万个贫困村以及部分其他地区的贫困户。脱贫攻坚采取的主要措施就是增加投入。

经过全体中国人民的共同努力，我国脱贫攻坚战取得了全面胜利。有资料显示，在现行标准下，9 899万农村贫困人口全部脱贫，832个贫困县全部摘帽，128 000个贫困村全部出列，区域性整体贫困得到解决，完成了消除绝对贫困的艰巨任务。到2019年，我国贫困人口降至551万人，占比缩至0.6%。国家

---

① 北京大成企业研究院.推动共同富裕，民企担纲主力（工作论文）.2021年10月，第9页.

统计局公报称，按照每人每年生活水平 2 300元的现行农村贫困标准计算，截至2020年，551万农村贫困人口已经全部实现了脱贫。也就是说，从2012年至2020年的八年间，我国减少了近1亿人的绝对贫困人口，为全人类消灭绝对贫困做出了巨大贡献。

然而，根据卜海（2018）的研究[1]，当时全国返贫率平均约为15%，个别深度贫困区域甚至达到50%以上。脱贫后因灾返贫、因病返贫、因事返贫、因学返贫、因老返贫、因赌（毒）返贫现象仍然屡屡发生。究其原因主要有：一是对限时脱贫的认识存在偏颇；二是基于"输血式扶贫"的脱贫生态脆弱；三是产业扶贫存在严重短板；四是扶贫和被扶贫主体的内生动力相对不足；五是有效减缓和阻断脱贫再返贫的应急统筹基金缺位，等等。从2021年我国脱贫攻坚战取得了全面胜利后，我们加强了对返贫的监控和帮扶力度，返贫现象被控制在很低的水平。然而，在疫情后的2022年12月，习近平在中央经济工作会议上仍然警告："要防止规模性返贫"的再度出现。

正是基于对脱贫后再返贫的警惕和担忧，进一步筑牢脱贫的坚实基础，通过推进振兴乡村，坚定实施促进共同富裕的长期安排就是重要的政策选项。

六、共同富裕成为构建新的发展格局，畅通"内循环"的重要举措

改革开放以来，我国实施了逐步对外开放的发展战略，特别是加入世贸组织以后，我国经济全面融入世界经济之中，我国的外贸依存度[2]曾在2006年一度达到64%。融入世界经济，扩大对外经济联系和交往，的确可以利用国内和国际两个市场、两种资源。但是，如此高的外贸依存度，对于像我国这样的发展中大国而言同样具有很大风险。比如国际市场的周期性波动很容易传导到国内，甚至一旦国际经济政治形势发生变化，也将会对我国经济造成极大冲击。

---

① 卜海.我国脱贫再返贫防范机制的建立和运行问题研究［J］.江苏师范大学学报（哲学社会科学版），2018（6）.

② 所谓外贸依存度是指一定时期内进出口贸易值与该国同时期国民经济生产总值的对比关系，它是衡量一国经济发展对进出口贸易的依赖程度。

这种风险随着以美国为首的一些国家从2018年开始，对我国实施愈演愈烈的所谓"脱钩"、制裁而逐渐暴露了出来。此外，随着我国总人口增速递减甚至出现绝对的减少，劳动力人口也在下降，劳动力成本逐年提高，经济开始进入人口红利衰减期。再加上部分劳动密集型产业逐步向海外特别是东南亚低成本国家的转移，已经成为长期内难以逆转的事实。此外，持续三年的新冠疫情，加速了全球经济的衰退趋势。这些都使得我国正面临着越来越艰难的国际市场环境。

在全球化红利正在逐步消退的大背景下，要想维持我国经济平稳增长的势头，唯有大力开拓国内市场，着力打造国内大循环，并依照国内大循环为主体、国内国际双循环相互促进的新发展格局，来补齐产业链的短板和强化自身的优势产业链，已经成为我们必须调整发展战略的重大现实问题。

2020年4月，在中央财经委员会第七次会议上，习近平总书记率先提出，要构建以国内大循环为主体、国内国际双循环相互促进的新发展格局。同年5月，中央政治局常委会会议正式提出："当前经济形势仍然复杂严峻，不稳定性不确定性较大，我们遇到的很多问题是中长期的，必须从持久战的角度加以认识，加快形成以国内大循环为主体、国内国际双循环相互促进的新发展格局。"在同年5月下旬的"两会"期间，习近平总书记再次强调要"逐步形成以国内大循环为主体、国内国际双循环相互促进的新发展格局"。2020年10月，党的十九届五中全会通过了《中共中央关于制定国民经济和社会发展第十四个五年规划和二〇三五年远景目标的建议》，首次将"加快构建以国内大循环为主体、国内国际双循环相互促进的新发展格局"写入党的文件之中。2021年3月，在《中华人民共和国国民经济和社会发展第十四个五年规划和2035年远景目标纲要（草案）》中，再次提出加快构建以国内大循环为主体、国内国际双循环相互促进的新发展格局。

问题是如何才能形成新的发展格局呢？答案就是要开拓新的国内市场，需要持续的包括资金、劳动、技术、土地等要素的巨量投入，需要构建、整合和完善新的产业链条，需要进行制度创新和实施新的制度安排。在我国东部发达地区既成的发展格局之下，将重点放在中西部地区就成为比较理想的战略选择。这恰好与我们正在推进的共同富裕的着力点高度重合。

由此我们看到，共同富裕不仅是我们追求长期目标的要求，更是解决当下我国经济运行中突出问题的需要。

以上对共同富裕内生性的分析表明，实现全体人民的共同富裕需要坚持社会主义制度，需要继续推动经济增长，解决收入分配差距扩大等问题，需要配置全社会大量的各种资源，调动各方力量的共同参与共同努力，并从统筹兼顾经济社会各方面的发展出发，坚持经济发展、社会进步、人民生活改善并重和综合施策，在高质量发展中有效地促进共同富裕。

第三节　关于共同富裕的综合分析及结论

第二节我们对影响共同富裕的制度、文化、经济、社会诉求、现实经济发展方式和推进动力等多个方面进行了深入的分析。然而，共同富裕作为社会进步的一种实现形式，它又是多因素相互作用的系统性现象，而且是一个涉及时间因素的动态过程。那么，从系统的和动态的角度我们又能看到什么呢？

一、综合分析

首先，从系统的角度看。由于各种因素共处于社会系统之中，它们之间一方面会相互促进，另一方面又会相互掣肘。比如，我们实行社会主义制度，它就会从制度上保证生产力的解放和经济发展，约束两极分化的扩大；而经济的快速发展又为更大范围解决收入分配差距和反贫困提供必要的物质基础，等等。但是，如果我们现在就一味地追求绝对"公平"，不考虑经济发展的阶段性特征和个人能力的差别，就会挫伤个人生产经营的积极性，其结果反而不利于共同富裕的实现。因此，在推进共同富裕的实践中，制度安排就不能过分超越经济发展水平和收入分配的客观现实；当然，经济的发展方式和收入分配的结构安排也必须考虑社会制度的本质要求。

其次，从动态的角度看。由于社会进步既是一个时间的概念也是一个博弈的过程。因此，在追求某个目标时，既需要一个阶段接着一个阶段地推进，也需要参与各方进行多轮博弈。比如，共同富裕是社会主义追求的目标，但是在生产力发展水平低下的情况下，我们就不能一味追求不切实际的同步共同富裕，只有在经济发展达到一定水平后，才能追求更高水平的共同富裕。再则，由于共同富裕是一项伟大的社会进步工程，需要全体中国人民的共同参与。从学理上看，社会追求共同富裕就是要满足"激励相容"[①]，而社会中的个人甚至组织都是追求收益的最大化，而个人或组织是否愿意参与并做出努力，取决于是否得到应有的回报，即是否满足"参与约束"[②]。在我们追求共同富裕的过程中，只有同时满足了"激励相容"和"参与约束"的条件时，共同富裕才具备了实现的机制，否则，它只能是空中楼阁。

二、几点启示和结论

第一，共同富裕是社会主义制度演进和不断完善的必然要求，是社会主义的具体实现形式。是经济社会进步的系统工程，是汇集全体人民的智慧和力量，实现高质量发展和中国式现代化的重要组成部分。

第二，共同富裕不仅有着社会制度、传统文化、经济发展水平的客观必然性，也有着迫切需要解决的收入分配差距拉大、返贫的潜在性和形成新的发展格局的现实必要性，已经壮大起来的民营经济已经成了推动共同富裕的重要力量。

第三，尽管共同富裕直面的是分配问题，但根本上说仍然是财富创造的生产性问题。作为世界上最大的发展中国家，只有首先把"蛋糕"做大做好，才能为共同富裕提供应有的物质基础，并最终实现共同富裕的目标。

第四，实现共同富裕是一个长期的历史过程，既不能急躁冒进，也不能放任自流，既不能漠视收入分配的继续扩大，也不能搞平均主义和"杀富济贫"，

---

① 所谓"激励相容"是指，由于个人会按自利规则行动，如果能有一种制度安排能使行为人追求个人利益时，正好与社会或企业实现集体价值最大化的目标相一致，这一制度安排就被称为"激励相容"。
② 所谓"参与约束"是指在博弈时，如果要求博弈的对方接受某个合约，必须得使该方得到效用不少于其保留效用，即接受这个合约比拒绝这个合约在经济上更合算，这就保证了该博弈方参与的利益动机。

而需要久久为功，分阶段、分重点地推进。

第五，党和政府促进共同富裕的对策和方式主要有：通过平衡、协调和包容的高质量发展实现共同富裕；通过一、二、三次分配的调节实现公平分配；通过调整区域、城乡的发展政策促进欠发达地区和农民农村的共同富裕；共同富裕不仅追求物质的共同富裕还要追求精神的共同富裕，等等。

第二章　民营经济是促进共同富裕的重要力量

第一章的分析告诉我们，逐步实现共同富裕已经具备了制度、文化和经济基础，同时，它也具有解决过大的收入分配差距、防止返贫和构建新的发展格局的客观必要性。即便这样，我们依然需要解决推动共同富裕的动力问题。说到底，我们所能依靠的力量不外乎国有经济、民营经济和外资经济。由于家族企业是民营企业的主体部分，因此，我们首先回答为什么民营经济能够成为促进共同富裕的重要力量的问题。

改革开放以来，民营经济在多个方面推动了我国经济的发展。现在我们通常将民营经济对我国经济的贡献用"3、4、5、6、7、8、9、10"来概括。即民营经济以占用不到30%的土地矿产资源、不到40%的金融资源、为中国经济贡献了50%以上（比较准确的数字是65%）的税收、60%以上的GDP、67%的固定资产投资、70%以上（准确的数字是73%）的技术创新成果，80%以上的城镇劳动就业，90%以上的企业数量，100%以上的城镇新增就业。①这些数字说明民营经济的确壮大起来了，足以担当起实现全体中国人民共同富裕这一历史重任。

第一节　民营经济有着雄厚的经济实力

民营经济的再度崛起是从改革开放开始的。图2-1至图2-4仅是私营企业

---

① 北京大成企业研究院.推动共同富裕，民企担纲主力（工作论文）.2021.

于 1987—2022 年间，在企业数量、吸纳的城镇就业人数、固定资产投资和税收贡献方面不完全的数据。与 1987 年相比，2022 年的企业数量增加了 518.9 倍；城镇就业方面，2018 年与 1987 年相比增加了 85.1 倍；固定资产投资 2017 年比 1995 年增加了 80.1 倍；税收贡献方面，2018 年比 1989 年增加了 30 830 倍。[①] 这些对比鲜明的数据表明，民营经济在这些基本指标上已经发生了巨大变化，足以成为推动共同富裕的物质基础。

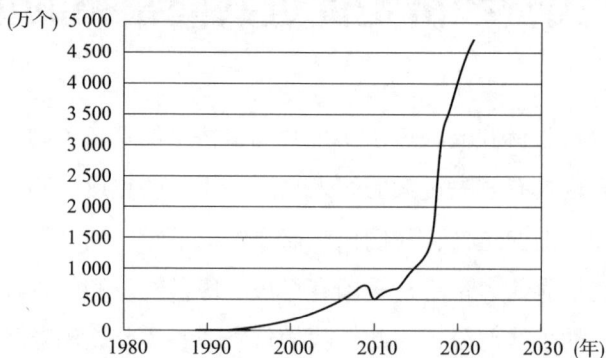

图 2-1 1987—2022 年私营企业数量变化情况

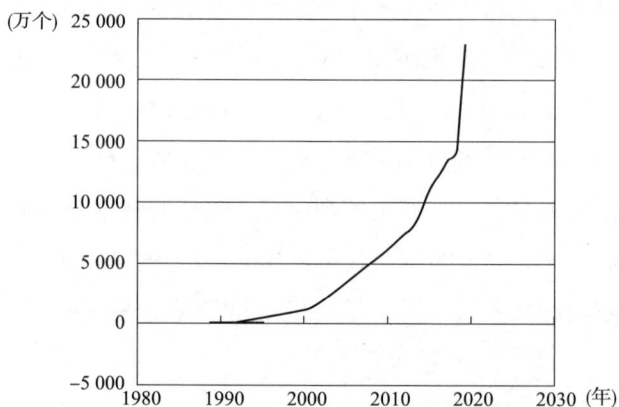

图 2-2 1987—2020 年私营企业就业变化情况

① 以上数据根据以下资料整理而得：北京大成企业研究院编著的《民营经济改变中国——改革开放 40 年民营经济主要数据简明分析》，社会科学文献出版社，2018 年；《2018 年民间投资与民营经济发展重要数据分析报告》，社会科学文献出版社，2019 年；《2019 年民间投资与民营经济发展重要数据分析报告》，中华工商联合出版社，2020 年。

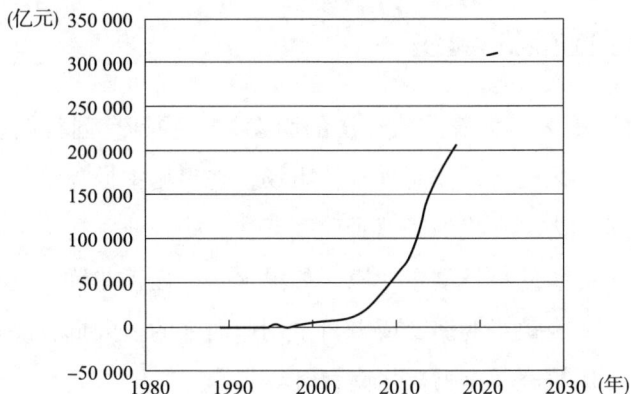

图2-3　1987—2022年私营企业固定资产投资变化情况

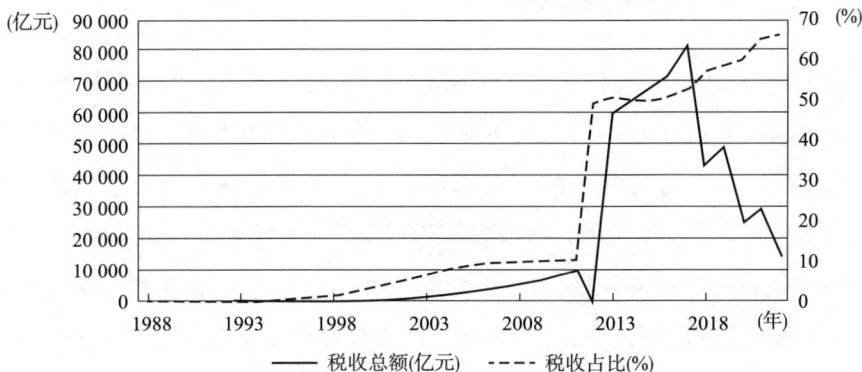

　　　—— 税收总额(亿元)　　　- - - 税收占比(%)

图2-4　2012—2021年私营企业税收变化情况

第二节　不断涌现的优秀企业家群体

　　改革开放后出现的民营经济是一种新鲜事物，它是由敢于突破旧框框、敢于冒险创新的企业家引领的。迄今为止，已经产生过三代优秀的企业家群体，在他们身上蕴含着的企业家精神成为推动我国经济不断前行的宝贵财富，它同样是促进共同富裕的宝贵财富。

一、第一代企业家的诞生

改革开放后不久，随着民营经济的萌发，一些具有创新创业的能人出现了，他们冒着各种风险，在体制外开拓市场，在市场中摸爬滚打，逐步站稳了脚跟，他们也被称为第一代的民营企业家。在这些企业家之中，既有城市经济体制改革背景下诞生的科技型企业家，如段永基、任正非等；也有农村经济体制改革背景下，由乡镇企业演变或者自主创业而来的一大批农民企业家，如鲁冠球、茅理翔、周耀庭、李书福、南存辉等。

二、第二代企业家的诞生

进入20世纪90年代，在邓小平南方谈话的鼓舞下，新的一批民营企业家诞生了，他们也被称为"第二代企业家"。经过几年的拼搏，以陈东升、俞敏洪、毛振华、冯仑等为代表的"92派"企业家崭露头角。由于他们普遍具有较强的资源整合能力，所创企业多以产权明晰的现代企业制度为主，成为20世纪90年代我国经济高速增长的主要推动力量。"92派"企业家与第一代企业家相比有其鲜明的特点：它的主体都是过去社会的主流精英阶层，在"下海"进入商界之前，他们要么在政府机构，要么在科研机构工作，因此，其本人的素质较高，也有更广的人脉。

三、第三代企业家的诞生

进入新千年，特别是我国加入WTO之后，我们不仅敞开了国门也打通了通往国外市场的道路。随着境外的资本、技术、管理和各种规则的引入和国际市场的开放，市场中的博弈规则发生了前所未有的变化。在这样的背景下，第三代企业家诞生了。由于起始于美国的新经济迅速传入中国，一批善于借助风险投资和互联网技术的新型企业家诞生了，如张朝阳、李彦宏、马化腾、丁磊、周鸿祎等。他们的典型特征是高学历、高技术、年轻化，更具国际视野和创新意识，熟悉国际规则，创始人或管理团队多数具有"海归"背景，能够在全球竞争中搏击风浪。进入新时代，在创新发展高质量发展政策的号召下，特别是在移动互联网和大数据、人工智能的推动下，又一批更年轻、更具前沿科技能力的新一代企业家如王兴、黄铮、刘强东、张一鸣、汪滔、王传福等崭露头角，他们借助移动互联网、5G、大数据、人工智能等前沿信息技术的新浪潮，助力我国高质量发展，推动了我国民营经济大踏步地向前发展。

第三节　民营企业有着强大的创新能力

创新有着非常丰富的内涵，我们重点关注民营企业创新中的技术创新和产业创新。广大民营企业通过不断地创新，助力我国高质量发展，为实现共同富裕的目标提供了扎实的技术和产业基础。

一、民营企业的技术创新

长期以来，我国的民营企业在技术进步与技术创新方面采取的是模仿模式。直到近一二十年来才显示出一些自身特色。从改革开放至2012年，我国民营企业走过了从模仿到自主创新的技术创新的漫长历程。

在民营企业起步之时，绝大多数都采取极其简单的技术，甚至是手工操作，基本谈不上什么技术创新。直到1995年以后，民营企业的专利申请量才有所增加。根据全国工商联对23 735家民营企业的调查，1994年以前，民营企业各年提交的专利申请约为800件，1995年时达到1 600件，从1995年至2005年，民营企业专利申请量年均增幅高达30%以上。其中大型民营企业平均每家提交22件专利申请，中小型为5件，规模以下企业只提交3件；其中，制造业中的民营企业提出专利申请的占到88%。进入新千年之后，民营企业技术创新的步伐有所加快。根据2006年中国社会科学院民营经济研究中心对北京、重庆、辽宁、浙江、广东、云南、河北、吉林、江苏和湖北等10个省市822家民营企业的抽样调查，在767家有效样本中，有378家实施了原始性技术创新，占样本总数的49%，有299家企业实施了引进、模仿再创新，占样本总数的

39%，有65家企业则选择集成创新，占样本总数的8%。

进入新时代后，民营企业继续在自主创新方面加大投入力度，形成了一些新的特点。

总体上，这些年民营企业的技术创新保持了更强的势头。根据第四次全国经济普查数据，截至2018年年末，全国规模以上工业企业共37.5万家，其中私营企业23.5万家，占比62.8%。考虑到有限责任公司和股份有限公司中的私人资本控股企业，民营企业在我国规模以上工业企业中的占比会更高。通过有无研发活动和机构、研发人员、研发支出、专利申请、新产品销售等若干能够反映企业整体技术水平的指标，对民营企业的技术创新能力进行初步分析，得到表2-1的数据。

表2-1　规模以上内资工业企业整体技术水平

主要指标	所有企业	内资企业占比	国有企业占比	集合联企业占比	有限责任公司占比	股份有限公司占比	私营企业占比	其他企业占比
有R&D活动的企业（万家）	10.48	86.31%	0.22%	0.32%	21.31%	6.35%	58.11%	0.01%
有研发机构的企业（万家）	7.26	83.71%	0.20%	0.28%	20.06%	6.37%	56.80%	0.01%
有新产品销售的企业（万家）	9.41	85.98%	0.18%	0.30%	20.83%	6.34%	58.32%	0.01%
R&D人员合计（万人）	426.12	78.98%	0.81%	0.15%	29.82%	14.78%	33.32%	0.10%
R&D经费内部支出（万亿元）	1.30	79.29%	0.64%	0.12%	33.03%	15.63%	29.73%	0.13%
政府资金（万亿元）	0.42	90.80%	2.59%	—	50.39%	19.41%	18.00%	0.38%
企业资金（万亿元）	1.24	78.92%	0.58%	0.12%	32.44%	15.46%	30.20%	0.13%
国外资金（万亿元）	0.04	60.71%	0.38%	0.04%	25.35%	12.42%	22.52%	—
新产品开发项目数（万项）	55.83	83.08%	0.44%	0.18%	25.53%	11.45%	45.46%	0.03%
专利申请数（万件）	95.72	85.61%	1.05%	0.11%	28.97%	15.74%	39.72%	0.03%
有效发明专利数（万件）	109.42	82.97%	1.12%	0.08%	33.40%	18.83%	29.48%	0.06%

资料来源：根据《中国经济普查年鉴2018》相关数据整理绘制。出于研究需要，本表仅选取其中部分指标。

表2-1的数据显示，截至2018年年末，有研发活动的10.48万家企业中，私营企业占比58.11%；设有研发机构的7.26万家企业中，私营企业占比

56.8%；有新产品销售的9.41万家企业中，私营企业占比58.32%；从事R&D人员合计426.12万人，私营企业占比33.32%；R&D经费内部支出1.3万亿元，私营企业占比29.73%；新产品开发项目55.83万项，私营企业占比45.46%；专利申请数95.72万件，私营企业占比29.48%[①]。另外，根据国家统计局的数据，2012—2020年规模以上民营工业企业专利数量逐年增加（见图2-5）。由此可以看出，相较于国有企业及其他类型企业，私营企业在技术创新机构的设置、技术创新活动方面具有明显优势，这对于我国整体技术创新能力的提升发挥了十分重要的作用。

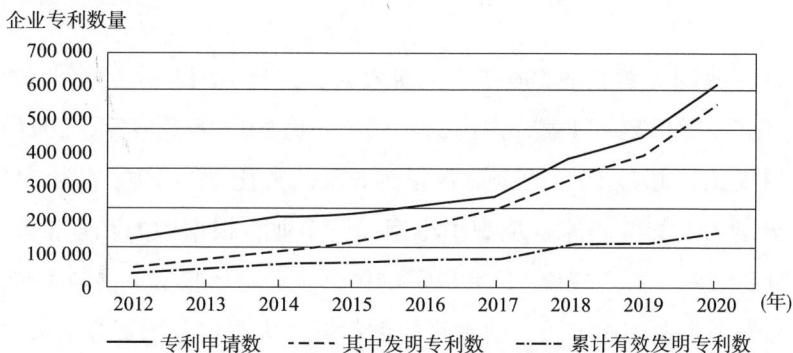

图2-5　2012—2020年规模以上民营工业企业专利情况

大型民营企业的创新投入高于中小型民营企业。根据全国工商联经济服务部发布的《2022中国民营企业500强调研分析报告》的相关数据，大型民营企业在技术创新的投入上表现一直很抢眼（见表2-2）。

表2-2　2017—2021年民营企业500强研发人员、研发经费投入状况

单位：家

比例	研发人员					研发经费投入				
	2021年企业数	2020年企业数	2019年企业数	2018年企业数	2017年企业数	2021年企业数	2020年企业数	2019年企业数	2018年企业数	2017年企业数
>10%	158	120	186	184	189	6	7	5	6	6

[①] 北京大成企业研究院.国有、民营、外资企业重要数据全景简明比较分析——基于第四次经济普查数据[M].北京：社会科学文献出版社，2019：349.

续表

比例	研发人员					研发经费投入				
	2021年企业数	2020年企业数	2019年企业数	2018年企业数	2017年企业数	2021年企业数	2020年企业数	2019年企业数	2018年企业数	2017年企业数
3%~10%	130	109	135	144	116	74	55	54	63	65
1%~3%	58	59	69	54	64	118	106	106	116	111
<1%	45	52	24	27	26	255	271	242	229	223
合计	391	340	414	409	395	453	439	407	414	405

资料来源：全国工商联经济服务部发布的《2022中国民营企业500强调研分析报告》，2022年9月，第44页。

    2021年我国民营企业500强中，研发人员占比10%以上的企业数量达到158家，比2017年减少31家，占比3%~10%的比2017年多14家；2021年R&D的投入强度比重超过10%的企业数量为6家，占比3%~10%的为74家，而2017年分别为6家和65家。反观中小型民营企业，根据中国私营企业研究课题组的研究结果，资产规模1亿元以上的民营企业新增投资流向技术创新的可能性约为中小企业的3~6倍，前者科技创新资金大都占新增资金的45%左右，而千万级以下企业的这一比例不到17%，百万元级以下企业新增资金投入技术创新的比例仅有7%[①]。当然，我们并不能由此断定所有中小民营企业在技术创新上的投入都是弱势的。事实上，我国存在一批"专精特新"的中小型民营企业，它们在技术创新领域的表现并不弱于大型企业。我国工业和信息化部从2019年开始公布"专精特新"小巨人企业名单，第一批（2019年）248家、第二批（2020年）1 744家、第三批（2021年）2 930家[②]，带动全国范围认定省级"专精特新"中小企业4万多家，入库培育的企业11万多家[③]。这些中小型民营企业大多通过持续的高强度研发投入，成为应用新技术、新工艺、新材料，掌握关键核心技术并不断迭代产品和服务的创新，是民营企业技术创新的主力军和重要源泉。但是，这类"专精特新"中小型企业毕竟占比很小。

[①] 王钦敏.中国民营经济发展报告No.13（2015—2016）[M].北京：中华工商联合出版社，2017：88—89.
[②] "专精特新"小巨人企业发展加速[N].人民日报，2021-08-25.
[③] 工信部.我国已培育三批4 762家"专精特新"小巨人企业[N/OL].人民网，2021-09-07.

第二产业民营企业的研发投入高于其他产业。中国私营企业研究课题组依据2016年全国范围的抽样调查数据分析指出，涉足房地产的企业新增投资流向技术创新和新产品开发的概率仅为没有涉足房地产企业的0.464，涉足制造业的企业其新增投资流向技术创新和新产品开发的可能性比未涉足者分别高1.876倍和1.723倍；涉足金融的企业其新增投资流向技术创新和开发新产品的概率仅是未涉足者的0.581[①]。也就是说，民营企业的技术创新在产业分布上也具有较为明显的差异性，第二产业民营企业的研发投入高于其他产业。

东部地区民营企业技术创新水平高于中西部地区。从区域分布的角度看，东部发达地区民营企业在研发经费投入和研发成果产出等方面，都要明显优于中西部地区的民营企业。相关研究显示，2017年全国民营企业平均研发费用673.66万元，其中东部地区民营企业为949万元，明显高于全国平均水平，中部地区为362万元，西部地区仅有205万元；东部地区民营企业平均拥有18.99项知识产权、14.29名专职开发人员，均高于全国平均水平，中部地区民营企业平均拥有11.49项知识产权、9.17名专职开发人员，西部地区民营企业平均拥有7.86项知识产权、4.24名专职开发人员，均低于全国平均水平[②]。

民营企业在数字经济领域的创新成绩尤为显著。早在20世纪90年代，随着我国正式接入国际互联网，一批民营企业就相继跟进，创立了当时知名的新浪、搜狐、网易等门户网站。2000年之后，以阿里巴巴为代表的电子商务平台率先发力，腾讯QQ逐渐成为具有虚拟社交完整功能的社交软件，"博客""微博"等自媒体成为信息分享和交流的社交平台。2010年以后，随着智能手机的普及和移动互联网的快速发展，一大批民营企业开始涉足数字经济领域，如滴滴、美团、头条、拼多多等，大大促进了我国数字技术和数字经济的蓬勃发展。

二、民营企业的产业创新

所谓"产业创新"是指由于某一项技术创新引起了一个新产业的形成，

---

① 王钦敏.中国民营经济发展报告No.13（2015–2016）［M］.北京：中华工商联合出版社，2017：91.
② 何晓斌.民营企业的创新研发与转型升级［N］.中华工商时报，2019–07–04.

或者对原有产业的彻底改造。产业创新在许多情况下，并不是一个企业的创新行为或者结果，而是一个企业群体的创新集合。我国从计划经济开始向市场经济转轨时，由于民营经济起步时资金少、技术门槛低，同时又具有地方独特资源、地方市场优势和劳动力优势，而一些国有经济不愿进入和不便进入的边缘行业，民营企业便纷纷进入，如以传统手工技术为依托的家庭工业、作坊、零星修理，以劳动和经营能力为依托的餐饮、小型商贸和服务业，等等。不过，民营企业很快就转入相对价格更高的工业制造领域。根据当时的国家工商行政管理局于1987年对全国8.5万户私营企业的调查，从事工业的共6.1万家，雇工98.2万人，分别占总数的72.8%和72.3%；建筑修缮业8 000家，雇工20万人，分别占总数的9.4%和14.7%；其余的为交通运输、商业、饮食和修理业。由此可见，这个时期私营企业中80%的已经集中在工业、手工业和建筑业，从事第三产业的则不足15%。也就是说，经过短短几年的发展，中国的民营企业就实现了第一次产业创新。

进入20世纪90年代中期以后，伴随着民营企业经济实力的增强，成功地进行了第二次产业创新。

首先，在民营企业不断向制造业集中的同时，开始向采掘、石油加工、电力煤气等基础性上游产业延伸。根据全国工商联组织的1995年中国第二次私营企业抽样调查的数据，1995年，营业额在1 000万元或以上民营企业的行业分布依次是电力、煤气、农林牧渔、制造业、建筑业、房地产业等；根据全国工商联组织的2 000年中国第四次私营企业抽样调查的数据，1999年，实有资产在1 000万元及以上民营企业的行业分布依次为传统制造业、商业、房地产业、建筑业等。

进入新千年以后，规模以上民营企业的产业分布变化更大。我们不妨将2006年的状况与2003年作一个简单对比。2003年，上规模民营企业产业分布前4个行业依次为服装、鞋帽、皮革制造业，批发和零售业，黑色、有色金属冶炼及延压业，电气机械及器材、线缆制造业，到了2006年则改变为黑色、有色金属冶炼及延压业，批发和零售业，电气机械及器材、线缆制造业，化学原料及化学制品制造业。2007年，民营企业的产业分布继续沿着上述产业演化路径进行。

　　进入新时代，民营企业开始向高科技领域大举进发。一批以数字经济、智能制造、互联网＋为特征的高科技企业如雨后春笋般涌现出来。以阿里巴巴、腾讯、京东为代表的电商平台企业，以及大数据、云计算、自动化、无人机等智能化的新兴产业领域，以及如新能源汽车产业、生物医药等环保产业，都有大批民营企业的身影。此外，许多民营企业开始从单纯的制造环节迈入生产性服务业、新兴服务业等领域，加速了生产性服务环节从制造业中的剥离。与此同时，传统服务业与现代技术融合发展的速度正在不断加快，从事服务外包、商务会展、现代物流、信息咨询、评估认证等新兴服务业的民营企业，近年来也呈现出加速发展态势。正是由于这些"数字经济"发展，大大带动了就业人数的增加。根据2023年2月中国数字经济学会等发布的《2023中国数字经济前沿：平台与高质量充分就业》研究报告的数据，以微信、抖音、快手、淘宝、美团、饿了么等为代表的平台，2021年为中国创造新增就业约2.4亿个，为当年约27%的中国适龄劳动人口提供就业机会。平台在助力经济发展、共同富裕上发挥了重要的就业稳定器重要。

　　总之，进入新时代，在广大民营企业的推动下，我国出现了一轮又一轮的产业创新，大大拓展了我国的产业边界和空间。有数据显示，目前我国已经拥有41个工业大类、207个工业中类、666个工业小类，是全世界唯一拥有联合国产业分类中所列全部工业门类的国家。产业的扩展也就意味着就业人数的扩大，就业者收入的增加，共同富裕也就因此而得到了促进。

第四节　民营经济有着实现公平分配的调节能力

　　前面已经提到，我国居民收入大致可分为高、中、低三个层次，在民营经济中同样也可分成这三个层次。在推进共同富裕的过程中，民营经济中不同收入层次人群的再分配调整承担着重要的使命。

一、民营经济中的高收入人群

如果按家庭年收入在50万元以上为高收入人群的话，中国大约有1亿多人。其中约1 800万多家各类民营企业中的大中型民营企业和多半经济效益好的小型民营企业的投资者，大约有1 000多万人，企业的高级管理人员和高级技术人员，大约1 000多万人，部分个体大户大约百万人以上，加上约20万家港、澳、台和外商投资企业中的多数企业的高管人员和高等级技术人员，大约500万人，前述三者大约有3 000多万人，他们属于中国的高收入人群，民营经济领域相关人士可能占到一半以上。[①]这些高收入人群具有很强的投资能力，他们一方面可以追加投资，雇佣更多员工并使他们的收入提高；另一方面，如果他们投资于如扶贫、乡村振兴等的公益性事业，就能在很大程度上直接促进共同富裕。

二、民营经济中的中等收入人群

如果以家庭年收入在10万~50万元为中等收入人群的话，中国有4亿多人，这其中民营企业占一半左右。在民营企业中有4 000多万投资者，中小民营企业的中高层管理人员和中高技术人员、中高级技工、熟练工人这三类人员约1亿人，全国2/3的个体户1亿多人，外资企业中层管理人员和一般中级技术人员、一般中高级技工、熟练工人等1 000多万人，各类一般自由职业者1 000多万人，以上人员及其家属总人口能够达到4亿多人，其中至少一半左右的人属于民营经济领域范围。[②]他们已经成为我国中等收入人群的主要组成部分。

---

① 北京大成企业研究院. 推动共同富裕，民企担纲主力——民营企业在共同富裕中的地位、作用与责任（工作论文）. 2021：16.
② 北京大成企业研究院. 推动共同富裕，民企担纲主力——民营企业在共同富裕中的地位、作用与责任（工作论文）. 2021：17.

三、民营经济中的低收入人群

所谓低收入人群是指家庭年收入低于10万元的那部分人群。目前我国有9亿多低收入者，一半多在农村，近一半在城镇。在城镇低收入人群中，民营企业中的雇工占80%以上，他们大多数是进城打工的农民工及其家属，通常是在民营小微型企业中工作，这部分低收入群体有近3亿人，还有1/3的个体工商户5 000多万人。根据国家统计局的数据，2020年中国有农民工2.856亿人，其中外出的农民工1.969亿人，农民工的人均月收入4 027元。[①]此外，今后一二十年里，还将会有2亿左右农村劳动力进城务工，其中会有更大比例的农村转移劳动力进入民营企业之中。正因如此，才有人们常说的民营经济承担了80%的就业和90%以上的新增就业。假如在未来，通过民营经济的发展壮大，能使这部分低收入人群的收入不断提高，能够吸纳更多农村转移出来的农村人口，就能够在很大程度上解决我国全体人民的共同富裕问题。所以，完全可以说，在解决数量最为庞大的低收入人群的增收上，民营企业扮演着绝对主力的角色，而这正是我们追求共同富裕的重中之重。

第五节　民营企业有着越来越强的社会责任意识

改革开放以来，广大民营企业的社会责任意识不断增强，并在实践中加大参与各种社会公益活动的力度。

大量事实和数据表明，广大民营企业在努力经营好自身的企业外，还积极参与扶贫、社会捐助和乡村振兴等涉及共同富裕的各种活动。2015年9月，全国工商联、国务院扶贫办、中国光彩基金会共同发起实施民营企业"万企帮万村"精准扶贫行动。2021年，中共中央、国务院印发《关于全面推进乡村振兴加快农业农村现代化的意见》。在党的号召下，截至2020年年底，共有12.7

---

① 北京大成企业研究院. 推动共同富裕，民企担纲主力——民营企业在共同富裕中的地位、作用与责任（工作论文）. 2021：23.

万家民营企业参与精准帮扶13.9万个村，产业投入达到1 105.9亿元，公益投入168.6亿元，安置就业90多万人，带动和惠及了1 800多万建档立卡的贫困人口。特别是许多大型民营企业（包括家族企业），积极参与乡村振兴战略，主动投身"万企兴万村"行动，强化产业支持和就业帮扶。以民营企业500强为例，2021年，已参与乡村振兴的企业达到348家，占500强比例的69.60%。在参与乡村振兴战略的具体形式上，参与巩固脱贫成果、改善民生保障，促进产业兴旺、带动农民增收的企业最多，分别为237家、225家，占参与乡村振兴500强企业的比例分别为68.1%、64.66%；此外，参与保护青山绿水、美化人居环境，强化基层党建、提升治理能力的企业数量分别为186家、135家，占参与乡村振兴500强企业的比例分别为53.45%、38.79%。详细数据见表2-3。

表2-3　2021年民营企业500强参与乡村振兴战略的方式

参与乡村振兴战略的方式	企业数量（家）	占参与乡村振兴500强企业比例（%）	占500强企业比例（%）
巩固脱贫成果，改善民生保障	237	68.1	47.4
促进产业兴旺，带动农民增收	225	64.66	45
保护青山绿水，美化人居环境	186	53.45	37.2
强化基层建党，提升治理能力	135	38.79	27
繁荣农村文化，培育文明新风	99	28.45	19.8
引进优秀人才，培育新型农民	89	25.57	17.8

资料来源：全国工商联经济服务部发布的《2022年中国民营企业500强调研分析报告》，2022年，第94页。

2020年年初，新冠疫情暴发，在抗击疫情过程中，广大民营企业慷慨解囊，累计捐款达到172亿元，约占全社会捐款总额的60%，捐物价值达到119亿元。同时，民营企业还响应党的号召，千方百计地开展抗疫物资生产和供应，积极有序地复工复产、复商复市，为统筹推进疫情防控和经济社会发展做出了巨大贡献。

当然，我们的研究也发现，是否积极参与社会公益活动与民营企业的规模、盈利能力等因素有很大关系。一般而言，规模较大且盈利能力强的民营企业，更热心于公益事业和参与促进共同富裕的活动，小型民营企业则由于种种原因，更关心自身企业的经济利益。

第六节　启示与结论

以上的分析至少使我们得到如下结论：

第一，改革开放以来，民营经济由小到大、由弱变强，广大民营企业在追求自身利益的同时，为社会创造出巨量财富，为实现共同富裕奠定了雄厚的物质基础。也就是说，民营企业经办好自己的企业本身就是促进共同富裕的重要方式。

第二，在激烈的市场竞争中，涌现出一批又一批的优秀企业家，形成了不屈不挠、勇于拼搏、不断求新的企业家精神，成为促进共同富裕的宝贵精神财富。

第三，在技术创新方面，民营企业起步于模仿，经过自主创新，大大提升了技术创新和产业创新的能力，为我国技术和产业的转型升级注入强大动力，引领了高质量发展，并且为促进共同富裕提供了扎实的技术基础。

第四，民营企业的社会责任意识不断增强，参与共同富裕的方式多种多样。除了先将自己的企业做大做强外，还在于通过各种方式方法关照好各个利益相关者，参与各种慈善、捐赠等公益事业，并通过产业投资参与异地扶贫、乡村振兴等促进共同富裕的事业之中。

第三章　家族企业与共同富裕

实现共同富裕是全体中国人民的夙愿，同样，它也需要全体社会成员的共同奋斗。第二章的分析充分证明了民营经济是实现共同富裕重要力量的这一重要命题。这样的结论从某种程度上也说明了"家族企业"在促进共同富裕过程中的地位和作用。这是因为，我国民营企业在其诞生之初，绝大多数都借助了家族的资源，并由家族成员直接经营。即便到了现在，几乎所有的民营企业都或多或少地保留着家族的因素。根据由中共中央统战部和全国工商联领头，中国民（私）营经济研究会牵头，联合国家工商行政管理局进行的，两年一次的全国私营企业抽样调查（2010）的数据，在有股权信息的 3 847 家私营企业中，家族企业的比例达到85.4%。在较早向民间资本开放的竞争性行业中，家族企业占比均超过了80%。其中，在农林牧渔、住宿餐饮、居民服务、卫生和文化体育行业中，家族企业的比重甚至高达90%左右。[①]《中国家族企业生态40年》一书中也提到，据2016年调查统计，中国的家族企业在民营企业中的比重已达到80%。有专家测算，即便采取了现代企业制度的民营企业，比如在上市的民营企业中，家族企业占A股市场上市的所有私营企业的比例从2016年的48.9%增加到2017年的55.7%。也就是说，家族企业与通常所称的民营企业之间在根本上是相同的。民营企业在促进共同富裕过程中的贡献，就约等于家族企业的贡献。然而，家族企业毕竟不能完全等同一般的民营企业，它们在参与

---

① 中国民（私）营经济研究会家族企业研究课题组.中国家族企业发展报告（2011）［M］.北京：中信出版社，2011：12–13.

共同富裕的过程中，也会有自身的特点并发挥出自己独特的作用，这正是本课题的意义所在。那么，家族企业到底是一类怎样的企业？它们有哪些类型和特征？以及它们在参与共同富裕的过程中有着怎样的诉求和潜在的困难？这是我们必须首先要搞清楚的。

第一节　家族企业是世界各国的普遍现象

家族企业也是世界上最古老和最普遍的企业形式，是当今各国经济建设的有生力量，但遗憾的是至今家族企业还未形成一个被普遍接受的定义。这里，我们将在已有文献的基础上给出一个自己的定义。

一、家族企业是历史悠久的企业组织形式

从全球视角看，家族企业源远流长，一直以来都是社会生产中最悠久、最基本、最主要的企业组织形式；从中国视角看，家族企业也是一种具有悠久的历史而又处于新兴发展阶段的企业组织形式。

家族企业是最早形成的企业组织形式。从人类开展商业活动以来，家族便与企业始终密切结合，当人们提到企业时，通常指的就是家族企业。2003年，Aldrich 和 Cliff 在文中写道："一百年前，Business 的意思是家族企业，因此 Family Business 中的修饰词 Family 是多余的。"[①]

家是社会的最小细胞，是一个社会最基本的生活单位。家由具有血缘关系和姻缘关系的成员共同组成，是所有组织中最具凝聚力，成员之间关系最紧密的一个关系圈。家也是包容的，其成员构成并不仅仅局限于血缘关系和姻缘关系，比如养子、养女等也属于正式的家庭成员。总而言之，家是亲人共同生活的场所，是人类生活的中心。数千年来农耕文明在华夏大地占据重要角色，而家一直都是农耕文明的中心，如此便形成了一个历史悠久、根植深厚的中国家

---

① Aldrich, H. E., Cliff, J. E. The pervasive effects of family on entrepreneurship: Toward a family embeddedness perspective", Journal of Business Venturing, 2003, 18（5）: 573–596.

文化。家既是一个家庭成员共同生活的地方，又是一个消费单位，还是一个协作体，因此家庭是一个生活与经营管理的结合体。

父母、兄弟、姐妹等构成了一个最初的家庭。随着一个家庭中人口不断繁衍生息，裂变出越来越多的家庭，这更多的家庭因血缘关系而形成一个家族。家族一词出自《管子·小匡》："公修公族，家修家族。使相连以事，相及以禄，则民相亲矣。"《辞海》对家族的解释是："以血统关系为基础而形成的社会组织，包括同一血统的几辈人。"可见，家族是一个社会组织、社会群体，这个群体由具有血缘关系的人共同组成，且一个家族中要包括有几代人而不是只有一代人。家族——一个因血缘关系凝聚起来的组织，在历史的长河中始终高举着姓氏的符号，维系着宗法和人伦，传承者社会、道德、伦理传统的深厚内涵，正是这割舍不断的血缘，谱写出生生不息的故事。所以，中国民营经济研究会家族企业委员会认为，家族是一种超越制度、技术、文化、时间、空间、经济发展水平和经济规模的社会存在[1]。

家族的最高原则即家族目标以家族的存在、延续、壮大、发展和繁荣为目的。从《管子·小匡》关于家族的描述中可以看到家族形成和存在的根本原因，即"相连以事，相及以禄，则民相亲矣"，通过使家族成员间的事业相连，实现家族成员间的互帮互助和财富的不断增加，最终实现"民富而以亲"。《管子·小匡》告诉我们在家族成员之间需要以共同的事业使他们相互联系起来，通过事业把家族成员之间的利益紧密联系在一起，使他们获得财富，从而将各个家族成员凝聚起来，相互协助与支持，实现家族的存在、繁荣、壮大的目的。

基于上述思想，我们可以推论得知家族的权利和力量根于资源、赖于资源。当一个家族具备相应的资源，并通过参与社会生产过程介入到生产、分配、流通、消费等社会经济循环各环节中去的时候，就会逐步培育出家族事业，并将通过隐性或者显性的家训等规章制度将亲缘关系、伦理规范等制度融入家族事业中去。这样，一个个家族就成了社会经济生活的基础依赖和保障，成了社会经济的纽带。在此基础上，一个家族共同事业的平台即家族企业便应

---

① 中国民营经济研究会家族企业委员会.中国家族企业生态40年［M］.北京：中华工商联合出版社，2019：1.

运而生，通过家族企业创造源源不断的财富，并保持财富在世代的家族成员间传承延续。因此，家族企业就成了将一个家族的成员和事业结合在一起的社会组织。家族企业亦便成了家族财富传承的载体。家族企业不但是家庭成员建立联系和团结的平台，更是家族文化、家族信念传承和延续的平台。

毫无疑问，家族企业具有悠久的历史。而且，在一代又一代家族经营者长年的苦心经营和竞争中，铸就了顽强的生命力。2006年，《胡润全球最古老的家族企业榜》公布了全球100家最古老的家族企业，从成立时间看，这100家企业中，12家成立于15世纪及以前，成立于16世纪的有12家，成立于17世纪的有37家，成立于18世纪的有39家。从国家和地区分布看，英国有17家，法国16家，美国15家，意大利和德国各14家，日本有10家，上述六国占据了86%，而其他国家则较少。这些历史悠久的家族企业主要集中在欧洲、美国和日本，究其原因在于这些国家拥有较为稳定的商业环境和完善的个人财产保护政策。同时，虽然上述国家和地区基本都经历了数次重大战争，但上述这些家族企业都顽强的生存至今，再次说明家族企业具有极强的适应能力和顽强的生命力。

二、家族企业是最基本的企业组织形式

家族企业遍布全球的各个角落，是世界上最基本的企业组织形式。家族企业是人类经济史上的重要组成部分。Chrisman et al.（2005）认为世界上多数国家的经济是由家族企业控制的。家族企业不但从数量上占据优势，而且其在经济中的地位亦是举足轻重[①]，Gersick（1998）认为即使按照最保守的数据估计，在全世界范围内由家庭所有和家庭经营的企业也占到了所有企业数量的65%～80%[②]；家族企业不仅数量众多，而且有许多是规模巨大的，在世界500强企业中家族企业占到了40%；美国的家族企业总产值已经占到了美国生产总

---

① Chrisman, J., Chua, J., Sharma, P. Trends and Directions in the Development of a Strategic Management Theory of the Family Firm, Entrepreneurship Theory and Practice, 2005, 29（5）: 555-575.

② 克林·E.盖尔西克.家族企业的繁衍——家庭企业的生命周期［M］.贺敏，译.北京：经济日报出版社，1998：2.

值的50%，就业人数占到了美国总就业人数的50%。Neubauer和Lank（1998）从全球范围估计了家族企业对经济的贡献，其研究表明家族企业对全球GDP的贡献高达45%~70%。目前，根据学者们对家族企业的通常定义，全球企业中大概70%~90%的企业为家族企业。托马斯·齐维格（2022）在《家族企业管理：理论与实践》中统计了欧洲各国家族企业数量的占比情况（见表3-1）。

表3-1　欧洲各国家族企业数量占所有企业数量的比例

国家	家族企业占各国企业总量的比例
奥地利	80%
比利时	70%
芬兰	86%
法国	75%
德国	95%
意大利	93%
荷兰	69%
西班牙	75%
瑞典	80%
瑞士	88%
英国	69%

资料来源：托马斯·齐维格.家族企业管理：理论与实践［M］.厦门：厦门大学出版社，2022：18.

虽然家族企业的地位如此重要，但是国内外对其研究却是相对滞后的，只是自20世纪80年代以来家族企业才逐步引起了学者的重视。德鲁克指出"有关管理的书籍和课程……难得提到家族企业的经营"，从侧面说明了一直以来人们对家族企业的不屑一顾。但正如德鲁克所说家族企业"（家族企业）有其自身的完全不同的规则，……否则，家族企业就难以生存"，因此我们需要深入研究家族企业。

三、家族企业在现代社会中仍然具有举足轻重的地位

家族企业是历史最悠久、最基本的企业组织形式，但是家族企业数量众多，且概念界定不统一，难以具体统计家族企业的有关详尽信息。为了从宏观

上呈现全球家族企业的现状，这里我们以安永会计师事务所联合瑞士圣加伦大学发布的2021年世界家族企业500强为例，从家族持股比例、年收入、地区分布等方面对家族企业进行分析。根据公布的家族企业500强数据统计分析，家族的持股比例均值为75.61%，其中2021年收入前10名的家族企业中家族持股比例见表3-2。从表3-2可见，众多世界著名的大公司为家族企业，这些企业无论从知名度，还是从年收入等方面都具有极大的社会影响力。

表3-2 2021年世界家族企业500强排行榜前十名

排行	公司	年收入（10亿美元）	国家/地区	家族持股比例
1	沃尔玛公司	559.1	美国	48.90%
2	伯克希尔哈撒韦公司	245.5	美国	37.20%
3	EXOR SpA	145.3	意大利	53.00%
4	施瓦茨集团	140.0	德国	100.00%
5	福特汽车公司	127.1	美国	40.00%
6	Bayerische Motoren Werke AG（BMW）	122.2	德国	46.80%
7	科赫工业公司	115.0	美国	84.00%
8	嘉吉公司	114.6	美国	85.00%
9	康卡斯特公司	103.6	美国	33.80%
10	戴尔技术公司	94.2	美国	75.00%

资料来源：南方财富网，https://m.southmoney.com/paihangbang/202111/18973096.html。

本书对2021年世界家族企业500强的家族持股比例分布进行了统计（见表3-3）。统计结果显示，从持股比例看，500强中的192家即38.4%的企业家族持股比例为100%；持股比例在90%到100%的企业数量为25家，占比为5.00%；持股比例在80%到90%的企业数量为27家，占比5.40%；持股比例在70%到80%的企业数量为47家，占比9.40%；持股比例在60%到70%的企业数量为40家，占比为8.00%；持股比例在50%到60%的企业数量为73家，占比14.60%；持股比例在40%到50%的企业数量为56家，占比11.20%；持股比例在30%到40%的企业数量为40家，占比8.00%。2021年世界家族企业500强中家族的持股比例最低为32.00%。表3-3同时从家族企业年均收入情况进行了分析，整体而言，家族持股比例越低，企业年均收入越高。

表3-3　2021年世界家族企业500强持股比例分布

家族控股比例	公司数量（家）	年均收入（10亿美元）	数量占比	数量累积占比
100%	192	10.38	38.40%	38.40%
［90% 100%）	25	9.85	5.00%	43.40%
［80% 90%）	27	17.43	5.40%	48.80%
［70% 80%）	47	12.26	9.40%	58.20%
［60% 70%）	40	10.02	8.00%	66.20%
［50% 60%）	73	15.95	14.60%	80.80%
［40% 50%）	56	24.64	11.20%	92.00%
［30% 40%）	40	26.25	8.00%	100.00%

资料来源：南方财富网，https：//m.southmoney.com/paihangbang/202111/18973096.html。

　　表3-4统计了2021年世界家族企业500强的国家和地区分布情况。结果显示美国上榜的家族企业数量为119家，占家族企业500强的23.8%，遥遥领先其他国家和地区，同时德国、法国上榜家族企业数量也明显高于除美国外的其他国家和地区，这三个国家上榜家族企业数量占总上榜企业数量的比例为46%。表3-4同时汇报了各国家和地区上榜家族企业的家族持股比例及家族企业年收入均值和家族企业年收入总值的情况。

表3-4　2021年世界家族企业500强各国家/地区分布统计

序号	国家/地区	家族企业数量	家族持股比例均值	家族企业年收入均值（10亿美元）	家族企业年收入总值（10亿美元）
1	美国	119	83.05%	20.86	2 482.50
2	德国	79	88.88%	13.78	1 088.30
3	法国	32	68.12%	14.21	454.70
4	意大利	19	83.08%	13.72	260.70
5	中国香港地区	18	55.72%	10.21	183.70
6	印度	17	64.25%	16.30	277.10
7	瑞士	16	73.33%	15.93	254.90
8	韩国	14	50.11%	21.49	300.80
9	荷兰	14	88.74%	14.13	197.80
10	加拿大	14	64.24%	16.04	224.50
11	墨西哥	14	61.54%	10.79	151.00

序号	国家/地区	家族企业数量	家族持股比例均值	家族企业年收入均值（10亿美元）	家族企业年收入总值（10亿美元）
12	西班牙	13	60.68%	10.31	134.00
13	英国	12	91.86%	4.86	58.30
14	中国大陆	11	70.05%	18.42	202.60
15	巴西	10	59.63%	10.84	108.40
16	比利时	10	48.49%	10.10	101.00
17	日本	9	54.10%	13.70	123.30
18	丹麦	7	86.99%	11.34	79.40
19	土耳其	6	74.67%	9.98	59.90
20	瑞典	6	77.10%	8.17	49.00
21	智利	6	72.77%	10.17	61.00
22	奥地利	5	100.00%	5.52	27.60
23	菲律宾	5	52.54%	4.94	24.70
24	挪威	5	88.52%	6.54	32.70
25	泰国	4	66.08%	11.33	45.30
26	阿联酋	3	100.00%	6.57	19.70
27	澳大利亚	3	87.03%	5.43	16.30
28	俄罗斯	3	64.00%	6.47	19.40
29	马来西亚	3	50.63%	4.13	12.40
30	中国台湾地区	3	45.23%	8.27	24.80
31	埃及	2	75.90%	5.45	10.90
32	芬兰	2	81.00%	9.05	18.10
33	葡萄牙	2	54.50%	16.10	32.20
34	新加坡	2	60.50%	5.40	10.80
35	印度尼西亚	2	65.55%	6.70	13.40
36	阿尔及利亚	1	100.00%	4.00	4.00
37	阿根廷	1	60.50%	17.40	17.40
38	爱尔兰	1	100.00%	6.50	6.50
39	百慕大	1	100.00%	4.30	4.30
40	哥伦比亚	1	97.50%	6.70	6.70
41	列支敦士登	1	100.00%	6.20	6.20
42	卢森堡	1	35.60%	53.30	53.30

续表

序号	国家 / 地区	家族企业数量	家族持股比例均值	家族企业年收入均值（10亿美元）	家族企业年收入总值（10亿美元）
43	摩纳哥	1	68.00%	6.70	6.70
44	南非	1	95.10%	6.60	6.60
45	希腊	1	40.00%	7.50	7.50
	总计	500	75.61%	14.56	7 280.40

资料来源：南方财富网，https://m.southmoney.com/paihangbang/202111/18973096.html。

第二节　家族企业的定义

尽管家族企业是世界上普遍存在的现象，但时至今日学术界对家族企业仍缺乏统一的权威定义。之所以出现这种状况，主要在于以下三个方面原因：首先，家族企业所涉及的地理范围广泛，各国家和地区对企业产权等的界定存在差异；其次，家族企业种类多。因家族企业在世界各地都是最基本的企业组织形式，所以，家族企业形成所涉及的各种因素复杂、家族企业种类多样；再次，世界各地家族企业的成长环境、制度文化与不同家族文化等存在极大的差异。因为家族企业的诞生、成长等不仅会受到习俗、禁忌、道德、伦理等非正式制度影响，还会受到古今中外各国各地法律法规等正式制度的影响，而这些因素是千差万别的。因此，想给家族企业下一个统一的规范的定义并非易事。基于此，Handler（1989）认为给家族企业下定义，是研究者们面临的首要和最直接的挑战。①

毫无疑问，概念的界定是逻辑分析的起点，是确定研究对象的前提，而且对家族企业概念的界定也是保证家族企业问题研究连续性和可继承性的前提②。与此同时，定义不同也会导致所实施的政策有所不同，Westhead 和

---

① Handler, W. C. Methodological issues and consideration in studying family business, Family Business Review, 1989, 2（3）: 257–276.
② 贺志锋. 论家族企业的定义［J］. 当代财经，2004（6）.

Cowling（1998）就不同家族企业定义对研究的影响做了实证研究，他们认为家族企业概念界定的不同会对政府政策的制定、实施产生重要的影响①。因此，在这里我们首先回顾已有文献对家族企业的定义，然后给出本书对家族企业概念的界定。

一、以所有权为核心界定的家族企业

从资本所有权的视角界定家族企业是国内外学者较为统一的观点，即使如此，谁拥有所有权，拥有多少所有权也存在很大的差异。从持有家族企业所有权的角度进行家族企业概念的界定时涉及了血缘与传承、事业和所有权，这是家族企业定义界定的精髓所在，所以家族企业概念的界定通常围绕家族、企业、所有权三个维度。在这三个维度中，所有权处于核心地位，盖尔西克（1998）认为是否确定为家族企业的核心是家族是否拥有企业的所有权，其在《家族企业的繁衍》中构建了家族企业三环模型（见图3-1）②。该模型将企业的所有权、企业、家族之间的关系联系在了一起，形成了一个既相互独立又相互交叉的家族企业体系。因为所有权结构将对企业决策、企业运作、企业战略等产生重大的具有决定性的影响，所有权结构是家族企业首要的决定性的典型特征。

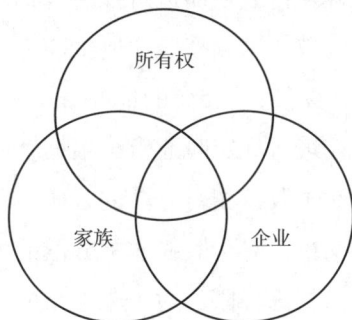

图3-1　家族企业三环模型

① Westhead, P., Cowling, M. Family firm research—The need for a methodological rethink, Entrepreneurship Theory & Practice, 1998, 23（1）: 31-56.
② 克林·E.盖尔西克.家族企业的繁衍——家庭企业的生命周期［M］.贺敏，译.北京：经济日报出版社，1998：8.

　　以所有权来界定家族企业，家族必然处于核心地位，那么家族占有多少所有权才能被称为家族企业呢？关于家族所有权的持股比例并没有获得一致的认可。Chrisman（2003）认为，只有当家族100%持股时才是家族企业，而Bartholomeusz和Tanewski（2006）则认为只要一个家族拥有企业的控股权，就能定义为家族企业。Donckels和Forhlich（1991）认为家族持有企业60%及以上的所有权时才能称为家族企业，但较多的学者认为家族至少持有企业50%以上的所有权才能称为家族企业（Hayward，1992；Smymios和Romano，1994；Cromie，1995；Reynolds，1995），如中国民（私）营经济研究会家族企业委员会（2013）将个人及其家族成员在企业股权总额所占比例在大于等于50%以上的企业定义为家族企业；① 也有学者根据企业的规模、是否上市等因素给出了不同的家族持股标准，如 La Porta et al.、Claessens et al.、Faccio et al.分别为家族持股比例设定为了10%、20%、30%和40%的界限。同时，也有学者并没有指出具体的持股比例，如 Alfred D.Chandler（1977）认为家族企业是企业创始人及其最亲密的合伙人（和家族）一直掌有大部分股权的企业，Lansberg et al.（1988）认为由家庭成员合法拥有所有权的企业就是家族企业。

　　随着企业规模的不断增大，家族企业发展壮大所需资金的筹集渠道也从家族内部为主逐步开始向通过发行股票而进行社会筹集的渠道转移，其结果就是家族企业股权结构的不断分散，家族持股比例也随之而不断降低，因此，有学者认为持有30%、20%、10%，甚至5%的情况下也仍然可以称之为家族企业。目前，国际上对家族企业在进行界定时通常会根据企业组织形式的不同而采用给出不同的界定标准：如对于股权相对分散的公司，采用的标准是自然人或家族掌握三分之一以上的投票权；对于股权非常分散的大型上市公司，因股权分散，通常以10%以上的投票权为界限；对于未上市的公司或者中小企业，通常以50%的投票权为界限。而国内学者在进行概念界定时，通常将持股比例大于50%作为判定是否为家族企业的标准，而并不依据企业的规模和是否上市等因素。

---

① 中国民（私）营经济研究会家族企业委员会.中国家族企业社会责任报告［M］.北京：中信出版社，2013：5-6.

二、以经营权为核心界定的家族企业

经营权是指对企业财产的占有、使用和依法处分的权利，即在经营过程中对企业财产、投资和其他事项所享有的支配权和管理权，体现了对企业的实际控制。福山（1998）认为华人家族企业具有"集权情结"，不愿意或难以与非家族成员的经理分享企业的经营权，所以他认为从经营权的角度界定家族企业是华人企业的重要标准。[1]哈佛大学Robert G. Donnely认为，家族企业是指同一家族中至少有两代人参与到公司的经营管理中去，且两代人衔接的结果是使公司的政策和家族的利益与家族目标有相互影响的关系，同时家族企业还要满足以下七个条件中的一个或数个：第一，家族事业是决定家族成员个人一生的事业；第二，家族成员在公司的职务反过来将影响家族成员在家族中的地位；第三，家族成员要有责任持股家族企业的股票，而持有股票的目的不能仅仅局限于获取收益，而同时要承担着除收益以外的其他责任；第四，家族成员要通过自己的行为反应并维护家族的声誉；第五，家族与家族企业的价值要紧密结合在一起；第六，现任或前任董事长或总经理的妻子或儿子位居董事；第七，家族关系决定了继承经营管理权的关系。

此外，还有学者以家族成员的参与程度来界定家族企业。郭跃进（2002）通过引入家族成员的"血亲关系距离"，构建了以业主或法人代表为中心的、用以确定家族成员的亲等指数模型，并借助于该指数测定家族企业的家族化水平。[2]Churchill & Hatten（1987）[3]指出家族企业的重要特征是家庭关系卷入到了企业经营管理之中，不但如此，家族企业的管理权杖在家庭成员间以非市场导向的方式进行交接，从而实现家族企业在家族内的代际传承。

① 弗朗西斯·福山.信任：社会美德与创造经济繁荣［M］.海口：海南出版社，2001：74.
② 郭跃进.论家族企业家族化水平的测定原理与方法［J］.中国工业经济，2022（12）.
③ Churchill，Hatten. Non-market based transfers of wealth and power：A research framwork for family business，American journal of small Business，1987，11（3）：51-64.

三、以所有权与经营权合一界定的家族企业

钱德勒是最早从两权合一的角度对家族企业下定义的学者，他认为两权合一的传统个人企业就是家族企业。钱德勒在其经典名著《看得见的手》中指出，家族企业由企业创始人及其最亲密的合伙人和家族一直掌有大部分股权，他们与经理人维持紧密的私人关系，且掌握着高层管理层的主要决策权，特别是有关财务决策、资源分配和高层人员选拔等方面权利的企业。[①]可见钱德勒认为家族企业并不是家族全部掌控股权和经营权，而是只需要掌握其中的大部分即可。在钱德勒看来古典企业因其所有权和经营权两权合一，毫无疑问是家族企业，而对于两权分离的现代企业，只要个人或家族掌控着财务决策、资源分配和高管任命等最高决策权，且与经理人员保持亲密的私人关系，也是家族企业。Litz（1995）借助于Berle和Means的产权结构理论和管理权结构理论，认为家族企业与家族对企业的所有权和经营权密切相关，如果一个家族同时掌握一家企业的所有权和经营权则毫无疑问这家企业为家族企业。

方太家业长青研究院在《2022家业长青传承教育实践观察报告》中认为，家族企业可以从多个维度进行界定，如是否为家族企业重点看家族是否持有企业的大部分股权，或者拥有企业重大决策的决定权，也可以从企业核心管理岗位是否由家族成员担当等标准进行判断。具体而言，方太家业长青研究院界定家族企业时主要围绕四个要素：第一，企业是否由家族创业，企业的发展战略是否由家族主导；第二，企业的关键管理岗位是否由家族成员占据；第三，企业的重大决策是否由家族最终决定；第四，家族是否具有持续控制企业的意愿。

关于家族企业中家族的数量也非必须由一个家族进行控制。潘必胜（1998）在界定家族企业时主张二权统一论，认为一个家族或数个具有紧密联盟关系的家族拥有部分或全部所有权，且直接或间接掌握企业经营权时就是

---

① 小艾尔弗雷德·D.钱德勒.看得见的手——美国企业的管理革命［M］.北京：商务印书馆，1987：9.

家族企业[①]。可见，家族企业中可以包含一个家族，也可以包含了两个或数个家族。

关于家族企业中所有权与经营权的关系，学者们认为二者地位并不相等。叶银华（1999）从临界控制权的角度来界定家族企业，认为只要家族持股大于临界持股比例，家族成员或具有二等亲以内的亲属担任董事长或总经理，家族成员或具有三等亲以内的亲属担任董事席位一半以上的企业就可以认定为家族企业。[②]该定义虽然从控制权和经营权的角度界定了家族企业，但其中突出了家族对企业的控制权。与此同时，Rosenldatt等（1985）认为在界定家族企业时，所有权和经营权的地位并不相同，他认为家族掌握主要的所有权，而只需要掌握部分经营权就可以界定为家族企业。

在以两权合一界定家族企业的基础上，学者们逐步将参与家族企业管理的家族成员数量加入了家族企业的定义之中。关于参与家族企业管理的家族成员的数量，学者们并未产生一致性观点，有一人论、两人论和多人论等几种。Davis（1982）认为由一位或数位家族成员所拥有并控制的企业即为家族企业。[③]Hdlander和Elman（1988）认为家族企业为由一个或两个以上的家庭成员拥有并管理的公司。《福布斯中国家族企业调整报告白皮书》指出将家族企业定义为由一个家族所有或控制的企业，参与公司管理的家族成员数量大于2或者等于2人。叶银华（1999）认为家族成员或具有二等亲以内的亲属担任董事长或总经理，家族成员或具有三等亲以内的亲属担任董事席位一半以上的企业就是家族企业。Barnes和Hershon（1976）认为家族企业是所有权由一个人或一个家庭的成员所控制，且由家庭成员或其后代管理的企业。

Chua、Chrisman和Sharma（1999）从理论化定义和操作化定义两个方面界定家族企业。他们认为一个理论化定义必须能够从概念上将一种实体、目标或现象与另外一种实体、目标或现象区分开来；而一个操作化的定义主要是将实体、目标或现象区别于其他实体、目标或现象的可观察和可测量的特征。基于

---

①　潘必胜.乡镇企业中的家族经营问题［J］.中国农村观察，1998（1）.
②　叶银华.家族控股集团、核心企业与报酬互动之研究——台湾与香港证券市场之比较［J］.管理评论（台湾），1999（2）.
③　Davis, P. Realizing the Polenliat of the family Business，Organizational Dynamics，1982：47-56.

此，他们认为，在理论上，家族企业是由一个或几个家族监控或管理的企业，目的在于通过强势联合管理去塑造和追求家族的愿景，潜意识里也希望企业能稳定地代代相传。企业的愿景必须是以企业为工具去追求家族利益和家族更美好的未来。而操作上则可以通过所有权、管理控制权、监控权和代际交接来分开不同的研究样本群体[①]。与Chua et al.（1999）相一致，Thomas Zellweger（2022）在界定家族企业时也是围绕上述两个中心特征，并将家族企业愿景融入到了定义中来，指出"家族企业是由家族控股的企业，家族企业的愿景是将家族企业的控制权世代相传下去"[②]。

四、本书对家族企业的界定

以上的分析表明，家族企业的判断标准主要包括所有权比重、投票权比重、家族对企业战略的影响力、管理权，以及是否有多代家族成员参与企业管理等。我们认为，家族企业是指由一个或数个关系紧密的家族拥有，能够有效控制企业的股权，能够主导企业战略方向，且至少有一名家族成员担任关键核心管理岗位并以此控制企业经营权，追求家族规模不断壮大，家族财富不断增值，实现家族财富和家族理念世代传承的企业组织。当然，即使针对同一个国家和地区，家族企业的定义也是动态变动的。

第三节　家族企业的特征与类型

家族企业定义主要是从其本质上认识的，而特征则主要是从其外在上概括的。本节在概括了家族企业特征的基础上，按照我们研究的需要对其进行了分类。

---

① Chua, J. A., Chrisman, J. J., Sharma, P. Defining the family business by behavior, Entrepreneurship Theory & Practice, 1999, 23（4）：19-39.
② 托马斯·齐维格.家族企业管理：理论和实践［M］.任力，译.厦门：厦门大学出版社，2022：15.

一、家族企业的特征

毫无疑问，家族企业具有其自身显著的特征。这里将从其总体特征、治理特征、经营行为特征、发展阶段特征、文化和社会特征等角度对家族企业的特征进行概括。

（一）家族企业的双系统特征

家族企业是家族和企业的综合体，呈现为家族与企业的二元结构特征[①]。我国学者张强（2003）进一步指出了这些具体特征（如表3-5所示）。

表3-5　家族企业双系统特征

家族系统	企业系统
血缘关系是永久的	员工关系是暂时的
无条件接受要求	要求绩效和表现
互相关怀	培育人才
根据家庭里的辈分确定权威	根据在企业里的角色和职务确定权威
非正式的行为关系	正式的雇佣关系
培养子女成年	获取利润
世代相传的人生周期	有限的工作和生产周期

资料来源：张强.自家人、自己人和外人——中国家族企业的用人模式［J］.社会学研究，2003（1）.

在此基础上，还有一些学者（Davis和Tagiuri，1989）将所有权与家族和企业结合在一起，形成了家族企业治理的三环模型（见图3-2）。该三环模型由7个区域组成，家族企业中的每一个主体都被置入了其中的对应区域。[②]

---

① Beckhard, R., Dyer, W. G. Jr. Managing Continuity in the Family owned Business, Organizational Dynamics, 1983, 12（1）: 5-12.
② Davis, J. A., Tagiuri, R. The influence of life stage on father son work relationships in family companies, Family Business Review, 1989, 2（1）: 47-74.

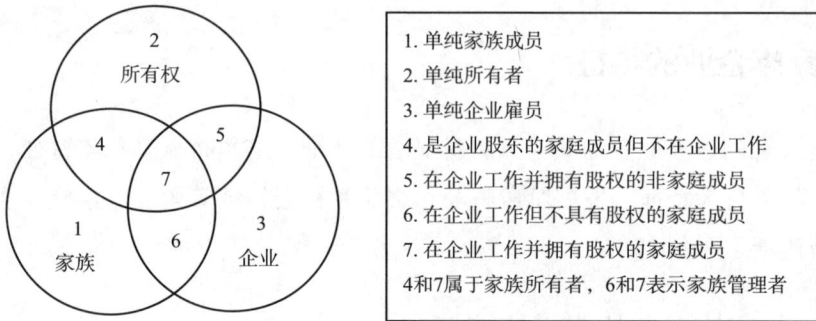

1. 单纯家族成员
2. 单纯所有者
3. 单纯企业雇员
4. 是企业股东的家庭成员但不在企业工作
5. 在企业工作并拥有股权的非家庭成员
6. 在企业工作但不具有股权的家庭成员
7. 在企业工作并拥有股权的家庭成员
4和7属于家族所有者，6和7表示家族管理者

图3-2　家族企业治理三环模型

（二）家族企业的治理特征

　　家族、所有权、控制权等交叉重叠在一起形成了家族企业独特的治理结构与管理过程。关于家族企业的治理特征具体可以归结为四个方面。第一，家族企业的股权集中在家族成员。刘小玄等（2001）认为家族企业的特征是单个企业主占有企业的绝大部分剩余收益权和控制权，承担企业的主要风险。王迎春（2002）指出家族企业的治理结构特点是家族掌握企业的主要所有权，具有企业员工管理家庭化和经营者激励约束双重化的治理特征。王谦（2002）从所有权结构方面指出家族企业的一股独大现象较国有企业更为严重。第二，家族企业的控制权集中于家族成员（见表3-6）。从数据可见家族企业的重大经营决策基本都是由主要投资人一人决定的。所以，家族企业具有治理结构的选择性偏好即家族企业独立控制（Hoopes and Miller，2006）。第三，家族企业追求所有权在家族内部的代际传承。因为所有权的代际传承，为家族企业的兴旺发达提供了物质保证，也保证了家族规则等家族文化的顺利传承。第四，家族企业呈现为家长式的领导模式与基于内外亲疏有别的差序格局的管理模式。从经营管理团队的视角看，家族企业注重采用亲情化和人情化的管理方式，创办人的直系家族与同姓同族和其他亲族等共同经营的特征，该特征在华人企业中尤为明显。

表3-6 私营企业中权力结构分布

单位：%

决策者	重大经营决策				一般管理决定			
	1993年	1995年	1997年	2000年	1993年	1995年	1997年	2000年
主要投资人决定	63.6	54.4	58.8	43.7	69.3	47.3	54.7	35.4
董事会决定	15.2	19.7	11.0	26.3	5.1	15.1	10.0	18.2
主要投资人和主要管理人共同决定	20.7	25.6	29.7	29.1	25.3	37.3	34.5	41.8
主要投资人和其他组织共同决定	0.6	0.0	0.3	0.5	0.3	0.3	0.4	0.8
专职经理决定	—	—	0.2	—	—	—	0.3	3.4

资料来源：中华全国工商业联合会. 1993—2006中国私营企业大型调查［M］. 北京：中华工商联合出版社，2007：120.

（三）家族企业的经营性特征

《组织科学》期刊第36期曾总结了京都家族企业的组织行为特征，这些特征对其他家族企业也是适用的。其总结的家族企业的经营行为特征包括四个方面。第一，自筹资金是家族企业主要资金来源，且家族企业资源能够高效利用。家族企业的资金来源中自筹资金占主要地位（见表3-7），可见自筹资金占据绝大部分。资金来源呈现这一特点的原因在于家族企业较为关注财务风险，所以通常使用自有资金进行企业的发展，往往不倾向于使用其他资金渠道或者不过度使用其他融资渠道；同时，因家族企业创办人在企业发展过程中都不可避免地经历过多次财务困境，所以家族企业高度重视各种资源尤其是财务资源的高效使用。第二，家族企业客户关系呈开放化、全球化特点。家族企业在发展到一定阶段和一定规模后，往往以开放化、国际化的姿态大力开发各类、各区域的客户，避免过分依赖于特定客户，从而也减少了企业可能面临的经营风险。第三，家族企业呈特色化、差别化经营的特点。为了保持竞争力，家族企业全力追求技术创新和产品差异化特色，但同时其对多元化经营也保持着高度的警惕，因为多元化可能会使企业发展陷入困境之中。第四，家族企业奉行客户至上的长期主义，并试图与客户建立永久的供需关系。

表3-7　私营企业资金来源构成

投资者	企业注册时资金构成	1999年年底资金构成
主要投资人	74.5%	63.0%
其他投资人	20.4%	9.5%
其他资金来源	5.1%	27.5%
合计	100%	100%

资料来源：中华全国工商业联合会. 1993—2006中国私营企业大型调查［M］.北京：中华工商联合出版社，2007：120.

（四）家族企业的发展阶段特征

根据企业生命周期理论划分家族企业不同生命周期阶段并总结了各阶段的特征（见表3-8）。张余华（2006）将家族企业的发展阶段划分为孕育期、成长期、成熟期和衰退期四个阶段，对每个阶段从创业者风格、市场占有、资金、人力资本、领导者管理风格、发展战略、制度与管理、存在的问题与创业者等方面总结了其对应的特征，从动态的角度分析了家族企业的阶段特征，为我们研究家族企业提供了新的视角。

表3-8　基于生命周期阶段的家族企业特征

内容	孕育期	成长期	成熟期	衰退期
创业者风格	充满创业激情，并付诸实践	有创新精神，但刚愎自用、独断专行	有创新精神	思想保守，缺乏创新
市场	开拓市场	有一定的市场占有率	维护战绩，伺机而行	减少开支，尽力出售现有产品
资金	内部积累	短缺	有稳定的筹集资金的方式	有丰富的资金
人力资本	家族内成员	招聘技术和管理人才	频繁更换技术和高级管理人才	精简技术和管理人才
领导者管理风格	直接控制和指挥	职能分工，监督性质的指挥	分工更细，部门化管理	公司行政职能部门权利大
发展战略	产品导向	获取利润，积蓄资源实力	投资回报	—
制度与管理	缺乏管理深度和制度，缺乏授权	逐步建立健全的制度，管理开始规范化	建立了健全的制度，管理规范	制度僵硬，管理开始规范化

续表

内容	孕育期	成长期	成熟期	衰退期
存在的问题	规模小，竞争力弱	规模逐渐扩大，但管理水平不高，矛盾冲突不断	—	
创业者	创业者掌握企业控制权，参与企业全部经营业务	创业者掌握企业控制权，参与企业的大部分经营业务	创业者授权，参与企业的核心经营业务	—

　　资料来源：张余华.家族企业发展进程及治理模式研究［M］.武汉：华中科技大学出版社，2006：90.

（五）家族企业的社会学与文化学特征

　　家族传统文化一直是中国家族企业发展的框架和文化指引，即家文化的伦理本位和差序格局对家族企业具有深刻的影响。家族企业追求代际传承，呈现为企业家族化、家族企业化的特征，所以家族企业兼具现代企业和家族企业的二元特征（Beckhard et al.，1983）。

　　家族对企业的掌控使得家族文化可以非常容易地渗透到企业之中，成为家族企业独特的文化特征和内涵价值引领。家族因其血缘、姻缘等关系而形成，具有天然的高信任、高忠诚、易合作等文化和社会特征。这将使得在家族企业中家长式的权威和管理者的权威有机地结合在一起，保证了家族企业决策的高效率和执行时的低障碍，保障了既定战略和政策的有效贯彻；家族成员间协调沟通成本低，监督成本也低，有利于家族有限资源的有效配置；家族成员目标函数一致性高，相对于非家族企业的凝聚力和向心力更强，从而提升了家族企业的抗风险能力，也是家族企业创新能力的保证。陈波（2004）认为家族企业主要具有以下文化学特征，如成员认同度高、集体主义倾向、人本主义倾向、组织整合程度高、易监督控制、经营稳健等。当然，除了上述优势外，家族企业也存在任人唯亲、小富即安、物质资源受限、智力资源不足等局限，不利于家族企业的长期可持续发展。因此，家族文化在家族企业发展过程中呈现出明显的"双刃剑"特征（Dyer，1986）。可以说成也家族、败也家族。

　　中国家族企业主社会学特征主要体现在：第一，男性创业者为主体；第二，企业主人力资本日渐提升；第三，家族企业主的社会资本多寡对企业经营成功与否具有决定性影响（陈凌等，2011）。

二、不同类型的家族企业

文献整理表明，目前学术界和实际操作部门已经形成如下几种对家族企业的分类。

1. 根据广义和狭义进行的分类

家族企业可以分为广义家族企业和狭义家族企业。狭义的家族企业指家族创办的企业，且企业的所有权、控制权和经营权为家族成员所控制的企业。广义的家族企业是基于狭义家族企业的基础上发展和壮大，逐步走向规范化、现代化管理的家族企业，体现在股权结构的逐步分散和管理成员从家族成员向职业经理人等非家族成员扩展。也有学者依据公司的所有权和经营权划分了广义和狭义的家族企业，其中有创办人经营的企业即广义的家族企业；其他为狭义的家族企业，主要包括以下三种类型：（1）个人既是公司的大股东又是最高经营者的家族企业；（2）个人虽然是公司的大股东却不承担最高经营者职位的家族企业；（3）个人虽然失去了公司的大股东地位，但仍然以创业者家族成员的身份就任最高经营者的家族企业。

2. 根据企业家族化程度进行的分类

基于家族企业家族化的程度不同，李善民和王陈佳（2004）将家族企业的形态分为四类，分别为家庭式的家族企业、纯家族式的家族企业、准家族式的家族企业或泛家族式的家族企业和混合式的家族企业。其中，家庭式家族企业是指该企业100%为家族所控制，而且这个家族仅指企业主和其家庭成员，他们完全掌握了企业的所有权、控制权和经营权。纯家族式家族企业，这一类型的家族企业与家庭式家族企业类似，即所有权、控制权和经营权完全被家族成员控制，但是这里的家族成员包括姻亲关系的成员。准家族式家族企业的控制权开始向熟人、干亲等成员授权，但是范围极为有限。混合式家族企业中，管理岗位开始向除了上述人员之外的职业经理人授权，即企业的控制权进一步向外人授让。这四种类型的家族企业，从第一种到第四种其家族化程度逐渐降低①。

3.根据是否上市进行的分类

根据是否公开上市，家族企业可以分为上市家族企业和非上市家族企业。上市家族企业和非上市家族企业的区别主要在于股权结构和融资渠道等方面的差异。家族企业通过在股票市场上公开发行股票，能够吸引更多的投资者，增加企业资本的规模和实力。具体而言，家族企业通过上市可以获得四个方面的优势。第一，资本来源更加多样化。家族企业通过股权融资，吸引外部资本进入公司，从而能够扩大企业规模，促进公司发展。第二，上市能够使家族企业加强经营管理，完善公司治理。因上市公司需要满足金融监管部门和证券交易所的规则制度，需要公开公司经营管理等有关信息，从而通过上市，家族企业的信息透明度增加，人们通常所认为的家族企业神秘色彩也会因上市而降低，从而能够加强社会监督，有利于改变家族企业传统的经营模式，改善经营管理，提升公司治理水平。第三，上市能够提高家族企业知名度。家族企业上市后其经营管理将会更加稳健，有利于提升公司知名度和美誉度，扩大家族企业品牌影响，获取更大的市场份额。第四，上市增加了家族企业的股权流动性，能够为家族企业开拓更大的发展空间。但与此同时，上市也会给家族企业带来如下不利影响：首先，上市后，家族企业部分股权由社会上的投资者持有，会对家族企业的经营管理及未来发展带来压力，甚至在极端情况下有可能失去家族控制权；其次，可能会使管理者采取短视行为而影响家族企业的长远发展，资本市场的投资者尤其是中小投资者关注短期收益，这有可能导致家族企业管理者为满足一些股东要求而注重短期收益，忽视长远发展；最后，上市也将使得企业管理成本增加如审计费用等。

4.根据企业规模进行的分类

从规模的角度观察家族企业，我们首先要明确划分企业规模的标准。2017年，国家统计局修订出台了《统计上大中小微型企业划分办法（2017）》（以下简称《办法》）。《办法》选取企业的从业人员、营业收入、资产总额等指标

---

① 李善民，王陈佳.家族企业的概念界定及其形态分类［J］.中山大学学报（社会科学版），2004（3）.

或替代指标，并结合行业特点制定具体的划分标准，将在我国境内依法设立的各种组织形式的法人企业或单位的规模划分为大型、中型、小型和微型。以工业企业为例，现行办法划定标准见表3-9。

表3-9　我国工业企业规模划分标准

行业名称	指标名称	计量单位	大型	中型	小型	微型
工业	从业人员（X）	人	X ≥ 1 000	300 ≤ X<1 000	20 ≤ X<300	X<20
	营业收入（Y）	万元	Y ≥ 40 000	2 000 ≤ Y<40 000	300 ≤ X<2 000	Y<300

资料来源：国家统计局网站发布的《大中小微型企业划分标准是什么》。

按照国家统计局的这一划分标准，我们可以大致将家族企业划分为大型家族企业和中小型家族企业两类。由于大型家族企业资产规模、营业收入高（40 000亿元以上），雇佣员工多（1 000人以上）。这种情况下，企业一方面有实力从事更多公益性的共同富裕的事情；另一方面，也有能力给予本企业员工更多物质和精神上的关照。而对于中小型家族企业，营业收入多在300万~40 000万元，雇佣员工多在20~1 000人。它们可能没有更多资力和人力投向公益性事业上，如果能在关照本企业员工的物质和精神上做更多事情，也可认为为共同富裕有所贡献。

5.根据企业的产业分布进行的分类

根据家族企业是否为高科技企业，家族企业可以分为高科技型家族企业与非高科技型家族企业。二者之间的主要区别在于它们所涉及的业务领域、创新能力和规模之间存在差异。首先，高科技型家族企业通常是专注于科技领域的企业，业务范围一般涵盖电子、通信、互联网和生物技术等领域。而非高科技型家族企业则可能经营更广泛的业务，如制造、金融、房地产等。其次，高科技型家族企业往往具有创新的能力和技术竞争力，愿意投入资金和精力开展技术研发和技术创新，从而能够提升企业的竞争优势和市场份额。而非高科技型家族企业可能更多地专注于产品的销售和市场推广，而对技术创新关注不足。最后，高科技型家族企业往往规模相对不大，但却拥有具有高价值的知识产权和技术。而非高科技型家族企业则可能是大型企业，人员数量和资产规模都相对较大。

6.根据企业的区域分布进行的分类

我们按照区域分布的不同将家族企业划分为东部家族企业、中西部家族企业和东北部家族企业。因家族企业的地理位置、制度环境、成长过程等方面存在差异，致使不同区域的家族企业具有明显的区域特点。

东部家族企业的特点主要体现在以下四个方面。首先，数量多。因东部地区的交通环境、市场环境、经济环境等方面具有众多优势，这些环境催生了大量的家族企业，所以我国的家族企业主要集中分布于东部省份。其次，高度专业化。东部地区的家族企业专业化程度高，经营范围广，业务领域多。再次，国际化程度高。东部地区家族企业具有国际视野，国际化程度高，在国际市场上的竞争能力比较强。最后，创新能力强。这一地区的家族企业市场敏锐度高，具有较强的创新能力，能够把握其至引领市场发展方向。

中西部家族企业的特点表现在以下三个方面。首先，地域性强。中西部家族企业的经营范围通常具有局限性，以本地区为主要经营范围。其次，经营模式较为传统，主要体现在创新能力不足，包括技术创新、组织创新、市场创新、管理创新等方面。最后，人才流失问题突出，近年来很多优秀的管理人才离开了中西部地区的家族企业到东部地区或国外发展。

与东部和中西部家族企业相比，东北部家族企业主要呈现以下特点。首先，整体上，东北地区家族企业数量较少、规模较小，实力也较为薄弱，整体创新能力不足。其次，产业结构有待完善。从产业分布上，东北家族企业较多从事能源初加工及劳动密集型产业，而新能源、高科技、生物医药等高端制造业和生产性服务业占比少。再次，行业分布的特点决定了东北家族企业具有较强的外部资源依赖性特征，且企业的收益在很大程度上受到资源价格波动的影响。最后，东北家族企业转型较为困难，主要体现在创新创业能力难以支撑企业转型、融资约束较强、企业管理模式较为传统等。

三、家族企业的转型与"新家族企业"的出现

以上对家族企业的定义和特征的概括着重于静态的考察，而事实上它们时

刻都处于变动和转型之中。特别是从更长的时间段来看，或者是在发生了社会的快速变革的背景下，这种改变就更为明显。就我国的家族企业而言，由于近些年来我国的经济、技术和社会等各个方面都发生了巨大变化。为了适应这些新变化，一些家族企业已经在股权结构、治理结构、管理模式、企业理念等方面进行了较大的调整，形成了与传统模式有很大不同的新模式。我们不妨将这类企业称为"新家族企业"。这些"新家族企业"持更开放包容的态度和更先进、适用的文化理念，更愿意吸纳新科技和优秀的经营人才，更愿意采纳新的商业模式，也更愿意承担社会责任。因此，他们代表了家族企业的发展取向，我们必须对此保持高度关注并予以褒扬。

第四节　家族企业参与共同富裕的意义

前面分析表明，家族企业既是一类世界普遍的企业制度，也具有鲜明的特性。本书的重点并不局限于家族企业的这些基本问题，而是着重考察其与共同富裕之间的关系。为此，我们需要明确其意义所在。

一、参与共同富裕有助于获得国家的认可和支持

促进共同富裕，已经成为当下和今后一段时期内我党一项重大的政治任务和战略安排。通常，政府制定的任何一项重大政策都有明确的目标和具体的政策安排，都会围绕基本政策配套性地安排一系列辅助政策或措施，比如相关的政治评判、行政执行、法律保障和经济奖惩等政策措施。

我们已经看到，为了尽早实现共同富裕的目标，党和政府部分已经制定出相关规划。在中共中央十九届五中全会《关于制定国民经济和社会发展第十四个五年规划和二〇三五年远景目标的建议》中，明确提出了到2035年基本实现社会主义现代化远景目标。其中，关于共同富裕目标的主要内容是：人均国内生产总值达到中等发达国家水平，中等收入群体显著扩大，人民生活更加美好，人的全面发展、全体人民共同富裕取得更为明显的实质性进展。

为了实现这一宏伟目标，党和政府号召全社会广泛参与，最大限度地调动社会的各种资源，也会出台相应的政治、行政、法律和经济等政策措施，对积极参与者予以肯定、支持、保护和鼓励。因此，包括家族企业在内的广大民营企业，如果积极主动地参与到共同富裕这一伟大事业之中，首先反映出企业对党和政府的重大方针政策的认同和理解，反映出企业愿意为这一事业做出自己的贡献；其次，在此前提下，就会有针对性地对这些企业予以行政支持和法律保护，还会通过资金、税收、价格，甚至收入分配等经济手段予以经济激励。这样，尽管企业投资于低收益甚至是无收益的公益事业，但综合其社会收益和经济收益，企业的总收益也会大于其成本。

二、参与共同富裕有助于企业承担社会责任

（一）什么是企业社会责任

"企业社会责任（Corporate Social Responsibility，CSR）意味着一个企业为自己影响人们、社会和环境的任何行为承担责任。它意味着对人们和社会有害的行为应被认识到，并尽可能予以纠正。它可能要求一个企业放弃一些收益，如果其社会影响严重危害到一些利益相关者，或者其资金能够另外用于获得积极的社会影响。"[①]

企业履行社会责任的行为有助于增进社会福利。企业社会责任的概念逐步得到了社会的认可，各行业均认为应该承担社会责任，共同促进社会福利的提升。Karnani（2010）认为企业尤其是大型的企业更应该关注并积极履行企业社会责任，因为企业尤其是大型企业的各项生产活动在为企业带来效益的同时，对员工、社区、环境、社会等利益相关者的利益会产生正外部性或者负外部性，企业可以通过社会责任的承担来弥补其产生的负外部性。在企业社会责任发展的早期阶段，企业对社会责任的认识更多只是一种要积极承担社会责任

---

① 詹姆斯·E.波斯特、安妮·T.劳伦斯、詹姆斯·韦伯.企业与社会：公司战略、公共政策与伦理［M］.北京：中国人民大学出版社，2005：61.

的意识，但如何去履行社会责任，具体承担哪些社会责任，在当时并没有具体的行动指南和评价标准等，所以当时实际承担社会责任的公司数量并不多，所承担的社会责任范围也较为狭隘。根据Boli and Hartsuiker（2001）的研究，以"财富500强"公司为例，在20世纪70年代末也只有不到二分之一的公司在年报中报告了社会责任，但仅仅20年后，也就是到了20世纪末的时候，近90%的世界500强公司都已经将积极承担企业社会责任列为了公司的核心目标之一。

Bowen（1953）是最早对企业社会责任进行系统界定的学者，他指出企业社会责任的承担主体为企业的管理者，所以企业的管理者要积极承担社会责任，并有义务根据社会需求、社会伦理、社会道德、社会价值观等制定企业决策。Carroll（1999）将Bowen誉为"企业社会责任之父"①。

20世纪70年代，学术界对企业的社会责任进行更准确的定义，赋予其更丰富的内涵。Johnson（1971）对企业社会责任的内涵分别从企业利益相关者、长期利润最大化、效用最大化等角度进行了完善。Votaw（1972）将企业的法律责任、社会道德责任、社会慈善公益等逐步纳入了企业社会责任的范畴。

20世纪80年代，大家开始关注企业社会责任的履行是否会对企业的利益产生负面影响等问题。Peter Drucker（1984）指出，企业社会责任的承担并不会对企业的利益产生不利影响，企业社会责任的承担和企业的利益可以收获双赢。Peter Drucker指出企业应该深入思考如何将企业社会责任的承担有效地转化为企业新的商业机会，并通过社会责任的承担为企业带来利润。Peter Drucker的这一观点为企业如何更好地履行社会责任开辟了全新的研究领域。Jones（1980）从两个方面总结了企业社会责任的关键特征：第一，企业履行社会责任必须是企业的自愿行为；第二，企业社会责任是对企业利益相关者的责任。国内学者朱慈蕴（1998）指出，社会责任是企业对公司员工、消费群体和债权人等其他利益相关者的责任。此外，企业社会责任的定义也开始纳入环境利益、企业创新、文化建设和传播等其他社会利益等因素。但无论如何企业社

---

① Carroll, A. Corporate Social Responsibility–Evolution of a Definitional Construction, Business and Society, 1999, 38（3）: 268 – 295.

会责任概念的界定始终应紧密围绕企业利益相关者、社会伦理、社会、环境与经济五个核心要素。

（二）企业社会责任的层级

依据企业社会责任的层次不同，由低层次到高层次企业社会责任可以划分为基础社会责任、道德社会责任和精神社会责任三个层次。

最低层次的企业社会责任即基础社会责任。企业基础社会责任的对象包括企业内部的股东、员工和企业外部的客户、社区、政府、环境等；中间层次的企业社会责任即道德社会责任，包括企业从事慈善、捐助等社会公益活动；最高层次的企业社会责任即精神社会责任。

（三）家族企业参与共同富裕有助于履行社会责任

企业的社会责任与共同富裕存在特定的联系，每个企业都是社会生态系统中的一个节点，它们将自身融入社会共同富裕中，在履行企业社会责任中不断拓展责任边界范围和价值创造空间，以新思维、新理念、新路径重塑企业与社会的关系。在迈向共同富裕的过程中，通过初次分配、再分配和三次分配企业将起到关键作用。在共同富裕的道路上贡献一份力量，正成为当前企业承担社会责任的一种体现。

在迈向共同富裕的过程中，企业作为市场主体，要转换社会责任履行的逻辑，升级社会责任履行的方式。企业社会责任要立足于共同富裕，淡化其利己的工具性，强化利他的功能性，将资源贫乏的社会群体识别为企业利益相关者之一，引导企业履行社会责任时的资源分配方向，真正兼顾社会效率与公平，将社会财富最大化作为企业长远发展的目标，强调企业经营与社会发展的"共生共益"。企业利他型社会责任的履行是将企业自身发展嵌套进我国社会发展的趋势中，长远来看是为了建立可持续的商业模式，将呈现"缓而久"的高质量发展特征。

二、家族企业参与共同富裕有助于获得利益相关者的认同 [①]

无论是一般企业还是家族企业，企业理论都认为它是一个契约的联结点，是一个由各类"利益相关者"结合起来的经济社会组织。美国学者Freeman & Reed（1983）从一般意义上定义了企业的"利益相关者"。他们认为，利益相关者是能够影响企业组织目标实现，或者为企业组织目标实现过程所影响的个人或集团。企业的利益相关者一般被分为主要的利益相关者和次要的利益相关者两大类。企业主要的利益相关者与企业有着直接的利害关系，它们自愿地通过对企业特定形式的投资或者成为企业提供生产经营必需的稀缺资源，或者成为企业重要的客户，包括：股东、债权人、雇员和管理人员、客户、批发商和零售商、供应商和其他业务伙伴。他们与企业的基本关系如图3-3所示。

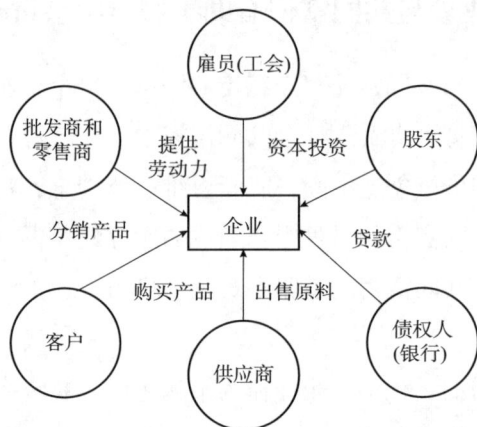

图3-3　企业与其主要利益相关者之间的关系

除了主要利益相关者外，企业还有许多次要的利益相关者，包括政府和管理人员，市民机构，社会压力集团（如工会）、媒体和学术评论家等具有公共利益的集团、贸易团体、竞争对手等具有私利的集团。主要的社会利益相关者与企业组织有着直接的利害关系，他们主要存在于企业内部。次要的利益相关者的影响力主要体现在企业的声誉和公众地位方面，主要存在于企业的外部。

---

① 剧锦文.企业与公司治理理论研究［M］.北京：中国经济出版社，2018：234-239.

对于家族企业而言，同样也是众多利益相关者的联合体，只不过它们的利益相关者有着自己的特殊性。比如，家族企业的主要利益相关者集中在：处于控股地位的家族、企业的债权人和企业的员工；次要利益相关者主要有客户、供应商和其他业务伙伴、政府、企业所在地的社区等。假如家族企业积极参与共同富裕，主动承担社会责任，就会首先关注其利益相关者，正因如此，家族企业就会得到各类利益相关者的支持。

第一是家族。家族企业一般都有一个单一的家族，他们不仅是企业的控股股东，而且是企业主要的经营管理者。因此，他们是企业最主要的利益相关者。正如前面所说，企业如果积极参与共同富裕事业，就能够得到综合利益的最大化。而这首先会使作为控股股东的家族获得最大利益。因此，家族通常会支持企业参与到共同富裕事业之中。此外，在家族企业中，通常除了家族控股股东外，还有一些非家族股东。这些非家族股东一般都是"小股东"，如果是上市公司的话，也都是一些"散户"股东。如果家族企业参与共同富裕，也会考虑这些没有实际控制权的"小""散"股东的利益，包括给予他们更多的话语权和控制权。由于这些股东的权益能够得到保全，他们也就会认同企业的经营理念，并积极参与企业的经营管理。

第二是债权人。一般的企业理论认为，所有者——管理者出于融资的需要，在有机会先发行债券然后再决定投资项目的情况下，会利用信息不对称而施行道德风险，股东会选择方差较高的项目，项目一旦成功，全部收益归股东，而项目一旦失败，则损失是由债权人承担；而且，股东一般都会获取全部景气的收益，而债权人则要承担部分不景气的成本（迈克尔·詹森和威廉·麦克林，1976；阿尔奇安和武德沃德，1991）。还有学者（威廉·L.麦金森，1997）进一步指出，债权人遭到代理成本损失最简单和最有可能的情况是，股东经理人通过发行债券用债权人的财富作为股利分发给股东、给自己增加工资、福利或通过关联交易转移因债务带来的财富。尽管在家族企业中股东与经营者之间的委托—代理成本较低，但与债权人之间的道德风险委托并不是不存在的。不过，由于家族企业通常是长期主义者，他们更看重企业的声誉和长远利益，在长期多轮博弈的情况下，家族企业一般会充分考虑债权人的利益，以维持与债权人的长期合作关系。再者，假如家族企业参与共同富裕，企业的投资也许直接收益会比较低，但它会得到政府的支持和法律保护，项目投资的收益会比较稳定，风险会有所降低，由于债权人特别看重债务企业稳定的业绩，因此他们会持更愿意合作的态度。

第三是企业员工。一般企业理论都认为，员工是企业重要的利益相关者。美国学者马格丽特·布莱尔（1995，1999）曾指出，员工在企业长期实践中形成的专业知识和专业技能已经构成了企业特殊的人力资本，是公司重要的利益相关者。由于股东可以通过资本市场轻易地分散其投资风险，而员工的人力投资则仅属于企业，其风险很难规避，他们时刻处于风险之中。因此，员工的地位和利益必须得到尊重。日本学者青木昌彦等（1997，2001）从信息的角度认为，处于工作一线的员工相对于管理者、股东更具有信息优势，是公司专有信息的拥有者。如果能够充分肯定员工的利益和诉求，员工就会将这些优势充分地发挥出来。就我国的家族企业而言，对企业员工利益的充分关照是它们的典型特质。在"家"文化深度渗透的背景下，家族企业会将企业员工看作"自己人"甚至是家族的成员，会将他们看作是企业的命运共同体。这里，我们再以方太集团为例，管窥一下家族企业是如何关照自己的员工、并得到员工的支持的。方太集团认可"员工的成长速度决定企业发展速度"的理念，他们则在关照员工的职业发展和物质需要的基础上，同时也关照员工精神层面的成长。正因为方太集团高度重视企业员工全面成长，就构建起了企业与员工的利益共同体关系。这一方面保证家族股东获得合理收益，企业员工也得到了更多的物质报酬和精神满足，从而实现劳资两利。现在号召企业积极参与共同富裕，他们自然会让自己的员工更有获得感，这必然会得到广大员工更大的支持。这里需要特别强调的是，方太集团案例告诉我们，共同富裕不仅仅是使员工物质上得到满足，精神上的关照同样非常重要。

第四是客户和供应商。利益相关者理论认为，客户和供应商同样是企业重要的利益相关者。在现代市场环境下，企业为客户、消费者提供各种服务，使得客户企业获得成功或使消费者得到最大的效用满足，而客户和消费者又会反过来提升企业的声誉与价值，为企业带来更大的附加值。从而形成"顾客—企业"两者互助，共同成功的双赢局面。长此以往，企业与客户之间还会形成比较牢固的共生情感关系，这对家族企业的长期生存是非常必要的。假如企业能够用心地挖掘客户和消费者潜在的真正需求，并最大限度地满足这些需求，维护他们的长期利益，企业就能够获得市场的更多信赖。供应商同样在很大程度上影响着企业的增殖运营。在现代市场环境下，供应商能否按照契约及时地提供足量、合格的产品，对于企业能否维持正常的生产经营至关重要。而供应商能否做到这一点，其中很重要的一点就是企业与供应商之间是否形成了稳定、默契的商业关系。而这种关系的形成又取决于企业平时能否充分关照供应商的利益和情感诉求。由于家族企业本身就看重诚信、注重情感维护，特别是有些供应商常常是家族中某个成员出来创办的。这样，家族企业通常都与客户和供应商有着良好的关系。在参与共同富裕的过程中，家族企业给予客户和供应商更多利益共享的机会，必然会得到这些利益相关者的认同和支持。

第五是企业所在的社区。任何实体企业都有所在地，都属于某个社区，并与社区不断地进行各种资源和信息的交换，可以说社区是企业发展的根基和土壤。因此，社区是企业不可或缺的利益相关者。企业只有与社区建立起良好的关系，才能立下脚、扎下根。而企业与社区的关系是复杂和多面的，它们之间相互影响，互为因果。首先，企业的发展会对所在社区产生一定的影响，主要体现在两个方面。从正面看，企业的存在与发展对提高社区影响力，带动社区发展而言是有积极意义的，它能提高本社区的就业率，提高社区的人均收入水平，带动社区其他关联产业、服务业的发展，增加社区的财税收入，促进社区公共设施、文教卫生等社会事业的全面繁荣。但另一方面，企业的存在也会给社区带来某些负外部性，比如企业生产经营过程中出现的包括水、空气、噪声等的污染，比如企业与周围社区居民能否和谐相处，甚至包括犯罪率的升高，等等。而作为社区，会为企业提供国家和地方政府的政策沟通渠道，提供包括土地、水甚至独有的矿产等自然资源，也会为企业提供一定数量的劳动力，一定的产品市场和对企业的法律保护，等等。对于家族企业而言，它们通常就诞生在某个社区，也是通过与社区的不断交往中实现成长的，企业与社区深度融合。因此，对于企业来说，必然会充分考虑并妥善处理与社区的关系。他们深知如果这些关系处理不好，必然对双方都会产生不利甚至是非常恶劣的影响。在参与共同富裕的过程中，家族企业一定会在处理好与社区关系上投入更多，其结果就实现了企业与社区的共赢和共荣。

总之，家族企业主动参与共同富裕，主动承担一些社会责任，有助于增强企业与各类利益相关者的协同效应，会使企业获得更长远的收益和更多的发展机会。

三、家族企业参与共同富裕有助于树立良好的社会形象

企业的社会形象是企业重要的无形资产，企业可以通过提升产品和服务的质量以及树立良好的员工形象来提升企业的形象。对于家族企业而言，树立良好的社会形象尤其重要，因为长期以来社会上对家族企业就有一定的误解。因此，通过参与各种公益活动，多做一些有益于共同富裕的事，非常有助于提高企业的社会知名度、美誉度和影响力。

第五节　家族企业参与共同富裕中的矛盾

以上分析说明了家族企业积极投身于共同富裕事业是符合企业的长远发展利益的。但在实际的参与过程中，同样充满了矛盾和冲突。正是由于这些矛盾和冲突在一定程度上掣肘了家族企业对共同富裕的参与。这里，我们将从家族企业参与共同富裕的过程中发生的与承担社会责任以及与企业利益相关者的矛盾和冲突展开一些分析。

一、家族私利与社会公益的矛盾

由于履行社会责任是家族责任之外的一种非自利性行为，可为家族企业在困境时提供控制利益的保险，更可能从长期来看，通过缓解与各利益相关者关系，能对企业绩效产生积极正面影响。在各国的比较分析中，有研究者发现，家族企业在整体社会责任承担方面，皆存在更良好的表现（Godfrey & Merrill，

2009)[1]，而在家族企业的整体组织结构中，更好的社会责任和共同富裕表现是满足家族利益的还是与家族利益存在冲突的？在家族企业中，促进和激励企业承担更多共同富裕社会责任的主体是控制家族还是非家族成员？是接下来需要探讨的问题。

由于我国共同富裕目标是由多个阶段性目标组成的动态目标，并融合了共享性、发展性和可持续性三个相辅相成的目标。秦艳、蒋海勇（2022）[2]认为，共同富裕的目标，不仅与资源、环境承载力相协调，还需体现亲社会的共享性和公平性。共同富裕还需将发展作为基础，即在企业治理的过程中，不仅需强调亲自然、亲社会的行为展示，还需关注内部治理的效率性和内部利益的平衡。多目标的共同富裕，会在多角度、多层次与家族企业进行碰撞，从而产生不同内容的社会责任。因此在不同环境下，家族利益也会对不同的共同富裕责任内容产生不同程度的利益冲突。以下将区分环境（亲自然）、外部社区责任（亲社会）和内部治理（亲责任）三个方面，探讨家族利益与其面临的社会责任的具体矛盾，并从中细化分析，在家族企业中，为维护家族利益而存在的控制家族是否是企业积极履行共同富裕社会责任的主力军和倡导者。

（一）家族利益与绿色环境之间的冲突

一方面，绿色创新需使用更复杂、更多样化的知识和技能，需要更大的冒险倾向、更大的获取外部资金来源的能力和更市场化的外部关系（Hojnik & Ruzzier, 2016）[3]。另一方面，家族企业可能本身对亲自然的绿色创新具有保守偏好，加之与外部合作伙伴合作创新更有限的能力，使得家族企业的绿色创新的投入显著低于非家族企业。为了家族利益，家族成员更不太可能进行环保成

---

① Godfrey, P. C., Merrill, C. B. The relationship between corporate social responsibility and shareholder value: An empirical test of the risk management hypothesis, Strategic Management Journal, 2009, 30（4）: 425–445.
② 秦艳，蒋海勇. 制造业绿色转型与共同富裕的互动机理及路径——基于绿色分工演进视角［J］. 企业经济，2022（41）.
③ Hojnik, J., M. Ruzzier. What drives eco-innovation? A review of an emerging literature, Environmental Innovation & Societal Transitions, 2016, 19: 31–41.

本的投入，也更抵制企业对环境保护进行的不必要承诺。Berrone et al.（2012）[①]认为家族利益下更保守的环保意识并不会阻碍家族企业积极地进行社会责任承担，而是源自家族利益的长期导向（Gómez-Mejía et al.，2007[②]；Miller & Miller，2011[③]）对生态创新活动产生负面影响。

此外，一些组织经济学的学者认为，对于企业创新本身，家族利益就持不支持的态度，家族利益下家族成员应做得更多，而不是想得更多（De Massis et al.，2015[④]）。具体而言，在更多的家族成员被委以重任时，自然在组织中形成了缺乏专业知识、缺乏绿色资源和不愿意寻求外部创新合作的偏好，尽管家族利益中更强调持续的灵活性和更长远的价值（视角本身是有利于创新的），但组织本身的特征会使得其研发投资回报率较低。此外，Ghisetti et al.（2017）[⑤]认为绿色创新具有更高的金融壁垒和组织结构壁垒，这种独特的驱动力造就了绿色创新较传统生产更高的超额回报。而这种金融壁垒、更高水平的组织间和组织内合作会自然将家族利益挡在门外，使得家族企业更难以进入到绿色创新的快速车道中。故综上可发现，家族利益的存在会阻碍家族企业在环保承诺、绿色创新上承诺和投入，一方面原因在于控制家族对创新的风险规避，另一方面也基于组织构架的僵化，被自然屏蔽在绿色创新的高速公路外，使得家族利益表现出对亲环境社会责任的消极态度。

综上可发现，绿色承诺是家族利益履行亲自然社会责任的重要途径。而相对于绿色创新这种投入成本更大、更具风险性、更吸引大众眼球的项目，家族企业会采取更保守的策略。而更少的绿色创新投入，会使得大众对家族企业在环保上有更深的误解。

---

① Berrone, P., Cruz, C., Gomez-Mejia, L.R. Socioemotional wealth in family firms theoretical dimensions, assessment approaches, and agenda for future research, Family Business Review, 2012, 25（3）：258-279.

② Gómez-Mejía, L.R., Haynes, K., Nuñez-Nickel, M., Jacobson, K., Moyano-Fuentes, J. Socioemotional wealth and business risks in family-controlled firms：Evidence from Spanish olive oil mills, Administrative Science Quarterly, 2007, 52（1）, 106-137.

③ Miller, D., Le Breton-Miller, I., Lester, R. Family and lone founder ownership and its strategic implications：Social context, identity and institutional logics, Journal of Management Studies, 2011, 48（1）, 1-25.

④ De Massis, A., Di Minin, A., Frattini, F. Family driven innovation：Resolving the paradox in family firms, California Management Review, 2015, 58：5-19.

⑤ Ghisetti, C., F. Quatraro . Green Technologies and Environmental Productivity：A Cross-sectoral Analysis of Direct and Indirect Effects in Italian Regions, Ecological Economics 132.Complete, 2017：1-13.

（二）家族利益与捐赠之间的冲突

捐赠行动是家族利益针对外部社区责任履行的重要途径。根据刘海建（2022）[①]的统计，尽管我国90%的企业或多或少做过捐赠，但按照当年理论应捐赠金额和实际金额进行比较发现，非国有企业的捐赠行动每年平均仅完成预期的25%不到。说明我国整体民营企业的捐赠和义务支援程度还不高。朱丽娜、高皓（2020）[②]以2007—2019年中国上市公司数据为样本研究发现，家族企业的慈善捐赠活动更多是配合企业产品发售时的广告宣传活动，且为了确保社会责任成本能更多地用于家族利益在社区的情感社会资本累计，家族企业的社会责任皆以家族命名，才会进行慈善捐赠。

首先，对于家族利益而言，企业经营是其核心价值观的镜像表达。当企业追求利益最大化时，经营中天然会存在各种负面信息曝光，且负面声誉会通过家族企业传导至家族利益中。故为了降低家族利益受到企业经营的声誉影响，控制家族会更倾向于通过以家族或者家族某个人的名义进行的捐赠和义务支援，形成对家族利益的保险机制。其次，慈善捐赠是实现企业合法诉求的有效通道，这种诉求往往和政府直接相关。家族利益的社会资本实现可利用更多的慈善捐赠，从而获得当地社区和政府的认可和关注（朱丽娜、高皓，2020）[③]。最后，以家族命名的捐赠和义务支援，可在企业可见度上获得广告宣传时期的二次关注，并将产品通过控制家族个人形象的植入，进行拟人化宣传。使得产品获得更有效的广告效应。Kashmiris & Mahajanv（2014）[④]发现，家族控制人的实名捐赠使得企业的产品具有长期记忆点，有利于产品品牌的建立和家族企业的长效发展。

综上可发现，尽管我国家族企业的社会捐赠和义务支援程度还未达到预期，但在家族利益驱使下，家族企业也存在目的性的捐赠和慈善行动，并最终

① 刘海建. 应将利益相关者的预期纳入企业捐赠的实际决策中［J］. 新华文摘，2022（17）.
② 朱丽娜，高皓. 家族控制、社会情感财富与企业慈善捐赠的关系研究［J］. 管理学报，2020（17）.
③ 朱丽娜，高皓. 家族控制、社会情感财富与企业慈善捐赠的关系研究［J］. 管理学报，2020（17）.
④ Kashmiris，Mahajanv. A Rose by another name：are Family firms named after their founding families rewarded more for their new product introductions，Journal of Business Ethics，2014，124（1）：81-99.

更好地支撑了家族利益的长久发展。

二、家族企业参与共同富裕与不同利益相关者的矛盾

（一）企业实际控制人与家族的矛盾

1.家族继任者与家族企业创始人在对待参与共同富裕上的矛盾

由于家族继任者与家族创始人有着不同的教育背景和童年经历，在企业社会承担和对共同富裕的理解上，具有独特的个人风格。特别是在针对企业承担社会责任和处理与利益相关者的关系上，家族继任者与父辈有着截然不同的想法和做法。有研究发现，由于家族继任者往往更大比例具有海外生活经历，而具有海外留学和工作的经历的企业高级管理人员会更重视绿色创新、环境保护和污染治理方面的社会责任（王希、陈言，2022）[1]。由于我国家族代际传承还未形成广泛性，故在近10年的观察中也发现家族创始人在绿色创新上更消极、更保守的态度，这与国际上家族继任者在亲自然方面的偏好，具有较大的差异。进而形成二代与诸多父辈亲属所代表的家族利益行为上的冲突。刘子旭、娄阳（2022）[2]的实证发现，我国的家族继任者对绿色创新投入会随着更多的家族成员参与和手足竞争而下降，也进一步说明家族继任者在进行亲自然方面的绿色社会责任投入时，存在与家族利益间不可忽视的矛盾。

2.家族其他成员与实际控制人在参与共同富裕上也并不一致

由于目前鲜有文件对非实际控制的家族其他成员的共同富裕倾向和行动单独进行分析，但通过对非家族成员CEO对空降CEO共同富裕决策所体现的态度和行动决策，也可间接了解家族其他成员对社会责任的偏好。我国大约有26%的家族企业的董事长由非家族成员担任（姜付秀等，2017）[3]，这导致相当

---

[1]　王希，陈言.民营企业家社会资本与企业社会责任——基于海外经历的调节效应分析［J］.山西财经大学学报，2022：44.

[2]　刘子旭，娄阳.代际差序格局与继任二代开发支出会计政策选择——基于家族企业社会情感财富理论［J］.财会通讯，2022（17）.

[3]　姜付秀，郑晓佳，蔡文婧.控股家族的"垂帘听政"与公司财务决策［J］.管理世界，2017（3）.

多的民营企业实际控制人退居"幕后"而不参与企业的管理和决策。Su et al.（2022）[1]发现空降CEO会更积极拒绝企业进行社会责任承担，特别是针对家族创始人的过度捐赠行为的否决，会频繁在非家族CEO引导的董事会决策中被提及。而相对的，空降CEO会在提高家族老员工工资待遇和内部员工福利方面，表现出显著的积极性（Delery & Roumpi，2017[2]；Fan et al.，2021[3]）。这也进一步说明，家族利益在处理自身作为利益相关者，与家族控制人之间，关于内部降低收入差距、实现共同富裕方面的目标，存在巨大差异。家族其他成员在共同富裕的偏好中，更倾向于站在促进企业内部分配公平、促进员工长期福利方面，而非亲自然和亲社会的外部投入上。

3. 实际控制人与家族利益在共同富裕中的矛盾

对于家族控制人和其他家族成员来说，社会责任的认知和实践存在差异。一方面，家族控制人往往承担着更广泛的社会责任，包括企业社会责任和家族社会责任等方面。即使是当实际控制人不担任公司高管时，尽管"远离"了企业的管理和决策，但社会声誉使其能通过更隐蔽的方式"垂帘听政"。故家族实际控制人无论其是否是两职合一的、"垂帘听政"的还是真正"归隐江湖"，其在社会责任上的倾向皆在个体上和身份上与家族其他成员存在显著差异。其他家族成员可能更多地关注家族的经济利益的内部分配问题。作为一种特殊的组织形式，家族企业在自身经营发展的同时，也肩负着对内部员工的社会责任承担。在这方面，拥有长期雇佣关系的其他家族成员，在企业共同富裕承担上通常也具有独特的偏好。比如，作为拥有持久性的雇佣关系的家族成员，总体雇佣关系通常较为稳定，其与企业之间的长期协作关系不仅有助于建立高度的相互信任，提高日常生产的效率，还有助于通过非利益关系增强其作为员工对于企业的认同感和依赖感。处在内部利益关系中，家族成员往往既是亲序中制造不平等的主体，同时又在家族继任关系的亲序不平等中遭受利益损害，故

① Su, Y., Xia, J., Zahra, S. A., Ding, J. Family CEO successor and firm performance: The moderating role of sustainable HRM practices and corporate philanthropy, Human Resource Management，2022：1-24.
② Delery, J. E., Roumpi, D. Strategic human resource management, human capital and competitive advantage: Is the field going in circles, Human Resource Management Journal, 2017, 27（1）: 1-21.
③ Fan, D., Zhu, C. J., Huang, X., Kumar, V. Mapping the terrain of international human resource management research over the past fifty years: A bibliographic analysis, Journal of World Business, 2021, 56（2）: 101-185.

家族成员在企业共同富裕承担中，更倾向于建议将成本用于增加内部员工激励、提高员工福利、降低收入差距、建立员工培训机制等方面，从而形成企业内部互惠合作的双向关系；再比如，家族成员在企业中也接受家族文化意识的共同熏陶，并将家族文化传承和保护看作是其持续在企业工作、生存和发展的基础，并希望通过共同富裕承担将家族文化纳入企业管理中来。家族成员通常较其他非家族员工对家族企业的文化底蕴和价值观念具有更深层次的认同，因此，家族成员会更倾向于建议企业决策者注重培养和提升员工的家族文化认同感和归属感，从而实现企业的共同富裕。

4.家族成员更倾向于通过员工参与决策来实现共同富裕

提高员工的参与度和满意度、促进员工参与决策、在员工层面上形成了共同的企业使命和价值观念是家族成员在内部提高影响力的主要途径。故不同于企业的创始人和继任者对外部社会责任的热衷，更多家族成员会基于加强自身的影响力，致力于满足内部员工的职业需求和个人发展愿望，来缓解其在企业中因亲序关系而承受的内部利益矛盾。此外，家族成员还对员工发展计划、员工长期福利等，具有更高的责任倾向。通过促使家族企业为员工提供多样化的培训机会和晋升途径、注重员工的生活质量和幸福感，为员工提供周到的社会福利保障。例如，提供健康保险、退休金计划、子女教育补贴等福利措施，帮助员工解决日常生活中的各种困难和问题等。不仅能有效提高员工的工作效率和主动性，降低内部利益争夺的消耗，还能利用员工属性搭便车，获得更多的职业发展能力培养和福利待遇，以便更好地适应企业的变革和发展，保持其长期雇佣关系下的竞争力。

综上可发现，家族企业创始人会更倾向于解决外部利益相关者的矛盾，并使用捐赠、个人名义的慈善投入来进行社会资本的提高，以增加企业在当地亲社会上的商业向善影响力，家族继任者则会更热衷于亲自然方面的绿色创新和环保投入，而家族其他成员则会更倾向于解决内部利益、员工利益，通过增加内部员工激励、提高员工福利、降低收入差距、建立员工培训机制等方式，作用于内部治理的改善，来维系其在内部更小范围内的声誉影响力。尽管家族企业在面对非家族的利益相关者时，具有同进同退的默契和行动力，但在社会责任承担的具体行为实施时，则存在显著的差异，并从而引发家族内部对共同富裕的不同理解和行动路径选择。

（二）家族股东与非家族股东的矛盾

自 Fama & Jensen（1983）[①] 和 Shleifer & Vishny（1997）[②] 开始关注大股东对中小股东的利益侵占的第二类代理问题时（区别于外部股东与内部控制人间的第一类代理问题），家族企业就不断作为一个实验组进行比较研究。Gómez-Mejía et al.（2003）[③] 认为，在家族企业中，对非家族企业的中小股东而言，第二类代理问题更为突出。在中小股东的视角中，通过构建复杂的金字塔结构，家族控制权形成了现金流权与投票权的分离的较纸面上更集中的股权结构，并为家族谋取控制权私利和股东掏空提供了基础架构。家族成员往往会牺牲中小股东的利益来攫取自身利益。

1. 与非家族股东的矛盾

那么，如何通过日常数据观察到这种第二类代理问题的存在呢？ Morck et al.（2005）[④] 提出一个观测点即是否企业的控制人会抑制企业的社会责任意识和行为，由此来判断家族企业是否存在对中小股东的利益攫取和隧道挖掘。Morck et al.（2005）[⑤] 也认可使用观察家族企业的社会责任的方式来分析无法直接观察到的直接股权额外利益的争夺，是一个较为有效的措施。由此开始，不断有学者通过对家族企业的社会责任意识和行为的考察，来判断是否为家族企业间家族与非家族股东的利益冲突。La Porta et al.（1999）[⑥] 认为非家族企业为

① Fama, E. F., Jensen, M. C. Separation of ownership and control, The Journal of Law and Economics, 1983, 26（2）: 301–325.

② Shleifer, A., Vishny, R. W. A survey of corporate governance, The Journal of Finance, 1997, 52（2）: 737–783.

③ Gómez-Mejía, L.R., Larraza-Kintana M. He Determinants of Executive Compensation in Family Controlled Public Corporation, Academy of Management Journal, 2003, 46（2）: 226–237.

④ Morck, R.K., Wolfenzon, D., Yeung, B. Corporate governance, economic entrenchment, and growth, Journal of Economic Literature, 2005, 43（3）, 655–720.

⑤ Morck, R.K., Wolfenzon, D., Yeung, B. Corporate governance, economic entrenchment, and growth, Journal of Economic Literature, 2005, 43（3）, 655–720.

⑥ La Porta, R., Lopez-de-Silanes F., Shleifer A. Corporate Ownership Around the World, Journal of Finance, 1999, 54（2）: 471–517.

了防止控制家族权力下的隧道挖掘，会要求更高的股息，从而带来更高的家族企业的社会责任贡献，Setia-Atmaja et al.（2009）[1]认为，由于无法直接观察到的家族股权派发股息，但由于股息的获得家族成员会被征收更高的阶梯税率，从而通过观察家族成员是否密集地进行更多的社会捐赠，可有效地推断家族企业对其他股东的利益侵占的程度。故其指出，更多家族成员的社会责任承担预示着更严重的非家族股东利益的侵占。Kavadis & Thomsen（2023）[2]认为，若国家针对中小股东的法律保护力度更大时，家族企业会更倾向于使用提高社会责任来缓解家族企业在第二类代理冲突中与非家族企业股东间的矛盾。这说明家族企业以共同富裕为目标所进行的社会责任承担，往往是为了掩盖对其他股东利益侵占的被动行为。

2. 与机构投资者之间的矛盾

首先，机构投资者的职业压力会促使其在投资家族企业时，存在短期主义，这种短期主义会导致与家族长期所有权视野下的持续发展和长期责任诉求的矛盾。Kavadis & Thomsen（2023）[3]在梳理2017—2021年国际A类期刊出版的161篇关于公司所有权和可持续性/CSR之间关系的文章后发现，在大多数情况下，机构投资者对家族企业的长期价值和社会责任的可持续性产生积极影响，特别是在国有企业占比较高的国家中。然而，更倾向于自由经济的国家中，更多的职业压力会迫使机构投资者更关注短期存在利益的项目决策，对家族控制权中更具有长期导向的战略持反对意见，特别是对家族企业牺牲当期成本进行社会责任履行时，会强烈反对。机构投资者反对的理由在于家族企业为地区和行业所额外付出的社会成本，是以牺牲股东利益为代价的个人声誉宣传和社会权力增加，并为未来可能的隧道挖掘奠定群众基础。说明机构投资者会基于自利，而阻碍家族企业对其他利益相关者的利益分配。

对于持有家族企业股权的机构投资者，其最重要的角色是代表管理基金，

① Setia-Atmaja, L., Tanewski, G.A. and Skully, M. The Role of Dividends, Debt and Board Structure in the Governance of Family Controlled Firms, Journal of Business Finance & Accounting, 2009, 36: 863-898.
② Kavadis, N., & Thomsen, S. Sustainable corporate governance: A review of research on long-term corporate ownership and sustainability, Corporate Governance: An International Review, 2023, 31（1）: 198-226.
③ Kavadis, N., & Thomsen, S. Sustainable corporate governance: A review of research on long-term corporate ownership and sustainability, Corporate Governance: An International Review, 2023, 31（1）: 198-226.

并通过委托代理关系和专业技术为委托人提供最大的利益，其中最重要的目标为股东价值创造和风险分散（Bogle，2018）[1]。大部分学者认为持有家族企业的机构投资者会行使有效的监督，并以防止可能对股东财务价值的损害为目的，但并无证据证明持有家族权力的机构投资者会向标榜的那样具有共同促进社会责任、共同富裕的任何财务行为（Becht et al.，2009[2]；Dyck et al.，2019[3]）。特别是在对冲基金这种金融机构投资者眼中，若需要付出中长期的代价，如经营现金流、投资支出和社会支出时，机构投资者的管理人员需确保家族企业的当期市场价值和盈利能力不受共同富裕成本承担的影响，否则将会直接拒绝（DesJardine & Durand，2020）[4]。

其次，基于长期股东利益，家族企业具有比机构投资者更值得被信赖的社会信用。根据Gómez-Mejía et al.（2007）[5]社会情感财富理论的观点，家族企业基于对未来世代控制和财富延续的期待推动了他们的长期视野。家庭所有者的目标是保持公司控制权的长效拥有，并通过长期持有的控制权来解决家族生存发展和财富积累的其他需求，如保持家族间成员的亲密关系和后代繁衍，通过企业延续家庭价值观维护家族王朝和家族企业的社会资本。Asker et al.（2015）[6]发现，家族企业在财务上显著优于公共企业，他们将其归因于更大的长期主义。Kappes & Schmid（2013）[7]发现家族企业的融资、投资和就业政策往往更注重长期性。Essen et al.（2015）[8]发现家族企业在金融危机期间更具韧

① Bogle, J. C. The modern corporation and the public interest, Financial Analysts Journal, 2018, 74（3）: 8–19.

② Becht, M., Franks, J., Mayer, C., Rossi, S. Returns to shareholder activism: Evidence from a clinical study of the Hermes UK focus fund, Review of Financial Studies, 2009, 22（8）: 3093–3129.

③ Dyck, A., Lins, K. V., Roth, L., Wagner, H. F. Do institutional investors drive corporate social responsibility? International evidence, Journal of Financial Economics, 2019, 131: 693–714.

④ DesJardine, M. R., Durand, R. Disentangling the effects of hedge fund activism of firm financial and social performance, Strategic Management Journal, 2020, 41: 1054–1082.

⑤ Gómez-Mejía, L.R., Haynes, K., Nuñez-Nickel, M., Jacobson, K., Moyano-Fuentes, J. Socioemotional wealth and business risks in family-controlled firms: Evidence from Spanish olive oil mills, Administrative Science Quarterly, 2007, 52（1）: 106–137.

⑥ Asker, J., Farre-Mensa, J., Ljungqvist, A. Corporate investment and stock market listing: A puzzle, Review of Financial Studies, 2015, 28: 342–390.

⑦ Kappes, I., Schmid, T. The effect of family governance on corporate time horizons, Corporate Governance: An International Review, 2013, （21）: 547–566.

⑧ Essen V., Strike M., Carney V.M., Sapp, S. The Resilient Family Firm: Stakeholder Outcomes and Institutional Effects, Corporate Governance: An International Review, 2015, 23: 167–183.

性。Wilson et al.（2013）和 Belenzon et al.（2016）发现家族企业的生存率更高。同时，家庭的长期价值目标会促使家族控制者对企业的短期价值损失表现出更高的容忍度，从而更不愿意与机构投资者代表的资本市场监督压力妥协。特别是在家族股东为长期关系利益相关者，如员工、客户和供应商进行共同富裕的成本承担时，更容易产生与机构投资者间的利益冲突，并对资本市场短期盈利压力采取更加强势的绝缘态度（Villalonga，2018）。

更剧烈的矛盾冲突可能出现在不同的文化和社会体系下，当家族企业在国际市场的竞争，需要更多当地社会及文化的长期认可，故而往往会增加更多成本来对当地的共同富裕进行责任承担，但这种行为与当地机构投资者的投资要求存在差异，外国机构投资者会对企业的（短期）公司财务价值更加敏感，并显著高于对国内机构的要求（盖国凤、黄凡君，2018）。家族企业在当地基于长期可持续发展而需要承担的社会责任成本，将会引发更强烈的国际机构投资者的不满。机构投资者与家族企业在短期价值上的异质性表现，会无法避免地在机构投资者履行其积极的监控管理和参与行动时发生冲突。

此外，由于对价值投资的回报周期的预期时间判断，究竟回报中短期为多长，长期又为多长？各国的理论和实践中皆未存在明确的结论，衡量范围内的不确定性又进一步增加了家族企业的控制权与机构投资者间的利益冲突中双方的解释成本。因此，很多家族企业为避免发生此类利益冲突，提高了对机构投资者股东的投资要求遴选，特别是文化差异较大的外国机构投资者，更是采用极为谨慎的方式。总而言之，机构投资者的短视与家族企业的长期经营目标，天然存在投资理念上的价值认同的矛盾。

3. 与中小股民的矛盾

尽管股民普遍认为大多数初始公开募股（IPO）都是出于企业的再增长预期，但 Croci et al.（2022）[1]发现，与非家族的民营公司相比，家族企业在上市后运营业绩显著有所下降，且家族企业会在上市后持续性地存在较低的市值和分红。市场时机理论表明，公司内部人士可能利用他们的信息优势，在一个有

---

① Croci, E., Rigamonti, S., Signori, A. Performance, investment, and financing patterns of family firms after going public, Corporate Governance: An International Review, 2022, 30（6）: 686–712.

利的机会窗口内完成IPO。故家族企业在IPO后的低绩效主要是源自IPO的时间选择，因此IPO后低于期望的股票回报，体现了拥有大量内部信息的家族股东对外部中小股民的利益侵占。此外，Berrone et al.（2012）[1] 就家族企业会在上市后较其他主体存在持续性的更低的市值和分红分析，揭示了家族企业存在对无具象人格的中小股民的利益侵占，久而久之形成在二级市场上家族企业与散户间关于分红和中小股民合法权利间的潜在冲突。

Croci et al.（2022）[2] 对欧洲2002—2014年全部家族上市企业的样本分析发现，61.5%的家族企业在IPO后的5年，仍牢牢地被家族控制在手中。相比于机构投资者更多使用IPO后迅速套现离场的方法，家族企业更倾向于保持家族对企业的控制权。此外，在对家族上市企业的招股说明书的解读时也发现，84.4%的家族企业认为做出IPO的目的是为公司增长，而牺牲的家族控制权内部信息的公开披露是压力巨大的。此外，在对欧洲家族上市企业的IPO结构的考察中也发现，家族企业会选择降低优先股占比（家族企业占比为34.6%，而其他非家族企业则为50%），并使用增加更多套现机会的方式，促使非家族的机构投资者离场，从而通过IPO增加而非降低家族控制权。故家族企业寻求成为公开发行股票的公众公司，无论从理论还是实践上皆显示，家族企业在上市后的更低市值，是为了降低对中小股民的股息派发和分红，从而变相地侵占了中小股民的利益（Berrone et al.，2012）[3]。

上市意味着稀释了家族控制权的管理半径和"肆意妄为"的范围，作为公司的控制基础，股权对外部投资者开放会直接导致控制家庭的所有管理决策，皆会受到金融市场监管部门和中小股民投资保护法案的严格监控，从而限制了他们追求特殊目标的自由裁量权。故家族企业会人为降低上市部分的利润

---

[1]　Berrone, P., Cruz, C., Gómez-Mejía, L.R. Socioemotional wealth in family firms theoretical dimensions, assessment approaches, and agenda for future research, Family Business Review, 2012, 25（3）: 258–279.

[2]　Croci, E., Rigamonti, S., Signori, A. Performance, investment, and financing patterns of family firms after going public, Corporate Governance: An International Review, 2022, 30（6）: 686–712.

[3]　Berrone, P., Cruz, C., Gómez-Mejía, L.R. Socioemotional wealth in family firms theoretical dimensions, assessment approaches, and agenda for future research, Family Business Review, 2012, 25（3）: 258–279.

分配，从而稀释了中小股东的股东利益。此外，Hansen & Block（2020）[①]认为，家族企业上市的部分会更倾向于投入到社会责任中，增加解决更具象化社会主体的利益冲突，而中小股民的利益则会放到其他利益相关者的顺序之后，从而增加家族企业在公共领域的权力，并在逐渐通过"隧道挖掘"进行大股东掏空、侵占中小股东利益的行为时，利用共同富裕投入的正面形象，麻痹中小股民，使得内部行为无法及时准确地被中小股东发觉（Croci et al., 2022）[②]。在对中小股民的利益侵占中，Hansen & Block（2020）[③]还指出，若控制权在上市后牢牢掌握在家族企业CEO手中（若家族和创始人仍在IPO后持续长久地担任CEO），则家族企业在上市后也不会主动承担社会责任投入。

学者的理论分析说明家族企业与中小股民间的冲突来源于控制权差异，也来源于家族控制权在中小股民进入后的实际控制权的下降，导致家族对控制的金融财富的未来价值的预期下降，所形成的上市家族企业间两种不同身份股东的利益冲突。故上市家族企业与中小股民间存在长期的因股票回报、股息和分红率所产生的长期利益冲突和矛盾。

（三）家族股东与债权人的矛盾

债权人和家族成员之间的矛盾也是家族企业面临的问题之一。在家族企业中，家族成员可能会使用公司的财产和资源来满足自己的需求或做出风险投资。这可能会导致债权人的利益受到威胁，因为家族成员的行为可能会使公司的财务状况恶化，从而使债权人无法得到应有的回报。因此，在家族企业中，保护债权人的利益和平衡家族成员的需求之间的矛盾也很重要。

债权人作为企业的资金来源和资源提供者，在企业运作过程中扮演着至关重要的角色。由于家族企业对家族控制权的考虑，更倾向于非债务融资策略，

① Hansen, C. Block, J.H. Public family firms and capital structure: A meta-analysis, Corporate Governance（Oxford）: an international review. 2020：12354.

② Croci, E., Rigamonti, S., Signori, A. Performance, investment, and financing patterns of family firms after going public, Corporate Governance: An International Review, 2022, 30（6）: 686–712.

③ Hansen, C. Block, J.H. Public family firms and capital structure: A meta-analysis, Corporate Governance（Oxford）: an international review. 2020：12354.

而不是发行新股权（Croci et al., 2011）[1]，故债权人是家族企业经营过程中必不可少的利益相关者，并在家族企业的发展中起到至关重要的作用。

但家族公司对债务的相对使用存在两种相互竞争的观点。第一种观点强调了家族企业由于其所有者财富分散程度低而产生的风险厌恶（Anderson & Reeb, 2003）[2]，并认为家族企业避免债务是因为伴随而来的破产风险增加（Mishra, 1999）[3]。第二个观点强调了家庭所有者对资本结构决策的控制考虑的重要性。在家族企业中，所有者与管理者冲突产生的代理成本通常低于非家族企业（Jensen & Meckling, 1976）[4]，因为家族成员通常担任管理职位，从而确保管理层与企业所有者之间的利益一致（Fama & Jensen, 1983）[5]。此外，家族所有者有强烈的动机来监督公司的行为，因为他们的财富高度集中在公司中，即使他们没有积极参与管理（Grossman & Hart, 1980[6]；Shleifer & Vishny, 1997[7]）。

此外，对于银行而言，由于家族企业的管理和控制方式往往比较特殊，债权人也难以监督其内部财务管理和经营状况，且债权人天然地认为在家族治理结构下，家族成员往往无法有效监督家族成员的行为，且在分配利润时基于亲疏远近而不愿意将公司的全部收益用于偿还债务，因此若一旦存在违约风险和无法充分满足债权人要求的问题时，债权人外部监督权力的行使将会遇到极大阻力，形成较大的监督成本（陈德林，2022）[8]。综上可发现，家族企业和债权人双方间在理论上存在较难调和的信任危机，从而会加剧双方的矛盾冲突。

① Croci, E., Doukas, J. A., Gonenc, H. Family control and Financing Decisions, European Financial Management, 2011, 17（5）：860-897.

② Anderson, R. C., Reeb, D. M. Founding-family ownership, corporate diversification, and firm leverage, The Journal of Law and Economics, 2003, 46（2）：653-684.

③ Mishra, C. S., McConaughy, D. L. Founding family control and capital structure：The risk of loss of control and the aversion to debt, Entrepreneurship Theory and Practice, 1999, 23（4）：53-64.

④ Jensen, M. C., Meckling, W. H. Theory of the firm：Managerial behavior agency costs and ownership structure, Journal of Financial Economics, 1976, 3（4）：305-360.

⑤ Fama, E. F., Jensen, M. C. Separation of ownership and control, The Journal of Law and Economics, 1983, 26（2）：301-325.

⑥ Grossman, S. J., Hart, O. D. Takeover bids, the free-rider problem, and the theory of the corporation, The Bell Journal of Economics, 1980：42-64.

⑦ Shleifer, A., Vishny, R. W. A survey of corporate governance, The Journal of Finance, 1997, 52（2）：737-783.

⑧ 陈德林.乡村振兴视域下地方高职院校助推乡村人才振兴的路径研究［J］.湖北科技学院学报.2022（42）.

Hansen & Block（2020）[①]在考察48个国家的869个家族企业处理与债务人利益时发现，家族企业的杠杆率显著低于非家族企业，并且随着家族企业的控制权的增大，企业具有更少的债权人、更少的债务关系和更少的长期借款比例。一方面，低杠杆的家族企业被认为具有较低水平的处理与债权人关系的能力（Faccio et al.，2011[②]；Lyandres et al.，2019[③]）。另一方面，也反映出资本市场与家族企业间的相互不信任对企业发展的影响。周立新（2011）[④]对当年浙江、重庆两地民营企业的问卷调查发现：第一，家族企业会更忌讳债权人对企业的"合理"建议；第二，家族控制能力更高的家族企业会更易产生对债权人责任的不信任感。

对于债权人而言，家族企业存在对债权人的利益侵占动机。家族控股股东熟知企业经营环境与状况，相比于债权人具有私有信息优势，而且出于控制权考虑，家族控制企业更愿意采用债务融资方式（Schmid，2013）[⑤]，因而家族控股股东存在侵占债权人利益的动机。陈德球等（2013）[⑥]发现家族企业获取的银行信用借款比例较低，而担保借款比例较高，表明家族控股股东存在寻租动机，增加了银行等债权人的代理风险。钟凯等（2018）[⑦]认为，家族控制权越高，企业资金期限结构错配越严重，而且这一效应主要是家族控股股东存在的较高利益侵占动机所致。深入研究发现，在非融资约束企业，家族控制权对企业资金期限结构错配的影响减弱，且家族控制权会导致债务期限结构缩短，表明银行等债权人主要通过短期借款的方式加强治理效应，降低代理风险，进一步验证了家族控制权存在利益侵占动机。此外，家族控制权越高，资金期限结

① Hansen, C. Block, J.H. Public family firms and capital structure: A meta-analysis, Corporate Governance (Oxford): an international review. 2020：12354.

② Faccio, M., Marchica, M. T., Mura, R. Large shareholder diversification and corporate risk-taking, The Review of Financial Studies，2011，24（11）：3601-3641

③ Lyandres, E., Marchica, M. T., Michaely, R., Mura, R. Owners' portfolio diversification and firm investment, The Review of Financial Studies，2019，32（12）：4855-4904.

④ 周立新.家族涉入与企业社会责任——来自中国制造业的经验证据［J］.经济管理，2011（9）.

⑤ Schmid, T. Control considerations, creditor monitoring, and the capital structure of family firms, Journal of Banking & Finance，2013，37（2）：257-272.

⑥ 陈德球，肖泽忠，董志勇.家族控制权结构与银行信贷合约：寻租还是效率?［J］.管理世界，2013（9）.

⑦ 钟凯，刘金钊，王化成.家族控制权会加剧企业资金期限结构错配吗?——来自中国非国有上市公司的经验证据［J］.会计与经济研究，2018（32）.

构错配会导致企业经营风险越高，表明资金期限结构错配主要由债权人控制代理风险所引起，而非企业自主选择的结果。

另一方面，债权人的职业压力使得债权人更倾向于选择短期获益策略，与家族企业基于可持续的前瞻型战略产生冲突。由于家族企业作为民营企业，面临更大的融资约束压力，使得我国的债权人对所提供信贷的使用具有更大话语权，特别是在违约情况下拥有较强的权利（Qian & Strahan，2007[①]；Rajan & Zingales，1995[②]）。在偿付能力锦标赛的职业压力下，银行、私募基金等债权人会为了避免投资失败的风险，更多地对发放贷款的企业的日常业务进行过度干预。闫华红、巩晓薇（2018）[③]在对李锦记的案例分析中发现，家族企业会通过打造资信状况良好的企业，来获得更丰厚的长期债务融资。在得到了长期债务资金的支持下，家族企业的长远业绩提升和可持续发展会更加顺利，不论是家族还是企业都能够更好地实现"传承意愿"，实现长久的发展。且同时在一百多年的发展中，李锦记几乎没有关于债务的负面消息，说明优质的家族企业不逃避与债权人的利益冲突，积极主动进行合作，可有效地提高企业持续发展和社会责任的承担。

在调研我国知名的家族企业，如方太集团、海天塑机集团有限公司等企业时发现，家族企业的负债率极低，大部分家族企业对日常经营的贷款持抵触态度，认为依赖贷款经营和生产是一种"败家"行为，并可能遭受银行在经营不善时巨大的背叛风险而不敢尝试。故在考察宁波的家族企业时发现，大比例的存量贷款皆为"面子贷款"，即为帮助当地银行完成任务而形成的，且会尽快还清以摆脱背着负债的压力，说明我国家族企业成员对违约后外部债权人的权力干预和争夺持警惕态度。在可能的权力争夺风险下，宁愿降低与债务人间的债务关系来维持家族权力对企业的控制。彼此认定的融资关系的不平等是家族企业与债权人在融资约束上最大的矛盾冲突。

---

① Qian, J., Strahan, P. E. How laws and institutions shape financial contracts: The case of bank loans, The Journal of Finance, 2007, 62（6）: 2803–2834.

② Rajan, R. G., Zingales, L. What do we know about capital structure? Some evidence from international data, The Journal of Finance, 1995, 50（5）: 1421–1460.

③ 闫华红，巩晓薇.家族企业利益相关者关系的协调——基于社会情感财富的视角［J］.会计之友，2018（4）.

首先，债权人认为在融资关系中，相较于扭成一股绳的家族控制力，自己是更不平等的一方。很多债权人在审核家族企业的具体融资业务时，认为使用债务仅为家族股权控制增强机制的替代品，将债权人取代威胁控制的少数股东，从而增加其家族对企业的控制权，并拥有对企业更大的内部信息，且不受债权人控制。此外，就可融资的项目来看，很多债权人认为更高利润率的业务则会牢牢掌握在家族控制手中，无缘进入自由的债权市场。

其次，家族企业认为在融资关系中，债权人过于强势且短视，且在债务合同中被赋予的未来在违约过程中巨大的监督权，自己才可能遭受更不平等的对待。一方面，非家族民营公司或国有企业可能会利用他们与债权人的关系或利用他们的个人资产作为抵押品，从而更容易获得债务（余晨，2021）。由于观察到此现象，导致家族企业更会保守估计处理与债权人间的关系；另一方面，大多数家族企业在衡量融资风险后，会倾向于采取保守的策略来管理企业，在经济繁荣周期中储备资金，在经济低迷时期使用这些资金来进行再投资，而不是选择债务融资。故在调研中也发现，家族企业既不会通过短期债务缓解经营困难，更不会使用持续的长期负债与债权人间进行利益绑定。

总而言之，家族企业与债权人间，在控制权的争夺上具有天然的利益冲突。但由于家族企业更愿意通过不贷款的方式规避矛盾冲突，从而鲜有家族企业要求展期的债务危机丑闻出现，而由于对利益相关者的冲突恐惧而降低债务融资所导致的长期发展问题尽管难以直接衡量，但在面临同样的市场风险下，更多的中小型家族企业现金流吃紧[①]、面临破产风险的现象可侧面地反映家族企业所经受的苦难。为了家族企业的基业长青，还需要积极面对与债权人的相关利益冲突，并使用有效的方式进行解决。

（四）与内部利益相关者之间的矛盾

社会情感财富理论学派（Socio Emotional Wealth，SEW）的经典理论指出，由于内部高管、员工、供应商和客户会持续与控制家族保持长期共赢的关系，

---

① 将样本中按照公司总资产规模进行10分组，其中资产规模更低的30%的公司中，区分是否为家族企业，并进行现金流的样本均值T检验，检验结果显示小规模的家族企业现金流显著低于非家族民营企业10.9%。

且更易于进行社会情感财富的持续投入，相对于其他组织形态，家族企业会对内部利益相关者更为照顾（Mayo et al.,2016）[1]。Wiseman & Gómez-Mejía（1998）[2]进一步将亲内部利益相关者的倾向的原因总结为两点：一方面，通过对亲缘关系的维系，家族企业逐步向外辐射，并形成使用优先雇佣、免费职业培训、商品捐赠等主动承担社会责任的行为来获得社会情感财富，将更持久的品牌价值与家族声誉联系起来，从而有效增加家族对企业经营和生产的控制权和维系家族控制权内亲缘关系的情感偏好（Beckhar & Dyer, 1983）[3]；另一方面，主动满足内部利益，能有效降低家族长久持续经营的社会风险，比如通过给予亲属在家族企业中的特权来照顾他们（Bertrand & Schoar，2006[4]；Morck et al，2005[5]；Ward，1997[6]），增加家族企业的凝聚力，使用文化等软实力来降低经济周期对家族企业的冲击。

在企业生产的微观基础上，在成本投入上，家族企业进行共同富裕投入与当期最大化股东利益的财务目标相悖或部分冲突。尽管如此，家族企业为何还坚持对共同富裕进行投入呢？Gómez-Mejía et al.（2007）[7]指出，家族企业对父权义务、利他主义、自豪感、家庭和谐的愿望、政治权力、地位的优先考虑，反映了家族企业对财富控制的独特思考方式：首先，承认不同的利益相关者，特别是内部利益存在不同特征和情感差异；其次，基于内部利益的不同主体，基于情感财富使用不同利益吸引，能更积极有效地满足各方内部利益，并降低总矛盾处理投入成本，帮助家族企业显著提高

---

① Mayo, M., Gómez-Mejía, L., Firfiray, S., Berrone, P., Villena, V. H. Leader beliefs and CSR for employees: The case of telework provision, Leadership and Organization Development Journal, 2016, 37（5）: 609–634.

② Wiseman, R., Gómez-Mejía, L. A behavioral agency model of managerial risk taking, Academy of Management Review, 1998, 23（1）: 133–153.

③ Beckhard, R., Dyer, G. Managing change in the family firm—Issues and strategies, Sloan Management Review, 1983, 24（3）: 59–66.

④ Bertrand, M., Schoar, A. The role of family in family firms, Journal of Economic Perspectives, 2006, 20（2）: 73–96.

⑤ Morck, R.K., Wolfenzon, D., Yeung, B. Corporate governance, economic entrenchment, and growth, Journal of Economic Literature, 2005, 43（3）: 655–720.

⑥ Ward, J.L. Growing the family business: Special challenges and best practices, Family Business Review, 1997, 10（4）: 323–337.

⑦ Gómez-Mejía, L.R., Haynes, K., Nuñez-Nickel, M., Jacobson, K., Moyano-Fuentes, J. Socioemotional wealth and business risks in family-controlled firms: Evidence from Spanish olive oil mills, Administrative Science Quarterly, 2007, 52（1）: 106–137.

财务绩效（Berrone et al., 2012）[1]。

在企业面临的宏观经济层面，由于家族企业会面临经济变化下更复杂、更脆弱的社会环境，特别是由于各国对资源性企业的国有控制，使得家族企业往往更集中在保守主义盛行但有较为动荡的行业（Naldi et al., 2013）[2]，其市场影响力和产品销售额度更强烈地依赖于内部利益相关者的通力合作，故对内部利益更大的情感投入，对家族企业应对多元化的宏观环境尤为重要。

区别于家族企业，较大规模的公司CEO也会花费高额成本提高自身的声誉，抑或是某些快速增长的新兴行业的公司投入的拟人化广告成本，尽管在财务报表中可能与家族企业为增加情感财富而付出成本，使用同一个会计科目，但本质和目的则完全不同。Miller et al.（2011）[3]在研究中指出，大型企业或是新兴行业CEO的个人声誉的广告成本是直接作用于投资市场的，一方面可以通过提高公司或高管个人声誉，吸引更多分析师目光，并从而获得更多机构投资者偏好。另一方面，可通过公司及个人声誉，获得行业稳定广告效益和个人稳定收入，这些行为的动机也存在社会情感的成分，但主要与职业和声誉有关。此外，尽管"社会情绪"一词较为宽泛，但家族企业所面临的挑战是亲缘社会下的责任传递，故而社会情感财富的投入会更具有针对性。如家族企业持续性对当地文化的支持和对区域性职工、供应商子女教育的支持等，这些投入尽管在社会责任上无特定的制度安排，但在家族企业的控制范围内是具有制度逻辑的，即将家族控制权逐渐延伸至亲社会，从管理好家庭的规则设定，辐射到非家族的高管、雇员、供应商、分级销售渠道和客户。本质上，家族企业的控制内涵是高度以家庭为中心，与非家庭的内部利益相关者的利益背道而驰的行为集合，而通过社会情感财富的持续投入，长远地通过家庭利他主义延伸至第一类代理成本（Morck et al., 2005）。故区别于非家族企业的声誉投入目的，家族

① Berrone, P., Cruz, C., Gómez-Mejía, L.R. Socioemotional wealth in family firms theoretical dimensions, assessment approaches, and agenda for future research, Family Business Review, 2012, 25（3）: 258-279.
② Naldi, L., Cennamo, C., Corbetta, G., Gómez-Mejía, L. Preserving socioemotional wealth in family firms: asset or liability? the moderating role of business context, Entrepreneurship Theory and Practice, 2013, 37（6）: 1341-1360.
③ Miller, D., Le Breton-Miller, I., Lester, R. Family and lone founder ownership and its strategic implications: Social context, identity and institutional logics, Journal of Management Studies, 2011, 48（1）: 1-25.

企业对内部利益的共同富裕的成本投入，是形成控制家族解决内部纠纷的制度化战略，Miller et al.（2011）进一步指出，这种制度化安排，在遇到家族高管缺乏管理能力的情况下，可有效通过利益相关者的持续协助，阻碍公司业绩降低并减少外部机构投资者对家庭控制权的入侵。

（五）与非家族CEO的矛盾

家族成员和经理人之间的矛盾是家族企业最常见的问题之一。在家族企业中，家族成员通常从事高级管理职务，并且经常要求相应的薪资和福利待遇。然而，这可能会导致他们与经理人之间的矛盾，因为经理人往往认为家族成员得到的薪水和福利过高，而且他们往往缺乏必要的管理技能和经验。因此，在家族企业中，平衡家族成员和经理人之间的利益是至关重要的。

首席执行官（CEO）作为内部治理的主要推动者，统筹和负责企业战略的制定，给予CEO充足的公司管理和决策权能有效提高公司的决策效率，降低委托代理中的内部管理成本（张明等，2020）。相比较家族企业成员作为CEO而言，非家族的CEO被认为对企业具有更低的心理依恋和承诺，且在家族控制的权力斗争中不会被给予更大的长期自主权，从而在各国产生特殊的委托代理冲突（Cirilloa et al.，2015[①]；张翠子等，2022[②]）。

孙光国等（2023）[③]认为，强烈的家长式领导风格会导致创始人权欲膨胀，事必躬亲，在这种集权化的管理方式下，职业经理人常常遭遇越权干预。在调研中也发现若中国家族企业想要实行西方所谓的"管理革命"，即把权力移交给职业经理人员是非常困难的。对于职业经理人而言，无法获得职位所需的权力和资源，就难以发挥职位应有的职责，当职业需求无法获得满足时，最终会导致职业经理人与家族企业"分道扬镳"。

首先，非家族企业的CEO会因为可控资源较少而减少共同富裕投入。社

① Cirilloa Romano M, Pennacchiol. All the Power In Two Hands：the Role of CEOs in Family IPOs, European Management Journal. 2015，33（5）：392-406.
② 张翠子，蒋峦，凌宇鹏，鲁竞夫.CEO权力对家族企业数字化转型的影响研究［J］.管理学报，2022（1）.
③ 孙光国，戴明禹，滕曼茹.攻不破的"家族化怪圈"：家族主义文化驱使企业重回家族化治理模式吗?［J］. 南开管理评论，2023（1）.

会资本理论认为，CEO权力的大小在一定程度上反映其掌握资源和信息的丰富程度，更高的CEO权力能有效减少企业未来的不确定性，因此高权力CEO更倾向于推动长期计划的实际落地和目标达成（张翠子等，2022）[①]。而家族控制权越大，非家族CEO在家族企业内部所能获得的可控资源就越小，故在实施如共同富裕等基于长期价值而存在的决策时，会承受更大的压力。此外，假设非家族CEO在共同富裕的长期投资目的上与控制家族保持一致，但由于亲社会的行动往往具有较长的回报期，且在短期内存在沉没成本，故持续投入的决策往往也会随着经济环境和市场竞争的剧烈程度而给非家族CEO带来更大的职业压力。综上可发现，在做出和坚持共同富裕的长期战略决策时，非家族CEO基于其较低的CEO权力和职业压力，更会选择降低与雇主家族潜在的利益冲突。

其次，非家族CEO会更倾向于短视的决策而忽略共同富裕在长期发展中的作用。代理利益相关者理论认为，非家族CEO更会在社会责任中采取机会主义策略，以牺牲其他利益相关者的利益来保护他的职业利益。此外，非家族CEO还会与其他内部利益相关者产生权力争夺，根据Su et al.（2022）[②]对上市家族企业的长期观察发现，非家族CEO会限制董事会在控制和监控方面的有效性，以延长其在控制家族中的任期，使得非家族CEO的任期往往比其在性质企业的任期高三倍。由此可以说明，如履薄冰的非家族CEO在取得控制家族信任的过程中，一方面与控制家族存在显著的利益冲突，另一方面，为了主动降低与雇主的冲突，非家族CEO会作为中间效应，增加家族企业与其他利益相关者间的矛盾冲突。

此外，非家族CEO基于职业竞争压力，会在参与决策时倾向于对具有更高发展前景、更困难的任务表现出更保守的行动，以降低当期企业生产运营成本，从而增加其在控制家族选择职业经理人或是另择其主时更高的职业选择

[①] 张翠子，蒋峦，凌宇鹏，鲁竞夫. CEO权力对家族企业数字化转型的影响研究［J］. 管理学报，2022（1）.
[②] Su, Y., Xia, J., Zahra, S. A., Ding, J. Family CEO successor and firm performance：The moderating role of sustainable HRM practices and corporate philanthropy，Human Resource Management，2022：1–24.

权。Essen et al.（2015）^①研究发现，尽管非家族CEO对职业声誉具有敏感性，但非家族CEO会更热衷于控制家族的泛滥性捐赠、降低控制家族为追求声誉等非物质激励而做出的社会责任承诺等。基于2010—2020年中国A股家族企业上市公司，张翠子等（2022）^②也发现，我国的家族企业中非家族CEO对社会责任的承担更保守。

（六）与员工的矛盾

Essen et al.（2015）^③发现，在美国2008年金融危机期间，家族企业的员工会经历更少裁员和工资下降压力。家族企业会更愿意与员工荣辱与共，并会在危机时刻提供更有力的财务支持来保持对内部员工的长期福利承诺。特别是当国家未存在对劳动关系保护的严格要求下，家族企业更显著地对当地稳定就业做出贡献。尽管家族企业在生存环境变差时，抵御力量会比国有或其他组织形式更弱。

Schnatterly & Johnson（2014）^④认为，家族企业更集中的控制权会有利于在经营危机时的"掏空"，掏空的动机是基于对自身利益的保护——只有持有更厚的棉衣，才能抵御寒冬。故其认为员工在经济下行时，对家族企业的信任度会随之下降，被降薪或是裁员的预期较其他组织化公司更大。但事实恰恰相反，多国家族企业的实证研究皆发现，家族企业对经济冲击的韧性更强，且由于较高的融资约束和保守战略，使得家族企业对经济冲击的敏感性也更低（Villalonga，2018^⑤；Essen et al.，2015^⑥）。特别是，当员工和所有者管理者对彼此的行为有着长期的经验，并且可以对适当的行为产生共同的期望时，信息

① Essen V., Strike M., Carney V.M., Sapp, S. The Resilient Family Firm: Stakeholder Outcomes and Institutional Effects, Corporate Governance: An International Review, 2015, 23: 167–183.
② 张翠子，蒋峦，凌宇鹏，鲁竞夫. CEO权力对家族企业数字化转型的影响研究［J］. 管理学报，2022（1）.
③ Essen V., Strike M., Carney V.M., Sapp, S. The Resilient Family Firm: Stakeholder Outcomes and Institutional Effects, Corporate Governance: An International Review, 2015, 23: 167–183.
④ Schnatterly, K., Johnson, S.G. Independent boards and the institutional investors that prefer them: Drivers of institutional investor heterogeneity in governance preferences, Strat. Mgmt. J., 2014, 35: 1552–1563.
⑤ Villalonga, B. The impact of ownership on building sustainable and responsible businesses, Journal of the British Academy, 2018, 6（s1）: 375–403.
⑥ Essen V., Strike M., Carney V.M., Sapp, S. The Resilient Family Firm: Stakeholder Outcomes and Institutional Effects, Corporate Governance: An International Review, 2015, 23: 167–183.

不对称可能会减弱，员工会更愿意与家族企业生死相依。

参与合作治理安排的能力取决于行为体彼此了解和信任度，以及他们对适当行为达成共识的能力。"代理人机会主义的假设，不一定适用于家族企业中内部关键利益相关者间（如员工、客户、供应商）如此近距离的委托代理关系，因为在这种关系中，当事双方高度相互依赖，彼此密切合作，并可能产生更大的社会情感财富。"（Lester & Cannella，2006）[1]。在这种更长期持续的发展中，家族企业的雇员也存在更长期的隐形合同。在此类合同中，家族企业的员工会在企业陷入困境时，不被降薪和辞退，以便换取更连续的雇佣保证。而这种随着经济周期而形成的独特的家族企业对内部员工的利益保护，却并未得到现代公司管理制度的更多关注。

未面临困境时，家族企业的"任人唯亲"的人才选拔机制，会显著破坏内部员工劳动积极性，并形成劳资关系中较为紧张的局面。吴超鹏等（2019）[2]发现当家族成员受教育背景较弱时，家族主义观念较强的企业家更倾向于令家族成员担任关键职位，从而增加家族较高的控制权。但这种做法，一方面会显著对公司的绩效和整体公司发展产生不利影响。如 Bertrand et al.（2006）[3]发现，公司创始人的儿子过多参与公司经营将降低公司绩效；Miller et al.（2011）[4]的研究表明，创始人的亲戚参与公司经营有损公司市值；另一方面，较多关键职位被不合适的家族成员长期持有，会引发非家族员工较少的晋升通道，较低的企业绩效也直接影响所有员工的预期收入。由此所产生的员工与控制家族的矛盾，无论是程度上还是频次上皆显著高于非家族企业。而孙光国等（2023）[5]也指出，与非家族企业相比，家族企业不仅要追求企业价值最大化的经济目

① Lester Richard, Cannella. Interorganizational Familiness: How Family Firms Use Interlocking Directoratesto Build Community-Level Social Capital, Entrepreneurship Theory and Practice, 2006.
② 吴超鹏，薛南枝，张琦，吴世农. 家族主义文化、"去家族化"治理改革与公司绩效［J］. 经济研究，2019（2）.
③ Bertrand, M. Schoar, A. The role of family in family firms, Journal of Economic Perspectives, 2006, 20（2）：73-96.
④ Miller, D., Le Breton-Miller, I., Lester, R. Family and lone founder ownership and its strategic implications: Social context, identity and institutional logics, Journal of Management Studies, 2011, 48（1）：1-25.
⑤ 孙光国，戴明禹，滕曼茹. 攻不破的"家族化怪圈"：家族主义文化驱使企业重回家族化治理模式吗？［J］. 南开管理评论，2023（1）.

标，还要兼顾家族成员对于家族控制、家族传承、情感依赖等非经济目标的满足。因此，家族企业从诞生起便受困于家族规范、家族价值观与商业规范、商业价值观优先排序的两难困境。正是由于目标的二重性，家族企业"职业化"进程显得尤为复杂和缓慢，且为了家族控制权不旁落他人，家族企业也必然产生了对非家族的内部员工的收入、晋升通道和人才培养上的利益侵占，从而形成员工与家族成员间的矛盾。

（七）家族企业内部利益冲突的进一步分析

大量国内外的研究表明，家族企业会更积极地处理与利益相关者间的矛盾，并愿意付出更多的社会责任成本来实现由近及远的亲疏关系下的共同富裕。由此所产生的经济效果并不是家族企业评估的唯一标准。近年来，更多来自社会情感财富的理论认为，一方面家族企业受益于社会情感财富和家族主义中"家文化"所给予的家族控制权的额外保护，从而更有意愿容忍在社会情感上的投入；另一方面，家族企业具有维护家族声誉和基业长青的使命，故而具有更强烈的长期价值投资偏好（刘子旭、娄阳，2022）[①]。由此所付出的亲社会的成本形成家族企业独特的与利益相关者的相处方式。

尽管家族企业对利益相关者的投入较非家族企业具有显著性，但其产生的效果却不尽如人意。无论是对中国还是跨国分析，皆没有证据证明积极投入社会责任的家族企业拥有更杰出的企业价值和业绩表现。相反，由于家族企业采用被动方式如降低债务比例、更少使用机构投资者资金、更缓慢的董事会独立性改革和避免任命职业经理人和关键性岗位非家族成员人才时，反而会更显著地降低公司的市场价值预期，从而需承担更大的代理成本，如支付更高的利息、更高的股息和更多的社会监督和进入壁垒，从而在企业价值的提高上，与内部利益相关者产生不可调和的矛盾。

由此可见，家族企业仅采用被动防守的方式，规避与利益相关者间的矛盾冲突，并不能有效地解决与非家族的股东、债权人、董事、职业经理人及员工

---

① 刘子旭，娄阳.代际差序格局与继任二代开发支出会计政策选择——基于家族企业社会情感财富理论［J］.财会通讯，2022（17）.

间可能出现的基于控制权争夺和亲疏次序下不平等所必然产生的问题。故家族企业若想持续发展、基业长青，需要采用更积极的战略来面对非家族股东、债权人和内部员工。

（八）与外部利益相关者之间的矛盾

1.与供应商、销售商之间的矛盾

Ward（1997）[①]实证发现，由于家族企业更恶劣的生存环境、较高的企业死亡率和更短的预期寿命，长期供应商的协调发展将会更加不受重视。此外，在家族主义文化下，孙光国等（2022）[②]指出，在家族企业中"人情至上"观念盛行，会加剧非家族企业的上游、下游供应链上"公私混乱""裙带关系""任人唯亲"的整体环境，这种"人情化"大于"规范化"一定程度上否定了管理中的客观性和公正性，并激化在自由市场竞争中上下游企业与家族企业间的矛盾冲突。

此外，孙光国等（2023）[③]指出，家族企业差序格局，会造就家族企业对上下游企业的特殊信任方式，"家族圈子"内外的界限过于分明，对非家族成员的不信任感过于强烈。而非家族企业成员所经营的上下游企业，不仅需要承受这种信任机制断裂所造成的生产和销售的不平等待遇，还额外增加了为获取家族企业信任所要进行的艰难地讨价还价和时间成本。因此，从信息不对称的角度来看，非家族上下游企业所掌握的特异性信息越高，科技、技术能力越高，越可能会受到更不公的对待，从而形成交易过程中与规模家族企业更大的利益冲突。从更深层次上看，家族企业与供应商、销售商之间的矛盾还在于以下几个原因。

首先，控制家族尽管会有效解决与上下游企业间的沟通成本，但非家族间

---

① Ward, J.L. Growing the family business: Special challenges and best practices, Family Business Review, 1997, 10（4）: 323–337.

② 孙光国, 戴明禹, 滕曼茹.攻不破的"家族化怪圈"：家族主义文化驱使企业重回家族化治理模式吗？[J].南开管理评论, 2023（1）.

③ 孙光国, 戴明禹, 滕曼茹.攻不破的"家族化怪圈"：家族主义文化驱使企业重回家族化治理模式吗？[J].南开管理评论, 2023（1）.

信任缺失，根本上增加了第二类代理问题的产生和代理成本。如何增加与上下游企业间的合作成了控制家族不得不面对的问题。非家族的外部利益相关者会由于亲序不公所造成的不平等交易预期，更易在经营波动时形成更大的背叛，从而为家族企业的长期发展带来威胁。故在调研的过程中发现，家族企业会更关注与供应商间的关系，并将与供应商、渠道客户间沟通的部门作为最关键岗位，由家族中最有能力的成员担任负责人。

其次，家族企业会更愿意通过对上下游企业"雪中送炭"，建立泛家族的关联持股网络，不仅可增强家族企业与外部利益相关者间的利益协同效应，还可扩大关键家族成员在生产中的控制力。但控制家族在"雪中送炭"中，被迫需承担更低的投资收益——可能永久性的投资亏损，还额外增加了作为股东对上下游企业经营方面的控制权争夺和第一类代理成本，从而进一步增加了控制家族长期发展的现金流风险。特别是在经济下行过程中，"摊大饼"的方法会更进一步增加控制家族破产的速度，导致家族企业陷入困境。

最后，市场竞争的加剧和中介市场的发展，非家族企业能通过更专业的管理方式降低供应链管理的代理成本和交易间信息损耗，横向比较，家族对上下游企业的治理能力会更进一步经受考验，而由于治理效率中强调社会情感财富，而非当期利益，因此会随着市场化发展的进程而愈加显得不合时宜，从而使得先前纳入关联交易和过度投资过程中的外部利益相关者具有更大的背叛动机和隧道挖掘可能。

故而仅通过被动的方式来解决与上下游外部利益相关者间的矛盾，会对整个家族企业的可持续经营和发展有害。因此，家族企业必须注意扬长避短，在发挥家族有利影响的同时积极推动其他更主动的方式解决与外部供应商、销售渠道和客户间的关系。

2.与社区之间的矛盾

García-Sánchez et al.（2021）[①]对2006—2014年全球956家上市公司的实证分析发现，家族企业比非家族企业表现出更高的企业社会责任（CSR）绩效

---

① García-Sánchez I-M, Martín Moreno J, Khan SA, Hussain N. Socio-emotional wealth and corporate responses to environmental hostility：Are family firms more stakeholder oriented，Bus Strat Env，2021（30）：1003-1018.

水平。这一现象也同时受到了社会情感财富理论的认可（Gómez Mejía et al.，2007[1]；Campopiano & De Massis，2015[2]），特别是家族对当地社区更高的关注度，使得家族企业拥有更高的社会责任投入。而家族企业为何会具有更高的企业社会责任（CSR）表现呢？

针对这个问题，Berrone et al.（2012）[3]认为，家族利益相对于环境、治理，会比非家族企业追求更稳定的社区关系。这种社区关系不仅能够通过形象和声誉的积累提高产品的品牌认可度（Gómez-Mejía et al.，2007[4]；Dyer & Whetten，2006[5]），更可使得家族利益的控制人获得自我认同感，享受到个人自豪感和威望，延续家庭价值观，维护家庭关系和跨代可持续性（Zellweger et al.，2012）[6]。此外，对外部社区更大的关注度也反映了家族利益面临更敌对和恶劣的环境所被迫形成的对合法性的追求。第一，家族利益始终面临着非家族股东的利益挑战，取得客户、非政府组织或特殊群体、供应商、政府、自然环境、社区和社会等的支持，对于控制家族在市场中的生存和发展皆至关重要。家族利益对外部社区利益相关者的关注，是控制家族为其利益获得合法性的必须投入，家族利益合法性的损失会直接造成对家族企业的未来业绩的伤害。第二，当外部社区因某些风险事件，经营环境发生变化时，厌恶风险的家族企业会更倾向于选择积极参与改善外部社区环境的行为来确保家族利益所面对的整体社

① Gómez-Mejía, L.R., Haynes, K., Nuñez-Nickel, M., Jacobson, K., Moyano-Fuentes, J. Socioemotional wealth and business risks in family-controlled firms: Evidence from Spanish olive oil mills, Administrative Science Quarterly, 2007, 52（1）：106-137.
② Campopiano, G., De Massis, A. Corporate social responsibility reporting: A content analysis in family and non-family firms, Journal of Business Ethics, 2015, 129（3）：511-534.
③ Berrone, P., Cruz, C., Gómez-Mejía, L.R. Socioemotional wealth in family firms theoretical dimensions, assessment approaches, and agenda for future research, Family Business Review, 2012, 25（3）：258-279.
④ Gómez-Mejía, L.R., Haynes, K., Nuñez-Nickel, M., Jacobson, K., Moyano-Fuentes, J. Socioemotional wealth and business risks in family-controlled firms: Evidence from Spanish olive oil mills, Administrative Science Quarterly, 2007, 52（1），106-137.
⑤ Dyer, W. G., D. A. Whetten. Family Firms and Social Responsibility: Preliminary Evidence from the S & P 500, Entrepreneurship Theory & Practice, 2006, 30（6）：785-800.
⑥ Zellweger, T. M., Kellermanns, F. W., Chrisman, J. J., Chua, J. H. Family control and family firm valuation by family CEOs: The importance of intentions for transgenerational control, Organization Science, 2012, 23（3）：851-868.

会环境的安全。Gómez-Mejía et al.（2007）[1]和Godfrey & Merrill（2009）[2]认为，长期的外部社区社会责任的参与（CSR），会使得家族利益在面对不利事件时有更大的安全保障。虽然外部社区的社会责任成本的付出不会立即带来回报，但它们有助于在艰难时期确保家族利益不受更大的冲击。故在巩固家族利益的合法性、保持外部社区环境稳定的目的下，控制家族会更关注与外部社区的责任链接。在这种情况下，家族企业通常会采取"泛家族化管理"模式。

一方面，泛家族化管理对当地经济发展存在优势，泛家族化管理的企业通常是本地企业，在经营过程中不仅可以提供大量就业机会，还能为当地政府创造税收贡献。这可以有效地促进当地经济的发展和稳定。此外，泛家族化管理能带动相关产业链的发展，泛家族化企业往往具有较强的综合实力和领导力，可以通过多元化经营和创新发展带动相关产业链的发展和壮大。这对于整个区域的经济发展具有积极作用。泛家族化管理还是传承和保护地方文化的一种有效方式，泛家族化企业通常具有深厚的家族文化底蕴和地方文化背景，其企业发展和经营活动也会带有一定的文化色彩。这可以有助于传承和保护地方文化，激发社会活力和文化创新。

然而，泛家族化管理在一定程度上降低了家族企业的经营效率，并会长期增加家族企业的经营现金压力，增加破产风险。首先，泛家族化的管理会因为决策过程不透明，为无序扩张和投资提供土壤。Gómez-Mejía et al.（2007）[3]认为，结构失衡型投资方式——横向扩张和关联交易皆是家族对上下游企业扩大泛家族的主要途径。由于泛家族化企业中家族成员占据着决策权，因此决策过程容易出现不公平和缺乏透明度的情况。这可能会导致企业的战略决策受到限

①　Gómez-Mejía, L.R., Haynes, K., Nuñez-Nickel, M., Jacobson, K., Moyano-Fuentes, J. Socioemotional wealth and business risks in family-controlled firms: Evidence from Spanish olive oil mills, Administrative Science Quarterly, 2007, 52（1）: 106-137.

②　Godfrey, P. C., Merrill, C. B. The relationship between corporate social responsibility and shareholder value: An empirical test of the risk management hypothesis, Strategic Management Journal, 2009, 30（4）: 425-445.

③　Gómez-Mejía, L.R., Haynes, K., Nuñez-Nickel, M., Jacobson, K., Moyano-Fuentes, J. Socioemotional wealth and business risks in family-controlled firms: Evidence from Spanish olive oil mills, Administrative Science Quarterly, 2007, 52（1）: 106-137.

制，影响整个企业的发展和效益。严若森、张志健（2016）[1]发现我国家族企业存在较为严重的过度投资，造成这样过度投资的原因，往往是缺乏监督管控的家族自大产生的非理性（Wei & Zhang，2008[2]）。其次，泛家族化管理使得企业人才引进和管理难度指数增大，由于家族成员占据着重要的职位，因此非家族成员的职业晋升和发展空间相对较小，泛家族化的管理需要的专业人才无法获得公平的晋升通道，长期下去会导致人才流失和士气下降。

严若森、张志健（2016）[3]实证研究发现2007—2012年上市家族企业存在过度投资。而过度投资与被动解决非家族外部利益相关者矛盾有直接关系。由于家族企业的过度投资行为对股东相对更分散的企业而言，更可能导致企业破产的风险由家族成员承担，同时也增加了某些家族利益相关者的隧道挖掘（Li & Tang，2010[4]）。这种通过过度投资和关联交易降低与外部利益相关者冲突的方式之所以是被动的，一方面是基于控制家族所付出高额的成本和需要忍受产生更低的项目效益；另一方面，与外部环境有直接关系，严若森、张志健（2016）[5]的实证研究发现，更低的市场化程度下，家族企业的过度投资和关联交易更频繁。总之，家族对社区的照料能有效形成控制家族与当地经济协同发展的良好态势，但短期能解决的当地利益相关者的矛盾会带来长期的现金流压力和家族企业经营效率问题，并增加了潜在的破产风险。

① 严若森，张志健.家族控制权结构对企业过度投资的影响——外部制度环境的调节作用 [J].财贸研究，2016（27）.

② Wei K. C., Zhang Y. Ownership structure, cash flow and capital investment: evidence from East Asian economies before the financial crisis, Journal of Corporate Finance, 2008, 14（2）: 118-132.

③ 严若森，张志健.家族控制权结构对企业过度投资的影响——外部制度环境的调节作用 [J].财贸研究，2016（27）.

④ Li J., TANG Y. I. CEO hubris and firm risk taking in China: the moderating role of managerial discretion, Academy of Management Journal, 2010, 53（1）: 45-68.

⑤ 严若森，张志健.家族控制权结构对企业过度投资的影响——外部制度环境的调节作用 [J].财贸研究，2016（27）.

第六节 结论

第一，家族企业作为世界各国的基本企业制度具有普遍性，这种现象同样存在于我国。在我国的民营企业中，约80%以上是属于广义的家族企业，几乎所有的民营企业都或多或少地带有家族的色彩。民营企业参与共同富裕也就等于是家族企业参与共同富裕。

第二，从狭义上讲，家族企业毕竟有着自己的特殊性。它们有着自己的治理结构和企业文化，普遍采取长期主义。在参与共同富裕的过程中，它们会对员工、供应商、客户和社区等利益相关者采取更包容的柔性政策；对于承担社会责任，它们会理性地选择投资价值最大化的项目。由于这些行为内生于企业本身，因此在促进共同富裕的过程中会发挥出独特的作用。

第三，由于企业私利和社会公益冲突的根本性，导致家族企业在履行社会责任、参与共同富裕过程中会产生一系列的矛盾。尽管有些矛盾和冲突是潜在的，但由于其内生于企业，又使得家族企业在参与共同富裕时会受到各种掣肘，从而会影响参与的实效。

第四，由于企业的治理结构、规模大小、发展阶段、产业属性和地域属性的不同，不同类型的家族企业在参与共同富裕时，关注的重点和实施的强度是不尽相同的。

第五，在政治、经济、技术、文化等外部环境发生巨大改变的背景下，一类更能适应外部环境且具有鲜明自身特点的"新家族企业"正在崛起，它们代表了家族企业的发展方向，必将在推动包括共同富裕在内的社会进步实践中发挥出无可替代的作用。

以上对家族企业的一般性和特殊性的研究结果，为后面的实证研究奠定了基础。

第四章　家族企业参与共同富裕的历史考察

第二章的分析让我们看到了我国民营经济取得的巨大成就和蕴藏的巨大能量，得到了民营经济是促进共同富裕重要力量的重要结论。第三章的分析告诉我们，家族企业与民营企业既有同一性又有独特性。正是由于这些原因导致家族企业在参与共同富裕过程中会发挥特别的作用。然而，这些分析尚不能说明家族企业在实践中是如何具体参与到共同富裕的过程中的。为了回答这个问题，我们将回溯历史，进一步考察家族企业参与共同富裕的演进过程。必须指出的是，这部分的一些内容与第二章的一些内容会有些重复，但其差别在于第二章强调的是目前民营经济的实际状况，是从横截面的角度剖析的，而这一章则强调了民营经济纵向的历史发展过程，而且，这里是将其作为家族企业参与共同富裕的经济史背景安排的。

第一节　计划经济时期一些私营工商业者
开始萌生社会责任意识

1949年中华人民共和国成立之时，我国实行新民主主义制度，私营工商业在当时国民经济中占据最重要的地位。据统计，1949年，私营工业的产值占全国工业总产值的63％，在各种主要工业品的总产值中所占比例分别为：电力36％，煤炭28％，硫酸27％，烧碱59％，水泥26％，机器及机器零件50％，棉纱47％，面粉79％，卷烟80％，火柴81％，纸张63％。私营商业的比重更大，1950年，私营商业在批发总额中占76.1％，在零售总额中占85％。[①]由于私营工商业在产业振兴、活跃商业、吸纳就业等多方面的重要性，政府采取了鼓励其发展的方针政策。也正是由于私营工商业的快速发展，才促使了国民经济在三年恢复时期（1949—1952年）的快速恢复。正是在这个时期，朝鲜战争爆发了。为了支援抗美援朝，当时以荣氏家族企业为代表的一些进步的私营工商业者，积极参与到捐款、捐物的活动中。有资料显示，荣氏企业为抗美援朝捐款总额折合12架战斗机，荣德生个人为志愿军捐献棉衣1.2万套。截止到1950年12月底，仅无锡市工商界人士累计捐款402.5万元，折合27架战斗机。[②]

进入第一个五年计划时期，我党推行了以"一化三改"[③]为核心的"过渡时期总路线"，私营经济在跑步进入"共产主义"的背景下，私营工商业在政府强力推行的公私合营运动中迅速地被公有化了。到1956年年底，全国的私营企业产值已不足全部工业产值的1％。在此后近20年的计划经济体制内，私营经济几乎不复存在，仅存的一点点个体商业也属于非法经营而转入"地下"。正是由于在计划经济体制下，私营工商业始终处于风雨飘摇之中，私营工商业者根本不会去考虑承担什么社会责任。然而，尽管私营工商业在企业形态上被消灭了，但企业家精神却留存了下来，而这正是日后民营经济、民营企业再度辉煌，甚至越来越自觉主动地参与共同富裕的重要根源。

第二节　改革开放初期一些家族企业有意识地承担社会责任

1978年，党的十一届三中全会拉开了我国经济体制改革的帷幕，民营经济也迎来了大发展的历史机遇。这不仅为家族企业的发展创造了一定条件，而且，家族企业也被动开始承担一些社会责任。

---

① 剧锦文.中国经济：路径与政策［M］.北京：社会科学文献出版社，2001：24.
② 《长津湖》热播！捐飞机、捐大炮……看抗美援朝中的无锡力量［N］.无锡日报，2021-10-08.
③ 是中国共产党于1953年提出的过渡时期总路线的核心内容。其中"一化"是指逐步实现国家的社会主义工业化；"三改"即逐步实现国家对农业、手工业、资本主义工商业的社会主义改造。

一、改革开放初期，民营经济的再生与发展

为了尽快搞活经济，繁荣市场，扩大就业，1979年以后，政府对发展个体经济采取了谨慎的鼓励和扶持的新政策。早在1981年7月7日，国务院发布了《关于城镇非农业个体经济若干政策性规定》，同年10月17日，中共中央和国务院发布《关于广开门路、搞活经济、解决城镇就业问题的若干决定》，这两个文件中央肯定了个体经济在发展生产、搞活经济、满足社会需要、扩大就业等方面的积极作用，并宣布了若干扶持个体经济发展的具体政策。[①]1981年6月，党的十一届六中全会通过了《关于建国以来党的若干历史问题的决议》，明确指出："国营经济和集体经济是我国基本的经济形式，一定范围的劳动者个体经济是公有制经济的必要补充"。1982年9月，党的十二大进一步强调："由于我国生产力水平总的来说还比较低，又很不平衡，在很长时期内需要多种经济形式的同时并存。在农村和城市，都要鼓励劳动者个体经济在国家规定的范围内和工商行政管理下适当发展，作为公有制经济的必要的、有益的补充。"1982年，国务院制定了《个体工商户管理暂行办法》，正式承认了个体经济的合法地位。同年，全国人大修改了宪法，明确了"城乡劳动者个体经济，是社会主义公有制经济的补充"。这一政策定位对刚刚诞生的个体经济来说，大大降低了政策的不确定性，并为它们的发展提供了非常重要的政策支持。正是在这些政策的支持下，我国个体经济迅速地发展起来。有数据显示，到1984年年底，个体商业网点已达到728.1万个，比1978年增加39.9倍。1984年，个体商业、饮食业、服务业等第三产业的个体从业人员已达960.7万人，比1978年增加35.7倍。[②]1984年，个体经济商品零售总额达到323.7亿元，占社会商品零售总额的9.6%。[③]私营工业方面几乎是从无到有，截至1984年，个体工业从业人员已达38万人，个体工业产值达14.8亿元，占当年工业总产值的0.2%。[④]个体经济在我国城乡均有迅速的发展。到1990年年底，全国城

---

① 黄孟复.中国民营经济史·大事记［M］.北京：社会科学文献出版社，2009：159-160.
② 根据《中国统计年鉴（1985）》，中国统计出版社，1985年版，第487页的数字计算而得。
③ 根据《中国统计年鉴（1985）》，中国统计出版社，1985年版，第467页的数字计算而得。
④ 根据《中国统计年鉴（1985）》，中国统计出版社，1985年版，第235、306、308页的数字计算而得。

乡个体工商户共 1 328.3 万户，从业人员 2 092.8 万人，户均 1.5 人；拥有资金 397.4 亿元，户均 2 992 元，全年工业总产值 1 290.3 亿元，占全国工业总产值的 5.39%；商品零售额 1 569.6 亿元，占全国社会商品零售总额的 18.9%。

在个体经济发展过程中，内生出一批敢于吃螃蟹的创始型家族企业。他们早期大多在乡镇集体企业工作，后来出来创办企业，因此，所设立的企业也大多带着集体企业的"红帽子"。还有一大批独立创业者，最有代表性的就是"傻子瓜子"的年广久，等等。这一代企业家敢想敢为、敢于挑战传统体制的束缚，勇于在坎坷中奋力前进。在他们的带领下，我国开始出现了一批以家族为依托的雇工经营的家族企业。但是，由于人们对私有制的偏见还很深，对发展民私营经济的政策过于谨慎，民私营企业的发展速度并不很快，到了 1987 年，全国私营企业也仅有 90 581 户，从业人员约 164 万人，注册资金仅为 84 亿元，而且多数集中在偏远的农村地区。有资料显示，当时农村的民私营企业占全国民私营企业总户数的 80.74%，从业人员占全国私营企业从业人员的 83.45%，资金占全国私营企业总额的 83.60%。[1] 私营企业从 1988 年开始实行了注册登记制度，到 1990 年年底登记注册的企业达到 9.8 万户；从业人员 170.2 万人，户均 17.4 人；注册资金 95.2 亿元，户均 9.7 万元。在城乡分布上，农村的私营企业和从业人员分别占其总数的 61.6% 和 66.6%。1991 年，私营企业达到 10.8 万户，从业人员 184 万人，注册资金 123.17 亿元。[2]

二、家族企业不仅限于做好自己，同时也开始承担一些社会责任

从承担社会责任的角度看，由于在这个时期，大多数民营家族企业尚处于创业时期，他们通过创立企业为社会创造了财富、吸纳了一定的就业人员，特别是为广大偏远农村地区的经济发展、农民收入水平的提高作出了一定贡献。然而，这个时期其履行社会责任的能力非常薄弱，所关注也仅仅是对自身的股东承担经济责任以及对政府承担依法纳税的责任，而其他的利益相关者如消费者、社区就业与援助、慈善捐赠以及环境治理等方面的社会责任则极度缺失。

---

① 刘迎秋. 中国非国有经济改革与发展 30 年研究 [M]. 北京：经济管理出版社，2008：163.
② 刘迎秋. 中国非国有经济改革与发展 30 年研究 [M]. 北京：经济管理出版社，2008：165.

家族企业之所以部分承担一些社会责任，主要是由于在企业初创期，企业规模小、技术力量薄弱，盈利能力有限，做强做大成为企业的首要目标，不可能拿出更多精力和财力从事各种公益性活动。甚至在当时的社会环境中，承担社会责任、参与共同富裕还远没有成为社会的主流意识和迫切要求。当然，办好自己的企业，关照好自家人和企业的员工客观上就成为企业承担社会责任和参与共同富裕的方式。

第三节　20世纪90年代家族企业向主动承担社会责任转变

20世纪90年代，我国的改革开放进入了第二个阶段。在党和政府一系列政策的支持下，我国民营经济获得了更快的发展。在这一背景下，一些家族企业开始主动地承担社会责任，积极参与到共同富裕的进程之中。

一、20世纪90年代，民营经济的"黄金发展期"

1992年召开的党的十四大明确指出，"我国经济体制改革的目标是建立社会主义市场经济体制"，并提出要"在所有制结构上，以公有制包括全民所有制和集体所有制经济为主体，个体经济、私营经济、外资经济为补充，多种经济成分长期共同发展"。1997年10月，党的十五大进一步提出："公有制为主体，多种所有制经济共同发展，是我国社会主义初级阶段的一项基本经济制度。……非公有制经济是我国社会主义市场经济的重要组成部分"，这一理论和政策的定位大大提升了非国有经济在社会主义市场经济中的地位。1999年，全国人大修改了宪法，进一步从法律的高度明确了"在法律规定范围内的个体经济、私营经济等非公有制经济，是社会主义市场经济的重要组成部分"。进入新千年的2001年，江泽民在"七一"讲话中再次强调了非公有制经济在国民经济发展中的重要性。同年12月，国家计划委员会发布了《关于促进和引导民间投资的若干意见的通知》。该文件指出要扩大民间投资的领域，指出除国家有特殊规定的以外，凡是鼓励和允许外商投资进入的领域，均鼓励民间投资进入，鼓励和引导民营投资以独资、合作、联营、参股、特许经营等方式参与经营性的基础设施和公益事业项目建设，并对民间投资要实施优惠政策。2002年11月，党的十六大召开并提出："第一，必须毫不动摇地巩固和发展公有制经济……第二，必须毫不动摇地鼓励、支持和引导非公有制经济发展，个体、私营等各种形式的非公有制经济是社会主义市场经济的重要组成部分"，首次提出了"两个毫不动摇"。2003年10月，党的十六届三中全会通过了《中共中央关于完善社会主义市场经济体制若干问题的决定》，提出要"大力发展国有资本、集体资本和非公有资本等参股的混合所有制经济""放宽市场准入，允许非公有资本进入法律法规未禁止的基础设施、公用事业及其他行业和领域"。2004年全国人大修改宪法，明确了"公民的合法的私有财产不受侵犯"，"国家依照法律规定保护公民的私有财产权和继承权"，等等。2005年2月，国务院发布了《关于鼓励支持和引导个体私营等非公有制经济发展的若干意见》（通称"非公36条"，以下简称《意见》），"非公36条"被认为是中华人民共和国成立以来，第一个以促进非公有制经济发展为主题的中央政府专门文件。"非公36条"明确指出，要放宽非公有制经济的市场准入，打破电力、电信、铁路、邮政、民航、石油、金融、保险、证券等过去被视为国家垄断或者自然垄断行业。《意见》发布后，各级、各政府部门又相继出台了若干配套性措施，据统计，截至2006年年底，共有24个关于非公有制经济市场准入的政策文件，全国31个省市区制定、出台了200多个非公有制经济发展的法规或政策文件。2007年10月，党的十七大提出："推进公平准入，破除体制障碍，促进个体、私营经济发展"。2007年，国家制定了《物权法》《企业所得税法》《反垄断法》《劳动合同法》等法律，进一步明确了对各种所有制经济的平等法律地位。

　　在这一系列越来越有利于民营经济发展的政策鼓励和支持下，特别是在1992年邓小平南方谈话的鼓舞下，许多人看到了商业活动的机会和前途，一批原在政府机构、科研院所的知识分子和各方面的能人纷纷下海创业。据人力资源和社会保障部曾做过的统计，1992年辞职下海者超过12万人，投身商海的人超过1 000万人。正是在这下海潮的推动下，我国的民营经济迎来了一个"黄金发展期"。1990年至1995年的短短5年间，个体私有企业创造的增加值从872亿元人民币升至5 236亿元人民币，增长了5倍多。根据国家工商管理总局的资料，从1990年至1995年，无论私营企业的注册资金还是注册企业户都在逐年增加。1996年以后，个体私营企业增加值的比重开始攀升，个体私营企业增加值在全国乡镇企业的比重1996年为41.91%，1997年达到51.55%，开始超过半数，1998年又升至55.06%，这标志着民营企业不仅从企业个数和就业人数上居于多数，在经济构成上也成为了乡镇企业的主体。根据全国工商管理总局的资料，到2001年，上述指标分别发展到私营企业的注册资金达到18 212亿元、注册企业203万户和户均注册资金达到89.8万元。年均增长率分别达到43.6%、24.8%和15.1%。

二、家族企业积极主动地参与光彩事业等社会公益活动

伴随着民营经济和家族企业的发展壮大，履行经济责任的能力有所增强，家族企业承担社会责任的意识也开始觉醒。在家族企业的经济价值创造能力、内部的责任治理结构、创新能力、税收缴纳、吸收就业等方面都有所增强的同时，也在积极参与社会公益与慈善活动，家族企业参与光彩事业就是一个典型事例。所谓光彩事业是指1994年为了配合《国家八七扶贫攻坚计划》发起了由民营经济人士为主体，以促进共同富裕为宗旨的社会事业。1994年刘永好等10位民营企业家向全国工商联会员和非公有制经济人士发出了《让我们投身到扶贫的光彩事业中来》的倡议书，提议"每年为老少边穷地区培训1 000名人才，开办100个项目，开发10种资源；到本世纪末共培训7 000名人才，开办700个项目，开发70种资源，为缩小贫富差距，实现共同富裕，动一分真情，献一分爱心，做一分贡献"，此项活动被称为"光彩事业"而在全国迅速推动。为了更好地践行光彩事业，助推共同富裕，1995年中国光彩事业促进会正式成立。

家族企业通过光彩事业帮扶老少边穷和中西部地区群众脱贫。光彩事业主要开展了十大扶贫工程，分别为农业产业化扶贫、生态建设扶贫、资源开发扶贫、医药卫生扶贫、智力开发扶贫、移民安居扶贫、招工就业扶贫、建设市场扶贫、公益捐助扶贫、国际援助扶贫。在扶贫项目中，家族企业投入了大量的

资金、技术和人力，帮助扶贫地区组织管理，提供信息和销售渠道，借助光彩事业将家族企业自身优势与扶贫地区的资源和劳动力优势结合在一起，促进了当地经济发展和人民群众收入水平的提升。

光彩事业通过兴办企业、技能培训等解决国企下岗工人再就业。以家族企业为主的民营企业一直是解决社会就业的重要渠道，吸纳了大量的下岗工人、待业人员，转移了众多的农村剩余劳动力，提升了人民群众的收入，分担了政府的忧愁。

家族企业积极投资兴办光彩学校千余所，资助了数万名贫困学生，成就了贫困地区孩子的求学梦。家族企业积极参与赈灾、捐款捐物，在1998年长江特大洪涝灾害中，家族企业奉献社会、服务人民。

这个时期，一些家族企业一改过去对于承担社会责任和参与慈善捐赠漠不关心的状态，而是积极主动地参与其中，他们已经意识到这是一种社会高度认可的高效投资方式，是利己利人的善举。企业的综合效益、员工利益和社会利益步入了一个多方共赢的良性循环，家族企业主动承担社会责任，积极参与共同富裕开始正式起航。

第四节　进入新千年家族企业向规范化承担社会责任转变

进入新千年，随着我国加入WTO和互联网等新经济的兴起，我国民营经济经过20多年的拼搏，已经积累了一定的实力和经营经验。同时，在引入国际规则和获得国际化发展新机遇的背景下，家族企业承担社会责任的方式更加规范。

一、新千年以后，我国民营经济迈入规模化、国际化发展的新轨道

进入新千年，我国经济在快速地市场化和国际化。在这一背景下，我国的民营经济迎来了新一波的高增长。有统计显示，2002年民营企业的注

册资本为 24 756 亿元，注册企业户数 43 万户，户均注册资金 33.5 万元，到了 2008 年，对应的指标分别扩大到 117 356 亿元、657 万户和户均 178.6 万元。7 年的年均增长率分别达到：29.6%、17.9% 和 9.8%。根据国家工商行政管理总局的统计，截至 2006 年年末，全国实有私营企业 498.1 万户，私营企业集团 5 594 户，私营企业注册资本（金）76 028.5 亿元，注册资本 100 万元以上的有 118.6 万户，其中注册资本 100 万~500 万元的 86.2 万户，500 万~1 000 万元的 18.7 万户，1 000 万~1 亿元的有 13.3 万户，亿元以上 4 245 户。[①]另据全国工商联课题组的研究，2002 年至 2006 年，我国民营企业的主要规模指标都发生了巨大变化。2006 年与 2002 年相比，上规模民营企业的营业收入前者是后者的 4.5 倍，户均前者为后者的 2.2 倍；资产总额前者是后者的 3.6 倍，户均为 1.8 倍；固定资产为 3.3 倍，户均为 1.6 倍；净资产为 3.2 倍，户均为 1.6 倍；税后净利润为 3.9 倍，户均为近 2 倍。2007 年至 2011 年的 5 年间，我国私营企业继续保持高速增长势头。注册登记的企业数量从 551.3 万户，增加到 2011 年的 579 万户；在私营企业就业的城镇人员 2007 年达到 4 581 万人，到了 2011 年达到 6 912 万人；固定资产投资 2007 年为 27 056 亿元，到了 2011 年增加到 71 338 亿元；税收贡献从 2007 年的 4 789.9 亿元，增加到 2011 年的 10 152 亿元。在这个时期，广大民营家族企业的自主技术创新意识大为增强，并取得了明显成效。据统计，我国 2001 年规模以上私营工业企业的专利数仅为 743 件，其中发明专利为 159 件，说明此时的家族企业没有强烈的创新意识。但是到了 2011 年的时候，规模以上私营工业企业的专利数已达 111 705 件，发明专利也达到了 29 210 件，分别是 2001 年的 150.3 倍和 183.7 倍。说明家族企业的技术创新，为我国经济高质量发展注入了强大的动力和活力，从根本上保证了共同富裕行稳致远。

二、家族企业更加系统和规范地承担社会责任

第一，随着国际化进程的推进，国际上先进的社会责任理念和社会责任运动开始进入中国，广大家族企业开始进入规范化、系统化地承担社会责任的新

---

① 工商行政管理总局.工商行政管理统计汇编（2006），内部资料，2007 年 4 月.

阶段。出于国际竞争的需要，家族企业首先从关注劳工权益着手，也开始注重产品质量。与此同时，积极参与环境友好活动，许多家族企业积极开展"三废"治理，实施清洁生产，重视回收再利用，提升资源使用效率，在绿色发展理念的指引下，积极采用并加强新技术研发，减少环境污染。

第二，继续积极参与光彩事业。中央统战部于2002年成立了光彩事业指导中心，2005年成立了中国光彩事业基金会。截至2007年，全国民营企业家等已经在老少边穷、中西部和东北老工业基地兴办了16 244个光彩事业项目，投入资金1 337.76亿元，培训387.07万人，解决就业492.89万人，带动787.61万人脱贫，公益捐赠金额达到了1 179.95亿元[①]。家族企业在提供就业机会、解决社会矛盾、增加低收入群体收入、开展社会关怀、实施救贫助困等方面作出了巨大贡献。家族企业积极参与社会公益和社会慈善事业，中国慈善排行榜及其他多种数据显示以家族企业为主的民营经济已经成为社会公益资金的主要来源和慈善捐赠的主要力量。

第三，通过多渠道助力共同富裕。家族企业一方面通过贡献GDP增长、缴纳税收、提供就业、技术创新等直接途径，参与共同富裕；另一方面积极参与公益事业、社会捐赠、教育培训等，通过教育、培训提升人力资本的间接方式参与同富裕。一方面，教育、培训通过提升人力资本价值，能够为劳动者提供更多、更好的就业机会，这是劳动者获取持续收入的技术保证，从而能够保证共同富裕的持续推进，有助于共同富裕的层次不断升级；另一方面，教育、培训也能够实现双赢，供给方有意愿持续为教育培训提供资金支持，劳动者也有意愿积极参与并对供给方积极宣传，双方通过教育培训都获得了相应的利益，从而是一种可持续的助力共同富裕的方式。从经济学的角度，家族企业以教育培训的方式参与共同富裕需要付出成本，只有使其付出的成本和收益整体上相等的时候才能积极调动家族企业参与共同富裕的积极性，而适当的教育培训就是这样一种对家族企业和受训群体都有利的推动共同富裕的可持续的方式。

家族企业承担社会责任、开展慈善事业的动机很朴素，那就是出于家乡

---

① 高德步.中国民营经济史［M］.太原：山西经济出版社，2014：347.

情怀、基于内心道德与良知，积极为家乡、为人民、为社会作出力所能及的贡献。在这个时期，伴随着家族企业的发展，承担的社会责任越来越多，从家族企业社会责任的边界看，此时家族企业的社会责任已经达到了很高水平。

第四，家族慈善基金会的兴起。除了上述家族企业助力共同富裕的途径之外，在此阶段家族慈善基金会的兴起是家族企业参与共同富裕的另一条重要路径。家族慈善基金会是以公益慈善为目的的，在共同富裕的过程中发挥着举足轻重的作用，彰显了家族企业的家国情怀。家族慈善基金会的资金来源主要由家族出资，其目的在于开展公益慈善，积极回馈社会。与此同时，通过家族慈善基金会的运作，进一步增强了家族和家族成员的社会责任感，提升了家族和企业的知名度美誉度，树立了良好的社会形象和社会声誉。

中国第一家家族慈善基金会是贤銮福利基金会，虽然早在1986年就成立了，但直到2004年《基金会管理条例》颁布之前，我国家族慈善基金会数量都屈指可数。自2004年开始，家族慈善基金会数量开始迅猛增长，2010年突破了100家，2012年突破了150家[①]。家族慈善基金会主要关注教育、扶贫、社会救助、福利和救灾，已经成为公益慈善的重要力量。

家族慈善基金会的成立意味着家族企业参与共同富裕的方式实现了从零散的无计划的社会责任承担到系统的有规划的社会责任承担过程的转变。在此之前，家族企业承担社会责任规划性较少，往往是在外部需要企业承担社会责任时参与到其中，如对于各种大型自然灾害、意外事故的捐赠等。而在家族慈善基金会成立之后，因大多数基金会与第三方机构如资产管理公司、律师事务所、会计事务所等合作，对家族慈善基金会进行规范化管理，制定运作规划，关注运作效果，加强运作评估。这样，就实现了家族企业承担社会责任方式从零散的到系统化和规范化的转变，不但提高了基金的运作效率，也更有效地助力了共同富裕的实现。

---

① 中国公益研究院.中国家族慈善基金会发展报告（2018）［R/OL］. http://www.bnu1.org/show_1357.html.

第五节　进入新时代家族企业向
战略性地参与共同富裕转变

2012年我国正式进入新时代，常态化的高质量发展成为时代的主旋律，我国民营经济呈现出稳步前行和转型升级的发展格局。在党正式将共同富裕作为国家发展的重大战略安排的大环境下，广大家族企业积极响应党的号召，从战略高度认识、践行共同富裕的新理念。

一、我国民营经济在波动中稳步前行

进入新时代，党和政府对民营经济的发展提出了新要求，制定出新的方针政策。党的十八大进一步提出"毫不动摇鼓励、支持、引导非公有制经济发展，保证各种所有制经济依法平等使用生产要素、公平参与市场竞争、同等受到法律保护"。2013年11月，党的十八届三中全会通过《中共中央关于全面深化改革若干重大问题的决定》(以下简称《决定》)明确指出，"国家保护各种所有制经济产权和合法利益，保证各种所有制经济依法平等使用生产要素、公开公平公正参与市场竞争、同等受到法律保护，依法监管各种所有制经济"。《决定》提出，"坚持权利平等、机会平等、规则平等，废除对非公有制经济各种形式的不合理规定""国有资本、集体资本、非公有资本等交叉持股、相互融合的混合所有制经济，是基本经济制度的重要实现形式""国有资本投资项目允许非国有资本参股。允许混合所有制经济实行企业员工持股，形成资本所有者和劳动者利益共同体""鼓励非公有制企业参与国有企业改革，鼓励发展非公有资本控股的混合所有制企业"。党的十八届四中全会提出要"健全以公平为核心原则的产权保护制度，加强对各种所有制经济组织和自然人财产权的保护，清理有违公平的法律法规条款"。党的十八届五中全会强调要"鼓励民营企业依法进入更多领域，引入非国有资本参与国有企业改革，更好激发非公有制经济活力和创造力"。党的十九大把"两个毫不动摇"写入新时代坚持和发展中国特色社会主义的基本方略，作为党和国家一项大政方针进一步确定下来。2018年10月，习近平总书记给在"万企帮万村"行动中受表彰的民营企业家回信，对民营企业踊跃投身脱贫攻坚给予肯定，勉励广大民营企业家"坚定发展信心，心无旁骛创新创造，踏踏实实办好企业"。2018年11月1日，习近平在民营企业座谈会上的讲话中指出："民营经济是我国经济制度的内在要素，民营企业和民营企业家是我们自己人。民营经济是社会主义市场经济发展的重要成果，是推动社会主义市场经济发展的重要力量，是推进供给侧结构性改革、推动高质量发展、建设现代化经济体系的重要主体，也是我们党长期执政、团结带领全国人民实现'两个一百年'奋斗目标和中华民族伟大复兴中国梦的重要力量。在全面建成小康社会、进而全面建设社会主义现代化国家的新征程中，我国民营经济只能壮大、不能弱化，不仅不能'离场'，而且要走向更加广阔的舞台。"这一很有针对性的讲话给当时处于彷徨之中的广大民营企业家吃下了一颗定心丸。

从2012年至2022年的10年间，我国民营企业数量从1 085.7万户增长到4 700万户，特别是从2018年后占企业总量的比例超过了九成，10年间翻了两番。根据国家市场监管总局的数据，2021年，全国新设民营企业852.5万户，同比增长11.7%，民营企业在企业总量中的占比由2012年的79.4%提高到2021年的92.1%（见图4-1）。民营上市公司已经突破了3 000家。

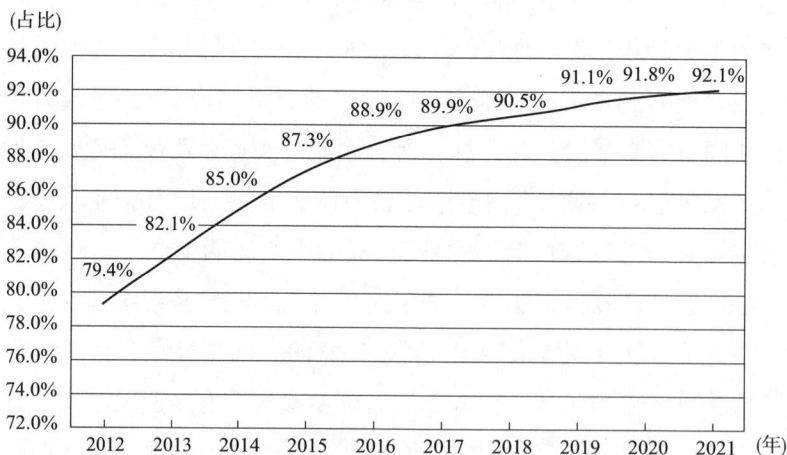

图4-1 民营企业在企业总量中的占比变化

　　民营企业不仅数量在增加，企业规模也在扩大。2018年，中国规模以上私营工业企业达到25万多家，平均每家企业的资产额为1.12亿元，净资产为近0.5亿元，营业收入1.45亿元。据全国工商联数据，2019年中国民营企业500强，销售收入入围门槛为202亿元，户均销售收入为603亿元，户均资产总额为739亿元，户均税后净利润为27.86亿元。2021年，中国民营企业500强，销售收入入围门槛为263.67亿元，户均销售收入为766.44亿元，户均资产总额为832.80亿元，户均税后净利润为34.6亿元。全国共有88家民营企业资产总额超千亿元规模，比2020年增加8家。[1]民营企业规模的扩大还体现在进入财富世界500强的榜单数量。2010年只有1家内地民营企业进入世界500强，2012年共有5家进入，2013年有7家，2018年达到28家，到了2021年就增加到28家。[2]此外，广大民营企业纷纷加大自主创新的力度，不仅大大提升了企业竞争力，同时有力地推进了我国经济的高质量发展。

二、家族企业从战略高度积极参与共同富裕

　　进入新时代，伴随着民营经济的高质量发展，在党正式将实现共同富裕作为社会进步的重大战略安排的背景下，广大民营家族企业充分认识到了参与共同富裕的重要性，并结合企业实际及时地调整企业的发展战略，完善经营模式，追求企业经济利益与社会利益的统一。这表明，家族企业已经从战略高度参与到共同富裕的实践之中。有数据显示，中国民营企业100强的社会责任指数2012年为16.6，到2022年社会发展指数已经提升到了33.4，社会责任指数得以快速大幅度提升（见表4-1）。

表4-1　2012—2022年中国民营企业社会责任发展指数

年份	2012	2013	2014	2015	2016	2017	2018	2019	2020	2021	2022
得分	16.6	15.2	20.5	26.0	23.3	29.7	28.0	26.0	29.3	33.7	33.4

　　资料来源：高云龙、徐乐江主编：《中国民营企业社会责任报告》，中华工商联合出版社，2018、2020、2021、2022年。

---

[1]　全国工商联经济服务部.2022年中国民营企业500强调研分析报告［R］.2022：5-11.
[2]　全国工商联经济服务部.2022年中国民营企业500强调研分析报告［R］.2022：9.

第一，深度参与光彩事业。光彩事业自提出以来，紧紧围绕党和国家的中心工作，积极践行"义利兼顾、以义为先"核心理念，坚持"产业＋公益"双轮驱动，在配合三峡库区移民、国土绿化和生态治理、振兴东北等老工业基地、社会主义新农村建设、打赢脱贫攻坚战等方面做了大量工作。

特别是中国光彩事业促进会与全国工商联、国务院扶贫办于2015年9月共同发起实施的民营企业"万企帮万村"精准扶贫行动。万企帮万村是指力争用3～5年时间，动员全国1万家以上民营企业参与，帮助1万个以上贫困村加快脱贫进程，为促进非公有制经济健康发展和非公有制经济人士健康成长，打好扶贫攻坚战，全面建成小康社会贡献力量。该行动组织动员了12.7万家民营企业精准帮扶13.91万个村，其中建档立卡贫困村7.32万个，共带动和惠及1 803.85万建档立卡贫困人口。[①]通过产业扶贫、就业扶贫和公益扶贫等形式，重点发展一批特色产业，重点解决一批贫困人员就业，重点落实一批公益捐赠，为全面建成小康社会目标的实现贡献家族企业的力量。

在"万企帮万村"的基础上，目前的接续项目是"万企兴万村"，目的在于助力广大乡村的振兴。为巩固万企帮万村的成果，2022年1月4日，《中共中央、国务院关于做好2022年全面推进乡村振兴重点工作的意见》中提出广泛动员社会力量参与乡村振兴，深入推进"万企兴万村"行动[②]。一方面，通过开展"回报家乡"专项行动，支持民营企业到乡村投资兴业，积极参与乡村建设，促进乡村产业振兴、文化振兴、人才振兴、组织振兴等；另一方面，通过开展东西部协作和其他活动助力乡村振兴。鼓励东部民营企业跨省到西部地区帮扶乡村振兴，鼓励民营企业通过设立不同类型的基金促进乡村发展；鼓励通过消费帮扶，为帮扶地区农村的农产品提供平台和销售渠道。万企兴万村行动不但为乡村带来了资金、产业和就业机会，提升了农村居民收入水平，更为社会稳定打下了基础，助推了共同富裕。

2021年1月，中国光彩事业促进会第六次会员代表大会把"政治性、社会

---

① 高云龙，徐乐江.中国民营企业社会责任报告（2021）［M］.北京：中华工商联合出版社，2022：15.
② 中华人民共和国中央人民政府.中共中央　国务院关于做好2022年全面推进乡村振兴重点工作的意见［EB/OL］.http://www.gov.cn/zhengce/2022－02/22/content_5675035.htm.

性、公益性"三性有机统一写入中国光彩事业促进会章程，并对光彩事业持之以恒、创新发展作出部署。

新时代光彩事业的基本宗旨是"先富带动后富、促进共同富裕"，凝聚了"义利兼顾、以义为先，自强不息、止于至善"的光彩精神。光彩精神引导广大民营企业家致富思源、富而思进，努力做"爱国敬业、守法经营、创业创新、回报社会"的典范；配合国家经济社会发展重大战略部署，发挥民营企业家主体作用，兴办光彩事业项目，开展光彩事业活动，着力巩固拓展脱贫攻坚成果，积极助力乡村振兴战略；组织引导民营企业家、民营企业基金会和以民营企业为主体的公益组织，参加扶危济困、抗灾救灾等社会公益事业，加强规范、有序发展，在助力社会治理、创新公共服务方面发挥更大作用[①]。

第二，家族企业环保意识显著提高，加大绿色技术研发投入，推动绿色发展。为了积极承担对环境的责任，家族企业通过自主研发、联合研发等形式，在绿色建筑、环境治理材料、土壤改良材料、可降解材料等方面开展技术创新，探索低能耗、低污染、可循环再利用的新技术、新材料，积极淘汰落后产能，更替高耗能、高污染的产品生产技术，通过使用新能源、新技术向社会提供环保产品，实现资源的高效利用和再利用，实现社会效益与企业效益的双丰收。

第三，为了实现高质量发展，广大家族企业积极参与节能减排、低碳经营、生态保护。大多数企业都建立了降污减排制度，实现三废排放达标；积极利用和开展太阳能、海洋能、生物能、风能、水能等新能源的研发；参与生物多样性保护等投身生态文明建设。

第四，家族企业积极开展社会捐赠等慈善公益项目。许多家族企业已经成了慈善公益的主力，它们响应国家号召，主动积极参与到脱贫攻坚、乡村振兴等涉及共同富裕的国家战略之中。

第五，越来越多的家族企业注重对各类利益相关者利益的关照，更加重视诚信建设、高度重视产品质量，维护员工权益，特别重视维护员工在生产经营

---

① 中国光彩事业促进会.光彩事业简介［EB/OL］. http://www.cspgp.org.cn/gywm_7180/cjh/jj/.

过程中的人身安全，因为与其他类型的企业相比，家族企业对于员工的人身安全有无限责任。此外，家族企业也十分重视依法纳税和合法经营。

第六节　结论

纵观中华人民共和国成立后尤其是改革开放以来，家族企业参与共同富裕的历史过程，我们得到如下几点结论：

第一，整个民营经济的发展水平是家族企业参与共同富裕的重要基础。每当民营经济达到一个新的发展水平，对应地家族企业参与共同富裕就上升一个新台阶。

第二，家族企业参与共同富裕是一个不断高级化的过程。先后经过了无意识参与向有意识参与的转变；由被动参与向主动参与转变；由离散地参与向系统地规范化地参与转变；由战术性地参与向战略性地参与转变。

第三，家族企业参与共同富裕的具体形式日益多样化和精准化。早期主要是努力经营好自己的企业，为社会创造财富、繁荣工商业、吸纳劳动就业，无意识地参与到共同富裕的进程之中；接着，家族企业通过接受一些政府、机构、社会团体的捐赠要求，参与一些社会公益活动；进入新千年后，家族企业接受了国际通行的社会责任规范，开始关注员工利益保护、产品质量和环境友好。与此同时，家族企业纷纷设立慈善基金会。新时代以来，家族企业积极参与有关部门组织的"万企帮万村""万企兴万村"项目，通过产业投资的方式助力广大乡村的振兴。可见，家族企业参与共同富裕的形式越来越多样化，越来越主动和理性。

第五章 家族企业参与共同富裕的经验分析

以上章节我们从定性角度分析了共同富裕和家族企业的内涵，以及家族企业参与共同富裕的意义、参与方式和可能存在的矛盾，以及参与的历史进程等问题，形成了许多有价值的结论。本章将从定量角度对以上分析的有关结论做进一步的分析和实证检验。以下的第一节和第二节为统计描述，第三节为相关分析，最后为结论。整体来看，实证得到的结论与以上分析的结论是基本一致的。

第一节 家族企业发展状况描述

由于目前国内还没有一个全部家族企业的统计数据，出于样本的方便可得，这里主要依据上市家族公司的样本对其基本状况进行一些统计描述。我们深知大量家族企业是非上市公司，以上市家族公司为样本，并不能够十分准确地反映广大家族企业的真实状况，但在无法获得更好数据的情况下，它仍然不失为一个较好的选择。

一、研究样本

根据前面对家族企业的定义，针对选取样本的特点，这里按照三个标准来界定家族企业：1.实际控制人是一个自然人或某个以血缘、姻缘为联结的家族；

2.该自然人或家族直接或间接是上市公司第一大股东；3.至少两个或以上家族成员在该上市公司或者关联公司持股或任职。虽然使用这一严苛的家族企业定义方式可能会导致部分家族企业无法识别，但可以确保识别出来的家族企业准确性较高，因此在综合权衡下，依然使用这一标准来识别家族企业是最为合适的。2021年沪深A股上市公司共计4 606家，根据2021年沪深A股上市公司的实际控制人信息识别出来的民营企业数量为3 341家，占沪深A股上市公司样本比重为72.5%，根据这一家族企业定义标准从中识别出来的家族企业共计1 593家，占民营企业有效样本的47.7%。

二、家族企业发展状况

我们首先通过对样本的初步分析，以观察家族企业的基本状况和特点。

（一）家族企业发展总体概况

1.家族企业来源

从上市公司中的家族企业样本来看，家族企业来源丰富，大多数家族企业来源于家族创办，共1 480家（占92.85%）；少部分来源于国有企业和集体企业股份制改革，带有公有制经济的烙印，共114家（占7.15%），其中来源于中央国有企业和地方国有企业股份制改革的家族企业，共104家（占6.52%）；来源于集体企业股份制改革的家族企业，共10家（占0.63%）。2015—2018年，来源于家族创办的家族企业上涨了近50%，从740家上涨到1 104家；2018—2021年来源于家族创办的家族企业上涨速度放缓，仅上涨了34%，增加到1 480家。因此，家族企业最重要的来源是家族创办，在整个资本市场中发挥了非常重要的作用。家族企业来源分布如表5-1所示。

表5-1　家族企业来源分布

企业来源	2015 年		2018 年		2021 年	
	频数（家）	比例（%）	频数（家）	比例（%）	频数（家）	比例（%）
国有企业	122	13.94	122	9.88	103	6.47

企业来源	2015 年		2018 年		2021 年	
	频数（家）	比例（%）	频数（家）	比例（%）	频数（家）	比例（%）
集体企业	13	1.49	9	0.73	10	0.63
家族创办	740	84.57	1 104	89.39	1 480	92.91
合计	875	100.00	1 235	100.00	1 593	100.00

2.家族企业规模

从资产规模来看，上市公司中的家族企业在2021年资产总额在10亿元以下的家族企业占7.28%，10亿~50亿元规模的企业占58.57%，50亿~100亿元规模的企业占18.83%，100亿元以上的占15.32%。2015—2021年，虽然资产总额在10亿元以下的家族企业数量出现些微下滑，但其在本次调查样本中的比例出现大幅下滑，从16.23%下降到7.28%；资产总额在50亿~100亿元规模的家族企业数量则连续上涨，占比也从12.68%上涨到18.83%。总体来看，家族企业资产规模较小，但资产规模呈现出不断上升的趋势。家族企业资产规模分布如表5-2所示。

表5-2　家族企业资产规模分布

资产规模	2015 年		2018 年		2021 年	
	频数（家）	比例（%）	频数（家）	比例（%）	频数（家）	比例（%）
10 亿元以下	142	16.23	142	11.50	116	7.28
10 亿~30 亿元	352	40.23	475	38.46	662	41.56
30 亿~50 亿元	169	19.31	204	16.52	271	17.01
50 亿~70 亿元	61	6.97	127	10.28	163	10.23
70 亿~100 亿元	50	5.71	94	7.61	137	8.60
100 亿~200 亿元	59	6.74	106	8.58	128	8.04
200 亿元以上	42	4.80	87	7.04	116	7.28
合计	875	100.00	1 235	100.00	1 593	100.00

从销售收入来看，样本中仅有11.3%的家族企业2021年的销售收入在5亿元以下，近一半的家族企业2021年的销售收入在5亿~25亿元，样本中20.52%的家族企业2021年的销售收入在25亿~55亿元，样本中13.55%的家

族企业2021年销售收入在55亿~200亿元，2021年销售收入在200亿元以上的家族企业仅有4.52%。2015—2021年，虽然销售收入在5亿元以下的家族企业数量出现小幅波动，但其在样本中的比例出现大幅下滑，从22.63%下降到11.3%；销售收入在100亿元以上的家族企业数量出现大幅上涨，从50家上涨到171家，占比也从5.71%上浮到10.73%。总体来看，虽然家族企业销售规模较小，但存在较大提升空间。家族企业销售收入分布如表5-3所示。

表5-3　家族企业销售收入分布

销售收入	2015 年		2018 年		2021 年	
	频数（家）	比例（%）	频数（家）	比例（%）	频数（家）	比例（%）
5 亿元以下	198	22.63	163	13.20	180	11.30
5 亿~15 亿元	293	33.49	432	34.98	545	34.21
15 亿~25 亿元	150	17.14	185	14.98	253	15.88
25 亿~35 亿元	65	7.43	126	10.20	160	10.04
35 亿~55 亿元	64	7.31	114	9.23	167	10.48
55 亿~100 亿元	55	6.29	96	7.77	117	7.34
100 亿~200 亿元	33	3.77	69	5.59	99	6.21
200 亿元以上	17	1.94	50	4.05	72	4.52
合计	875	100.00	1 235	100.00	1 593	100.00

从员工人数来看，2021年仅1.63%的家族企业全年雇用的员工在200人以下，9.92%的家族企业雇用员工人数在200~500人，47.77%的家族企业雇用员工人数在500~2 000人，雇用员工超过2 000人以上的家族企业也占40.68%。2015—2021年，雇用员工1 000~2 000人的家族企业占比均在25%以上，占比最高。综合来看，我国家族企业是以中小型企业为主，员工规模上未出现明显上升或下降。家族企业员工人数分布如表5-4所示。

表5-4　家族企业员工人数分布

员工人数	2015 年		2018 年		2021 年	
	频数（家）	比例（%）	频数（家）	比例（%）	频数（家）	比例（%）
200 人以下	19	2.17	19	1.54	26	1.63
200~500 人	97	11.09	114	9.23	158	9.92

员工人数	2015 年		2018 年		2021 年	
	频数（家）	比例（%）	频数（家）	比例（%）	频数（家）	比例（%）
500~1000 人	172	19.66	228	18.46	350	21.97
1 000~2 000 人	226	25.83	330	26.72	411	25.80
2 000~3 000 人	105	12.00	172	13.93	195	12.24
3 000~5 000 人	126	14.40	163	13.20	191	11.99
5 000 人以上	130	14.86	209	16.92	262	16.45
合计	875	100.00	1 235	100.00	1 593	100.00

3.家族企业上市板块

从样本家族企业的上市板块分布特征来看，在 A 股上市的家族企业有 1 031 家，占 64.72%。其中上证 A 股市场的家族企业为 498 家，深证 A 股市场的家族企业为 533 家。同时，通过创业板上市的中小型家族企业有 503 家；通过科创板上市的家族企业有 59 家。家族企业上市板块分布如表 5-5 所示。2015—2021 年，通过创业板和科创板上市的中小型家族企业数量持续上涨，在样本中的占比也从 23.77% 上涨到 35.28%。总体来说，随着科创板注册制的推出，为家族企业上市提供了更好的条件。

表5-5　家族企业上市板块分布

上市板块	2015 年		2018 年		2021 年	
	频数（家）	比例（%）	频数（家）	比例（%）	频数（家）	比例（%）
上证 A 股市场	220	25.14	398	32.23	498	31.26
深证 A 股市场（主板 + 中小板）	447	51.09	517	41.86	533	33.46
深证 A 股创业板	208	23.77	320	25.91	503	31.58
科创板	0	0.00	0	0.00	59	3.70
合计	875	100.00	1 235	100.00	1 593	100.00

4.家族企业区域分布

本次调查发现，上市公司中的家族企业分布总体呈现出一定的区域特点，大多数家族企业集中在东部地区，共 1 247 家（占 78.28%），其次是中部和西部地区分别为173家（占10.86%）和143家（占8.98%），位于东北地区的家族企业仅有30家（占1.88%）。2015—2021年，位于东部地区的家族企业占样本总量均在70%以上，但是家族企业数量上涨了近100%。家族企业区域分布如表5-6所示。

表5-6　家族企业区域分布

地理分布	2015 年		2018 年		2021 年	
	频数（家）	比例（%）	频数（家）	比例（%）	频数（家）	比例（%）
东部地区	642	73.37	959	77.65	1 247	78.28
中部地区	108	12.34	129	10.45	173	10.86
西部地区	95	10.86	118	9.55	143	8.98
东北地区	30	3.43	29	2.35	30	1.88
合计	875	100.00	1 235	100.00	1 593	100.00

从东部地区来看，东部地区包括北京、天津、河北、上海、江苏、浙江、福建、山东、广东和海南10省（市）。样本中的家族企业主要集中在浙江、广东、江苏和山东4个省的省会及北京和上海，共1 155家，占样本企业总数的92.62%。其中浙江省最多，共340家，占27.27%；其次是广东省和江苏省，分布占到23.34%和19.81%，说明浙江、江苏、广东为家族企业的生存和发展提供了重要的政策和制度保障。家族企业东部地区分布如表5-7所示。

表5-7　家族企业东部地区分布

东部地区分布	2015 年		2018 年		2021 年	
	频数（家）	比例（%）	频数（家）	比例（%）	频数（家）	比例（%）
北京	52	8.10	69	7.19	82	6.58
天津	3	0.47	7	0.73	12	0.96
河北	14	2.18	17	1.77	16	1.28
上海	55	8.57	89	9.28	119	9.54
江苏	111	17.29	172	17.94	247	19.81
浙江	161	25.08	248	25.86	340	27.27
福建	37	5.76	50	5.21	58	4.65
山东	43	6.70	62	6.47	76	6.09

续表

东部地区分布	2015 年		2018 年		2021 年	
	频数（家）	比例（%）	频数（家）	比例（%）	频数（家）	比例（%）
广东	162	25.23	240	25.03	291	23.34
海南	4	0.62	5	0.52	6	0.48
合计	642	100.00	959	100.00	1 247	100.00

从中部地区来看，中部地区包括山西、安徽、江西、河南、湖北和湖南6省。样本中的家族企业主要集中在安徽、湖南、湖北和河南4个省的省会，共149家，占样本企业总数的86.13%。其中安徽省最多，共45家，占26.01%；其次是湖南省分布占到22.54%；湖北省和河南省分别有33家（19.08%）和32家家族企业（18.5%）。2015年位于河南省的家族企业数量最多，有25家；2018年位于湖南省的家族企业数量最多，有36家；2021年位于安徽省的家族企业数量最多，有45家。总的来说，目前安徽家族企业发展后来居上，逐渐成为中部地区的领头羊。家族企业中部地区分布如表5-8所示。

表5-8　家族企业中部地区分布

中部地区分布	2015 年		2018 年		2021 年	
	频数（家）	比例（%）	频数（家）	比例（%）	频数（家）	比例（%）
山西	6	5.56	4	3.10	4	2.31
安徽	23	21.30	31	24.03	45	26.01
江西	13	12.04	13	10.08	20	11.56
河南	25	23.15	25	19.38	32	18.50
湖北	20	18.52	20	15.50	33	19.08
湖南	21	19.44	36	27.91	39	22.54
合计	108	100.00	129	100.00	173	100.00

从西部地区来看，西部地区包括内蒙古、广西、重庆、四川、贵州、云南、西藏、陕西、甘肃、青海、宁夏和新疆12省（区、市）。样本中的家族企业主要集中在四川、陕西和广西3个省的省会和重庆，共90家，占62.5%。其中，四川省最多，共50家，占34.97%；宁夏省仅有2家家族企业，占1.40%。2015—2021年，位于四川的家族企业数量稳居第一，其次是位于重庆市的家

族企业。从时间趋势上来看,四川家族企业发展一直在西部地区占据优势地区,而且这一优势仍在不断扩大。家族企业西部地区分布如表5-9所示。

表5-9　家族企业西部地区分布

西部地区分布	2015 年		2018 年		2021 年	
	频数(家)	比例(%)	频数(家)	比例(%)	频数(家)	比例(%)
内蒙古	8	8.42	7	5.93	6	4.20
广西	10	10.53	11	9.32	10	6.99
重庆	13	13.68	15	12.71	18	12.59
四川	32	33.68	34	28.81	50	34.97
贵州	3	3.16	7	5.93	9	6.29
云南	6	6.32	7	5.93	9	6.29
西藏	3	3.16	4	3.39	7	4.90
陕西	7	7.37	9	7.63	12	8.39
甘肃	8	8.42	11	9.32	8	5.59
青海	3	3.16	3	2.54	3	2.10
宁夏	0	0.00	0	0.00	2	1.40
新疆	2	2.11	10	8.47	9	6.29
合计	95	100.00	118	100.00	143	100.00

从东北三省来看,东北地区包括辽宁、吉林和黑龙江。2021年,辽宁省有14家家族企业,占46.67%;黑龙江省有9家家族企业,占30%;吉林省有7家家族企业,占23.33%。2015—2021年,位于东北地区的家族企业数量始终保持在30家左右。家族企业东北地区分布如表5-10所示。

表5-10　家族企业东北地区分布

东北地区分布	2015 年		2018 年		2021 年	
	频数(家)	比例(%)	频数(家)	比例(%)	频数(家)	比例(%)
辽宁	14	46.67	12	41.38	14	46.67
吉林	9	30.00	7	24.14	7	23.33
黑龙江	7	23.33	10	34.48	9	30.00
合计	30	100.00	29	100.00	30	100.00

5.家族企业存续时间

从创办时间来看，家族企业存续时间在15~20年数量为521家（32.71%），处于成熟和持续发展阶段。其次是存续时间在20~25年的家族企业，为494家（31.01%）；仅有36家存续时间在10年以下，占2.26%。2015—2021年，存续时间在15年到20年的家族企业数量最多；存续时间在20~25年的家族企业数量持续上涨，占比从18.6%上涨到31.01%。家族企业创办时间分布如表5-11所示。

表5-11　家族企业创办时间分布

创办时间分布	2015 年		2018 年		2021 年	
	频数（家）	比例（%）	频数（家）	比例（%）	频数（家）	比例（%）
10 年以下	102	11.66	29	2.35	36	2.26
10~15 年	284	32.46	276	22.35	232	14.56
15~20 年	285	32.57	481	38.95	521	32.71
20~25 年	165	18.86	302	24.45	494	31.01
25~30 年	32	3.66	125	10.12	259	16.26
30~35 年	6	0.69	17	1.38	38	2.39
35 年以上	1	0.11	5	0.40	13	0.82
合计	875	100.00	1 235	100.00	1 593	100.00

从上市时间来看，近一半的家族企业上市时间在5年以下，其次是上市时间在10~15年的家族企业占比为22.66%，上市时间在15~20年、20~25年和25年以上的家族企业占比均低于5%。2015—2021年，上市时间在5~10年的家族企业占比出现下滑，从33.60%下降到18.14%；而上市时间在10~15年的家族企业占比出现大幅上涨，从6.63%上涨到22.66%。家族企业上市时间分布如表5-12所示。

表5-12　家族企业上市时间分布

上市时间分布	2015 年		2018 年		2021 年	
	频数（家）	比例（%）	频数（家）	比例（%）	频数（家）	比例（%）
5 年以下	404	46.17	570	46.15	780	48.96

续表

上市时间分布	2015 年		2018 年		2021 年	
	频数（家）	比例（%）	频数（家）	比例（%）	频数（家）	比例（%）
5~10 年	294	33.60	396	32.06	289	18.14
10~15 年	58	6.63	123	9.96	361	22.66
15~20 年	89	10.17	66	5.34	56	3.52
20~25 年	30	3.43	67	5.43	66	4.14
25 年以上	0	0.00	13	1.05	41	2.57
合计	875	100.00	1 235	100.00	1 593	100.00

6.家族企业行业分布

根据2012年《上市公司行业分类指引》分类标准，2021年家族企业所从事的主营业务主要集中在制造业，比重高达77.65%；家族企业所从事的主营业务在批发和零售业、水利、环境和公共设施管理业及建筑业等其他行业的比重均低于5%，仅在信息传输、软件和信息技术服务业达到5.27%。2015—2021年，家族企业从事的主营业务在制造业的比重从74.51%上涨到77.65%，数量也增长了近一倍。家族企业行业分布如表5-13所示。

表5-13　家族企业行业分布

行业分布	2015 年		2018 年		2021 年	
	频数（家）	比例（%）	频数（家）	比例（%）	频数（家）	比例（%）
A.农、林、牧、渔业	12	1.37	14	1.13	17	1.07
B.采矿业	11	1.26	10	0.81	10	0.63
C.制造业	652	74.51	946	76.60	1 237	77.65
D.电力、热力、燃气及水生产和供应业	7	0.80	9	0.73	18	1.13
E.建筑业	14	1.60	24	1.94	32	2.01
F.批发和零售业	27	3.09	36	2.91	42	2.64
G.交通运输、仓储和邮政业	6	0.69	14	1.13	16	1.00
H.住宿和餐饮业	0	0.00	0	0.00	2	0.13
I.信息传输、软件和信息技术服务业	59	6.74	76	6.15	84	5.27
J.金融业	7	0.80	7	0.57	7	0.44

行业分布	2015 年		2018 年		2021 年	
	频数（家）	比例（%）	频数（家）	比例（%）	频数（家）	比例（%）
K. 房地产业	26	2.97	26	2.11	27	1.69
L. 租赁和商务服务业	12	1.37	18	1.46	21	1.32
M. 科学研究和技术服务业	7	0.80	9	0.73	23	1.44
N. 水利、环境和公共设施管理业	14	1.60	21	1.70	33	2.07
P. 教育	4	0.46	3	0.24	3	0.19
Q. 卫生和社会工作	4	0.46	4	0.32	4	0.25
R. 文化、体育和娱乐业	8	0.91	15	1.21	14	0.88
S. 综合	5	0.57	3	0.24	3	0.19
合计	875	100.00	1 235	100.00	1 593	100.00

7. 家族企业的产权结构

从第一大股东持股比例来看，近一半的家族企业（53.55%）第一大股东持股比例在20%~40%；其次是家族企业第一大股东持股比例在40%~60%和20%以下，分别为25.74%和17.14%；仅有3.57%的家族企业第一大股东持股比例超过60%。2015—2021年，家族企业第一大股东持股比例主要集中在20%~40%，在样本中的占比均在50%以上，说明家族企业比较重视企业控制权，实际控制人大多处于相对控股的状况。家族企业第一大股东持股比例如表5-14所示。

表5-14　家族企业第一大股东持股比例

第一大股东持股比例	2015 年		2018 年		2021 年	
	频数（家）	比例（%）	频数（家）	比例（%）	频数（家）	比例（%）
20% 以下	130	14.86	182	14.74	273	17.14
20%~40%	448	51.20	690	55.87	853	53.55
40%~60%	256	29.26	315	25.51	410	25.74
60%~80%	38	4.34	46	3.72	52	3.26
80% 以上	3	0.34	2	0.16	5	0.31
合计	875	100.00	1 235	100.00	1 593	100.00

从前五大股东集中度来看，家族企业前五大股东集中度主要集中在40%~70%，占样本总量的65.22%。其中，前五大股东集中度在50%~60%的家族企业有373家（23.41%），在60%~70%的家族企业有354家（22.22%），在40%~50%的家族企业有312家（19.59%）。仅有5.52%的家族企业前五大股东集中度在30%以下。总体上看，2015—2021年，家族企业的前五大股东集中度都比较高，联合控制权处于绝对控股的状态。家族企业前五大股东集中度如表5-15所示。

表5-15　家族企业前五大股东集中度

前五大股东集中度	2015年		2018年		2021年	
	频数（家）	比例（%）	频数（家）	比例（%）	频数（家）	比例（%）
30%以下	41	4.69	32	2.59	88	5.52
30%~40%	92	10.51	114	9.23	181	11.36
40%~50%	148	16.91	218	17.65	312	19.59
50%~60%	227	25.94	317	25.67	373	23.41
60%~70%	217	24.80	332	26.88	354	22.22
70%~80%	128	14.63	189	15.30	229	14.38
80%以上	22	2.51	33	2.67	56	3.52
合计	875	100.00	1 235	100.00	1 593	100.00

8.家族企业治理结构

从董监高构成来看，家族成员在家族企业董事会、监事会及高管层的比例主要集中在10%~20%，有748家（48.63%）家族企业；家族成员在董事会、监事会及高管层的比例在10%以下，有459家（29.84%）家族企业；家族成员在董事会、监事会及高管层的比例在20%~30%，有271家（17.62%）家族企业；仅有60家（3.9%）家族企业，家族成员在董事会、监事会及高管层中的比例在30%以上。2015—2021年，家族成员在董事会、监事会及高管层的比例在10%~20%的家族企业占比略有下滑，说明家族企业市场化进度缓慢。家族企业董监高构成如表5-16所示。

表5-16 家族企业董监高构成

董监高构成	2015 年		2018 年		2021 年	
	频数（家）	比例（％）	频数（家）	比例（％）	频数（家）	比例（％）
10% 以下	250	29.21	360	29.83	459	29.84
10%~20%	437	51.05	611	50.62	748	48.63
20%~30%	141	16.47	200	16.57	271	17.62
30%~40%	27	3.15	33	2.73	56	3.64
40% 以上	1	0.12	3	0.25	4	0.26
合计	856	100.00	1 207	100.00	1 538	100.00

从董事长和总经理两职兼任来看，2021年上市公司中家族企业董事长和总经理非两职兼任的有872家，占55.15%；家族企业中董事长和总经理两职兼任的有709家，占44.85%。2015—2021年，家族企业中董事长和总经理两职兼任的比例从38.72%上涨至44.85%，说明家族企业的治理模式越来越重视企业经营权。家族企业两职兼任如表5-17所示。

表5-17 家族企业两职兼任

高管权力	2015 年		2018 年		2021 年	
	频数（家）	比例（％）	频数（家）	比例（％）	频数（家）	比例（％）
非两职兼任	535	61.28	705	57.69	872	55.15
两职兼任	338	38.72	517	42.31	709	44.85
合计	873	100.00	1 222	100.00	1 581	100.00

从董事会规模来看，2021年有779家家族企业董事会规模在5~9人，占样本比例的56.65%；董事会规模在9~13人的家族企业有525家，占比为38.18%。2015—2021年，董事会规模在5~9人的家族企业在本次调查样本中的占比从67.10%下降至56.65%，而董事会规模在9~13人的家族企业占比从27.26%上涨到38.18%。总体来看，家族企业董事会规模在逐渐扩大，可能存在决策效率下降的问题。家族企业董事会规模如表5-18所示。

表5−18　家族企业董事会规模

董事会规模	2015 年		2018 年		2021 年	
	频数（家）	比例（%）	频数（家）	比例（%）	频数（家）	比例（%）
5 人以下	27	3.17	45	4.54	0	0.00
5~9 人	571	67.10	562	56.71	779	56.65
9~13 人	232	27.26	325	32.80	525	38.18
13~17 人	18	2.12	47	4.74	66	4.80
17 人以上	3	0.35	12	1.21	5	0.36
合计	851	100.00	991	100.00	1 375	100.00

从独立董事比例来看，2021年家族企业中独立董事比例在30%~40%的，有641家（44.98%）；独立董事比例在40%~50%的，有534家（37.47%）家族企业。2015—2021年，独立董事比例在40%~50%的家族企业在样本中的比例出现下滑，独立董事比例在30%~40%的家族企业占比从38.74%上涨到44.98%。可见，家族企业董事会中独立董事的比例下降，越来越多的家族企业把独立董事控制在1/3左右。家族企业独立董事比例如表5−19所示。

表5−19　家族企业独立董事比例

独立董事比例	2015 年		2018 年		2021 年	
	频数（家）	比例（%）	频数（家）	比例（%）	频数（家）	比例（%）
30% 以下	30	3.43	342	32.02	137	9.61
30%~40%	339	38.74	391	36.61	641	44.98
40%~50%	377	43.09	266	24.91	534	37.47
50%~60%	91	10.40	58	5.43	103	7.23
60% 以上	38	4.34	11	1.03	10	0.70
合计	875	100.00	1 068	100.00	1 425	100.00

9.家族企业经营绩效

从经营绩效来看，2021年家族企业经营绩效主要在0%~10%，其中经营绩效在0%~5%的家族企业有549家，经营绩效在5%~10%的家族企业有505家。2015—2021年，经营绩效在0%~5%的家族企业占比持续下滑，经营绩效在5%~10%的家族企业占比略有下滑，但亏损的家族企业占比上涨了近一倍。综上，家族企业的盈利能力正在持续下滑，亏损的家族企业数量正在不断上涨，这可能与2019年以来的新冠疫情冲击有关。家族企业经营绩效如表5-20所示。

表5-20　家族企业经营绩效

ROA	2015 年		2018 年		2021 年	
	频数（家）	比例（%）	频数（家）	比例（%）	频数（家）	比例（%）
0% 以下（亏损）	67	7.66	145	11.74	219	13.75
0%~5%	380	43.43	499	40.40	549	34.46
5%~10%	287	32.80	405	32.79	505	31.70
10%~15%	102	11.66	130	10.53	224	14.06
15%~20%	29	3.31	35	2.83	54	3.39
20% 以上	10	1.14	21	1.70	42	2.64
合计	875	100.00	1 235	100.00	1 593	100.00

二、家族企业实际控制人的特征

1.家族企业实际控制人性别

从实际控制人性别来看，2021年男性家族企业主有1 117家，占全部比例的87.88%；女性家族企业主为154家，占12.12%。2015—2021年，男性企业主的占比均在80%以上。由此可见，当前的家族企业多由男性主导。家族企业实际控制人性别如表5-21所示。

表5-21　家族企业实际控制人性别

实际控制人性别	2015 年		2018 年		2021 年	
	频数（家）	比例（%）	频数（家）	比例（%）	频数（家）	比例（%）
男	620	88.45	788	84.64	1 117	87.88
女	81	11.55	143	15.36	154	12.12
合计	701	100.00	931	100.00	1 271	100.00

2.家族企业实际控制人年龄

实际控制人年龄来看，2021年家族企业实际控制人主要集中在45~65岁之间，占全部比例的74.98%。2015年，家族企业实际控制人年龄在45~55岁的数量是其在55~65岁的1.8倍；2018年，家族企业实际控制人年龄在45~55岁的数量是其在55~65岁的1.5倍；2021年，家族企业实际控制人年龄在55~65岁的数量是其在45~55岁的1.1倍。可见，家族企业实际控制人年龄的增长有明显增加的趋势，并对其继承人的需求更加迫切。家族企业实际控制人年龄如表5-22所示。

表5-22 家族企业实际控制人年龄

实际控制人年龄	2015年		2018年		2021年	
	频数（家）	比例（%）	频数（家）	比例（%）	频数（家）	比例（%）
35岁以下	17	2.43	28	3.01	37	2.91
35~45岁	98	13.98	104	11.17	114	8.97
45~55岁	333	47.50	421	45.22	452	35.56
55~65岁	185	26.39	279	29.97	501	39.42
65~75岁	63	8.99	91	9.77	146	11.49
75岁以上	5	0.71	8	0.86	21	1.65
合计	701	100.00	931	100.00	1 271	100.00

3. 实际控制人受教育程度

从实际控制人受教育程度，2021年家族企业实际控制人受教育程度主要集中在本科和硕士研究生，占全部比例的66.97%。其中，家族企业实际控制人是本科学历的，有237家（27.18%）；实际控制人是硕士研究生的，有347家（39.79%）。2015—2021年，家族企业实际控制人是大专或中专及以下学历的占比，从32.36%下降至26.27%。由此可见，随着家族企业的不断发展，对实际控制人的受教育水平要求越来越高。家族企业实际控制人受教育程度如表5-23所示。

表5-23 家族企业实际控制人受教育程度

实际控制人受教育程度	2015年		2018年		2021年	
	频数（家）	比例（%）	频数（家）	比例（%）	频数（家）	比例（%）
中专及中专以下	57	9.27	72	8.82	74	8.49

续表

实际控制人受教育程度	2015 年		2018 年		2021 年	
	频数（家）	比例（%）	频数（家）	比例（%）	频数（家）	比例（%）
大专	142	23.09	163	19.98	155	17.78
本科	179	29.11	235	28.80	237	27.18
硕士研究生	214	34.80	301	36.89	347	39.79
博士研究生	21	3.41	42	5.15	58	6.65
其他学历	2	0.33	3	0.37	1	0.11
合计	615	100.00	816	100.00	872	100.00

4.实际控制人财富状况

从实际控制人财富状况，2021 年家族企业实际控制人财富状况主要集中在 10 亿~20 亿元，占全部的比例有 29.10%。实际控制人财富数量在 20 亿~30 亿元和 30 亿~50 亿元的家族企业，均占全部的 16% 左右；实际控制人财富数量在 5 亿~10 亿元、50 亿~100 亿元和 100 亿元以上的家族企业，均占全部样本的 12% 左右。2015—2018 年，家族企业实际控制人的财富状况出现缩水；2018—2021 年，家族企业实际控制人的财富总量出现上浮。综合来看，家族企业实际控制人的财富状况与股市波动密切关联。家族企业实际控制人财富状况如表 5-24 所示。

表5-24 家族企业实际控制人财富状况

实际控制人财富状况	2015 年		2018 年		2021 年	
	频数（家）	比例（%）	频数（家）	比例（%）	频数（家）	比例（%）
5 亿元以下	14	1.64	74	6.10	44	2.78
5 亿~10 亿元	36	4.22	291	23.99	203	12.82
10 亿~20 亿元	153	17.92	405	33.39	461	29.10
20 亿~30 亿元	159	18.62	165	13.60	258	16.29
30 亿~50 亿元	209	24.47	129	10.63	251	15.85
50 亿~100 亿元	181	21.19	76	6.27	192	12.12
100 亿元以上	102	11.94	73	6.02	175	11.05
合计	854	100.00	1 213	100.00	1 584	100.00

5.实际控制人子女情况

从实际控制人子女数量来看，近80%的家族企业实际控制人子女数量为1~2个。其中321家家族企业实际控制人仅有1个子女，350家家族企业实际控制人有2个子女。综上，实际控制人子女数量受到国家计划生育政策的影响。家族企业实际控制人子女数量如表5-25所示。

表5-25　家族企业实际控制人子女数量

实际控制人子女数量	2015 年		2018 年		2021 年	
	频数（家）	比例（%）	频数（家）	比例（%）	频数（家）	比例（%）
1 个	192	38.02	265	38.52	321	36.85
2 个	192	38.02	260	37.79	350	40.18
3 个	44	8.71	49	7.12	58	6.66
4 个	58	11.49	82	11.92	105	12.06
4 个以上	19	3.76	32	4.65	37	4.25
合计	505	100.00	688	100.00	871	100.00

从实际控制人儿子比例来看，不到1/3的家族企业只有女性继承人（实际控制人儿子比例为0%），将近一半的家族企业只有男性继承人（实际控制人儿子比例为100%），只有大概18%的家族企业既有男性继承人也有女性继承人。总体来看，家族企业实际控制人存在重男轻女的迹象，但随着时间的变化，重男轻女的观念有所变淡。家族企业实际控制人儿子比例如表5-26所示。

表5-26　家族企业实际控制人儿子比例

实际控制人儿子比例	2015 年		2018 年		2021 年	
	频数（家）	比例（%）	频数（家）	比例（%）	频数（家）	比例（%）
0	106	28.27	149	29.04	212	32.72
0~50%	4	1.07	8	1.56	10	1.54
50%	28	7.47	42	8.19	51	7.87
50%~100%	38	10.13	50	9.75	54	8.33
100%	199	53.07	264	51.46	321	49.54
合计	375	100.00	513	100.00	648	100.00

第二节　家族企业所处的外部环境

家族上市公司不仅有着自身一系列的特殊性，而且也面临着不同的政策、市场、法治和文化环境，本节主要反映这些外部环境在不同地区上的差异。

一、政府政策

1.区域差异

从中央政府对地方政府的财政补贴来看，中央政府对中部地区（山西、安徽、江西、河南、湖北和湖南）的财政补贴力度最大，平均补贴总额高达3 887.75亿元，财政补贴力度次之的是东北地区（辽宁、吉林和黑龙江），平均补贴总额也高达3 139.21亿元，随后是西部地区（内蒙古、广西、重庆、四川、贵州、云南、西藏、陕西、甘肃、青海、宁夏和新疆），中央财政补贴平均金额为2 982.05亿元，财政补贴力度最小的是东部地区（北京、天津、河北、上海、江苏、浙江、福建、山东、广东和海南），平均补贴总额为1 875.40亿元。总的来看，政府财政补贴政策仍然存在向中西部倾斜的倾向。[①]2021年中央政府对地方政府的财政补贴的描述性统计分析如表5-27所示。

表5-27　2021年中央政府对地方政府的财政补贴

单位：亿元

地区	样本量	均值	方差	最小值	p25	中位数	p75	最大值
东部地区	10	1 875.40	1 080.77	741.38	1 119.36	1 481.34	2 219.49	4 060.79
中部地区	6	3 887.75	1101.42	2 289.38	3 033.38	3 965.17	4 912.08	5 161.29
西部地区	12	2 982.05	1 297.11	991.72	2 065.61	2 994.41	3 551.14	5 832.20
东北地区	3	3 139.21	716.35	2 480.46	2 480.46	3 035.35	3 901.83	3 901.83

---

①　数据来源于EPS数据库。

2.省份差异

具体从各省（市）从中央政府获得的财政补贴来看，四川省（西部地区）获得的中央财政补贴最高，补贴金额高达 5 832.20 亿元；其次是河南省（中部地区），获得的中央财政补贴金额达到 5 161.29 亿元；然后是湖北省（中部地区），获得的中央财政补贴金额达到 4 912.08 亿元；东北地区获得中央财政补贴力度最高的省（市）是黑龙江省，财政补贴金额为 3 901.83 亿元；东部地区获得中央财政补贴力度最高的省（市）是河北省，财政补贴金额为 4 060.79 亿元。东部地区获得的中央财政补贴力度最低的省（市）是天津市；中部地区获得的中央财政补贴力度最低的省（市）是山西省；西部地区获得的中央财政补贴力度最低的省（市）是宁夏回族自治区；东北地区获得的中央财政补贴力度最低的省（市）是吉林省。[①]2021年各省（市）获得的中央政府财政补贴具体如图5-1所示。

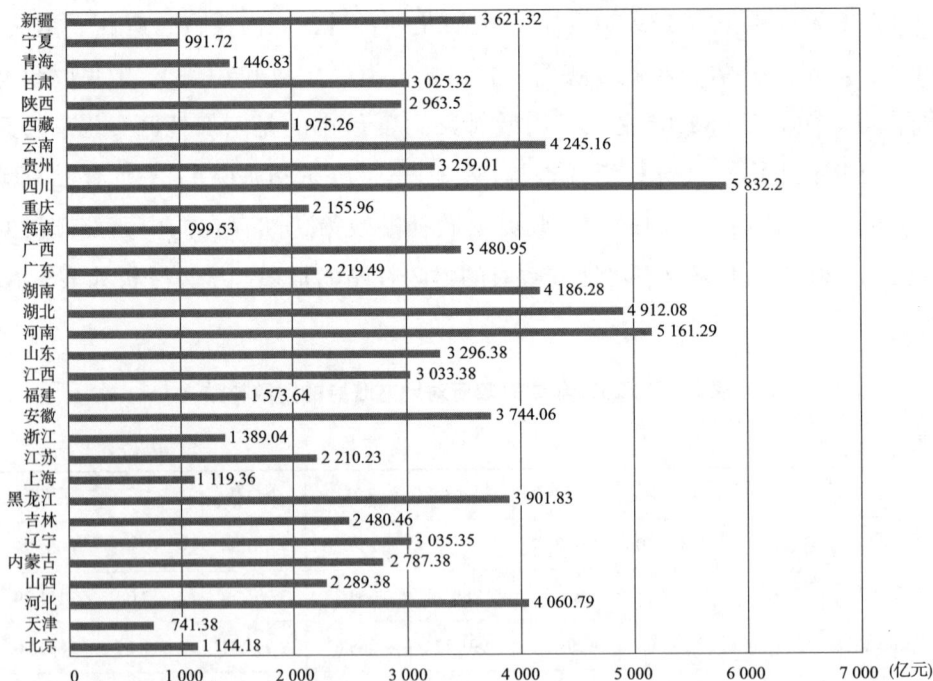

图5-1　2021年各省（市）获得的国家财政补贴

----

① 数据来源于EPS数据库。

二、市场环境

1.区域差异

参照王小鲁等（2021）构建的市场化指数指标体系①，计算了2021年中国各省（市）市场化指数得分。从市场化环境的不同分位数来看，都存在如下特点：东部地区的市场化环境最好，其次是中部地区，西部地区的市场化环境最差，这就说明我国区域市场化环境呈现出东高西低的状态，且地区市场化环境差异较大。2021年各省（市）市场化指数得分如表5-28所示。

表5-28　2021年各省（市）市场化指数得分

地区	样本量	均值	方差	最小值	p25	中位数	p75	最大值
东部地区	10	10.48	1.86	6.12	10.12	10.83	12.00	12.39
中部地区	6	9.26	1.07	7.22	9.14	9.57	9.88	10.19
西部地区	12	7.17	2.26	1.51	6.23	7.52	8.65	9.82
东北地区	3	8.57	1.15	7.78	7.78	8.04	9.89	9.89

2.省份差异

具体从2021各省（市）市场化环境指数来看，江苏省（东部地区）的市场化环境指数最高，其次是广东省（东部地区），然后是上海市（东部地区），排在第四位的是浙江省（东部地区），排在第五位的是山东省（东部地区），这就意味着市场化环境最好的前五名都是东部地区。中部地区市场化环境最好的省（市）是湖北省；西部地区市场化环境最好的省（市）是重庆市；东北地区市场化环境最好的省（市）是辽宁省。东部地区市场化环境最差的省（市）是海南省，中部地区市场化环境最差的省（市）是山西省，西部地区市场化环境最差的省（市）是西藏自治区；东北地区市场化环境最差的省（市）是黑龙江省。从市场化环境来看，与家族企业分布存在密切关系，即市场化环境有利于家族企业发展。2021年各省（市）市场化指数得分具体如图5-2所示。

---

① 王小鲁，胡李鹏，樊纲.中国分省份市场化指数报告［M］.北京：社会科学文献出版社，2021：223-225.

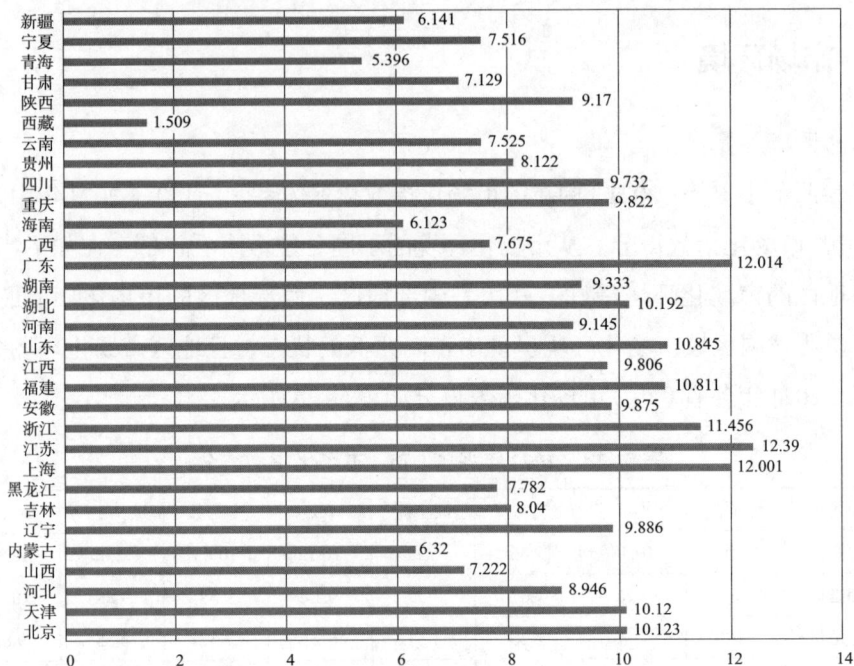

图5-2　2021年各省（市）市场化指数得分

三、法治环境

1.区域差异

参照王小鲁等（2021）构建的法治化指数指标体系①，计算了2021年中国各省（市）法治化指数得分。从法治化环境的不同分位数来看，都存在如下特点：东部地区的法治化环境最好，其次是中部地区，西部地区的法治化环境最差。这就说明我国区域法治化环境也呈现出东高西低的状态，且地区法治化环境差异较大。2021年各省（市）法治化指数得分如表5-29所示。

表5-29　2021年各省（市）法治化指数得分

地区	样本量	均值	方差	最小值	p25	中位数	p75	最大值
东部地区	10	14.43	2.27	8.54	14.06	14.77	15.87	16.51
中部地区	6	12.99	2.11	9.77	12.29	12.79	14.26	16.06

---

① 王小鲁，胡李鹏，樊纲.中国分省份市场化指数报告［M］.北京：社会科学文献出版社，2021：223-225.

地区	样本量	均值	方差	最小值	p25	中位数	p75	最大值
西部地区	12	10.63	3.72	2.85	8.48	11.17	13.00	15.91
东北地区	3	11.02	0.50	10.58	10.58	10.91	11.56	11.56

2.省份差异

具体从2021各省（市）法治化环境指数来看，江苏省（东部地区）的法治化环境水平最高，其次是上海市（东部地区），排在第三位的是安徽省（中部地区），排在第四位的是重庆市（西部地区），这就说明法治化环境较好的地区广泛分布在东中西部。东北地区市场化环境最好的省（市）是辽宁省。东部地区市场化环境最差的省（市）是海南省，中部地区市场化环境最差的省（市）是山西省，西部地区市场化环境最差的省（市）是宁夏回族自治区；东北地区市场化环境最差的省（市）是黑龙江省。由此可见，法治化环境与家族企业分布存在密切关系，法治化水平越高的地区，家族企业发展空间越大。2021年各省（市）法治化指数得分具体如图5-3所示。

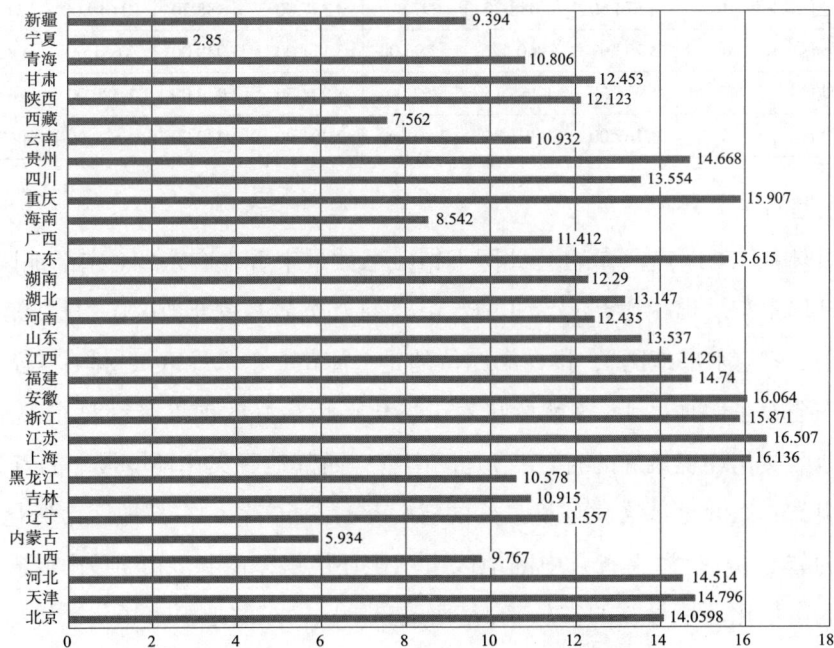

图5-3 2021年各省（市）法治化指数得分

新疆 9.394
宁夏 2.85
青海 10.806
甘肃 12.453
陕西 12.123
西藏 7.562
云南 10.932
贵州 14.668
四川 13.554
重庆 15.907
海南 8.542
广西 11.412
广东 15.615
湖南 12.29
湖北 13.147
河南 12.435
山东 13.537
江西 14.261
福建 14.74
安徽 16.064
浙江 15.871
江苏 16.507
上海 16.136
黑龙江 10.578
吉林 10.915
辽宁 11.557
内蒙古 5.934
山西 9.767
河北 14.514
天津 14.796
北京 14.0598

四、文化环境

1. 区域差异

公共图书馆藏书数量是地区文化环境的重要衡量指标。从公共图书馆藏书数量的不同分位数来看，都存在如下特点：东部地区的公共图书馆藏书数量最多，平均馆藏数量高达6 574.60万册；公共图书馆藏书数量次之的是中部地区，平均馆藏数量高达3 793.67万册；随后是东北地区，平均馆藏数量高达3 167.00万册；西部地区的公共图书馆藏书数量最少，平均馆藏数量只有1 995.00万册，几乎不到东部地区公共图书馆藏书数量的1/3。这就说明我国区域文化环境也呈现出东高西低的状态，且东部地区文化环境显著好于其他地区。2021年各省（市）公共图书馆藏书数量如表5-30所示。

表5-30 2021年各省（市）公共图书馆藏书数量

单位：万册

地区	样本量	均值	方差	最小值	p25	中位数	p75	最大值
东部地区	10	6 574.60	4 088.20	697.00	3 317.00	6 388.50	10 619.00	12 687.00
中部地区	6	3 793.67	960.42	2 296.00	3 111.00	3 938.00	4 651.00	4 828.00
西部地区	12	1 995.00	1 158.15	263.00	1 228.50	2 049.00	2 380.00	4 613.00
东北地区	3	3 167.00	1 301.72	2 401.00	2 401.00	2 430.00	4 670.00	4 670.00

2. 省份差异

具体从2021各省（市）公共图书馆藏书数量来看，广东省（东部地区）的文化环境最好，藏书数量最为丰富，其次是江苏省（东部地区），排在第三位的是浙江省（东部地区），排在第四位的是上海市（东部地区），排在第五位的是山东省（东部地区），这就意味着市场化环境最好的前五名都是东部地区。中部地区文化环境最好的省（市）是湖南省；西部地区文化环境最好的省（市）是四川省；东北地区文化环境最好的省（市）是辽宁省。东部地区市场化环境最差的省（市）是海南省，中部地区市场化环境最差的省（市）是山西省，西部地区市场化环境最差的省（市）是西藏自治区；东北地区市场化环境最差的省（市）是吉林省。从文化环境来看，与家族企业分布存在密切关系，即文化环境和历史底蕴更加丰富的地区，家族企业可以得到更好发展。2021年各省（市）公共图书馆藏书数量具体如图5-4所示。

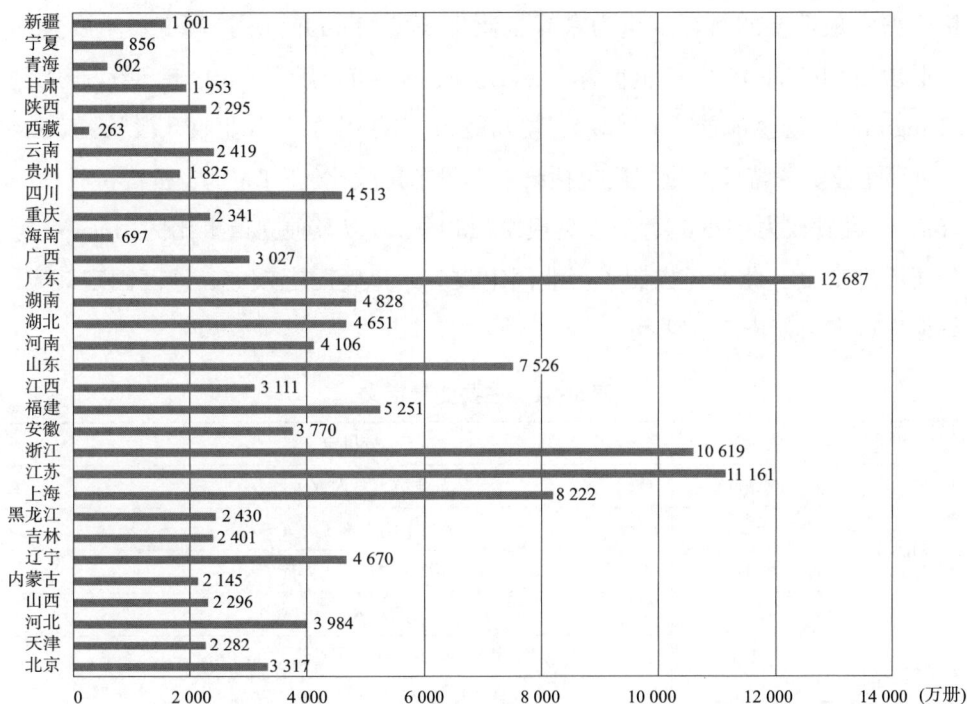

图5-4　2021年各省（市）公共图书馆藏书数量

第三节　家族企业与共同富裕的实证分析

前面两节是对家族企业、家族企业的实际控制人和企业的外部环境等进行了统计描述。以下则是对其参与共同富裕的相关分析。

一、变量选择与定义

初次分配是要素主导下的收入分配，再次分配则是政府主导下的收入分配，第三次分配则是企业主导下的自愿性收入分配。因此本书从初次分配、再次分配和第三次分配三个维度检验我国家族企业参与共同富裕的程度和水平。选择沪深A股上市公司2015—2021年的私营企业为研究样本，在计量回归分析模型中最重要的解释变量为家族企业哑变量（Family），控制变量主要包括企业规模（lnSize）、资产负债率（Leverage）、上市年龄（Age）、有形资产比例（Tangible）、现金流能力（CFO）、盈利能力（ROA）以及营业收入增长性（Saleg）等企业财务特征变量；还包括第一大股东持股比例（Top1）、机构持股比例（Inst）、高管权力（Dual）、董事会规模（lnBoard）以及独立董事比例（Indep）等公司治理变量；此外还控制了行业固定效应、年度固定效应、地区固定效应。具体变量定义如表5-31所示。

表5-31　主要变量定义

变量	变量符号	变量定义
初次分配	Employ	企业员工总人数（万人）
	Wage	员工平均工资（万元/人）
	Salary	高管平均薪酬（万元/人）
	LShare	劳动收入份额（%）
再分配	Tax	支付的各项税费/员工总人数（万元/人）
	Security	社会保险费/员工总人数（千元/人）
第三次分配	Donate	对外捐赠（百万元）
	Depoverty	是否参与精准扶贫，如果企业参与精准扶贫，则为1，否则为0
	Train	职工教育经费/员工总人数（万元/人）
	ESG	Wind ESG 得分
	RD	研发支出/员工总人数（万元/人）
解释变量	Family	如果实际控制人为家族企业，则为1，否则为0
控制变量	lnSize	总资产的自然对数
	Leverage	总负债/总资产
	Age	企业上市年限
	Tangible	固定资产/总资产
	CFO	经营活动产生的现金流净额/总资产
	ROA	净利润/总资产
	Saleg	营业收入增长率

变量	变量符号	变量定义
控制变量	Top1	第一大股东持股比例
	Inst	机构持股数 / 总股数
	Dual	如果董事长和总经理由同一人担任，则为1，否则为0
	lnBoard	董事会规模的自然对数
	Dual	如果CEO和董事长为同一人，则取1，否则取0
	Industry FE	用以控制行业特征的因素
	Year FE	用以控制时间变化的因素
	Prov FE	用以控制省份特征的因素

二、家族企业与初次分配

（一）家族企业与吸纳就业

1. 总体变化趋势

从全国范围内来看，2021年家族企业平均吸纳的就业人数为4.168千人；非家族私营企业平均吸纳的就业人数为4.359千人；国有企业平均吸纳的就业人数远高于家族企业和非家族私营企业，为10.778千人。从吸纳就业的25分位数、50分位数来看，国有企业的就业吸纳能力明显高于家族企业，而家族企业的就业吸纳能力则高于非家族私营企业。同时，各类型企业平均吸纳的就业人数差异较大，变异系数均大于3。综上分析，导致非家族私营企业平均吸纳就业能力高于家族企业的原因在非家族私营企业存在个别企业就业吸纳能力特别强的情况（例如在75分位数以后），由此拉高了非家族私营企业的平均吸纳就业能力。更重要的是从2015—2021年时间趋势上来看，家族企业和非家族私营企业的就业吸纳能力不断增强，国有企业的就业吸纳能力却在下降。家族企业吸纳就业总体变化趋势如表5–32所示。

表5-32　家族企业吸纳就业总体变化趋势

单位：千人

年份	类别	样本量	均值	标准差	p25	p50	p75
2015	家族企业	875	3.503	9.244	0.826	1.557	3.412
	非家族私营企业	877	3.609	11.684	0.671	1.425	3.030
	国有企业	1 002	11.778	39.343	1.435	3.356	7.758
	年度汇总	2 754	6.547	25.476	0.897	1.935	4.609
2018	家族企业	1 235	3.845	9.745	0.864	1.673	3.616
	非家族私营企业	1 242	4.526	15.922	0.698	1.627	3.447
	国有企业	1 063	12.032	39.122	1.528	3.594	8.068
	年度汇总	3 540	6.542	24.378	0.885	1.984	4.648
2021	家族企业	1 593	4.168	13.519	0.815	1.519	3.370
	非家族私营企业	1 743	4.359	14.451	0.645	1.356	3.053
	国有企业	1 266	10.778	36.154	1.212	3.021	7.444
	年度汇总	4 602	6.059	22.586	0.797	1.727	4.239

注：数据来源于CSMAR数据库。下同。

2.分区域变化趋势

从东、中、西、东北4个不同的区域来看，2021年中部地区家族企业平均吸纳的就业人数最高，有5.962千人。其次是西部地区，家族企业平均吸纳的就业人数为4.164千人。东部和东北地区最少，家族企业平均吸纳的就业人数分别为3.927千人和3.868千人。从离散程度来看，家族企业吸纳就业人数差异较大，尤其是东部地区家族企业吸纳就业人数差异最大，变异系数为3.42。从2015—2021年时间范围来看，东、中、西及东北地区的家族企业吸纳就业人数指标均呈增长趋势，其中，中部地区家族企业吸纳的就业人数显著高于西部、东部和东北地区。从家族企业与非家族私营企业吸纳就业指标比较来看，中部地区和西部地区的家族企业吸纳就业能力高于非家族企业，但东部地区和东北地区的家族企业吸纳就业能力弱于非家族企业。家族企业吸纳就业人数区域变化趋势如表5-33所示。

表5-33　家族企业吸纳就业人数区域变化趋势

单位：千人

地区		家族企业			非家族私营企业		
		2015 年	2018 年	2021 年	2015 年	2018 年	2021 年
东部地区	均值	3.498	3.710	3.927	4.006	5.000	4.688
	中位数	1.569	1.631	1.507	1.456	1.629	1.331
	标准差	9.983	10.124	13.431	13.713	18.528	16.377
	样本量	642	959	1 247	601	870	1 275
中部地区	均值	3.779	4.803	5.962	3.126	3.417	3.674
	中位数	1.790	2.132	1.784	1.692	1.919	1.667
	标准差	7.378	9.473	17.439	5.437	5.370	6.834
	样本量	108	129	173	119	161	218
西部地区	均值	3.722	3.998	4.164	2.361	3.553	3.375
	中位数	1.348	1.550	1.453	1.210	1.500	1.418
	标准差	7.137	7.529	9.153	3.291	7.346	7.058
	样本量	95	118	143	113	152	179
东北地区	均值	1.916	3.454	3.868	2.698	3.068	2.754
	中位数	1.194	1.604	1.848	1.114	1.117	1.166
	标准差	1.852	5.129	6.846	6.342	7.047	5.902
	样本量	30	29	30	44	59	67

3.分行业变化趋势

从19个不同行业来看，2021年农、林、牧、渔业（A）的家族企业平均吸纳的就业人数最高，有16.111千人；教育（P）的家族企业平均吸纳的就业人数有12.873千人；交通运输、仓储和邮政业（G）、批发和零售业（F）的家族企业平均吸纳的就业人数分别为8.981千人和8.011千人；其余行业的家族企业平均吸纳的就业人数相对较低。从离散程度来看，从事制造业（C）的家族企业吸纳就业人数差异最大，变异系数为3.48；水利、环境和公共设施管理业（N）、电力、热力、燃气及水生产和供应业（D）的家族企业吸纳就业人数差异也很高，变异系数分别为2.91和2.81；金融业（J）、卫生和社会工作（Q）的家族企业吸纳就业人数差异较小，变异系数分别为0.75和0.79。从时间跨度来看，近一半行业的家族企业吸纳就业人数指标呈连续增长趋势，部分行业的家族企业吸纳的就业人数指标呈波动增长趋势，仅建筑业（E）的家族企业吸纳就业人数指标呈下降趋势。从家族企业与非家族私营企业吸纳就业指标比较来看，在大多行业的家族企业吸纳就业人数均值高于非家族私营企业，尤其是农、林、牧、渔业（A）和教育业（P），家族企业吸纳的就业人数是非家族企业的4~6倍。家族企业吸纳就业人数行业变化趋势如表5-34所示。

表5-34　家族企业吸纳就业人数行业变化趋势

单位：千人

行业		家族企业			非家族私营企业		
		2015 年	2018 年	2021 年	2015 年	2018 年	2021 年
A.农、林、牧、渔业	均值	8.105	10.015	16.111	1.824	1.842	2.004
	中位数	1.943	3.556	4.727	1.595	1.333	1.116
	标准差	12.931	14.445	33.344	1.489	1.691	2.170
	样本量	12	14	17	10	9	11
B.采矿业	均值	1.250	1.603	1.888	2.224	1.902	2.326
	中位数	0.473	1.126	0.995	1.043	1.039	1.265
	标准差	1.478	1.639	2.193	2.392	2.561	2.838
	样本量	11	10	10	11	19	20
C.制造业	均值	3.627	3.775	4.026	3.165	3.801	3.626
	中位数	1.700	1.741	1.601	1.571	1.643	1.337
	标准差	9.801	10.085	14.018	6.648	11.721	9.895
	样本量	652	946	1237	520	764	1 149
D.电力、热力、燃气及水生产和供应业	均值	1.202	1.563	3.233	2.791	1.945	1.731
	中位数	0.903	0.550	0.887	1.104	1.390	0.968
	标准差	1.043	1.695	9.080	4.728	1.988	1.992
	样本量	7	9	18	16	23	22
E.建筑业	均值	3.265	2.982	2.365	2.392	2.483	3.895
	中位数	2.554	1.329	1.157	1.073	0.867	0.560
	标准差	3.393	4.281	3.219	5.535	6.856	15.862
	样本量	14	24	32	20	31	25

续表

行业		家族企业			非家族私营企业		
		2015 年	2018 年	2021 年	2015 年	2018 年	2021 年
F. 批发和零售业	均值	8.220	7.378	8.011	5.081	7.392	6.651
	中位数	1.809	2.441	2.139	1.692	2.435	2.347
	标准差	15.491	9.009	12.107	7.887	15.115	15.979
	样本量	27	36	42	47	56	69
G. 交通运输、仓储和邮政业	均值	2.553	12.189	8.981	3.382	12.333	13.892
	中位数	2.383	2.834	2.875	2.385	1.351	1.358
	标准差	2.069	26.507	17.390	4.383	37.049	42.958
	样本量	6	14	16	11	13	17
H. 住宿和餐饮业	均值	—	—	2.759	0.152	0.143	0.118
	中位数	—	—	2.759	0.152	0.143	0.118
	标准差	—	—	3.085	—	—	—
	样本量	—	—	2	1	1	1
I. 信息传输、软件和信息技术服务业	均值	2.361	2.170	2.391	1.860	2.666	2.731
	中位数	1.208	1.209	1.129	1.061	1.344	1.294
	标准差	6.083	2.982	3.703	2.275	3.562	3.872
	样本量	59	76	84	117	158	220
J. 金融业	均值	3.050	1.949	2.193	23.334	21.885	18.640
	中位数	1.936	1.444	1.614	2.312	5.343	4.714
	标准差	3.319	1.552	1.649	55.151	57.073	48.639
	样本量	7	7	7	27	48	63
K. 房地产业	均值	2.154	4.610	5.217	3.900	7.063	12.755
	中位数	1.177	1.430	1.201	0.864	0.851	1.978
	标准差	2.502	6.484	9.370	6.127	12.070	28.915
	样本量	26	26	27	26	29	27
L. 租赁和商务服务业	均值	1.408	2.606	2.218	2.718	2.310	2.208
	中位数	0.893	0.670	0.986	1.247	0.818	0.934
	标准差	1.430	5.643	4.562	3.709	3.029	3.196
	样本量	12	18	21	19	21	24
M. 科学研究和技术服务业	均值	1.259	1.644	2.824	1.530	3.150	2.873
	中位数	0.778	0.817	1.750	1.609	2.241	1.555
	标准差	1.502	2.546	3.641	1.130	3.744	5.689
	样本量	7	9	23	10	22	37

行业		家族企业			非家族私营企业		
		2015年	2018年	2021年	2015年	2018年	2021年
N. 水利、环境和公共设施管理业	均值	0.880	1.559	5.563	1.780	2.840	4.082
	中位数	0.829	0.967	0.753	1.523	2.149	0.844
	标准差	0.515	1.907	16.123	1.388	2.665	13.806
	样本量	14	21	33	16	19	26
O. 居民服务、修理和其他服务业	均值	—	—	—	—	0.601	0.608
	中位数	—	—	—	—	0.601	0.608
	标准差	—	—	—	—	—	—
	样本量	—	—	—	—	1	1
P. 教育	均值	1.121	11.207	12.873	0.184	2.511	3.291
	中位数	0.662	5.775	1.588	0.184	2.511	3.073
	标准差	1.137	12.699	20.155	0.242	3.010	2.261
	样本量	4	3	3	2	2	6
Q. 卫生和社会工作	均值	4.342	6.697	5.772	4.571	9.128	11.010
	中位数	2.552	5.966	5.221	2.823	2.967	7.622
	标准差	5.145	5.492	4.495	4.910	12.480	12.132
	样本量	4	4	4	8	9	9
R. 文化、体育和娱乐业	均值	1.187	2.307	1.950	1.277	1.045	0.880
	中位数	1.331	0.879	0.650	0.367	0.551	0.237
	标准差	0.665	4.510	3.448	3.084	2.026	1.847
	样本量	8	15	14	12	12	10
S. 综合	均值	2.309	3.855	2.396	2.733	3.827	3.205
	中位数	0.597	0.418	0.124	1.229	0.756	0.646
	标准差	2.889	6.297	4.033	3.678	5.655	5.552
	样本量	5	3	3	4	5	6

（二）家族企业与员工收入

1.总体变化趋势

从全国范围内来看，2021年家族企业员工年平均收入为15.017万元，非家族私营企业员工年平均收入为19.453万元，但国有企业员工年平均收入明显高于家族企业和非家族私营企业为21.574万元。从分位数来看，家族企业的员工年平均收入普遍低于非家族企业和国有企业。从员工收入离散程度来看，企业员工年收入差异较小，其中家族企业员工收入差异明显小于非家族私营企业和国有企业。同时从2015—2021年时间趋势上来看，家族企业、非家族私营企业和国有企业的员工平均工资均在不断上升。家族企业员工平均收入总体变化趋势如表5-35所示。

表5-35　家族企业员工平均收入总体变化趋势

单位：万元/人

年份	类别	样本量	均值	标准差	p25	p50	p75
2015	家族企业	873	9.703	8.002	6.454	8.048	10.485
	非家族私营企业	876	12.073	13.468	7.112	9.247	12.973
	国有企业	1 002	14.556	15.908	8.382	10.953	15.559
	年度汇总	2 751	12.225	13.196	7.176	9.354	13.136
2018	家族企业	1 235	12.105	6.047	8.671	10.467	13.618
	非家族私营企业	1 241	15.829	12.167	9.692	12.576	17.596
	国有企业	1 062	17.198	11.265	10.950	14.416	20.096
	年度汇总	3 538	14.940	10.360	9.445	12.153	17.051
2021	家族企业	1 425	15.017	6.626	11.036	13.383	16.997
	非家族私营企业	1 620	19.453	12.814	12.235	16.011	22.238
	国有企业	1 222	21.574	12.351	13.712	18.368	25.360
	年度汇总	4 267	18.579	11.302	11.955	15.383	21.431

2.分区域变化趋势

从区域来看，2021年东部地区家族企业员工的平均收入明显高于其他地区，为15.573万元/人；东北地区和西部地区家族企业员工的平均收入分别为13.65万元/人和13.144万元/人；中部地区家族企业员工的平均收入最低，仅有12.758万元/人。从员工收入离散程度来看，各地区家族企业员工收入差异较小。其中，东北地区家族企业员工收入的变异系数为0.57，其余地区家族企业员工收入的变异系数均小于0.5。从2015—2021年时间范围来看，各地区家族企业员工平均收入呈增长趋势，而东部地区家族企业员工的平均收入高均于其他地区。从家族企业与非家族私营企业员工收入比较来看，2015—2021年非家族私营企业员工平均收入普遍高于家族企业，同时非家族私营企业员工收入差异也普遍大于家族企业。家族企业员工平均收入区域变化趋势如表5-36所示。

表5-36 家族企业员工平均收入区域变化趋势

单位：万元/人

地区		家族企业			非家族私营企业		
		2015年	2018年	2021年	2015年	2018年	2021年
东部地区	均值	10.332	12.556	15.573	12.838	16.236	20.346
	中位数	8.353	10.787	14.001	9.787	13.303	16.998
	标准差	8.511	6.315	6.803	15.013	11.462	12.491
	样本量	641	959	1 117	601	870	1 176
中部地区	均值	7.462	10.294	12.758	9.934	14.106	15.577
	中位数	6.819	9.350	11.943	8.102	11.132	13.293
	标准差	2.642	4.075	4.992	7.274	12.632	8.922
	样本量	107	129	152	119	161	206
西部地区	均值	8.863	10.640	13.144	10.627	15.572	18.260
	中位数	7.405	9.462	12.234	8.302	11.748	14.070
	标准差	8.928	4.430	5.483	10.879	15.185	15.918
	样本量	95	118	128	112	151	172
东北地区	均值	6.924	11.212	13.650	11.081	15.180	18.505
	中位数	6.196	8.714	11.136	9.030	11.426	13.595
	标准差	2.246	7.563	7.873	8.267	12.188	17.090
	样本量	30	29	28	44	59	64

3.分行业变化趋势

从行业来看，2021年金融业（J）的家族企业员工年平均收入最高，有32.783万元；其次是房地产业（K）、建筑业（E）的家族企业员工年平均收入，分别为24.516万元和21.954万元；科学研究和技术服务业（M）、文化、体育和娱乐业（R）、信息传输、软件和信息技术服务业（I）的家族企业员工年平均收入分别为21.381万元、20.760万元和20.215万元；其余行业的家族企业员工年平均收入在10万~20万元，但住宿和餐饮业（H）的家族企业员工年平均收入仅有9.415万元。从离散程度来看，金融业（J）的家族企业员工收入差异最小，变异系数为0.22；建筑业（E）、文化、体育和娱乐业（R）的家族企业员工收入差异相对较高，变异系数分别为0.62和0.85。由此可见，不同行业的家族企业员工收入差异较大，但同行业家族企业员工收入差异较小。从时间跨度来看，大多数行业的家族企业年平均工资呈增长趋势，仅建筑业（E）的家族企业年平均工资呈下降趋势。从家族企业与非家族私营企业员工收入比较来看，2015—2021年大多数行业的家族企业年平均工资低于非家族私营企业，仅建筑业（E）的家族企业年平均工资持续高于非家族企业。家族企业员工平均收入行业变化趋势如表5-37所示。

表5-37　家族企业员工平均收入行业变化趋势

单位：万元/人

行业		家族企业			非家族私营企业		
		2015年	2018年	2021年	2015年	2018年	2021年
A.农、林、牧、渔业	均值	6.999	9.815	11.086	9.159	10.217	11.747
	中位数	6.058	9.353	10.994	8.944	11.300	12.000
	标准差	3.463	4.390	4.272	2.622	3.910	4.009
	样本量	12	14	16	10	9	11
B.采矿业	均值	13.218	12.027	16.181	12.245	26.883	23.131
	中位数	12.584	10.512	14.191	10.366	15.636	15.343
	标准差	7.173	6.827	11.231	5.922	39.737	27.166
	样本量	11	10	9	11	19	20
C.制造业	均值	8.522	10.999	13.997	9.627	12.747	16.607
	中位数	7.808	10.034	12.869	8.608	11.062	14.586
	标准差	3.717	4.098	5.227	5.606	7.213	8.280
	样本量	652	946	1 105	519	763	1 059
D.电力、热力、燃气及水生产和供应业	均值	8.124	12.057	14.639	9.026	14.209	19.559
	中位数	7.326	9.772	12.466	7.953	12.477	15.204
	标准差	2.971	5.079	6.438	4.916	6.740	8.447
	样本量	7	9	14	16	23	21
E.建筑业	均值	31.790	21.822	21.954	15.151	15.607	19.200
	中位数	14.506	15.427	19.552	10.295	13.542	18.254
	标准差	39.751	17.419	13.581	13.267	7.166	5.591
	样本量	13	24	28	20	31	24

行业		家族企业			非家族私营企业		
		2015年	2018年	2021年	2015年	2018年	2021年
F.批发和零售业	均值	8.853	10.355	13.119	12.453	15.080	17.347
	中位数	7.236	8.274	11.159	9.845	13.082	13.079
	标准差	4.627	5.845	6.108	10.161	8.292	13.047
	样本量	27	36	36	47	56	65
G.交通运输、仓储和邮政业	均值	13.687	15.323	16.203	9.298	13.512	20.027
	中位数	7.114	11.252	14.426	7.792	12.683	16.733
	标准差	11.622	9.436	7.290	3.897	4.640	11.850
	样本量	6	14	14	11	13	17
H.住宿和餐饮业	均值	—	—	9.415	4.847	8.624	9.166
	中位数	—	—	9.415	4.847	8.624	9.166
	标准差	—	—	—	—	—	—
	样本量	—	—	1	1	1	1
I.信息传输、软件和信息技术服务业	均值	10.165	16.399	20.215	15.692	19.053	25.381
	中位数	10.097	15.389	18.098	12.878	16.362	22.168
	标准差	3.498	6.998	8.422	21.894	10.077	12.742
	样本量	58	76	79	117	158	210
J.金融业	均值	32.381	24.326	32.783	39.289	40.576	46.477
	中位数	14.885	24.525	31.746	28.580	37.758	42.011
	标准差	34.983	12.291	5.437	39.146	15.251	20.112
	样本量	7	7	7	27	48	60
K.房地产业	均值	18.371	20.935	24.516	15.736	24.766	25.841
	中位数	16.720	21.642	23.435	14.083	19.763	20.615
	标准差	9.907	7.672	8.307	7.913	17.961	22.733
	样本量	26	26	27	26	29	27
L.租赁和商务服务业	均值	12.124	18.035	19.395	17.632	27.362	25.917
	中位数	11.572	16.720	17.759	8.470	16.221	17.218
	标准差	5.112	7.399	6.113	22.389	32.138	33.440
	样本量	12	18	21	19	21	22
M.科学研究和技术服务业	均值	11.374	17.156	21.381	13.662	17.509	21.390
	中位数	10.059	12.860	21.262	13.914	17.122	20.543
	标准差	4.891	9.641	8.692	5.410	5.836	6.518
	样本量	7	9	19	10	22	28

续表

行业		家族企业			非家族私营企业		
		2015年	2018年	2021年	2015年	2018年	2021年
N.水利、环境和公共设施管理业	均值	12.081	12.565	13.750	9.240	14.215	15.013
	中位数	10.568	11.437	14.528	8.610	11.743	14.275
	标准差	7.854	5.541	4.173	3.695	6.146	6.640
	样本量	14	21	27	16	19	24
O.居民服务、修理和其他服务业	均值	—	—	—	—	18.591	8.951
	中位数	—	—	—	—	18.591	8.951
	标准差	—	—	—	—	—	—
	样本量	—	—	—	—	1	1
P.教育	均值	9.429	11.631	19.433	13.458	13.712	19.318
	中位数	8.612	11.639	15.640	13.458	13.712	20.513
	标准差	4.091	2.166	7.055	6.642	6.315	7.146
	样本量	4	3	3	2	2	6
Q.卫生和社会工作	均值	6.024	9.579	12.871	9.715	20.025	19.151
	中位数	5.502	9.844	11.837	8.412	12.827	15.938
	标准差	1.837	3.056	6.639	4.824	15.258	8.264
	样本量	4	4	3	8	9	9
R.文化、体育和娱乐业	均值	14.134	17.646	20.760	12.278	23.673	28.935
	中位数	10.431	17.274	17.402	9.988	22.144	27.714
	标准差	8.695	8.633	12.212	4.876	12.015	12.642
	样本量	8	15	13	12	12	9
S.综合	均值	6.218	8.636	13.673	8.932	11.774	13.916
	中位数	5.683	8.656	11.641	10.627	11.145	14.310
	标准差	1.542	0.539	6.342	4.722	2.378	3.434
	样本量	5	3	3	4	5	6

（三）家族企业与高管薪酬

1.总体变化趋势

从全国范围内来看，2021年非家族私营企业高管人均薪酬最高，为62.545万元；其次是家族企业高管人均薪酬为54.384万元；国有企业高管人均薪酬最低，仅为52.221万元。从分位数来看，家族企业高管的平均收入普遍低于非家族化的民营企业，但高于国有企业。从高管收入离散程度来看，企业高管年薪酬总额差异较小，但非家族化的民营企业高管收入差异明显大于家族企业和国有企业。同时从2015—2021年时间趋势上来看，家族企业、非家族私营和国有企业的高管平均薪酬均在不断提高。家族企业高管人均薪酬总体变化趋势如表5-38所示。

表5-38　家族企业高管人均薪酬总体变化趋势

单位：万元/人

年份	类别	样本量	均值	标准差	p25	p50	p75
2015	家族企业	873	32.294	29.346	17.842	25.579	37.564
	非家族私营企业	877	36.785	33.770	18.445	27.052	41.767
	国有企业	1 001	34.597	32.979	17.765	25.173	38.609
	年度汇总	2 751	34.564	32.172	18.141	25.963	39.213
2018	家族企业	1 235	41.826	33.697	24.182	34.212	48.138
	非家族私营企业	1 237	50.238	54.887	24.869	36.942	55.683
	国有企业	1 062	43.741	37.185	22.929	32.888	50.658
	年度汇总	3 534	45.346	43.351	24.008	34.784	51.689
2021	家族企业	1 424	54.384	41.697	31.796	44.310	62.055
	非家族私营企业	1 617	62.545	56.411	33.118	47.575	70.619
	国有企业	1 221	52.221	39.955	28.773	41.488	64.216
	年度汇总	4 262	56.861	47.592	31.036	44.913	65.796

2.分区域变化趋势

从区域来看，2021年东部地区的家族企业高管人均薪酬明显高于其他地区，为55.786万元；其次是西部地区家族企业高管人均薪酬为53.392万元；中部地区和东北地区的家族企业高管人均薪酬最低，分别为46.551万元和45.540万元。从高管收入离散程度来看，各地区家族企业高管年薪酬总额差异较小，而位于东北地区的家族企业高管薪酬的差异小于其余地区。从时间跨度来看，2015—2021年各地区家族企业高管年平均收入呈增长趋势，其中，中部地区家族企业高管人均薪酬上涨速度最快，上涨幅度几乎达到一倍。从家族企业与非家族私营企业高管收入比较来看，2015—2021年非家族私营企业高管人均薪酬明显高于家族企业，且非家族私营企业高管收入差异大于家族企业。家族企业高管人均薪酬区域变化趋势如表5-39所示。

表5-39 家族企业高管人均薪酬区域变化趋势

单位：万元/人

地区		家族企业			非家族私营企业		
		2015年	2018年	2021年	2015年	2018年	2021年
东部地区	均值	33.480	42.927	55.786	38.777	51.371	64.919
	中位数	26.481	35.203	45.704	28.876	38.316	50.106
	标准差	29.058	33.650	43.069	34.659	51.248	57.777
	样本量	640	959	1116	601	868	1175
中部地区	均值	25.946	35.350	46.551	33.524	45.784	53.896
	中位数	20.492	29.133	37.924	24.036	32.173	43.833
	标准差	16.835	21.349	29.103	34.754	62.615	42.520
	样本量	108	129	152	119	160	206
西部地区	均值	33.451	41.477	53.392	32.564	52.866	61.851
	中位数	23.904	31.676	38.758	23.647	32.585	42.924
	标准差	41.905	44.704	43.994	28.819	71.832	65.882
	样本量	95	118	128	113	150	171
东北地区	均值	26.195	35.651	45.540	29.245	38.958	46.624
	中位数	21.207	28.846	37.182	21.288	31.920	39.913
	标准差	18.103	24.320	26.033	28.358	26.765	30.765
	样本量	30	29	28	44	59	64

3. 分行业变化趋势

从行业来看，2021年房地产业（K）的家族企业高管人均薪酬最高，有111.940万元；其次是金融业（J）、卫生和社会工作（Q）的家族企业高管人均薪酬，分别为109.325万元和105.277万元；其余行业的家族企业高管人均薪酬在40万~70万元，住宿和餐饮业（H）、综合（S）的家族企业高管人均薪酬最低，仅有29.811万元和38.374万元。从离散程度来看，大多数行业的家族企业高管年薪酬总额差异较小，变异系数均小于1；但卫生和社会工作（Q）、农、林、牧、渔业（A）、文化、体育和娱乐业（R）高管薪酬差异较大，变异系数分别为1.2、1.16和1.04。从时间跨度来看，各行业的家族企业年平均工资呈增长趋势，尤其是卫生和社会工作（Q）的家族企业高管人均薪酬上涨约5倍。由此可见，新冠疫情导致卫生和社会工作业的家族企业利润暴涨，也促使其高管薪酬大幅上涨。从家族企业与非家族私营企业高管收入比较来看，在大多行业的非家族私营企业高管人均薪酬高于家族私营企业。家族企业高管人均薪酬行业变化趋势如表5-40所示。

表5-40　家族企业高管人均薪酬行业变化趋势

单位：万元/人

行业		家族企业			非家族私营企业		
		2015年	2018年	2021年	2015年	2018年	2021年
A.农、林、牧、渔业	均值	28.127	58.792	69.473	21.557	23.203	27.827
	中位数	23.032	34.423	37.948	21.126	20.616	26.580
	标准差	20.649	61.843	80.772	11.026	16.564	12.578
	样本量	12	14	16	10	9	11
B.采矿业	均值	36.329	42.858	53.800	36.794	50.870	70.560
	中位数	32.391	39.624	46.767	33.876	44.049	45.804
	标准差	16.823	21.169	26.924	22.421	30.678	58.474
	样本量	11	10	9	11	19	20
C.制造业	均值	30.492	39.516	52.479	34.284	45.731	60.253
	中位数	24.893	32.941	43.524	26.469	34.930	46.129
	标准差	26.147	28.158	39.909	28.337	52.289	55.323
	样本量	650	946	1 104	520	761	1 057
D.电力、热力、燃气及水生产和供应业	均值	26.128	30.983	65.310	26.040	44.607	62.567
	中位数	22.336	23.806	56.364	21.702	34.170	39.318
	标准差	16.076	18.441	39.764	15.538	29.615	76.792
	样本量	7	9	14	16	23	21
E.建筑业	均值	38.889	41.844	47.107	41.183	54.570	57.346
	中位数	33.918	38.812	46.062	31.754	39.009	39.985
	标准差	19.340	17.008	18.920	45.761	86.475	55.625
	样本量	14	24	28	20	31	24

行业		家族企业			非家族私营企业		
		2015 年	2018 年	2021 年	2015 年	2018 年	2021 年
F. 批发和零售业	均值	31.853	43.081	57.429	36.544	45.514	59.931
	中位数	30.590	38.983	49.834	32.828	36.963	46.835
	标准差	13.062	23.680	38.790	26.648	27.839	40.552
	样本量	27	36	36	47	56	65
G. 交通运输、仓储和邮政业	均值	32.181	57.863	63.856	28.533	53.884	58.118
	中位数	23.633	51.555	51.043	24.334	39.894	52.900
	标准差	28.668	29.903	31.575	15.869	58.599	23.507
	样本量	6	14	14	11	12	17
H. 住宿和餐饮业	均值	—	—	29.811	12.622	16.302	18.541
	中位数	—	—	29.811	12.622	16.302	18.541
	标准差	—	—	—	—	—	—
	样本量	—	—	1	1	1	1
I. 信息传输、软件和信息技术服务业	均值	30.580	39.478	48.241	33.534	47.888	62.733
	中位数	25.181	34.476	43.422	27.998	39.296	51.845
	标准差	22.048	22.898	20.490	21.958	35.851	43.482
	样本量	59	76	79	117	158	210
J. 金融业	均值	101.059	56.636	109.325	88.715	112.772	100.654
	中位数	55.533	46.413	83.607	48.032	75.257	82.016
	标准差	111.967	39.224	74.076	84.371	103.641	92.078
	样本量	7	7	7	27	48	60
K. 房地产业	均值	67.651	106.601	111.940	65.342	88.927	93.665
	中位数	51.221	63.392	89.389	47.271	59.077	57.744
	标准差	59.790	107.602	77.160	58.619	85.004	87.917
	样本量	26	26	27	26	29	27
L. 租赁和商务服务业	均值	38.042	64.717	66.152	42.885	58.091	58.074
	中位数	32.890	59.138	60.062	28.933	41.715	46.348
	标准差	25.691	41.024	30.810	37.574	47.438	50.721
	样本量	12	18	21	19	21	22
M. 科学研究和技术服务业	均值	30.269	32.148	64.124	44.826	69.349	79.964
	中位数	28.102	37.069	44.569	35.211	58.725	60.135
	标准差	18.365	10.777	46.514	38.754	51.725	74.679
	样本量	7	9	19	10	22	27

续表

行业		家族企业			非家族私营企业		
		2015 年	2018 年	2021 年	2015 年	2018 年	2021 年
N.水利、环境和公共设施管理业	均值	29.100	33.633	41.718	28.736	39.012	46.103
	中位数	20.150	27.942	34.055	22.301	34.055	42.185
	标准差	21.450	20.229	20.453	17.668	19.031	21.220
	样本量	14	21	27	16	19	24
O.居民服务、修理和其他服务业	均值	—	—	—	—	36.186	26.181
	中位数	—	—	—	—	36.186	26.181
	标准差	—	—	—	—	—	—
	样本量	—	—	—	—	1	1
P.教育	均值	18.382	22.756	41.078	16.292	21.690	50.357
	中位数	16.423	18.297	43.717	16.292	21.690	51.438
	标准差	9.186	13.566	24.023	7.762	10.389	24.956
	样本量	4	3	3	2	2	6
Q.卫生和社会工作	均值	18.197	31.181	105.277	23.469	49.303	67.216
	中位数	17.447	24.664	33.482	23.862	55.025	58.535
	标准差	8.470	16.216	126.073	6.980	15.754	45.877
	样本量	4	4	3	8	9	9
R.文化、体育和娱乐业	均值	27.340	52.590	61.421	34.055	37.368	47.273
	中位数	24.056	33.349	40.793	23.613	30.995	35.032
	标准差	11.928	53.073	63.655	35.154	18.814	25.686
	样本量	8	15	13	12	12	9
S.综合	均值	28.877	22.060	38.374	39.677	55.394	82.461
	中位数	20.632	23.359	42.819	29.988	39.331	49.655
	标准差	30.363	11.209	28.945	35.931	45.809	100.948
	样本量	5	3	3	4	4	6

（四）家族企业与劳动收入份额

1.总体变化趋势

从全国范围内来看，2021年家族企业劳动收入份额为30.315%，而非家族企业和国有企业的劳动收入份额略高于家族企业，分别为32.575%和32.992%，可以发现家族企业在收入初次分配过程中，劳动收入份额偏低。从分位数来看，也存在家族企业劳动收入份额低于非家族企业和国有企业的普遍情形。同时从2015—2021年时间趋势上来看，家族企业、非家族私营的劳动收入份额均在不断提高，国有企业劳动收入份额则呈现出缓慢波动上涨的趋势。家族企业劳动收入份额总体变化趋势如表5-41所示。

表5-41　家族企业劳动收入份额总体变化趋势

单位：%

年份	类别	样本量	均值	标准差	p25	p50	p75
2015	家族企业	872	27.082	11.477	18.851	26.472	33.643
	非家族私营企业	856	29.238	13.349	20.337	26.724	36.630
	国有企业	962	32.392	15.090	21.907	31.201	39.679
	年度汇总	2 690	29.667	13.623	20.394	27.931	36.686
2018	家族企业	1 231	27.705	11.477	19.605	27.306	34.708
	非家族私营企业	1 199	30.900	14.031	21.127	29.265	37.980
	国有企业	1 019	31.020	13.737	21.379	29.965	38.523
	年度汇总	3 449	29.795	13.173	20.669	28.572	36.885
2021	家族企业	1 580	30.315	12.894	21.218	29.015	37.489
	非家族私营企业	1 675	32.575	14.239	22.389	30.971	40.087
	国有企业	1 206	32.992	15.057	22.337	31.559	40.707
	年度汇总	4 461	31.887	14.057	21.884	30.420	39.424

2.分区域变化趋势

从区域来看，2021年东部地区的家族企业劳动收入份额略高于其他地区，为31.021%；其次是东北地区和中部地区的家族企业劳动收入份额，分别为29.673%和28.547%；西部地区的家族企业劳动收入份额最低为26.380%。从劳动收入份额的离散程度来看，各地区家族企业劳动收入份额差异较小，而位于中部地区的家族企业劳动收入份额差异略小于其余地区。从2015—2021年时间跨度来看，各地区家族企业劳动收入份额呈上涨趋势，尤其是东北地区家族企业劳动收入份额上涨速度最快，上涨幅度接近50%。从家族企业与非家族私营企业劳动收入份额比较来看，2015—2021年，各地区非家族私营企业劳动收入份额明显高于家族企业，且各地区的非家族私营企业劳动收入份额差异普遍大于家族企业。家族企业劳动收入份额区域变化趋势如表5-42所示。

表5-42　家族企业劳动收入份额区域变化趋势

单位：%

地区		家族企业			非家族私营企业		
		2015年	2018年	2021年	2015年	2018年	2021年
东部地区	均值	27.814	28.431	31.021	29.396	31.523	33.145
	中位数	27.136	28.005	29.830	27.290	30.578	31.685
	标准差	11.562	11.144	12.827	12.072	13.309	13.627
	样本量	640	958	1 239	588	839	1 223
中部地区	均值	26.406	26.422	28.547	28.513	29.676	30.490
	中位数	26.030	24.747	26.673	26.808	25.959	27.799
	标准差	10.313	11.532	11.430	13.978	14.853	14.460
	样本量	108	128	170	117	157	212
西部地区	均值	25.019	24.821	26.380	30.499	29.531	30.438
	中位数	23.738	24.209	24.053	24.684	25.676	28.003
	标准差	11.255	12.881	13.130	19.013	17.560	17.171
	样本量	94	116	141	108	145	170
东北地区	均值	20.363	20.898	29.673	25.881	28.629	34.638
	中位数	17.300	15.679	27.585	23.638	25.697	31.753
	标准差	11.756	12.220	17.877	10.632	11.456	15.465
	样本量	30	29	30	43	58	66

　　3.分行业变化趋势

　　从行业来看，2021年，教育（P）、金融业（J）的家族企业劳动收入份额最高，高达50％以上；其次是卫生和社会工作（Q）、住宿和餐饮业（H）、交通运输、仓储和邮政业（G）、科学研究和技术服务业（M）、农、林、牧、渔业（A），这些基本属于劳动密集型行业，家族企业劳动收入份额在40％~50％；建筑业（E）、信息传输、软件和信息技术服务业（I）、综合（S）、文化、体育和娱乐业（R），家族企业劳动收入份额更低，仅占30％~40％；劳动收入份额最低的行业为采矿业（B）、电力、热力、燃气及水生产和供应业（D），劳动收入份额比重不到20％。从数据的离散程度来看，各行业的家族企业劳动收入份额差异较小，变异系数均小于1，其中住宿和餐饮业（H）家族企业劳动收入份额差异最小。从时间跨度来看，大多数行业的家族企业劳动收入份额呈增长趋势，但采矿业（B）和电力、热力、燃气及水生产和供应业（D）等资源行业的家族企业劳动收入份额出现明显下滑。从家族企业与非家族私营企业劳动收入份额比较来看，2015—2021年，大多数行业的非家族私营企业劳动收入份额高于家族私营企业，仅有建筑业（E）的劳动收入份额出现家族企业高于非家族私营企业的情况。家族企业劳动收入份额行业变化趋势如表5-43所示。

表5-43　家族企业劳动收入份额行业变化趋势

单位：%

行业		家族企业			非家族私营企业		
		2015 年	2018 年	2021 年	2015 年	2018 年	2021 年
A. 农、林、牧、渔业	均值	36.972	32.714	40.455	32.586	34.379	40.953
	中位数	27.126	33.226	40.927	35.674	36.134	41.295
	标准差	25.018	5.334	11.658	11.751	11.199	19.015
	样本量	11	14	14	10	9	11
B. 采矿业	均值	22.250	20.037	17.358	36.031	35.188	27.627
	中位数	21.670	17.088	13.343	26.704	39.960	17.570
	标准差	13.210	12.930	12.526	21.138	21.648	22.356
	样本量	11	10	10	11	19	19
C. 制造业	均值	27.118	27.744	29.696	29.078	29.691	30.681
	中位数	26.682	27.454	29.003	27.143	28.316	29.557
	标准差	10.184	10.629	11.421	12.439	12.683	12.508
	样本量	652	943	1 235	517	763	1 143
D. 电力、热力、燃气及水生产和供应业	均值	21.699	17.879	15.668	25.515	25.906	27.008
	中位数	18.313	19.030	17.230	21.932	25.047	26.691
	标准差	9.443	5.051	4.523	12.685	12.210	12.344
	样本量	7	9	18	16	22	21
E. 建筑业	均值	37.833	32.580	37.708	24.404	31.529	36.597
	中位数	33.595	28.019	33.987	22.557	28.082	39.694
	标准差	19.538	15.922	17.055	10.710	15.465	14.847
	样本量	14	24	32	20	30	24

续表

行业		家族企业			非家族私营企业		
		2015 年	2018 年	2021 年	2015 年	2018 年	2021 年
F. 批发和零售业	均值	23.384	24.811	24.908	25.280	24.328	25.948
	中位数	23.138	24.120	25.348	24.323	23.661	25.705
	标准差	10.903	13.285	10.944	12.563	10.350	8.570
	样本量	26	36	42	47	56	70
G. 交通运输、仓储和邮政业	均值	30.579	34.715	43.177	36.022	31.473	27.333
	中位数	31.544	30.099	34.739	40.804	30.491	21.721
	标准差	10.876	16.185	22.938	13.890	13.977	14.602
	样本量	6	14	16	11	13	16
H. 住宿和餐饮业	均值	—	—	43.972	30.705	36.085	41.619
	中位数	—	—	43.972	30.705	36.085	41.619
	标准差	—	—	9.321	—	—	—
	样本量	—	—	2	1	1	1
I. 信息传输、软件和信息技术服务业	均值	28.610	30.606	37.202	32.975	36.746	41.231
	中位数	28.113	29.660	36.327	29.616	34.404	37.774
	标准差	9.317	13.011	15.435	14.235	14.221	14.824
	样本量	59	76	84	115	158	217
J. 金融业	均值	44.069	40.295	51.578	34.349	41.137	25.210
	中位数	30.920	39.985	38.082	29.545	39.294	24.461
	标准差	34.716	26.886	34.857	20.277	25.067	12.514
	样本量	6	6	3	11	11	10
K. 房地产业	均值	16.722	17.930	23.318	23.357	30.388	41.447
	中位数	14.682	15.491	20.314	18.446	19.127	29.296
	标准差	9.892	12.537	16.078	15.285	24.061	25.864
	样本量	26	26	25	26	29	27
L. 租赁和商务服务业	均值	22.092	24.516	28.261	27.917	30.764	42.432
	中位数	22.324	26.589	27.818	24.797	28.168	42.747
	标准差	10.268	11.666	11.630	15.380	18.098	24.361
	样本量	12	18	21	19	20	23
M. 科学研究和技术服务业	均值	32.360	34.653	42.837	40.590	40.921	39.962
	中位数	34.227	31.643	44.780	41.359	43.055	43.065
	标准差	13.446	14.268	15.227	15.094	10.701	13.550
	样本量	7	9	23	10	22	37

续表

行业		家族企业			非家族私营企业		
		2015 年	2018 年	2021 年	2015 年	2018 年	2021 年
N.水利、环境和公共设施管理业	均值	23.946	23.899	27.906	27.566	26.606	32.409
	中位数	24.875	21.722	20.478	25.536	23.965	29.762
	标准差	9.045	9.198	17.407	12.186	10.587	13.566
	样本量	14	21	31	16	19	25
O.居民服务、修理和其他服务业	均值	—	—	—	—	41.855	49.462
	中位数	—	—	—	—	41.855	49.462
	标准差	—	—	—	—	—	—
	样本量	—	—	—	—	1	1
P.教育	均值	31.388	40.024	51.738	13.404	36.134	52.022
	中位数	30.045	42.510	47.199	13.404	36.134	54.501
	标准差	3.476	5.829	22.018	6.799	8.234	14.065
	样本量	4	3	3	2	2	6
Q.卫生和社会工作	均值	42.225	38.236	47.570	34.948	40.649	44.393
	中位数	35.135	36.697	47.017	36.946	41.677	45.863
	标准差	15.438	10.144	25.483	9.004	9.399	12.700
	样本量	4	4	4	8	8	8
R.文化、体育和娱乐业	均值	17.549	20.948	30.231	16.027	28.838	30.373
	中位数	14.913	19.366	28.160	13.363	22.646	28.533
	标准差	9.692	8.882	8.784	10.077	16.019	11.737
	样本量	8	15	14	12	11	10
S.综合	均值	32.234	28.228	31.627	26.918	35.279	29.167
	中位数	24.401	17.966	24.999	27.415	33.756	27.544
	标准差	17.284	19.971	15.040	6.139	25.616	14.736
	样本量	5	3	3	4	5	6

（五）家族企业初次分配的影响因素

该部分主要用于研究家族企业与初次分配之间的关系，因此将家族企业初次分配作为被解释变量，OLS 计量回归结果如表 5-44 所示。列（1）的被解释变量为吸纳就业，列（2）的被解释变量为员工收入，列（3）的被解释变量为高管收入，列（4）的被解释变量为劳动收入份额。实证结果如表5-44所示。

表5-44　家族企业初次分配的影响因素

影响因素	（1） 吸纳就业	（2） 员工收入	（3） 高管收入	（4） 劳动收入份额
lnSize	3.768***	0.918***	14.558***	−1.820***
	（0.151）	（0.079）	（0.427）	（0.148）
Leverage	0.940***	−0.447	−1.034	4.575***
	（0.337）	（0.405）	（1.758）	（0.814）
Age	−0.076***	−0.022*	−0.324***	0.009
	（0.015）	（0.012）	（0.065）	（0.025）
Tangible	3.461***	−8.762***	−4.412*	5.214***
	（0.541）	（0.500）	（2.336）	（1.020）
CFO	8.401***	5.922***	50.771***	−6.950***
	（0.995）	（1.034）	（4.555）	（1.920）
ROA	1.872**	−1.660	25.378***	−46.856***
	（0.884）	（1.151）	（4.839）	（2.567）
Saleg	−0.233	0.516**	−1.508**	−2.834***
	（0.171）	（0.201）	（0.622）	（0.324）
Top1	0.015***	−0.021***	−0.037*	0.041***
	（0.005）	（0.004）	（0.022）	（0.009）
Inst	0.010***	0.011***	−0.031**	0.011**
	（0.003）	（0.003）	（0.013）	（0.005）
Dual	0.657***	−0.270**	−0.938*	0.247
	（0.117）	（0.109）	（0.519）	（0.214）
lnBoard	0.846*	−0.925**	−5.967***	2.148***
	（0.465）	（0.383）	（2.061）	（0.766）
Indep	7.439***	5.625***	1.329	7.093***
	（1.850）	（1.466）	（6.635）	（2.637）
_cons	−80.760***	−6.286***	−257.440***	64.948***
	（3.803）	（2.025）	（10.467）	（3.910）
Industry FE	Yes	Yes	Yes	Yes
Year FE	Yes	Yes	Yes	Yes

续表

影响因素	（1） 吸纳就业	（2） 员工收入	（3） 高管收入	（4） 劳动收入份额
Prov FE	Yes	Yes	Yes	Yes
r2_a	0.413	0.356	0.399	0.337
F	31.778	68.328	44.130	62.314
N	8 271	8 098	8 095	8 246

注1：括号内为经异方差调整后的稳健标准误差；***、**、*分别表示双尾检验在1%、5%、10%下的统计显著水平。下同。

注2：_cons：截距项；Industry FE：行业固定效应；Year FE：年度固定效应；Prov FE：省份固定效应；r2_a：调整后的拟合优度；F：F统计量；N：样本量。下同。

（六）实证研究结果

第一，在初次分配中，国有企业的就业吸纳能力明显高于家族企业，而家族企业的就业吸纳能力则高于非家族私营企业；家族企业的员工年平均收入普遍低于非家族私营企业和国有企业；家族企业高管的平均收入普遍低于非家族私营企业，但高于国有企业；家族企业在收入初次分配过程中，劳动收入份额偏低。

第二，企业规模、企业负债率、上市年龄、有形资产比例、现金流能力、盈利能力、高管权力等是影响家族企业初次分配的重要因素。企业规模（lnSize）在1%显著性水平下提升了家族企业就业吸纳、员工收入和高管收入，却在1%显著性水平下降低了家族企业劳动收入份额；企业负债率（Leverage）在1%显著性水平下提升了家族企业就业吸纳和劳动收入份额；上市年龄（Age）在1%显著性水平下降低了家族企业就业吸纳和高管收入；有形资产比例（Tangible）在1%显著性水平下提升了家族企业就业吸纳和劳动收入份额，却在1%显著性水平下降低了家族企业员工收入；现金流能力（CFO）在1%显著性水平下提升了家族企业就业吸纳、员工收入和高管收入，却在1%显著性水平下降低了家族企业劳动收入份额；盈利能力（ROA）在1%显著性水平下提升了家族企业高管收入，却在1%显著性水平下降低了家族企业劳动收入份额；营业收入增长率（Saleg）在1%显著性水平下降低了家族企业劳动收入份额；第一大股东持股比例（Top1）在1%显著性水平下提升了家族企业就业吸纳和劳动收入份额，却在1%显著性水平下降低了家族企业员工收入；机构持股比例（Inst）在1%显著性水平下提升了家族企业就业吸纳和员工收入；高管权力（Dual）在1%显著性水平下提升了家族企业就业吸纳；董事会规模（lnBoard）在1%显著性水平下提升了家族企业劳动收入份额，却在1%显著性水平下降低了家族企业高管收入；独立董事比例（Indep）在1%显著性水平下提升了家族企业就业吸纳、高管收入和劳动收入份额。

二、家族企业与再分配

（一）家族企业与税收缴纳

1.总体变化趋势

依法纳税是企业应尽的义务，也是社会财富再分配的具体表现。2021年，家族企业人均纳税额最低为8.178万元，其次是非家族私营企业人均纳税额为9.050万元，国有企业人均纳税额最高为20.254万元。从分位数来看，也存在家族企业人均纳税低于非家族私营企业和国有企业的普遍情形。同时从2015—2021年时间趋势上来看，家族企业人均纳税额基本保持不变，但家族企业人均纳税额只有国有企业的50%左右，同时非家族私营企业和国有企业的人均纳税均呈现出波动上升的趋势。家族企业人均纳税总体变化趋势如表5-45所示。

表5-45　家族企业人均纳税总体变化趋势

单位：万元/人

年份	类别	样本量	均值	标准差	p25	p50	p75
2015	家族企业	875	8.297	15.809	2.663	4.774	8.039
	非家族私营企业	877	8.885	14.455	2.837	5.156	9.142
	国有企业	1 002	17.961	98.692	3.191	5.622	12.680
	年度汇总	2 754	12.000	60.891	2.862	5.182	9.705

续表

年份	类别	样本量	均值	标准差	p25	p50	p75
2018	家族企业	1 235	8.976	17.263	3.055	5.309	9.078
	非家族私营企业	1 242	10.388	18.707	3.433	6.030	10.393
	国有企业	1 063	16.139	34.432	3.748	7.132	14.126
	年度汇总	3 540	11.622	24.321	3.371	6.037	11.008
2021	家族企业	1 593	8.178	17.814	2.619	4.662	8.336
	非家族私营企业	1 743	9.050	14.002	2.754	5.143	9.201
	国有企业	1 266	20.254	140.813	3.792	7.259	15.040
	年度汇总	4 602	11.830	75.251	2.894	5.439	10.169

2.分区域变化趋势

分区域来看，不同区域家族企业员工纳税的差异正在缩小。2021年，西部地区家族企业在纳税的均值上高于其余地区，东北地区的企业人均纳税高于东部地区，而中部地区的企业人均纳税最低。在离散程度上，东部、西部和东北地区的家族企业员工纳税差异较大，其中东部家族企业员工纳税的差异高于西北地区，而中部家族企业员工纳税差异最小。从2015—2021年时间跨度来看，中部地区和西部地区的家族企业人均纳税呈波动上涨趋势，但东部地区和东北地区的家族企业人均纳税呈波动下降趋势。与非家族私营企业对比，东中西部地区的非家族私营企业人均纳税高于家族企业，但东北地区的家族企业人均纳税高于非家族私营企业。家族企业人均纳税区域变化趋势如表5-46所示。

表5-46　家族企业人均纳税区域变化趋势

单位：万元/人

地区		家族企业			非家族私营企业		
		2015 年	2018 年	2021 年	2015 年	2018 年	2021 年
东部地区	均值	8.728	8.690	8.238	8.977	10.331	8.646
	中位数	4.765	5.090	4.530	5.142	5.819	4.988
	标准差	17.474	17.365	19.426	14.911	19.979	13.315
	样本量	642	959	1 247	601	870	1 275

地区		家族企业			非家族私营企业		
		2015年	2018年	2021年	2015年	2018年	2021年
中部地区	均值	5.486	6.452	6.019	7.740	8.504	8.287
	中位数	4.525	4.967	4.747	4.997	5.927	5.209
	标准差	4.616	5.228	5.078	10.661	9.403	9.243
	样本量	108	129	173	119	161	218
西部地区	均值	7.957	12.329	9.925	9.169	12.712	13.338
	中位数	4.701	6.209	5.575	5.265	7.172	6.295
	标准差	10.871	21.535	13.284	11.328	20.013	22.006
	样本量	95	118	143	113	152	179
东北地区	均值	10.285	15.995	9.835	9.999	10.369	7.818
	中位数	6.590	8.510	5.942	5.683	7.560	5.846
	标准差	16.824	24.984	11.978	22.427	14.039	10.396
	样本量	30	29	30	44	59	67

3. 分行业变化趋势

从分行业来看，2021年房地产业（K）家族企业人均纳税额最高，高达85.933万元，可能是因为房地产业是地方财政的支柱产业；其次是采矿业（B），人均纳税为27.450万元；其余大多数行业的家族企业人均纳税额低于10万元；农、林、牧、渔业（A）家族企业人均纳税额最低，人均仅有0.710万元，可能是因为第一产业普遍存在税收优惠。从企业人均纳税额的离散程度来看，大多数行业的家族企业员工纳税额差异较小，变异系数均小于1。从2015—2021年来看，各行业总体上均呈现出波动上涨的趋势，但具体而言，2015—2018年来看大多数行业家族企业人均纳税额呈增长态势，2018—2021年大多数行业家族企业人均纳税额却出现下降趋势。对比非家族私营企业，2015—2021年大多数行业的非家族私营企业人均纳税高于家族私营企业，仅有采矿业（B）、批发和零售业（F）、房地产业（K）、水利、环境和公共设施管理业（N）的家族企业人均纳税额高于非家族私营企业。家族企业人均纳税行业变化趋势如表5-47所示。

表5-47　家族企业人均纳税行业变化趋势

单位：万元/人

行业		家族企业			非家族私营企业		
		2015年	2018年	2021年	2015年	2018年	2021年
A.农、林、牧、渔业	均值	1.198	1.292	0.710	1.550	2.507	2.657
	中位数	0.449	0.730	0.342	0.781	1.650	1.589
	标准差	1.469	1.663	0.802	1.714	1.870	2.602
	样本量	12	14	17	10	9	11
B.采矿业	均值	25.178	31.038	27.450	10.334	25.664	23.052
	中位数	7.120	9.784	20.196	6.608	5.046	7.257
	标准差	30.087	56.984	26.315	12.515	42.045	31.806
	样本量	11	10	10	11	19	20
C.制造业	均值	5.793	6.777	6.269	6.428	7.689	7.114
	中位数	4.593	4.862	4.540	4.853	5.739	4.828
	标准差	4.937	8.225	6.656	5.900	7.839	8.896
	样本量	652	946	1 237	520	764	1 149
D.电力、热力、燃气及水生产和供应业	均值	8.423	10.079	14.703	11.282	10.830	12.522
	中位数	9.026	9.067	13.557	7.793	7.767	6.703
	标准差	4.895	4.337	7.738	13.427	7.699	14.758
	样本量	7	9	18	16	23	22
E.建筑业	均值	26.811	9.264	8.086	13.649	10.813	9.509
	中位数	8.752	7.787	7.092	11.259	8.046	8.096
	标准差	60.828	5.808	4.190	12.885	14.473	9.214
	样本量	14	24	32	20	31	25
F.批发和零售业	均值	15.839	19.552	15.079	10.783	13.423	10.657
	中位数	5.838	5.445	6.733	7.324	8.507	8.106
	标准差	40.290	50.244	33.191	11.972	14.698	10.322
	样本量	27	36	42	47	56	69
G.交通运输、仓储和邮政业	均值	15.740	9.147	7.326	4.538	7.583	13.324
	中位数	8.677	5.399	4.533	3.055	6.411	9.982
	标准差	17.162	8.631	7.851	5.125	5.575	10.983
	样本量	6	14	16	11	13	17

行业		家族企业			非家族私营企业		
		2015 年	2018 年	2021 年	2015 年	2018 年	2021 年
H. 住宿和餐饮业	均值	—	—	2.225	1.754	1.735	0.857
	中位数	—	—	2.225	1.754	1.735	0.857
	标准差	—	—	0.504	—	—	—
	样本量	—	—	2	1	1	1
I. 信息传输、软件和信息技术服务业	均值	4.473	7.281	5.371	6.309	6.100	6.462
	中位数	4.022	5.810	3.622	4.071	4.594	4.039
	标准差	2.844	8.847	5.626	7.616	5.594	8.596
	样本量	59	76	84	117	158	220
J. 金融业	均值	18.325	11.014	19.955	32.011	35.870	34.039
	中位数	13.968	6.993	15.068	17.036	24.718	33.307
	标准差	17.815	7.400	14.200	45.615	55.001	23.501
	样本量	7	7	7	27	48	63
K. 房地产业	均值	51.677	67.585	85.933	35.788	46.495	44.135
	中位数	45.712	51.794	68.313	24.135	23.617	31.803
	标准差	34.328	51.675	89.873	35.811	52.741	49.780
	样本量	26	26	27	26	29	27
L. 租赁和商务服务业	均值	11.295	17.735	11.975	15.659	14.475	8.673
	中位数	9.595	13.188	8.111	7.467	7.154	3.600
	标准差	8.154	13.142	11.256	19.376	19.917	10.091
	样本量	12	18	21	19	21	24
M. 科学研究和技术服务业	均值	7.768	4.811	3.854	4.869	4.355	5.879
	中位数	4.566	3.390	2.608	4.255	3.987	3.764
	标准差	11.324	5.447	3.734	3.676	1.766	7.767
	样本量	7	9	23	10	22	37
N. 水利、环境和公共设施管理业	均值	7.912	9.438	8.889	5.517	8.840	6.615
	中位数	7.769	8.039	7.521	5.083	6.712	5.223
	标准差	4.299	4.986	6.799	3.669	6.701	3.851
	样本量	14	21	33	16	19	26

续表

行业		家族企业			非家族私营企业		
		2015 年	2018 年	2021 年	2015 年	2018 年	2021 年
O. 居民服务、修理和其他服务业	均值	—	—	—	—	4.525	1.692
	中位数	—	—	—	—	4.525	1.692
	标准差	—	—	—	—	—	—
	样本量	—	—	—	—	1	1
P. 教育	均值	5.237	2.493	2.942	20.607	5.881	4.262
	中位数	4.769	2.287	3.475	20.607	5.881	2.479
	标准差	1.879	1.063	1.914	20.565	4.098	5.373
	样本量	4	3	3	2	2	6
Q. 卫生和社会工作	均值	1.225	3.210	3.148	2.750	6.678	1.925
	中位数	1.199	3.695	2.847	2.353	2.295	1.934
	标准差	0.810	1.711	3.013	2.061	10.084	1.160
	样本量	4	4	4	8	9	9
R. 文化、体育和娱乐业	均值	19.698	14.177	8.273	21.650	25.728	8.687
	中位数	20.839	10.955	8.406	10.380	18.224	4.551
	标准差	14.355	10.566	6.283	26.464	31.315	11.639
	样本量	8	15	14	12	12	10
S. 综合	均值	3.164	6.332	8.820	4.590	18.767	24.424
	中位数	2.816	7.595	8.314	5.488	6.228	7.176
	标准差	1.926	3.631	2.530	2.015	25.562	40.808
	样本量	5	3	3	4	5	6

（二）家族企业与社保缴纳

1. 总体变化趋势

总体上来看，2021 年，国有企业人均社保缴纳额最高，达到 9.789 千元；其次是非家族私营企业，为 7.135 千元；而家族企业人均社保缴纳额最低，仅为 5.275 千元。从标准差来看，国有企业间的人均社保缴纳差异最大，其次是非家族私营企业，企业间人均研发支出差异最小的是家族企业。从 2015—

2021年时间趋势上来看，不同类型的企业人均社保缴纳都在持续上涨，其中家族企业和非家族私营企业人均社保缴纳额上涨幅度超过50%，国有企业仅有30%左右，说明家族企业和非家族私营企业在员工责任方面越来越重视。家族企业人均社保总体变化趋势如表5-48所示。

表5-48　家族企业人均社保总体变化趋势

单位：千元/人

年份	类别	样本量	均值	标准差	p25	p50	p75
2015	家族企业	854	3.463	2.292	2.160	2.956	3.992
	非家族私营企业	840	4.469	3.932	2.457	3.490	5.336
	国有企业	994	7.277	18.366	3.661	5.483	8.520
	年度汇总	2 688	5.188	11.570	2.610	3.809	6.021
2018	家族企业	1 213	4.572	3.302	2.859	3.790	5.311
	非家族私营企业	1 208	6.185	6.158	3.320	4.611	6.881
	国有企业	1 055	8.114	5.634	4.636	6.912	9.957
	年度汇总	3 476	6.208	5.352	3.359	4.746	7.512
2021	家族企业	1 584	5.275	4.119	3.304	4.262	5.930
	非家族私营企业	1 716	7.135	6.600	3.700	5.210	8.567
	国有企业	1 264	9.789	6.682	5.481	8.073	12.224
	年度汇总	4 564	7.224	6.145	3.748	5.334	8.791

2.分区域变化趋势

从不同区域来看，2021年，家族企业中人均社保缴纳最高的是东北地区，高达7.317千元，其次是东部地区，人均社保缴纳下降到5.433千元。从离散程度来看，虽然东北地区的家族企业人均社保缴纳最高，但相较于其余地区东北地区家族企业员工缴纳社保金额差异也是最大的。从2015—2021年时间跨度来看，各地区家族企业人均社保缴纳呈上涨趋势，尤其是东北地区家族企业人均社保指标增长最快，2015年东北地区家族企业人均社保略低于东部地区，到了2018年东北地区家族企业人均社保已明显高于其余地区，上涨幅度超过了1倍；人均社保上涨幅度排在第二位的是中部地区，上涨幅度也超过了50%。对比非家族私营企业，非家族私营企业人均社保缴纳额普遍高于家族企业。家族企业人均社保区域变化趋势如表5-49所示。

表5-49　家族企业人均社保区域变化趋势

单位：千元/人

地区		家族企业			非家族私营企业		
		2015 年	2018 年	2021 年	2015 年	2018 年	2021 年
东部地区	均值	3.626	4.675	5.433	4.637	6.200	7.327
	中位数	3.053	3.819	4.353	3.509	4.626	5.392
	标准差	2.505	3.208	4.084	4.212	5.929	6.471
	样本量	632	950	1244	579	848	1257
中部地区	均值	2.621	3.686	4.009	3.627	4.968	5.115
	中位数	2.433	3.285	3.358	3.066	3.883	3.983
	标准差	1.186	1.929	2.850	2.558	3.741	3.901
	样本量	105	125	170	113	156	214
西部地区	均值	3.313	4.334	4.998	4.041	6.969	7.495
	中位数	3.274	3.847	4.398	3.580	4.953	5.256
	标准差	1.607	2.582	2.847	2.756	9.077	7.510
	样本量	90	112	142	106	147	174
东北地区	均值	3.445	6.101	7.317	5.503	7.268	8.558
	中位数	2.907	4.164	5.034	4.068	5.869	6.260
	标准差	1.392	9.117	10.845	4.997	5.017	10.646
	样本量	27	26	28	42	57	67

3.分行业变化趋势

从分行业来看，2021年，家族企业员工社保缴纳额超过1万元的行业有金融业（J）和综合（S），而人均社保缴纳最低的行业是农、林、牧、渔业（A），仅有3.150千元，远低于金融业。从2015—2021年时间跨度来看，几乎所有行业的家族企业人均社保缴纳额均有较大幅度增长，但教育业（P）的家族企业人均社保缴纳额略有下降，而且大部分行业间的家族企业员工社保缴纳额差异在缩小，其中制造业（C）、信息传输、软件和信息技术服务业（I）、房地产业（K）、租赁和商务服务业（L）员工社保缴纳差异在不断扩大。对比非家族私营企业，大部分行业的非家族私营企业人均社保的增长幅度大于家族企业，同时几乎所有行业的非家族私营企业人均缴纳社保缴纳明显高于家族企业，但卫生和社会工作（Q）、综合（S）却出现家族企业人均缴纳社保高于非家族私营企业的情形。家族企业人均社保行业变化趋势如表5-50所示。

表5-50 家族企业人均社保行业变化趋势

单位：千元/人

行业		家族企业			非家族私营企业		
		2015年	2018年	2021年	2015年	2018年	2021年
A. 农、林、牧、渔业	均值	2.440	3.007	3.150	3.122	4.120	5.131
	中位数	2.519	3.308	3.036	3.660	3.874	6.260
	标准差	1.264	1.468	1.453	1.408	1.583	2.519
	样本量	12	14	17	10	9	11
B. 采矿业	均值	3.860	4.389	5.159	6.053	10.998	10.055
	中位数	3.543	3.505	5.298	4.330	5.789	6.270
	标准差	1.645	2.880	1.843	5.450	17.054	11.793
	样本量	11	10	10	11	19	20
C. 制造业	均值	3.163	4.225	4.817	3.777	4.972	5.848
	中位数	2.797	3.626	4.059	3.186	4.121	4.612
	标准差	1.956	3.231	3.875	2.438	3.593	4.250
	样本量	639	934	1231	502	746	1136
D. 电力、热力、燃气及水生产和供应业	均值	3.388	4.663	6.166	3.471	6.162	7.240
	中位数	2.851	4.679	5.053	3.611	5.855	6.810
	标准差	2.212	1.605	4.008	1.771	2.724	2.824
	样本量	7	9	18	15	22	21
E. 建筑业	均值	4.164	5.049	6.564	5.620	5.563	7.814
	中位数	3.888	4.768	5.548	3.985	5.355	7.243
	标准差	2.872	3.186	4.348	6.038	2.613	3.925
	样本量	14	24	32	19	30	24
F. 批发和零售业	均值	3.684	4.497	5.167	4.849	5.671	6.546
	中位数	2.552	3.610	4.531	3.405	4.358	5.210
	标准差	2.689	2.779	2.661	3.101	3.878	4.077
	样本量	27	35	42	45	55	69

续表

行业		家族企业			非家族私营企业		
		2015 年	2018 年	2021 年	2015 年	2018 年	2021 年
G. 交通运输、仓储和邮政业	均值	5.684	5.429	6.581	4.317	6.049	7.204
	中位数	2.957	4.399	5.036	3.645	5.351	5.924
	标准差	4.119	3.489	4.271	2.553	3.213	3.910
	样本量	5	13	16	11	13	17
H. 住宿和餐饮业	均值	—	—	4.142	—	—	—
	中位数	—	—	4.142	—	—	—
	标准差	—	—	2.923	—	—	—
	样本量	—	—	2	—	—	—
I. 信息传输、软件和信息技术服务业	均值	4.171	6.192	7.389	5.614	7.379	9.852
	中位数	3.603	5.405	5.938	5.009	5.805	7.975
	标准差	2.313	3.037	4.814	3.152	4.770	6.568
	样本量	53	70	82	113	154	217
J. 金融业	均值	6.120	9.019	11.110	9.905	15.992	14.321
	中位数	5.013	9.469	11.945	6.887	14.459	14.421
	标准差	2.585	3.092	3.858	10.454	15.441	11.303
	样本量	7	7	7	25	46	61
K. 房地产业	均值	5.661	6.350	9.376	6.016	8.327	12.530
	中位数	4.460	6.768	8.339	4.884	6.678	7.820
	标准差	3.568	2.782	5.812	4.030	6.290	16.685
	样本量	26	25	26	22	26	24
L. 租赁和商务服务业	均值	4.802	8.210	8.603	7.198	13.498	15.443
	中位数	4.492	8.343	7.349	3.539	6.962	7.535
	标准差	1.888	4.324	4.609	13.116	17.609	25.215
	样本量	12	18	21	17	20	23
M. 科学研究和技术服务业	均值	4.730	6.726	6.892	4.123	6.002	8.395
	中位数	3.873	6.696	6.182	4.290	5.528	7.259
	标准差	2.722	2.828	3.386	2.020	2.907	4.772
	样本量	7	9	23	10	22	37

续表

行业		家族企业			非家族私营企业		
		2015 年	2018 年	2021 年	2015 年	2018 年	2021 年
N. 水利、环境和公共设施管理业	均值	3.674	4.861	5.692	3.618	6.256	6.501
	中位数	3.271	4.323	4.756	2.791	5.016	4.937
	标准差	1.702	2.285	3.954	2.115	3.761	4.474
	样本量	14	21	33	16	19	26
O. 居民服务、修理和其他服务业	均值	—	—	—	—	9.603	5.558
	中位数	—	—	—	—	9.603	5.558
	标准差	—	—	—	—	—	—
	样本量	—	—	—	—	1	1
P. 教育	均值	6.623	3.433	6.115	6.471	7.737	9.057
	中位数	3.427	3.343	6.107	6.471	7.737	7.675
	标准差	7.202	0.856	1.778	5.781	1.314	4.537
	样本量	4	3	3	2	2	6
Q. 卫生和社会工作	均值	2.222	3.199	5.300	2.562	5.739	4.521
	中位数	2.020	2.926	5.145	2.625	4.041	4.084
	标准差	0.884	1.367	2.037	0.768	3.516	0.894
	样本量	4	4	4	7	8	8
R. 文化、体育和娱乐业	均值	6.866	8.488	9.692	5.110	10.697	17.121
	中位数	4.731	8.825	9.541	4.563	10.976	19.561
	标准差	5.872	4.380	6.025	2.285	5.534	8.389
	样本量	7	14	14	11	11	9
S. 综合	均值	3.694	5.119	12.970	3.136	5.075	5.341
	中位数	2.956	4.640	8.666	3.192	4.953	5.158
	标准差	1.708	2.841	9.553	1.744	1.708	1.489
	样本量	5	3	3	4	5	6

（三）家族企业再分配的影响因素

该部分主要用于研究家族企业与再分配之间的关系，因此将家族企业再分配作为被解释变量，OLS计量回归结果如表5-51所示。列（1）的被解释变量为税收缴纳，列（2）的被解释变量为社保缴纳。实证结果如表5-51。

表5-51　家族企业再分配的影响因素

影响因素	（1） 税收缴纳	（2） 社保缴纳
lnSize	1.690***	0.280***
	（0.168）	（0.043）
Leverage	-4.866***	-0.542**
	（0.848）	（0.225）
Age	0.171***	0.017**
	（0.032）	（0.007）
Tangible	-10.705***	-2.524***
	（0.792）	（0.248）
CFO	5.778**	1.240**
	（2.568）	（0.519）
ROA	17.027***	-2.236***
	（2.126）	（0.634）
Saleg	0.107	-0.108
	（0.455）	（0.109）
Top1	0.005	-0.004
	（0.008）	（0.002）
Inst	-0.010**	0.004***
	（0.004）	（0.002）
Dual	-0.882***	-0.031
	（0.189）	（0.058）
lnBoard	-2.571***	-0.450**
	（0.775）	（0.190）
Indep	-1.711	1.035
	（2.339）	（0.720）
_cons	-23.749***	0.116
	（4.368）	（1.005）
Industry FE	Yes	Yes
Year FE	Yes	Yes
Prov FE	Yes	Yes

续表

影响因素	（1） 税收缴纳	（2） 社保缴纳
r2_a	0.497	0.300
F	29.850	38.184
N	8 271	8 271

（四）实证结果

第一，在二次分配中，家族企业人均纳税低于非家族企业和国有企业；人均社保缴纳额家族企业也是最低的。

第二，企业规模（lnSize）在1%显著性水平下提升了家族企业税收缴纳和社保缴纳；企业负债率（Leverage）在5%显著性水平下降低了家族企业税收缴纳和社保缴纳；上市年龄（Age）在5%显著性水平下提升了家族企业税收缴纳和社保缴纳；有形资产比例（Tangible）在1%显著性水平下降低了家族企业税收缴纳和社保缴纳；现金流能力（CFO）在1%显著性水平下提升了家族企业税收缴纳和社保缴纳；盈利能力（ROA）在1%显著性水平下提升了家族企业税收缴纳，却在1%显著性水平下降低了家族企业社保缴纳；机构持股比例（Inst）在1%显著性水平下提升了家族企业社保缴纳，却在1%显著性水平下降低了家族企业税收缴纳；高管权力（Dual）在1%显著性水平下降低了家族企业税收缴纳；董事会规模（lnBoard）在5%显著性水平下降低了家族企业税收缴纳和社保缴纳。

三、家族企业与第三次分配

（一）家族企业与慈善捐赠

1.总体变化趋势

总体上来看，2021年，国有企业慈善捐赠的金额最高，达到391.9万元；其次是非家族私营企业，慈善捐赠金额为206.7万元；而家族企业慈善捐赠的金额最低，仅为182.1万元。从分位数来看，导致国有企业和非家族私营企业的慈善捐赠额均值高于家族企业的原因在国有企业和非家族私营企业存在个别企业慈善捐赠数额特别高的情况（如在75分位数以后），由此拉高了国有企业和非家族私营企业慈善捐赠均值。从2015—2021年的总体变化趋势可以看出，家族企业积极参与公益事业，慈善捐赠额均值呈现持续上升趋势，且2021年家族企业平均慈善捐赠额是2015年家族企业平均慈善捐赠额的1.3倍。对比不同类型的企业，家族企业慈善捐赠的数额持续低于非家族私营企业和国有企业，而国有企业慈善捐赠则持续高于非家族私营企业。家族企业慈善捐赠总体变化趋势如表5-52所示。

表5-52　家族企业慈善捐赠总体变化趋势

单位：百万元

年份	类别	样本量	均值	标准差	p25	p50	p75
2015	家族企业	874	0.797	2.927	0.000	0.078	0.505
	非家族私营企业	876	0.944	4.344	0.000	0.033	0.362
	国有企业	1 002	2.279	30.528	0.000	0.035	0.400
	年度汇总	2 752	1.384	18.663	0.000	0.050	0.418
2018	家族企业	1 235	1.204	3.130	0.017	0.200	0.932
	非家族私营企业	1 243	1.881	13.541	0.000	0.100	0.597
	国有企业	1 063	2.973	20.388	0.000	0.150	1.000
	年度汇总	3 541	1.973	13.891	0.000	0.150	0.862
2021	家族企业	1 593	1.821	9.709	0.030	0.258	1.135
	非家族私营企业	1 747	2.067	11.269	0.000	0.112	0.890
	国有企业	1 266	3.919	24.445	0.000	0.135	1.150
	年度汇总	4 606	2.491	15.674	0.001	0.165	1.051

2.分区域变化趋势

分区域来看，2021年家族企业中慈善捐赠金额最高的是西部地区，高达502.4万元，其次是东部地区，慈善捐赠金额下降到152.1万元，慈善捐赠金额最低的地区是中部地区，仅为139.8万元。从离散程度来看，西部地区慈善捐赠金额的离散程度最高，东北地区慈善捐赠金额的离散程度最低。从2015—

2021年时间区间来看，东中西部地区家族企业在公益事业方面的慈善捐赠金额都呈现持续上升趋势，西部地区家族企业慈善捐赠金额增长的幅度最大，慈善捐赠金额也最大，其次是中部地区，东部地区家族企业慈善捐赠金额增长幅度最小；而东北地区则出现波动上升的趋势，其中2015—2018年东北地区家族企业慈善捐赠金额呈现上涨趋势，2018—2021年则出现下降趋势。在西部和东北地区，家族企业捐助额均值大于非家族私营企业，尤其是西部地区家族企业捐助额均值是非家族私营企业的2倍以上。家族企业慈善捐赠区域变化趋势如表5-53所示。

表5-53　家族企业慈善捐赠区域变化趋势

单位：百万元

地区		家族企业			非家族私营企业		
		2015年	2018年	2021年	2015年	2018年	2021年
东部地区	均值	0.851	1.090	1.521	0.920	1.903	2.147
	中位数	0.081	0.200	0.239	0.050	0.101	0.112
	标准差	3.169	2.845	5.075	4.406	15.568	12.852
	样本量	641	959	1 247	601	870	1 277
中部地区	均值	0.709	1.209	1.398	1.453	1.656	1.863
	中位数	0.073	0.283	0.313	0.050	0.130	0.120
	标准差	2.275	2.694	2.977	5.745	5.619	4.811
	样本量	108	129	173	119	161	218
西部地区	均值	0.706	2.003	5.024	0.716	2.486	2.105
	中位数	0.070	0.308	0.287	0.002	0.144	0.136
	标准差	2.249	4.965	28.406	2.749	8.784	5.329
	样本量	95	118	143	112	153	181
东北地区	均值	0.255	1.701	1.498	0.473	0.604	1.111
	中位数	0.002	0.108	0.324	0.000	0.020	0.021
	标准差	0.634	3.915	2.941	1.359	1.780	3.393
	样本量	30	29	30	44	59	67

3.分行业变化趋势

分行业分析结果显示，所有行业的家族企业在慈善公益事业进行捐赠的金额呈上升趋势，但行业间家族企业对慈善公益事业捐助差异较大。其中电力、热力、燃气及水生产和供应业（D）的家族企业慈善捐赠额度增加显著，从2015年的13.2万元增长到2021年的674.8万元，是所有行业中捐赠额最大的；其次是房地产行业（K）的家族企业，2015—2021年家族企业捐赠额均值都在500万元以上，可能与该行业的盈利水平相关；2015年金融业（J）的家族企业慈善捐赠额均值为68.6万元，在2021年也达到了542.3万元。从家族企业与非家族私营企业参与公益事业变化比较，在大多数年份里，非家族私营企业为公益事业捐助的金额高于家族企业，尤其是在电力、热力、燃气及水生产和供应业（D）、建筑业（E）、信息传输、软件和信息技术服务业（I）、金融业（J）、房地产业（K）、科学研究和技术服务业（M）和综合（S）。家族企业慈善捐赠行业变化趋势如表5-54所示。

表5-54　家族企业慈善捐赠行业变化趋势

单位：百万元

行业		家族企业			非家族私营企业		
		2015年	2018年	2021年	2015年	2018年	2021年
A.农、林、牧、渔业	均值	1.018	3.447	2.578	0.573	1.010	0.741
	中位数	0.226	0.743	1.103	0.042	0.035	0.472
	标准差	2.321	6.732	3.459	1.315	1.681	1.249
	样本量	12	14	17	10	9	11
B.采矿业	均值	0.339	1.014	4.270	2.037	4.276	3.573
	中位数	0.060	0.646	0.729	0.060	0.150	0.548
	标准差	0.736	1.445	8.763	5.352	13.863	5.956
	样本量	11	10	10	11	19	20
C.制造业	均值	0.692	1.033	1.697	0.790	0.994	1.621
	中位数	0.091	0.200	0.273	0.050	0.106	0.126
	标准差	2.017	2.671	10.236	3.228	4.378	7.718
	样本量	651	946	1237	520	765	1150
D.电力、热力、燃气及水生产和供应业	均值	0.132	2.221	6.748	0.882	3.342	3.049
	中位数	0.005	0.058	0.247	0.005	0.276	0.190
	标准差	0.174	6.202	25.892	2.346	8.069	7.029
	样本量	7	9	18	16	23	22

行业		家族企业			非家族私营企业		
		2015 年	2018 年	2021 年	2015 年	2018 年	2021 年
E. 建筑业	均值	0.195	0.513	0.713	0.642	0.527	0.374
	中位数	0.089	0.110	0.097	0.024	0.154	0.100
	标准差	0.282	0.901	1.492	2.340	0.853	0.629
	样本量	14	24	32	20	31	25
F. 批发和零售业	均值	1.974	1.952	2.137	0.712	2.145	2.095
	中位数	0.070	0.253	0.444	0.015	0.165	0.124
	标准差	6.016	4.495	5.260	1.787	5.389	5.125
	样本量	27	36	42	47	56	71
G. 交通运输、仓储和邮政业	均值	0.200	2.213	1.767	0.191	2.042	2.959
	中位数	0.196	0.273	0.344	0.000	0.000	0.200
	标准差	0.169	4.140	3.637	0.375	7.035	11.209
	样本量	6	14	16	11	13	17
H. 住宿和餐饮业	均值	—	—	0.000	0.000	0.000	0.000
	中位数	—	—	0.000	0.000	0.000	0.000
	标准差	—	—	0.000	—	—	—
	样本量	—	—	2	1	1	1
I. 信息传输、软件和信息技术服务业	均值	0.355	0.783	0.912	0.303	0.836	1.270
	中位数	0.010	0.042	0.100	0.002	0.060	0.050
	标准差	0.699	1.860	2.324	0.859	2.289	3.199
	样本量	59	76	84	117	158	221
J. 金融业	均值	0.686	3.865	5.423	6.290	11.489	9.328
	中位数	0.003	1.545	2.126	0.000	0.345	0.000
	标准差	1.118	4.517	8.185	16.328	38.142	30.374
	样本量	7	7	7	27	48	63
K. 房地产业	均值	5.043	5.254	6.153	1.771	16.102	12.925
	中位数	0.304	0.868	1.425	0.172	0.307	0.033
	标准差	11.345	7.394	10.443	3.962	66.793	54.966
	样本量	26	26	27	26	29	27
L. 租赁和商务服务业	均值	0.083	1.074	3.292	0.959	0.920	1.108
	中位数	0.023	0.097	0.340	0.071	0.100	0.076
	标准差	0.175	2.553	7.808	2.488	2.197	2.781
	样本量	12	18	21	18	21	24

续表

行业		家族企业			非家族私营企业		
		2015 年	2018 年	2021 年	2015 年	2018 年	2021 年
M. 科学研究和技术服务业	均值	0.007	0.212	0.452	0.133	0.387	1.482
	中位数	0.000	0.003	0.018	0.041	0.098	0.103
	标准差	0.019	0.345	1.140	0.176	0.861	5.933
	样本量	7	9	23	10	22	37
N. 水利、环境和公共设施管理业	均值	0.537	1.993	1.773	0.281	2.223	1.090
	中位数	0.200	0.205	0.393	0.097	0.700	0.217
	标准差	0.772	6.338	3.206	0.413	3.671	2.699
	样本量	14	21	33	16	19	26
O. 居民服务、修理和其他服务业	均值	—	—	—	—	0.000	0.000
	中位数	—	—	—	—	0.000	0.000
	标准差	—	—	—	—	—	—
	样本量	—	—	—	—	1	1
P. 教育	均值	0.028	0.567	0.327	0.000	0.470	0.206
	中位数	0.030	0.589	0.415	0.000	0.470	0.054
	标准差	0.021	0.556	0.230	0.000	0.665	0.326
	样本量	4	3	3	2	2	6
Q. 卫生和社会工作	均值	0.843	1.789	4.422	6.091	1.737	5.538
	中位数	0.098	2.042	0.898	0.030	0.552	0.234
	标准差	1.558	1.326	7.665	16.166	2.522	9.847
	样本量	4	4	4	8	9	9
R. 文化、体育和娱乐业	均值	0.390	1.511	1.080	0.048	0.597	0.841
	中位数	0.139	0.022	0.000	0.000	0.000	0.271
	标准差	0.664	3.207	2.080	0.127	1.447	1.529
	样本量	8	15	14	12	12	10
S. 综合	均值	0.002	0.235	0.424	0.441	0.648	0.946
	中位数	0.000	0.000	0.000	0.000	0.170	0.030
	标准差	0.004	0.407	0.735	0.882	1.167	1.597
	样本量	5	3	3	4	5	6

（二）家族企业与精准扶贫

1.总体变化趋势

精准扶贫方面，2019年家族企业参与精准扶贫的比例有12.6%，到了2020年，则上涨到20.7%。可见，家族企业越来越重视回报社会，越来越多地关注扶贫，致力于树立良好的家族形象，提高品牌影响力。由于2020年12月底中国脱贫攻坚战取得了全面胜利，2021年家族企业参与精准扶贫比例下降至1.1%。与不同类型的企业对比，2019—2021年家族企业参与扶贫的比例均低于国有企业；2019—2020年家族企业参与扶贫的比例低于非家族私营企业，但2021年家族企业参与精准扶贫的比例与非家族私营企业相当。家族企业参与精准扶贫总体变化趋势如表5-55所示。

表5-55 家族企业参与精准扶贫总体变化趋势

年份	类别	样本量	参与精准扶贫（家）	未参与精准扶贫（家）	参与精准扶贫比例（%）
2019	家族企业	2 139	270	1 869	12.60%
	非家族私营企业	2 244	307	1 937	13.70%
	国有企业	2 115	550	1 565	26.00%
	年度汇总	6 498	1 124	5 374	17.30%
2020	家族企业	2 617	542	2 075	20.70%
	非家族私营企业	2 963	616	2 347	20.80%
	国有企业	2 255	1 107	1 148	49.10%
	年度汇总	7 835	2 264	5 571	28.90%
2021	家族企业	1 593	18	1 575	1.10%
	非家族私营企业	1 747	19	1 728	1.10%
	国有企业	1 266	75	1 191	5.90%
	年度汇总	4 606	115	4 491	2.50%

2.分区域变化趋势

分区域来看，不同地区的家族企业参与精准扶贫的比例在2019—2020年间呈现上升趋势，东北地区家族企业参与精准扶贫的比例增速最大，而西部地区家族企业参与精准扶贫的比例最高，东部地区家族企业参与精准扶贫的比例增速最慢且比例最小。导致2021年全国家族企业参与精准扶贫的比例均大幅下降的原因是中国在2020年12月份实现全面脱贫。从家族企业和非家族私营企业参与精准扶贫变化对比，在大多数年份里，家族企业参与精准扶贫的比例大于非家族私营企业，尤其是中西部地区。家族企业参与精准扶贫区域变化趋势如表5-56所示。

表5-56　家族企业参与精准扶贫区域变化趋势

地区		家族企业			非家族私营企业		
		2019 年	2020 年	2021 年	2019 年	2020 年	2021 年
东部地区	参与精准扶贫（家）	161	322	12	178	356	18
	未参与精准扶贫（家）	1 461	1 713	1 235	1 393	1 763	1 259
	参与精准扶贫比例	9.90%	15.80%	1.00%	11.30%	16.80%	1.40%
	样本量	1 622	2 035	1 247	1 571	2 119	1 277
中部地区	参与精准扶贫（家）	50	102	2	48	110	1
	未参与精准扶贫（家）	188	173	171	238	267	217
	参与精准扶贫比例	21.00%	37.10%	1.20%	16.80%	29.20%	0.50%
	样本量	238	275	173	286	377	218
西部地区	参与精准扶贫（家）	53	103	3	66	129	1
	未参与精准扶贫（家）	167	146	140	213	206	180
	参与精准扶贫比例	24.10%	41.40%	2.10%	23.70%	38.50%	0.60%
	样本量	220	249	143	279	335	181
东北地区	参与精准扶贫（家）	6	15	1	15	23	0
	未参与精准扶贫（家）	53	43	29	93	107	67
	参与精准扶贫比例	10.20%	25.90%	3.30%	13.90%	17.70%	0.00%
	样本量	59	58	30	108	130	67

3.分行业变化趋势

分行业来看，金融业（J）、电力、热力、燃气及水生产和供应业（D）、农、林、牧、渔业（A）家族企业在精准扶贫方面投入力度较高，2019年有20%以上的家族企业参与精准扶贫，到了2020年上涨至40%以上。2019—2020年，所有行业的家族企业参与精准扶贫的比例都呈现上涨趋势，但文化、体育和娱乐业（R）除外。说明家族企业认识到作为社会公民参与扶贫行动的重要性。鉴于中国在2020年12月份实现全面脱贫，所有行业的家族企业在2021年参与精准扶贫的比例都呈现下降趋势。从家族企业和非家族私营企业参与精准扶贫变化对比，在大多数年份里，大多数行业家族企业参与精准扶贫的比例高于非家族私营企业，尤其是交通运输、仓储和邮政业（C）、金融业（J）和房地产业（K）差异较大。家族企业参与精准扶贫行业变化趋势如表5-57所示。

表5-57　家族企业参与精准扶贫行业变化趋势

单位：家

行业		家族企业			非家族私营企业		
		2019年	2020年	2021年	2019年	2020年	2021年
A. 农、林、牧、渔业	参与精准扶贫	6	11	2	4	9	0
	未参与精准扶贫	19	16	15	17	15	11
	参与精准扶贫比例	24.00%	40.70%	11.80%	19.00%	37.50%	0.00%
	样本量	25	27	17	21	24	11
B. 采矿业	参与精准扶贫	1	5	1	9	15	2
	未参与精准扶贫	19	15	9	21	23	18
	参与精准扶贫比例	5.00%	25.00%	10.00%	30.00%	39.50%	10.00%
	样本量	20	20	10	30	38	20
C. 制造业	参与精准扶贫	216	423	9	176	356	13
	未参与精准扶贫	1 406	1 590	1 228	1 201	1 540	1 137
	参与精准扶贫比例	13.30%	21.00%	0.70%	12.80%	18.80%	1.10%
	样本量	1 622	2 013	1 237	1 377	1 896	1 150
D. 电力、热力、燃气及水生产和供应业	参与精准扶贫	4	10	0	8	18	0
	未参与精准扶贫	13	11	18	29	27	22
	参与精准扶贫比例	23.50%	47.60%	0.00%	21.60%	40.00%	0.00%
	样本量	17	21	18	37	45	22
E. 建筑业	参与精准扶贫	3	6	0	5	11	1
	未参与精准扶贫	37	45	32	41	46	24
	参与精准扶贫比例	7.50%	11.80%	0.00%	10.90%	19.30%	4.00%
	样本量	40	51	32	46	57	25
F. 批发和零售业	参与精准扶贫	7	12	0	16	38	0
	未参与精准扶贫	54	61	42	91	84	71
	参与精准扶贫比例	11.50%	16.40%	0.00%	15.00%	31.10%	0.00%
	样本量	61	73	42	107	122	71

续表

行业		家族企业			非家族私营企业		
		2019 年	2020 年	2021 年	2019 年	2020 年	2021 年
G.交通运输、仓储和邮政业	参与精准扶贫	3	7	1	3	3	0
	未参与精准扶贫	18	22	15	21	26	17
	参与精准扶贫比例	14.30%	24.10%	6.30%	12.50%	10.30%	0.00%
	样本量	21	29	16	24	29	17
H.住宿和餐饮业	参与精准扶贫	—	0	0	0	0	0
	未参与精准扶贫	—	1	2	2	2	1
	参与精准扶贫比例	—	0.00%	0.00%	0.00%	0.00%	0.00%
	样本量	—	1	2	2	2	1
I.信息传输、软件和信息技术服务业	参与精准扶贫	9	21	1	26	47	2
	未参与精准扶贫	127	134	83	270	332	219
	参与精准扶贫比例	6.60%	13.50%	1.20%	8.80%	12.40%	0.90%
	样本量	136	155	84	296	379	221
J.金融业	参与精准扶贫	5	11	2	36	70	2
	未参与精准扶贫	10	4	5	48	38	62
	参与精准扶贫比例	33.30%	73.30%	28.60%	42.90%	64.80%	1.60%
	样本量	15	15	7	84	108	63
K.房地产业	参与精准扶贫	8	17	0	6	8	1
	未参与精准扶贫	44	35	27	50	49	26
	参与精准扶贫比例	15.40%	32.70%	0.00%	10.70%	14.00%	3.70%
	样本量	52	52	27	56	57	27
L.租赁和商务服务业	参与精准扶贫	2	5	0	2	5	0
	未参与精准扶贫	29	34	21	38	38	24
	参与精准扶贫比例	6.50%	12.80%	0.00%	5.00%	11.60%	0.00%
	样本量	31	39	21	40	43	24
M.科学研究和技术服务业	参与精准扶贫	0	0	0	5	10	0
	未参与精准扶贫	19	24	23	29	46	37
	参与精准扶贫比例	0.00%	0.00%	0.00%	14.70%	17.90%	0.00%
	样本量	19	24	23	34	56	37
N.水利、环境和公共设施管理业	参与精准扶贫	5	12	2	4	10	0
	未参与精准扶贫	30	36	31	29	35	26
	参与精准扶贫比例	14.30%	25.00%	6.10%	12.10%	22.20%	0.00%
	样本量	35	48	33	33	45	26

行业		家族企业			非家族私营企业		
		2019 年	2020 年	2021 年	2019 年	2020 年	2021 年
O.居民服务、修理和其他服务业	参与精准扶贫	—	—	—	0	0	0
	未参与精准扶贫	—	—	—	1	2	1
	参与精准扶贫比例	—	—	—	0.00%	0.00%	0.00%
	样本量	—	—	—	1	2	1
P. 教育	参与精准扶贫	0	0	0	1	2	0
	未参与精准扶贫	7	5	3	4	7	6
	参与精准扶贫比例	0.00%	0.00%	0.00%	20.00%	22.20%	0.00%
	样本量	7	5	3	5	9	6
Q.卫生和社会工作	参与精准扶贫	0	0	0	5	10	0
	未参与精准扶贫	7	7	4	13	9	9
	参与精准扶贫比例	0.00%	0.00%	0.00%	27.80%	52.60%	0.00%
	样本量	7	7	4	18	19	9
R. 文化、体育和娱乐业	参与精准扶贫	2	1	0	0	1	0
	未参与精准扶贫	21	30	14	23	20	10
	参与精准扶贫比例	8.70%	3.20%	0.00%	0.00%	4.80%	0.00%
	样本量	23	31	14	23	21	10
S. 综合	参与精准扶贫	0	0	0	1	3	0
	未参与精准扶贫	8	6	3	9	8	6
	参与精准扶贫比例	0.00%	0.00%	0.00%	10.00%	27.30%	0.00%
	样本量	8	6	3	10	11	6

（三）家族企业与员工培训

1.总体变化趋势

现代企业较为关注员工的职业发展，不断加强对员工的职业培训。总体来看，2021年国有企业在员工培训费上人均支出最高，达到3.466千元；非家族私营企业员工人均培训费次之，为1.632千元，只有国有企业的一半水平；家族企业在员工人均培训费上的投入最少，仅为1.246千元，虽然比2018年和2015年都有所增加，但依然只有国有企业的1/3左右。从分位数来看，国有企业和非家族私营企业员工人均培训费也均高于家族企业。从2015—2021年的总体变化趋势可以看出，家族企业开始重视对员工职业发展的培训工作，人均培训支出呈现持续上升趋势，年均增幅超过10%。从不同类型的企业对比来看，家族企业员工培训支出与非家族企业和国有企业均存在一定差距，特别是与国有企业之间，因此家族企业在员工培训方面仍有待进一步加强。家族企业员工人均培训费总体变化趋势如表5-58所示。

表5-58　家族企业员工人均培训费总体变化趋势

单位：千元/人

年份	类别	样本量	均值	标准差	p25	p50	p75
2015	家族企业	854	1.003	1.169	0.268	0.716	1.387
	非家族私营企业	838	1.345	1.856	0.348	0.912	1.756
	国有企业	993	2.629	6.594	1.149	1.847	2.943
	年度汇总	2 685	1.711	4.254	0.510	1.183	2.093
2018	家族企业	1 211	1.121	1.087	0.328	0.847	1.568
	非家族私营企业	1 206	1.559	1.966	0.416	1.037	1.948
	国有企业	1 053	2.889	2.124	1.499	2.429	3.698
	年度汇总	3 470	1.810	1.914	0.535	1.308	2.433
2021	家族企业	1 582	1.246	1.285	0.301	0.913	1.764
	非家族私营企业	1 710	1.632	2.125	0.345	1.043	2.158
	国有企业	1 262	3.466	2.789	1.672	2.803	4.521
	年度汇总	4 554	2.006	2.295	0.478	1.402	2.656

2.分区域变化趋势

分区域来看，2021年西部地区的家族企业最为重视员工培训，员工人均培训费高达1.567千元；其次是东北地区的家族企业，员工人均培训费为1.328千元；员工人均培训支出最低的是中部地区的家族企业，员工人均培训费仅为1.153千元。从标准差来看，东部地区的家族企业员工人均培训费差异最大，员工人均培训费差异最小的为东北地区。从2015—2021年时间区间来看，东部、中部和西部地区家族企业员工人均培训费呈现上升趋势，而东北地区家族企业员工人均培训费则呈现波动上涨趋势。2015—2021年，西部地区家族企业员工培训费用支出均高于其余地区，其次是东北地区家族企

197

业员工培训费用。到了2021年，东部地区家族企业员工培训支出首次略高于中部地区。对比非家族私营企业，不同地区的家族企业员工人均培训支出均低于非家族私营企业。家族企业员工人均培训费区域变化趋势如表5-59所示。

表5-59 家族企业员工人均培训费区域变化趋势

单位：千元/人

地区		家族企业			非家族私营企业		
		2015年	2018年	2021年	2015年	2018年	2021年
东部地区	均值	0.963	1.097	1.221	1.357	1.513	1.600
	中位数	0.673	0.801	0.851	0.875	0.965	0.963
	标准差	1.091	1.118	1.314	2.009	2.022	2.227
	样本量	632	948	1 243	577	846	1 252
中部地区	均值	0.966	1.139	1.153	1.142	1.347	1.509
	中位数	0.795	0.930	0.842	0.953	1.100	1.022
	标准差	0.825	0.908	1.081	0.928	1.451	1.833
	样本量	105	125	169	113	156	214
西部地区	均值	1.327	1.341	1.567	1.571	2.034	2.073
	中位数	0.863	1.156	1.451	1.197	1.402	1.730
	标准差	1.911	1.080	1.255	1.954	2.135	1.969
	样本量	90	112	142	106	147	173
东北地区	均值	1.025	0.970	1.328	1.163	1.609	1.552
	中位数	1.079	1.035	1.164	0.812	1.269	1.361
	标准差	0.592	0.541	1.014	1.083	1.735	1.136
	样本量	27	26	28	42	57	67

3.分行业变化趋势

分行业来看，大部分行业的家族企业在职工培训上的支出呈现上涨趋势，但在建筑业（E）、金融业（J）、水利、环境和公共设施管理业（N）、文化、体育和娱乐业（R）的家族企业缩减了员工培训支出。其中，综合（S）家族企业员工人均培训费上涨速度最快且金额最大，2015年有0.744千元/人，到了2021年上涨到4.322千元/人；采矿业（B）、租赁和商务服务业（L）、教育（P）

的家族企业员工培训支出增加较多；金融业（J）家族企业员工人均培训费呈大幅下跌趋势，但2021年人均培训支出仅次于综合（S）。从离散程度分析，大多数行业的家族企业员工培训支出差异较大，尤其是综合（S）变异系数最高为1.53。从时间变化趋势来看，虽然所有行业的家族私营企业员工人均培训支出都有增长，但大部分行业的家族企业员工培训支出都低于非家族私营企业。家族企业员工人均培训费行业变化趋势如表5-60所示。

表5-60　家族企业员工人均培训费行业变化趋势

单位：千元/人

行业		家族企业			非家族私营企业		
		2015 年	2018 年	2021 年	2015 年	2018 年	2021 年
A. 农、林、牧、渔业	均值	0.650	0.920	0.987	1.084	1.295	1.525
	中位数	0.455	0.855	0.670	0.745	0.669	1.843
	标准差	0.633	0.792	0.988	0.990	1.357	0.695
	样本量	12	14	17	9	9	11
B. 采矿业	均值	0.747	0.527	1.406	1.571	1.785	1.617
	中位数	0.371	0.610	0.761	1.560	1.599	2.009
	标准差	0.663	0.341	1.526	1.120	1.240	0.800
	样本量	11	10	10	11	18	19
C. 制造业	均值	0.954	1.104	1.234	1.182	1.271	1.441
	中位数	0.708	0.866	0.940	0.934	1.003	1.026
	标准差	0.915	1.032	1.225	1.097	1.209	1.503
	样本量	639	933	1 229	502	745	1 133
D. 电力、热力、燃气及水生产和供应业	均值	1.433	1.573	1.684	1.037	1.833	2.191
	中位数	0.676	1.164	1.679	0.892	1.539	1.754
	标准差	2.148	1.361	1.086	0.820	1.111	1.486
	样本量	7	9	18	15	22	21
E. 建筑业	均值	0.901	0.877	0.882	1.191	1.244	1.614
	中位数	0.683	0.509	0.739	1.276	1.099	1.431
	标准差	0.798	0.820	0.886	0.725	1.206	1.560
	样本量	14	24	32	19	30	23

行业		家族企业			非家族私营企业		
		2015 年	2018 年	2021 年	2015 年	2018 年	2021 年
F. 批发和零售业	均值	0.848	0.960	1.041	1.153	1.337	1.242
	中位数	0.485	0.769	0.985	1.116	1.036	0.957
	标准差	1.014	1.018	1.152	0.891	1.086	1.160
	样本量	27	35	42	45	55	68
G. 交通运输、仓储和邮政业	均值	1.109	1.199	1.179	1.003	1.703	2.518
	中位数	0.632	1.030	0.617	0.527	1.339	1.454
	标准差	1.331	1.183	1.190	1.053	1.605	3.541
	样本量	5	13	16	11	13	17
H. 住宿和餐饮业	均值	—	—	0.187	—	—	—
	中位数	—	—	0.187	—	—	—
	标准差	—	—	0.002	—	—	—
	样本量	—	—	2	—	—	—
I. 信息传输、软件和信息技术服务业	均值	0.887	1.009	1.074	1.305	1.530	1.431
	中位数	0.643	0.722	0.527	0.816	0.820	0.630
	标准差	0.770	1.075	1.428	1.540	2.646	2.880
	样本量	53	70	82	113	154	217
J. 金融业	均值	5.632	2.874	3.782	6.334	6.583	6.404
	中位数	2.567	2.633	3.264	5.367	7.064	6.403
	标准差	6.767	2.562	1.907	6.824	3.778	4.325
	样本量	7	7	7	25	46	61
K. 房地产业	均值	1.267	1.507	1.665	1.612	2.214	1.820
	中位数	1.063	1.489	1.068	1.181	1.396	1.853
	标准差	1.087	1.071	1.515	1.418	2.714	1.543
	样本量	26	24	26	22	26	24
L. 租赁和商务服务业	均值	1.219	1.933	1.907	1.023	1.150	1.202
	中位数	0.605	0.826	0.888	0.449	0.431	0.729
	标准差	1.538	2.355	1.988	1.716	1.637	1.483
	样本量	12	18	21	17	20	23

行业		家族企业			非家族私营企业		
		2015 年	2018 年	2021 年	2015 年	2018 年	2021 年
M. 科学研究和技术服务业	均值	1.336	1.412	1.476	0.843	1.214	1.328
	中位数	1.331	1.421	1.452	0.895	0.950	0.741
	标准差	0.962	1.257	1.240	0.596	1.092	1.385
	样本量	7	9	23	10	22	37
N. 水利、环境和公共设施管理业	均值	1.425	1.281	1.237	1.063	1.825	1.092
	中位数	1.212	0.959	0.912	0.484	1.382	1.072
	标准差	0.988	1.053	1.074	1.270	1.853	0.833
	样本量	14	21	33	16	19	26
O. 居民服务、修理和其他服务业	均值	—	—	—	—	0.960	0.812
	中位数	—	—	—	—	0.960	0.812
	标准差	—	—	—	—	—	—
	样本量	—	—	—	—	1	1
P. 教育	均值	0.771	0.583	1.266	0.012	1.575	1.172
	中位数	0.700	0.762	0.262	0.012	1.575	0.797
	标准差	0.597	0.509	1.967	—	0.501	1.326
	样本量	4	3	3	1	2	6
Q. 卫生和社会工作	均值	0.324	0.231	0.600	0.924	1.013	0.929
	中位数	0.255	0.135	0.530	0.911	0.621	0.737
	标准差	0.361	0.267	0.545	0.861	1.191	0.707
	样本量	4	4	4	7	8	8
R. 文化、体育和娱乐业	均值	1.303	1.245	0.824	1.137	1.668	2.902
	中位数	1.293	0.835	0.317	0.602	0.785	0.484
	标准差	0.953	1.085	0.884	1.885	2.524	3.994
	样本量	7	14	14	11	11	9
S. 综合	均值	0.744	1.148	4.322	0.671	1.125	1.300
	中位数	0.746	0.885	1.030	0.772	1.000	1.074
	标准差	0.749	0.762	6.614	0.480	0.892	1.017
	样本量	5	3	3	4	5	6

（四）家族企业与ESG表现

1.总体变化趋势

ESG包含环境的（Environmental）、社会的（Social）和治理的（Governance）三个维度，主要考察的是企业如何在短期经营效益和长期的环境、员工客户关系、社会利益之间做出平衡，体现出企业健康发展的可持续性、投资价值以及社会价值。从2021年来看，家族企业的ESG表现得分为6.088，与非家族私营企业ESG表现得分相当，国有企业ESG表现得分为6.067，低于家族企业和非家族私营企业ESG表现。从2019—2021年发展趋势来看，家族企业ESG表现总体呈上升趋势，同时，这三年期间家族企业ESG表现均为最好，超过了非家族私营企业和国有企业。家族企业ESG表现总体变化趋势如表5-61所示。

表5-61　家族企业ESG表现总体变化趋势

年份	类别	样本量	均值	标准差	最小值	p25	p50	p75	最大值
2019	家族企业	1 185	5.922	0.763	3.370	5.430	5.920	6.400	8.570
	非家族私营企业	1 219	5.798	0.838	2.840	5.240	5.800	6.300	8.570
	国有企业	1 089	5.867	0.848	1.900	5.260	5.780	6.380	8.630
	年度汇总	3 493	5.861	0.818	1.900	5.320	5.830	6.360	8.630
2020	家族企业	2 384	5.894	0.738	3.160	5.390	5.860	6.370	8.780
	非家族私营企业	2 543	5.842	0.813	3.270	5.310	5.800	6.350	9.570
	国有企业	2 192	5.894	0.827	3.330	5.320	5.790	6.350	9.500
	年度汇总	7 119	5.875	0.793	3.160	5.350	5.820	6.360	9.570
2021	家族企业	1 579	6.088	0.776	2.650	5.610	6.070	6.530	9.380
	非家族私营企业	1 712	6.088	0.888	3.140	5.530	6.050	6.590	9.610
	国有企业	1 264	6.067	0.899	3.130	5.460	5.950	6.570	9.470
	年度汇总	4 555	6.082	0.854	2.650	5.540	6.030	6.570	9.610

数据来源：Wind数据库。

2.分区域变化趋势

从分区域发展趋势来看，不管是东部地区、中部地区，还是西部地区、东北地区，家族企业ESG表现均呈稳健上升的趋势，其中在2019年东部地区家族企业ESG表现最好，其次是中部地区，表现最差的是东北地区；到2021年中部地区家族企业ESG表现最好，其次是东部地区，表现最差的依然是东北地区；中部地区家族企业ESG表现提升幅度最大。与非家族私营企业相比，截至2021年，仅有东部地区的非家族私营企业ESG表现超过了家族企业，中部地区、西部地区和东北地区的家族企业ESG表现均超过了非家族私营企业。家族企业ESG表现区域变化趋势如表5-62所示。

表5-62　家族企业ESG表现区域变化趋势

地区		家族企业			非家族私营企业		
		2019 年	2020 年	2021 年	2019 年	2020 年	2021 年
东部地区	均值	5.941	5.908	6.097	5.847	5.898	6.157
	中位数	5.930	5.870	6.090	5.840	5.860	6.120
	标准差	0.760	0.734	0.766	0.820	0.797	0.870
	样本量	928	1 863	1 240	853	1 803	1 253
中部地区	均值	5.935	5.879	6.112	5.781	5.843	6.035
	中位数	5.950	5.835	6.120	5.820	5.810	5.960
	标准差	0.715	0.714	0.771	0.866	0.814	0.877
	样本量	121	248	169	153	318	214
西部地区	均值	5.838	5.851	6.010	5.615	5.619	5.841
	中位数	5.820	5.820	5.845	5.605	5.540	5.765
	标准差	0.829	0.790	0.865	0.911	0.847	0.920
	样本量	110	223	142	154	300	174
东北地区	均值	5.542	5.633	5.942	5.601	5.542	5.561
	中位数	5.605	5.530	5.815	5.460	5.510	5.470
	标准差	0.720	0.706	0.755	0.747	0.797	0.867
	样本量	26	50	28	59	121	67

数据来源：Wind数据库。

3.分行业变化趋势

从分行业发展趋势来看，2019—2021年家族企业大部分行业的ESG表现呈现出波动上升的趋势，仅有少部分行业的ESG表现出现下降趋势，其中住宿和餐饮业（H）的ESG表现最好，其次是教育（P），排在后面的依次是科学研究和技术服务业（M）和制造业（C），ESG表现最差的是建筑业（E）。从非家族私营企业来看，ESG表现几乎与家族企业一致，其中卫生和社会工作（Q）的ESG

表现最好。从家族企业与非家族企业比较来看，家族企业大部分行业的ESG表现略好于非家族私营企业。家族企业ESG表现行业变化趋势如表5-63所示。

表5-63　家族企业ESG表现行业变化趋势

行业		家族企业			非家族私营企业		
		2019年	2020年	2021年	2019年	2020年	2021年
A.农、林、牧、渔业	均值	5.842	5.637	5.716	5.493	5.367	5.321
	中位数	5.710	5.510	5.620	5.630	5.350	5.270
	标准差	0.878	0.693	0.799	0.688	0.716	0.507
	样本量	13	27	17	11	19	11
B.采矿业	均值	5.302	5.429	5.414	5.450	5.338	5.292
	中位数	5.160	5.190	5.295	5.170	5.050	5.190
	标准差	0.640	0.653	0.465	0.936	0.949	0.905
	样本量	9	19	10	19	38	20
C.制造业	均值	5.999	5.960	6.170	5.875	5.907	6.159
	中位数	6.010	5.940	6.140	5.860	5.855	6.110
	标准差	0.735	0.718	0.711	0.805	0.797	0.830
	样本量	913	1 835	1 229	761	1 598	1 134
D.电力、热力、燃气及水生产和供应业	均值	5.597	5.705	6.002	5.358	5.509	5.886
	中位数	5.340	5.675	5.730	5.470	5.460	5.830
	标准差	0.746	0.917	1.021	1.130	0.689	1.043
	样本量	9	18	18	20	41	21
E.建筑业	均值	4.915	5.087	5.018	4.819	4.907	4.703
	中位数	4.845	4.950	4.830	4.790	4.970	4.725
	标准差	0.535	0.636	0.745	0.571	0.516	0.442
	样本量	24	51	31	25	49	24
F.批发和零售业	均值	5.447	5.388	5.584	5.362	5.388	5.604
	中位数	5.340	5.340	5.540	5.190	5.340	5.560
	标准差	0.777	0.645	0.778	0.703	0.683	0.929
	样本量	33	67	41	57	113	70
G.交通运输、仓储和邮政业	均值	5.884	6.053	5.919	5.343	5.594	5.571
	中位数	5.930	6.120	6.035	5.375	5.485	5.440
	标准差	0.896	0.785	0.724	0.473	0.837	0.953
	样本量	11	21	16	12	26	17

续表

行业		家族企业			非家族私营企业		
		2019 年	2020 年	2021 年	2019 年	2020 年	2021 年
H. 住宿和餐饮业	均值	—	—	6.430	—	—	—
	中位数	—	—	6.430	—	—	—
	标准差	—	—	0.283	—	—	—
	样本量	—	—	2	—	—	—
I. 信息传输、软件和信息技术服务业	均值	6.095	5.992	6.156	6.018	6.079	6.349
	中位数	6.100	5.940	6.135	6.085	6.090	6.430
	标准差	0.711	0.762	0.832	0.769	0.721	0.867
	样本量	70	135	82	150	331	215
J. 金融业	均值	5.621	5.606	5.919	5.784	5.820	6.234
	中位数	5.430	5.350	5.900	5.660	5.690	6.010
	标准差	0.772	0.668	0.478	0.843	0.865	0.908
	样本量	7	15	7	51	101	61
K. 房地产业	均值	5.358	5.483	5.422	5.064	5.321	5.063
	中位数	5.070	5.225	5.170	5.030	5.250	4.975
	标准差	0.879	0.756	1.222	0.722	0.775	0.934
	样本量	25	50	26	26	50	24
L. 租赁和商务服务业	均值	5.352	5.542	5.920	5.628	5.698	5.457
	中位数	5.390	5.635	5.740	5.610	5.690	5.460
	标准差	0.590	0.472	0.948	0.871	0.749	0.657
	样本量	18	36	21	18	40	23
M. 科学研究和技术服务业	均值	5.761	5.959	6.204	6.213	6.167	6.359
	中位数	5.800	5.915	6.000	6.200	6.055	6.180
	标准差	0.750	0.480	0.935	0.871	0.842	0.694
	样本量	9	20	23	23	46	36
N. 水利、环境和公共设施管理业	均值	5.939	5.946	5.790	5.900	5.753	5.802
	中位数	5.900	5.845	5.865	5.940	5.960	5.805
	标准差	0.794	0.908	1.020	0.826	0.897	0.647
	样本量	21	44	32	17	36	26
O. 居民服务、修理和其他服务业	均值	—	—	—	6.930	5.270	5.230
	中位数	—	—	—	6.930	5.270	5.230
	标准差	—	—	—	—	—	—
	样本量	—	—	—	1	1	1

续表

行业		家族企业			非家族私营企业		
		2019 年	2020 年	2021 年	2019 年	2020 年	2021 年
P. 教育	均值	6.010	5.522	6.420	5.420	5.563	6.257
	中位数	6.080	5.530	6.550	5.310	5.810	6.275
	标准差	0.331	0.505	0.459	0.348	0.674	0.992
	样本量	3	5	3	3	7	6
Q. 卫生和社会工作	均值	5.347	5.483	5.405	5.946	5.844	6.641
	中位数	5.250	5.260	5.470	6.430	5.870	6.580
	标准差	0.640	0.907	0.905	1.350	1.114	1.400
	样本量	3	7	4	9	17	8
R. 文化、体育和娱乐业	均值	5.774	5.806	5.758	5.349	5.486	5.371
	中位数	5.760	5.870	5.730	5.440	5.490	5.560
	标准差	0.521	0.458	0.240	0.641	0.338	0.624
	样本量	14	28	14	10	19	9
S. 综合	均值	5.237	5.472	5.970	5.203	5.245	5.610
	中位数	4.920	5.320	5.900	5.410	5.280	5.955
	标准差	0.583	0.456	0.907	0.776	0.384	0.855
	样本量	3	6	3	6	11	6

数据来源：Wind 数据库。

（五）家族企业与研发投入

1. 总体变化趋势

家族企业在研发投入方面表现较为突出，总体来看，2021年非家族私营企业在人均研发投入最高，达到8.060万元；家族企业人均研发投入次之，为5.657万元；人均研发投入最低的是国有企业，仅为5.207万元。从离散程度来看，非家族私营企业间的人均研发支出差异最大，其次是国有企业，企业间人均研发支出差异最小的是家族企业。从2015—2021年的总体变化趋势可以看出，2015年家族企业人均研发投入为2.889万元，2018年增加到4.288万元，2021年又进一步增长到5.657万元，年均增幅高达16%。对比不同类型的企业，家族企业人均研发支出高于国有企业，但家族企业人均研发支出低于非家族私营企业。家族企业人均研发投入总体变化趋势如表5-64所示。

表5-64　家族企业人均研发投入总体变化趋势

单位：万元/人

年份	类别	样本量	均值	标准差	p25	p50	p75
2015	家族企业	854	2.889	2.716	1.086	2.331	3.961
	非家族私营企业	840	3.516	5.363	0.565	2.309	4.807
	国有企业	994	2.118	3.452	0.000	0.765	2.779
	年度汇总	2 688	2.800	4.008	0.207	1.833	3.837
2018	家族企业	1 213	4.288	4.242	1.816	3.210	5.600
	非家族私营企业	1 208	5.057	6.294	1.303	3.450	6.517
	国有企业	1 055	3.182	4.780	0.040	1.365	4.447
	年度汇总	3 476	4.220	5.248	0.836	2.868	5.705
2021	家族企业	1 584	5.657	5.776	2.374	4.196	7.083
	非家族私营企业	1 716	8.060	12.546	2.173	5.099	9.558
	国有企业	1 264	5.207	6.901	0.475	3.076	7.025
	年度汇总	4 564	6.436	9.249	1.727	4.217	7.976

2.分区域变化趋势

从不同的区域来看，2021年东部地区家族企业人均研发投入最高，达到5.926万元；而中部地区、西部地区、东北地区的家族企业人均研发支出差异不大。在其余年份里，也呈现出东部地区的家族企业人均研发投入高于其他地区。从数据的离散程度分析，西部地区家族企业人均研发投入差异最大，其次是东部地区。在研发投入指标的增长速度上，西部地区家族企业年均增长率最高，其次是东北地区和东部地区年均增长率基本持平，中部地区增长速度最慢。对比非家族私营企业，各地区家族企业人均研发投入普遍低于非家族私营企业，但2021年东北地区的家族企业人均研发投入却出现高于非家族私营企业的情况。家族企业人均研发投入区域变化趋势如表5-65所示。

表5-65 家族企业人均研发投入区域变化趋势

单位：万元/人

地区		家族企业			非家族私营企业		
		2015年	2018年	2021年	2015年	2018年	2021年
东部地区	均值	3.078	4.497	5.926	3.812	5.622	8.987
	中位数	2.411	3.303	4.372	2.773	4.024	5.713
	标准差	2.846	4.424	5.923	4.269	6.612	13.623
	样本量	632	950	1244	579	848	1257
中部地区	均值	2.791	4.131	4.656	3.798	4.150	5.555
	中位数	2.389	3.467	3.922	1.725	2.704	3.887
	标准差	2.309	3.624	3.977	10.268	4.921	5.835
	样本量	105	125	170	113	156	214
西部地区	均值	1.810	2.926	4.683	1.947	3.250	4.808
	中位数	1.323	2.194	2.846	0.458	1.179	2.476
	标准差	2.036	3.164	6.236	3.179	5.576	7.050
	样本量	90	112	142	106	147	174
东北地区	均值	2.435	3.272	4.712	2.637	3.792	4.575
	中位数	2.480	2.739	3.244	1.611	2.874	2.626
	标准差	2.189	2.956	4.786	3.027	5.209	5.363
	样本量	27	26	28	42	57	67

3.分行业变化趋势

分行业来看，大部分行业的家族企业人均研发投入指标呈现增长趋势，只有个别企业指标下滑。在2015—2021年期间，电力、热力、燃气及水生产和供应业（D）的家族企业人均研发投入金额呈现持续下滑趋势；房地产业（K）、教育（P）、文化、体育和娱乐业（R）的家族企业研发指标呈现波动下降趋势；采矿业（B）、制造业（C）、批发和零售业（F）、金融业（I）和卫生和社会工作（Q）的家族企业人均研发投入呈现较快的增长趋势，从2015年到2021年上涨了1倍左右；综合（S）的家族企业人均研发投入出现大幅增加，从2015年的0.237万元上涨到2021年3.117万元，增长了12倍左右。从离散程度分析，大多数行业的家族企业人均研发投入差异较大，但制造业（C）、建筑业（E）、信息传输、软件和信息技术服务业（I）、科学研究和技术服务业（M）、教育业（P）的家族企业人均研发投入差异较小。从家族企业和非家族私营企业区别来看，大部分行业的家族企业人均研发投入高于非家族私营企业。家族企业人均研发投入行业变化趋势如表5-66所示。

表5-66 家族企业人均研发投入行业变化趋势

单位：万元/人

行业		家族企业			非家族私营企业		
		2015年	2018年	2021年	2015年	2018年	2021年
A. 农、林、牧、渔业	均值	0.801	1.032	0.974	3.404	3.331	2.554
	中位数	0.303	0.491	0.792	0.574	0.520	0.469
	标准差	1.152	1.640	0.678	4.428	4.954	3.627
	样本量	12	14	17	10	9	11
B. 采矿业	均值	1.743	3.863	4.077	1.850	1.788	3.300
	中位数	0.000	1.208	3.453	2.124	0.915	1.718
	标准差	3.580	6.978	4.313	1.553	2.114	5.479
	样本量	11	10	10	11	19	20
C. 制造业	均值	2.942	4.337	5.912	3.834	5.265	8.649
	中位数	2.420	3.322	4.388	2.667	3.850	5.610
	标准差	2.298	3.946	5.698	6.010	5.850	13.394
	样本量	639	934	1 231	502	746	1 136
D. 电力、热力、燃气及水生产和供应业	均值	1.642	1.566	1.197	0.889	0.978	1.731
	中位数	2.286	0.319	0.456	0.249	0.170	1.210
	标准差	1.581	2.220	1.906	1.258	1.369	2.171
	样本量	7	9	18	15	22	21
E. 建筑业	均值	4.347	6.078	6.083	4.018	5.551	5.473
	中位数	4.059	5.564	6.176	2.582	4.721	5.507
	标准差	3.997	4.491	3.684	4.848	3.966	4.402
	样本量	14	24	32	19	30	24
F. 批发和零售业	均值	0.701	0.807	1.581	0.937	1.824	1.728
	中位数	0.000	0.001	0.189	0.000	0.081	0.520
	标准差	1.855	1.749	2.896	1.915	3.681	3.173
	样本量	27	35	42	45	55	69

续表

行业		家族企业			非家族私营企业		
		2015 年	2018 年	2021 年	2015 年	2018 年	2021 年
G. 交通运输、仓储和邮政业	均值	1.089	0.730	1.399	0.475	1.075	0.747
	中位数	0.858	0.301	1.162	0.021	0.275	0.225
	标准差	1.344	0.779	1.355	0.780	1.371	0.941
	样本量	5	13	16	11	13	17
H. 住宿和餐饮业	均值	—	—	0.020	—	—	—
	中位数	—	—	0.020	—	—	—
	标准差	—	—	0.028	—	—	—
	样本量	—	—	2	—	—	—
I. 信息传输、软件和信息技术服务业	均值	5.166	8.571	9.907	6.043	9.686	13.873
	中位数	3.910	7.216	8.225	4.782	7.103	9.953
	标准差	4.512	5.802	7.531	4.982	9.159	13.724
	样本量	53	70	82	113	154	217
J. 金融业	均值	2.967	3.127	6.039	0.944	1.176	0.996
	中位数	0.356	0.547	0.899	0.000	0.000	0.000
	标准差	4.275	4.546	7.395	2.624	2.998	3.588
	样本量	7	7	7	25	46	61
K. 房地产业	均值	1.175	0.830	1.052	0.108	0.292	0.948
	中位数	0.000	0.000	0.056	0.000	0.000	0.009
	标准差	3.887	2.141	2.666	0.282	0.759	3.070
	样本量	26	25	26	22	26	24
L. 租赁和商务服务业	均值	2.707	3.207	3.127	0.938	1.518	2.314
	中位数	2.613	2.547	1.200	0.687	1.151	0.690
	标准差	2.380	3.198	3.749	1.077	1.832	3.454
	样本量	12	18	21	17	20	23
M. 科学研究和技术服务业	均值	3.386	6.151	5.906	2.833	3.419	5.779
	中位数	2.397	2.900	2.759	2.267	2.772	4.729
	标准差	3.355	7.141	7.619	1.473	2.061	4.009
	样本量	7	9	23	10	22	37
N. 水利、环境和公共设施管理业	均值	3.105	4.199	5.442	3.332	3.729	4.862
	中位数	3.584	3.192	4.409	3.250	3.605	4.259
	标准差	1.927	3.335	4.715	2.617	2.859	4.150
	样本量	14	21	33	16	19	26

行业		家族企业			非家族私营企业		
		2015 年	2018 年	2021 年	2015 年	2018 年	2021 年
O. 居民服务、修理和其他服务业	均值	—	—	—	—	2.872	1.035
	中位数	—	—	—	—	2.872	1.035
	标准差	—	—	—	—	—	—
	样本量	—	—	—	—	1	1
P. 教育	均值	3.257	1.478	2.406	0.286	1.828	1.478
	中位数	3.722	1.768	2.494	0.286	1.828	0.954
	标准差	2.446	0.516	1.305	0.405	2.094	1.655
	样本量	4	3	3	2	2	6
Q. 卫生和社会工作	均值	0.725	0.746	1.603	0.094	0.602	1.069
	中位数	0.466	0.466	1.296	0.018	0.096	0.609
	标准差	0.867	0.952	1.917	0.124	1.078	1.372
	样本量	4	4	4	7	8	8
R. 文化、体育和娱乐业	均值	2.839	3.185	2.530	1.970	5.696	10.728
	中位数	2.668	2.267	1.821	0.000	1.974	5.424
	标准差	2.989	3.636	2.603	3.430	7.776	14.657
	样本量	7	14	14	11	11	9
S. 综合	均值	0.237	1.536	3.117	1.973	2.160	1.642
	中位数	0.000	0.000	0.000	0.980	0.000	0.000
	标准差	0.529	2.661	5.398	2.798	3.496	2.587
	样本量	5	3	3	4	5	6

（六）家族企业第三次分配的影响因素

该部分主要用于研究家族企业与初次分配之间的关系，因此将家族企业第三次分配作为被解释变量，OLS计量回归结果如表5-66所示。列（1）的被解释变量为慈善捐赠，列（2）的被解释变量为精准扶贫，列（3）的被解释变量为员工培训，列（4）的被解释变量为ESG表现，列（5）的被解释变量为研发投入。实证结果如表5-67所示。

表5-67　家族企业第三次分配的影响因素

	（1）慈善捐赠	（2）精准扶贫	（3）员工培训	（4）ESG表现	（5）研发投入
lnSize	1.255***	0.054***	0.038**	0.078***	0.593***
	（0.061）	（0.006）	（0.016）	（0.014）	（0.052）
Leverage	−0.964***	−0.006	−0.189**	−0.472***	−2.058***
	（0.198）	（0.032）	（0.081）	（0.071）	（0.278）
Age	0.020**	0.005***	−0.005*	−0.016***	−0.050***
	（0.008）	（0.001）	（0.003）	（0.002）	（0.008）
Tangible	−0.567**	0.107**	−0.741***	0.228**	−4.595***
	（0.279）	（0.045）	（0.108）	（0.093）	（0.343）
CFO	2.098***	0.179**	0.467**	0.419**	0.122
	（0.548）	（0.076）	（0.224）	（0.170）	（0.732）
ROA	3.140***	0.390***	1.033***	0.493***	0.432
	（0.492）	（0.073）	（0.205）	（0.164）	（0.817）
Saleg	−0.193**	−0.027**	−0.023	−0.004	0.246***
	（0.092）	（0.011）	（0.035）	（0.028）	（0.094）
Top1	0.003	0.001	−0.003***	0.000	−0.022***
	（0.003）	（0.000）	（0.001）	（0.001）	（0.003）
Inst	−0.003*	−0.001***	−0.000	0.000	0.008***
	（0.001）	（0.000）	（0.001）	（0.000）	（0.002）
Dual	0.111*	0.007	−0.101***	−0.121***	0.033
	（0.061）	（0.010）	（0.024）	（0.020）	（0.078）
lnBoard	0.874***	0.030	−0.187**	0.283***	−0.711**
	（0.242）	（0.036）	（0.089）	（0.076）	（0.300）
Indep	2.369***	−0.235**	−0.471*	1.025***	−0.168
	（0.811）	（0.119）	（0.277）	（0.264）	（1.024）
_cons	−27.950***	−1.034***	0.791*	3.258***	−8.051***
	（1.553）	（0.173）	（0.414）	（0.368）	（1.371）
Industry FE	Yes	Yes	Yes	Yes	Yes
Year FE	Yes	Yes	Yes	Yes	Yes
Prov FE	Yes	Yes	Yes	Yes	Yes
r2_a	0.251	0.148	0.101	0.160	0.277

	（1） 慈善捐赠	（2） 精准扶贫	（3） 员工培训	（4） ESG 表现	（5） 研发投入
F	12.270	−2.2e+03	21.014	18.664	54.137
N	8 270	5 863	8 259	5 077	8 271

（七）实证结果

第一，在第三次分配中，家族企业慈善捐赠的数额持续低于非家族私营企业和国有企业；家族企业在员工人均培训费上的投入最少；家族企业人均研发支出高于国有企业，但低于非家族私营企业；家族企业越来越重视回报社会，越来越多地关注扶贫；家族企业ESG表现均好于非家族私营企业和国有企业。

第二，企业规模（lnSize）在1%显著性水平下提升了家族企业慈善捐赠、精准扶贫、ESG表现和研发投入；企业负债率（Leverage）在1%显著性水平下降低了家族企业慈善捐赠、ESG表现和研发投入；上市年龄（Age）在1%显著性水平下提升了家族企业精准扶贫，却在1%显著性水平下降低了家族企业ESG表现和研发投入；有形资产比例（Tangible）在1%显著性水平下降低了家族企业员工培训和研发投入；现金流能力（CFO）在1%显著性水平下提升了家族企业慈善捐赠；盈利能力（ROA）在1%显著性水平下提升了家族企业慈善捐赠、精准扶贫、员工培训和ESG表现；营业收入增长率（Saleg）在1%显著性水平下提升了家族企业研发投入；第一大股东持股比例（Top1）在1%显著性水平下降低了家族企业员工培训和研发投入；机构持股比例（Inst）在1%显著性水平下提升了家族企业研发投入，却在1%显著性水平下降低了家族企业精准扶贫；高管权力（Dual）在1%显著性水平下降低了家族企业员工培训和ESG表现；董事会规模（lnBoard）在1%显著性水平下提升了家族企业慈善捐赠和ESG表现；独立董事比例（Indep）在1%显著性水平下提升了家族企业慈善捐赠和ESG表现。

第四节　结论

从以上的实证分析我们可以得到如下几点结论：

第一，与世界各国的情况一样，家族企业同样是我国一种基本的企业制度，严格意义上的上市家族公司占全部民营上市公司有效样本的47.7%。它们是我国经济发展和社会进步的一支重要力量。

第二，中国的家族企业既有与其他国家家族企业相同之处，也有着自身鲜明的特点。我国大多数家族企业来源于家族创办，并且主要集中在东部经济发达地区，多数处于成熟和持续发展阶段，主要从事制造业；第一大股东通常具有相对控股地位，并且家族成员掌握着企业的控制权；企业的实际控制人主要是男性，年龄大多集中在45~65岁，多数具有本科和硕士学位，拥有1~2个子女。这一事实表明，我国家族企业正处于精力旺盛的"青壮年期"，在促进共同富裕的过程中一定会发挥出它们独特的作用。

第三，家族企业所处的外部环境具有明显差异。政策环境上中部企业最好，市场环境、法治环境和文化环境方面，东部企业均好于中西部企业。这也在一定程度上解释了为什么东部家族企业在规模和绩效上都优于中西部企业。这一事实表明，地处东部经济发达地区的家族企业在推动共同富裕过程中，具有很大的潜力，而中西部地区的政府在优化当地的外部环境，鼓励当地企业的发展和吸引外来投资者上，具有很大的改善空间。

第四，从微观上讲，影响家族企业行为的因素是复杂的。这不仅受到企业股权结构、财务结构和治理结构的影响，还受到企业实际控制人特征的影响，甚至企业还受到所处外部环境、所在行业和区域等因素的影响。正是这些影响因素的共同作用，才形成了家族企业包括在参与共同富裕等各个方面独特的行为特征。

第五，总体而言，中国家族企业参与共同富裕的程度整体向好，这与第四章的结论是一致的。家族企业在参与初次分配、再分配、第三次分配等多项指标的旅行上呈现出显著增长的趋势；各地区家族企业在参与共同富裕多个指标上的差异正在逐渐缩小，原本共同富裕参与度处于落后状态的中西部地区已经得到了很大改善；一些过去在参与共同富裕多项指标的表现上较为落后的行业也有很大进步。

第六，从结构上看，实证结果表明家族企业在参与共同富裕的某些领域并不优于国有企业和一般的民营企业，这一结果客观地反映了目前我国各类企业在参与共同富裕上的现实。毕竟家族企业有其局限性，正如第三章的分析所言，它们在承担社会责任、参与共同富裕的过程中，会受到来自各方的掣肘，这些掣肘也许恰恰是在国企和一般民营企业中又是较小的。再则，由于我国家族企业真正发展壮大起来也就是近三四十年的事，尚处于其发展的早期阶段，企业只能将更大精力放在企业内部。而在现实中，这些约束因素也正在逐步地得到改善，这将会使得家族企业在更高水平上参与到共同富裕之中。

此外，还有一些比较具体但很有价值的实证结果分散在第二节之内，这里不再一一列举。

第六章　家族企业参与共同富裕的政策研究

以上五章的论述，使我们得到了这样几点重要结论：共同富裕是当今中国正在进行的一场伟大的社会进步运动，是中国式现代化的重要组成部分；已经壮大起来的民营经济是推进共同富裕的一支重要力量；处于不断发展和转型中的家族企业在促进共同富裕过程中正发挥着独特的作用。为了使共同富裕能够比较顺利地推进下去，我们仍然需要对其有一个宏大的规划和政策考量。鉴于本课题的研究主题，这里仅对涉及家族企业如何更好地参与其中而做一些政策研究。我们主要从党和政府层面研究国家政策制定的要点，从企业层面研究参与共同富裕的方式、方法和路径。

第一节　对党和政府有关部门的政策建议

在促进共同富裕过程中，我们建议党和政府等政策制定部门重点关注如下几个方面。

一、要对共同富裕这一思想体系作出科学、系统的阐释，并加大宣传力度

实现共同富裕是党带领全国人民追求美好生活的长期目标。它是社会主义制度的本质要求，是解决我国日益扩大的两极分化和部分人群的贫困问题的根

本之策，是形成新的发展格局，优化国际国内大循环的需要；改革开放以来，迅速强大起来的国力已经成为实现共同富裕的物质基础。而广大的民营企业、家族企业借助它们灵活的经营机制和创新能力，成为我们促进共同富裕的重要力量。

第一，共同富裕是一个长期过程，我们需要分阶段、分重点地逐步推进。当下应主要集中于中西部经济发展水平较低的地区，特别是一些偏远的农村。共同富裕不是搞平均主义，而是要鼓励勤劳致富、创新致富，坚持在发展中保障和改善民生。要为人民提高受教育程度、增强发展能力，创造更加普惠、公平的条件，给更多人创造致富的机会。通过扎实推进基本公共服务均等化，坚持尽力而为、量力而行，防止落入福利主义的陷阱。

第二，以人为本是推进共同富裕的根本之策。全体人民的共同富裕需要全体人民的参与，需要全社会各类组织的参与。我们认为，从根本上它应当是人的能力的均衡提升。因此，我们主张在拟定促进共同富裕的基本方针时，着力点一定要放在平衡个人的发展能力上。由于个人能力的差异特别是每个人的人力资本积累的差异，才导致个人和人群之间收入和财富分配的巨大差距。因此，在解决收入分配拉大问题时，首先要着眼于加大对人力资本的均衡投资，尽快实现人力资本投资特别是公共教育资源分配的均等化。在构建城乡教育资源均衡配置机制上，优先发展广大农村尤其是欠发达地区农村的教育事业，这里特别强调的是，在数字技术、数字经济日新月异的当下，我们必须得对经济欠发达起区、收入水平低下的人群予以重点关注，通过教育培训等各种方式进行帮扶。否则，必然会形成越来越深的"数字鸿沟"，并因此而造成更大的收入分配差距。

第三，进一步加大深入研究和宣传力度。自从党提出"共同富裕"的构想之后，学术界和政策部门已有许多研究，但总体上说还远远不够。由于共同富裕涉及社会的方方面面，需要进一步的研究问题还有很多。因此，调动更多力量参与到对此研究的队伍中是非常必要的。此外，这些年我们在宣传共同富裕上已经取得了很大成效，大家对"共同富裕"这个词可以说耳熟能详，但从宣传达到的效果看还是远远不够的。我们尚需通过各种渠道进一步阐释"共同富裕"的真正内涵和要点，努力消除任何误解和曲解，在全社会形成共同富裕的意识和文化，形成团结互助的社会风气，使广大民众能够自觉地参与到共同富裕这一伟大事业之中。

二、要为民营企业、家族企业正名，着力消除各种怀疑、诋毁、低估民营企业、家族企业的污名化言论。同时，也要消除人们对"家族企业"的过时认识

首先，要对那些有关民营企业、民营企业家的错误言论予以驳斥。前一时期在网络上出现的那些杀伤力极强的污名化说法，已经对我国民营经济的健康发展造成了很大冲击，直接影响到我们正在推进的共同富裕事业。因此，我们需要及时地表明我们的立场和观点，对这些错误言论予以驳斥和回击，澄清社会大众思想上的混乱，稳定广大民营企业家的信心。与此同时，我们需要大力弘扬企业家精神，对那些历经千辛万苦和千难万险，长期在市场上摸爬滚打而逐渐把企业做起来的大大小小的企业家，予以大力褒扬和宣传，也要为一些曾经遭受错误打击和误伤的民营企业家而正名。当然，我们也要针对包括家族企业在内的广大民营企业家展开一定的宣传教育，让他们相信我们正在推进的共同富裕事业，是中国经济社会进步的必然选择，是利国利民，涉及提升全体中国人民福利的伟大事业，使他们能够自觉抵制那些错误言论，积极主动地参与到这一伟大的社会进步的进程之中。

其次，要为家族企业正名。在为民营企业正名中，包含了为广大家族企业正名的含义。长期以来，在许多人眼里，家族企业就是落后、保守和封闭的代名词，甚至有些家族企业家都不愿意承认自己是家族企业。他们总是认为家族企业是一种古老而落后的企业形式，采取的是所有权与控制权合而为一的古典模式；这种企业过于封闭和排外，对于外来的一些优秀的员工不重视、不尊重；总是任人唯亲，在人员提拔和重用上侧重家族的自己人，难以做到"能者上、平者让、庸者下"，企业的用人机制混乱、无章可循；家族企业倾向于人情管理而轻视制度约束，过分倚重权威的决策，创业、创新思维固化和缺乏企

业文化，不重视契约和社会责任，等等。不容置疑，这些问题的确或多或少地存在于所有家族企业中，特别是那些中小型的家族企业。但是，许多人并不了解，这种现象主要存在于我国改革开放早期的家族企业和一些规模较小的家族企业中，一些人对家族企业的认识仍然停留在过往的那个时代。事实上，经过几十年的市场竞争，那些依然采用旧模式的家族企业，要么早已被淘汰出局，要么已经进行了改革和改良，初步完成了企业的转型。而今的家族企业特别是那些大中型的家族企业，在基本制度上已经初步实现了家族所有权与控制权的分离；最大限度地约束了任人唯亲的做法，实现了对人才使用的一视同仁；绝大多数的家族企业都十分重视技术创新。比如方太集团通过不断加大研发投入，近三年来授权发明专利达到1098件，年平均增长率达到237.74%；而且，许多家族企业都十分重视企业文化建设，重视并主动地承担社会责任。因此，我们需要重新认识这些"新家族企业"，有责任深入研究并宣传这些"新家族企业"。

三、借助民营经济的力量形成新的发展格局，并在畅通国际国内大循环的过程中促进共同富裕

构建以国内大循环为主体、国内国际双循环相互促进的新发展格局，是在"百年未有之大变局"的背景下国家提出的重大战略抉择。这其中，促进国内大循环是其核心。那么，如何才能促进国内大循环呢？我们认为，这需要通过促进要素在国内的自由流动来塑造国内统一大市场，挖掘市场潜力和开拓新的市场领域。通过全方位的市场创新，提升要素的流动性，形成新的产业链和消费链。这其中，我国中西部经济尚未充分开发的地区显然就是一个巨大的"洼地"，有着巨大的市场潜力。因此，如何成功地开发这个"洼地"就成了形成新发展格局的关键。我们认为，这首先要看这些地区包括土地、劳动力、专业人才、金融资本、技术成果与数据等要素能否实现市场化定价，这些地区的居民可支配收入能否有较快的增长和形成一个相对合理的分配格局。现在看来，要想形成这样的局面，大力发展民营经济，充分发挥民营企业的作用是非常重

要的手段。具体而言,要为广大民营企业提供充分发展的空间,为它们在这些地区的众多领域投资创业营造更好的政策、法治和市场环境。

四、着力推进分配制度的全面改革

推进共同富裕的当下任务是缩小过高的收入分配差距,这需要对现行收入分配制度进行全面改革。

首先,明确收入分配制度的基本理念。这需要全面贯彻落实以人为核心、以人民为中心的发展思想,通过收入分配制度改革使全社会的收入分配趋向更公平、更合理。通过收入分配制度的改革,实现对高收入的规范和调节,促进基本公共服务的均等化,扩大中等收入群体规模。通过收入分配制度改革,在依法保护合法收入的同时,完善个人所得税制度和对资本性所得的规范管理,阻止两极分化、消除分配不公。同时,加强公益慈善事业规范管理,完善税收优惠政策,鼓励高收入人群和企业更多回报社会。

按照习总书记的基本思想,我们应从改革现有初次分配、二次分配、三次分配的基础性制度做起。

第一,初次分配以改革为主。所谓初次分配主要指企业和市场根据要素效率进行分配。初次分配是分配制度的基础,是促进共同富裕的重要途径。初次分配领域只能借助于总体改革逐步推进。重点在于解决市场不完善和扭曲造成的利益分配不平衡问题。通过改变初次分配的结构和比重,提高劳动报酬在初次分配中的占比。在初次分配中,我们必须坚持按劳分配、多劳多得,鼓励勤劳致富,促进机会公平,增加低收入者收入,扩大中等收入群体,形成"中间大、两头小"中等收入群体占比高,低收入和高收入群体均占少数的橄榄型分配结构。

第二,二次分配以功能调整为主。二次分配主要是政府通过税收、扶贫及社会保障统筹等方式进行的再分配。第二次分配不直接参与生产过程,但可以提供市场以外的社会公共服务,维护良好的市场环境和维系实现共同富裕的制度体系。第二次分配将生产要素在初次分配所得报酬通过税收集中于政府手中，然后再分配给社会公共管理部门（公共财政收入），并由公共管理部门根据社会管理需要进行使用，这包括支付公共管理的服务人员报酬（公务员工资）、基础设施投资、基础教育和基本医疗等公共服务、根据政策需要的地区间转移支付、国防、治安等。理论上讲，政府的财政所得不应用于参与市场活动，但在我国的现实中，因为市场存在失调或为某种经济政策服务，公共财政收入也会依据法律和政策，作为资本要素投入到生产环节。因此，二次分配的重点在于增加税收调节收入分配的功能，完善公共转移支付的再分配效应，特别要完善社会保障制度，加大对特殊群体的转移支付力度。

第三，三次分配以激励为主。第三次分配主要指由高收入人群在自愿的基础上，以募集、捐赠和资助等慈善公益方式对社会资源和社会财富进行分配，是对初次分配和再分配的有益补充。它对于缩小社会差距，实现共同富裕是十分必要的。可见，三次分配只能激励，不能强制和"挤压"。国家可以通过税收政策给予适当激励，引导、支持有意愿有能力的企业、社会组织和个人积极参与，从而起到改善分配结构的补充作用。我们已经注意到，从2018年开始，党中央开始重视发挥第三次分配作用，把"三次分配"作为实现共同富裕的一个有效路径，许多民营企业家、家族企业也开始积极投身于社会公益事业。

第四，对于广大民营企业、家族企业而言，要鼓励他们在一次分配中充分考虑各种利益相关者的利益，并通过各种激励性政策，鼓励它们积极参与三次分配。建议政府有关部门实行企业公益性捐赠"白名单"制度，对税前扣除资格名单进行前置审批，每年年末公布下一年度扣除资格名单，各慈善机构要在接受捐赠前明确告知是否具有税前扣除资格，以激励企业的行为。同时要加大对本年度捐赠款项及物品使用情况的监管力度，做到事前有审批、事中有监管、事后有审计。政府相关部门还要及时公开或书面告知捐赠款项及物品的具体使用情况，同时审计部门对捐赠财物的专项审计报告应反馈给捐赠企业。对捐赠企业的捐赠要在税前扣除，并对违规捐赠行为进行追责，这样既能增强企业投身社会公益慈善事业的动力，也能推动社会财富、社会资源在不同阶层、不同群体、不同人员之间的合理再分配，进而逐步实现共同富裕。

无论是一次、二次还是三次分配的改革，我们主张落脚点都应当放在如何提高低收入人群收入上面。我们知道，实现共同富裕就是要扩大中等收入群体规模，提高低收入人群收入。提高低收入群体收入的关键是提高农民收入特别是中西部经济欠发达地区的农民收入。通过推动乡村振兴，引入更多的民营企业、家族企业进入这些地区，增加农民的就业机会，提升工资性收入；此外，持续推进农村土地制度改革，增加农民的财产性收入；加大农村地区人力资本投入，提高农村教育质量。当然，同时要注意提高城市中低收入群体的收入，扩大高质量就业岗位。对于没有劳动能力的人群，要完善社会保障制度。

五、促进共同富裕的金融政策安排

金融货币政策是指国家金融货币管理当局，为实现其特定的经济目标，而采用的各种控制、调节信用量和货币供应量的方针政策，其本质是国家根据不同时期的经济发展情况，对金融资产和货币供给而采取的不同的政策选项。包括运用各种金融工具调节货币供给和市场利率，从而引导社会投资和消费，进而影响总需求乃至宏观经济运行。在我国，金融货币政策还承担着支持经济高质量发展和促进共同富裕的作用。长期以来，由于我国金融资源存在配置不平衡、不充分的问题，需要发挥国家金融货币政策在再分配过程中的效力。通常，一个完整的金融体系，既包括商业性金融，也包括政策性金融。具体而言，包括政策性金融、普惠金融、资本市场、金融保险，等等。

1.政策性金融手段安排

所谓政策性金融是指在政府支持下，以国家信用为基础，围绕国家特定的经济和社会发展政策，按照国家法规限定的业务范围、经营对象，对特定项目予以优惠性存贷利率的支持。它是所有带有特定政策性意向的存款、投资、担保、贴现、信用保险、存款保险、利息补贴等一系列特殊性资金融通行为的总称。政策性金融的特点除了具有普通金融的融资性和有偿性外，最显著的特点是政策性和优惠性。党和政府为了实现特定的政策目标，会通过利率、贷款期限、担保条件等比商业银行贷款更加优惠的方式予以支持。由于政策性金融在资金来源上具有长期、大额、低息的优势，能够通过跨期盈利的方式解决长期公共融资领域的难题，还能够通过市场化手段示范引导金融资源流向经济发展的重点领域和薄弱环节，实现金融资源社会效用的最大化。因此，可以在区域协调发展、提升人民收入水平的共同富裕过程中发挥重要作用。

第一，利用政策性金融促进广大中西部地区经济的快速增长，提升区域间经济发展水平的均等性。长期以来，由于我国的商业性金融在利润最大化的诱使下，使得金融资源被更多配置到市场相对完善、收益率相对较高的东部地区，面向中西部地区的金融服务相对不足。这就导致生产要素、产业基础等在区域间的两极分化，已经影响到全社会的生产效率和经济增长质量的提升。而政策性金融的政策导向和优惠性，就可以在一定程度上矫正这种错配。实践证明，国家开发银行、中国进出口银行、中国农业发展银行三家政策性金融机构在中西部地区的经济发展中发挥了主导性作用。与此同时，我国这些政策性金融机构通过使用抵押补充贷款（PSL）等金融工具，引导政策性资金流向棚户区改造、新型城镇化、乡村振兴等领域，为促进共同富裕提供了坚实的金融支撑。

第二，利用政策性金融促进产业的均衡发展。一方面，由于政策性金融机构会将中长期的政策性资金配置给高新技术企业，使得企业获得更强的价值创造和研发投入的能力。企业生产效率的提升会提高居民的收入水平，进一步促进居民个人的资本积累。另一方面，由于政策性金融会大力支持公共基础设施建设，就能够促进公共产品和公共服务的均等化，增加广大民众的福利水平。

第三，利用政策性金融增加民生福祉。政策性金融的优惠能够提升金融资源配置的普惠性、可得性和便利性，有助于实现共享发展。通过政策性金融重点支持基础性、兜底性、普惠性民生保障工程，提升全社会福利水平和人力资本的质量和专业技能。

在运用政策性金融支持推进共同富裕方面要把握好如下三个关系。把握好政策性金融与实体经济的关系；把握好政策性金融与市场化运作的关系；把握好政策性金融与宏观调控的关系。在这个基础上，要将重点放在以下几个方面。

一是依托国家信用，多渠道筹措低成本资金，重点支持战略性、基础性、先导性的新基建，包括交通、水利等重大工程，为促进共同富裕提供物质保障。二是聚焦主责主业，加速构建与实体经济、科技创新、人力资源协同发展的现代产业体系，围绕国内国际双循环的产业链，构建以龙头企业为主导的上中下游的全产业链融资生态。三是合理优化信贷结构，支持专精特新科技企业的研发活动和转型升级。四是聚焦民生保障，提升民生保障质量水平。比如加大政策性金融要围绕贫困助学、中小型民营企业发展、乡村振兴等领域的支持；支持对人居环境改善、教育需求提升、城乡融合发展等方面投资；鼓励政策性金融机构建立共同富裕专项资金。

2.普惠性金融安排

所谓普惠金融是指立足机会平等要求和商业可持续原则，以可负担的成本为有金融服务需求的社会各阶层和群体提供适当、有效的金融服务。它是介于政策性金融和商业性金融之间的一种金融形式。重点服务于小微企业、农民、城镇低收入人群、贫困人群和残疾人、老年人等。普惠金融贷款包括单户授信小于1 000万元的小微型企业贷款、个体工商户经营性贷款、小微企业主经营性贷款、农户生产经营贷款、建档立卡贫困人口消费贷款、创业担保贷款和助学贷款，等等。目前我国经济欠发达地区非常需要普惠金融，因为它准入门槛低，不会受限于自身能够抵押的资产数量、信用水平等传统银行贷款的条件限制，有利于支持小微企业和农业发展，提高低收入人群的收入水平，缩小收入差距，助力共同富裕。

3.资本市场

资本市场是推动经济发展的重要手段，同样也能成为促进共同富裕的手段。通过推荐更多中西部地区的公司上市，增强这些地区企业的知名度、竞争力，拉升其经济发展水平。同时鼓励这些地区的上市公司包括家族上市公司推行员工持股，让这些公司的员工享受公司发展带来的红利，助力共同富裕。

4.保险业

保险具有风险转移和损失补偿两大功能，在经济欠发达地区强化保险机制，增加社会保障，对各种意外情况进行兜底。此外，通过保险市场向低收入人群提供保障，对贫困群体给予投保财政补贴，激励低收入人群购买保险意愿，降低低收入阶层的风险，能够推动共同富裕。

5.坚持稳健的货币政策

国家的货币政策主要通过控制货币供给，影响市场利率进而影响宏观经济运行。货币政策通常分为宽松的、稳健的、紧缩的三类。由于过于宽松的货币政策是以低市场利率为特征的，它会导致资产价格的普遍上涨，而这会加剧贫富的差距。因此，应当高度关注宽松货币政策对收入差距产生的影响，充分估计不同政策组合对收入和财富分配产生的作用，努力保持货币供应量和社会融资规模增速基本匹配。把握好稳增长和防风险的关系，促进经济可持续发展，推动共同富裕。同时，应当运用好结构性货币政策的作用，加大对重点领域和薄弱环节的信贷支持力度，引导金融机构加大对小微、民营企业、"涉农"、乡村振兴等国民经济重点领域和薄弱环节的支持力度，运用好专项扶贫再贷款，推动相对落后地区的信贷投放，降低融资成本，缩小地区发展差距，实现共同富裕。此外，鉴于货币政策主要通过房地产市场影响家庭财富，因此，盘活用好农村居民资产，打破城乡房地产二元化格局，在农村住宅、林权、土地承包经营权确权的基础上，逐步形成城乡一体化的房地产交易市场，合理有序提高农村家庭收入和财富。

六、促进共同富裕的财政政策安排

与金融货币政策一样，财政政策也是国家干预经济，实现宏观经济目标的重要政策工具。它既是收入再分配的重要手段，也是调节经济的杠杆。财政政策包括财政收入政策和财政支出政策两大方面。在推进共同富裕的过程中，通过加大税收、社保、转移支付等调节力度，扩大中等收入群体比重，增加低收入群体收入，合理调节高收入，取缔非法收入，形成中间大、两头小的橄榄型分配结构。

（一）通过财政收入政策，增强收入分配的公平性

财政的收入政策主要是结构性税收政策，通过对不同人群的收入、财产、不同商品征收不同的税率，实现收入分配的公平性。

1.个人所得税

所谓个人所得税是国家对本国公民、居住在本国境内的个人的所得和境外个人来源于本国的所得征收的一种所得税。目前我国的个人所得税主要针对工资薪金收入，实行累进税率制，目的在于对工资性收入进行一定的调节。个人所得税有两个节点，一是起征点，二是税率。我国从1980年开始征收个人所得税，个人所得税的起征点也从800元提高到现在的5 000元。税率方面，根据《中华人民共和国个人所得税法》（以下简称《个人所得税》）规定，个人所得税税率分为：综合所得执行3%~45%七级超额累进税率。根据《个人所得税法》以及国家税务总局的最新政策文件，2023年个人所得税税率为：起征点仍为5 000元（实发工资减去专项附加扣除后的金额），按月个人所得税税率如下：

薪酬范围在1~5 000元之间的税率为0%；薪酬范围在5 000~8 000元之间的税率为3%；薪酬范围在8 000~17 000元之间的，包括17 000元的税率为10%；薪酬范围在17 000~30 000元之间的，包括30 000元的税率为20%；薪酬范围在30 000~40 000元之间的税率为25%；薪酬范围在40 000~60 000元之间的税率为30%。

经营所得执行5%~35%五级超额累进税率；利息、股息、红利所得、财产租赁所得、财产转让所得和偶然所得，适用20%的比例税率。那么，我国个人所得税是否合理呢？我们不妨与以下发达国家做些比较。美国的个税采取超额累进税率，没有明确的起征点，富人最高税率为35%，年入25万美元以上为标准，个税分为三个等级，分别为12%，25%，35%。为减少中低收入人群纳税，个税从1.2万美元/年起征，以下则免征，免征人口占美国总人口的32.5%。英国的个税收入结构是0.4%的富人承担着30%的个税，20%的高收入者纳税比例为59.8%，其余的10.2%为低收入人群的个税，免税人口占英国

总人口的0.9%。德国2022年个税起征点为10 347欧元，约等于10 597美元或71 488元。富人年收入5.6万欧元，约等于57 360万美元或386 943万元。10%的德国人交纳的个税占个税总额的42%，如果收入特别高，还需缴纳45%的富人税。韩国实行更均等化的个税政策，免税人口高达38.9%，80%工薪阶层或穷人无须纳税或纳很少的税。而且韩国10%的高收入者纳税占总个税的78.5%，在发达国家中是最高的。

由此可见，尽管我国对高收入群体征收了较高的个人所得税，但与此同时，对低收入者的起征点也是很高的。有人估算，目前我国8.4%的工薪阶层贡献了58%的个税，这十分不利于提高低收入人群的收入水平，也肯定不符合共同富裕的要求。因此，我们建议提高个税的起征点。同时，要根据教育、医疗、住房、养老等民生支出变化情况，适时调整专项附加扣除范围和标准，积极减轻中低收入人群个税负担。而对那些高收入人群实行有差别的高税率制度，对于那些一线明星、头牌网红、头部主播等非生产性高收入者，执行严格的高额累进税率，并且要切实加强税收征管，加大对违法逃税行为的惩罚力度。而对于从事生产经营的私营企业主、大型企业股东或董监高等，则应执行高额累进的下限税率。以尽可能发挥其对经济社会发展的促进作用，减少其可能产生的负面影响。

2.增值税与消费税

在我国的税种结构中，增值税是最主要的一种税种，其收入占到我国全部税收的60%以上。增值税有利于贯彻公平税负原则；有利于生产经营结构的合理化；有利于扩大国际贸易往来；有利于国家普遍、及时、稳定地取得财政收入。长期以来，我国的增值税起征点偏高，不利于中小企业的发展。因此，进一步降低增值税的起征点对于促进共同富裕是十分必要的。2021年，我国政府宣布将小规模纳税人增值税起征点从月销售额10万元提高到15万元。小微企业和个体工商户年应纳税所得额不到100万元的部分，在现行优惠政策基础上，再减半征收所得税。这一举措缩小了收入分配的差距，减轻了企业的负担，有助于推动企业的研发创新。我们认为，在追求共同富裕目标的背景下，进一步提高增值税起征点仍有空间也非常必要。此外，提高一些奢侈品的消费税也会为减低其他税率创造条件，也有其必要性。

3.财产税

所谓财产税是依照法人和自然人拥有和归其支配的财产为对象所征收的财产税，对于是否征收这一税种目前国内有很大争议。尤其是对是否征收房产税有各种各样的说法。迄今为止，我国只有部分城市进行了试点，还尚未在全国展开。然而，从共同富裕的角度看，征收一定比例的房地产税势在必行。当然，在试点基础上，总结经验和教训，争取推出一个具有可广泛接受的、既可操作又能体现公平性的房地产税；对于遗产税和赠与税而言，应防范暴富与贫困的代际传递。当然，应在追求全体人民的共同富裕的同时，克服盲目冒进和极端平均主义，在合理的收入分配差距的基础上，激发出更多民众的发展积极性。

（二）优化财政支出结构，不断提升民生保障水平

财政支出政策在政府主导型经济体中具有特别重要的意义。我国实行社会主义市场经济体制，是典型的政府主导型模式。根据我国的经验，我国的财政通过政府购买、转移支付、政府投资等手段，对于民生纾困、社会保障，尤其是兜牢共同富裕的底线都是不可或缺的；通过各种转移支付手段促进区域和城乡的均衡、协调发展。通过政府投资提高技术创新、产业创新，实现高质量发展。

1.通过财政支出建立健全社会保障体系和教育体系

要保证城乡职工的基本养老金，不断提高广大农民的养老金；对社会优抚、社会救助的资金支持。由于医疗和教育作为人力资本的载体，对于实现共同富裕有着关键作用。因此，必须加大医疗和教育等基本公共服务的财政支出力度。在医疗资源配置上，重点应放在基层医疗卫生机构和农村及经济较为落后的地区，要稳步推进城乡医保整合，建设覆盖城乡居民的高质量医疗保障体系。降低参保人群因病致贫、因病返贫的发生率，保障农村健康状况较差、收入水平较低群体的基本福利，促使城乡医疗服务的均等化。在教育资源配置上，以缩小城乡和区域间教育水平差距为目标，将财政教育资金优先投入到农

村及经济较为落后的地区，重点关注不发达地区资金投入方向，保障偏远山区和农村地区基本教育资源的获得，促进教育公平的实现。在此基础上，不断优化教育经费使用结构。

2.完善转移支付制度，促进区域和城乡的同步协调发展

转移支付是财政支出政策的重要部分，通过转移支付能够促进区域经济的协调发展，为共同富裕夯实区域经济发展基础。通过转移支付平衡地区和城乡间财力差距，推动基本公共服务的均等化，特别是对地理位置偏远、气候条件相对恶劣、地形相对复杂等地区的财政支出力度，增强基层公共服务保障能力，同时要积极探索互联网、数字化等创新手段在基本公共服务领域中的应用，防止"数字鸿沟"的进一步加深，让全体人民共享更高水平的公共服务；通过专项转移支付重点支持乡村振兴、环境保护，确保区域协调发展、主体功能区等国家重大战略的贯彻落实；通过强化区域间政府的横向转移支付机制，畅通发达地区对欠发达地区的横向转移支付、产业协作和对口帮扶。在比较城乡和区域间基本公共服务提供的相对成本的基础上，尽量使转移支付的资金使用效率最大化。

3.用好政府投资，激发创新创业活力

政府投资是中国经济模式的最大特色，在宏观经济运行中扮演着非常重要的角色。通过政府直接投资、风险补偿、政府采购、人才奖补等手段，重点支持自主科技研发和关键核心技术攻关，支持人工智能、互联网等新兴领域的研究，充分利用科技创新的溢出效应，将新技术应用到更加广泛的领域；注重高端人才培养、以税收优惠激发科研人员的创新投入；支持企业自主创新产品的推广应用；加大对中小微企业的扶持力度，通过贷款贴息、保费补贴等方式，降低中小微企业融资成本。

七、调动包括家族企业家在内的广大民营企业家的创新积极性

不断地推动技术进步，实现技术创新是推进共同富裕的重要途径。由于全球政治经济形势的剧烈变化，我国广大的民营企业、家族企业获得了强劲

的发展动力和难得的机遇，同时也遭遇到巨大的竞争压力。一方面，传统产业的市场在急剧萎缩，资金、劳动和原材料成本不断上升，人才短缺和节能环保的压力在不断增大。另一方面，广大民营企业也看到了新的科技革命即将全面爆发、新兴产业蓬勃兴起、扩张成本相对下降的机遇。然而，由于一些中小型民营企业特别是那些中小型的家族企业，习惯了过去的业务模式，而对新模式并不十分了解，企业家对创新并不十分感兴趣。而且，由于某些新兴产业的技术尚在形成过程中，产业及市场具有很大的不确定性，一些企业家不愿意或不敢冒风险进入。而另一方面，一些大型的民营企业、家族企业和中小科技型民营企业则具有强烈的创新冲动。因此，政府应当通过营造良好的政策环境、法治环境和市场环境，为广大民营企业、家族企业技术创新提供全方位的支持。

第一，着力提高企业家的创新意愿。创新活动是由企业家的创新意愿驱动的，因此，提高企业家的创新意愿理应成为促进民营企业技术创新的政策落脚点。企业家的创新动力在于获取超额利润，所以相应政策首先应该通过包括法律在内的各种手段保护企业家的创新红利；其次要设法降低企业技术创新成本，如通过对利润投入创新的税收进行抵扣和减免等手段降低创新成本、激励企业加大创新投入等。

第二，进一步完善支持民营企业、家族企业技术创新的融资体系。针对一些中小型民营企业、家族企业融资难、融资贵问题，政府及相关机构从直接融资和间接融资等方面已经做了大量工作，初步构建起了一个服务于民营企业的融资体系。比如，要求银行对民营企业的信贷必须占一定比例；在主板资本市场设立专门的中小企业板和创业板；各级政府设立的引导基金和产业扶持资金、民间风投公司，等等。但是，这个体系在实际运行过程中的可利用性和针对性仍然不强，需要出台针对民营企业创新活动的专门的融资政策和制度安排。

第三，高度重视民营企业创新人才不足的问题。人才不足已经成为中小型民营企业创新过程中的首要难题。为了能够有效缓解这一问题，应通过税收、政策资金扶持等手段降低企业引进、留住人才的成本。比如，为帮助企业吸引技术人才，政府可给予一定资金奖励，或可在税收中予以相应的抵扣、减免，甚至对部分人才在户口、子女就学、就医和购房等方面提供必要支持。

第四，营造良好的产业集群、产业链创新生态，不断提升产业集群和产业链的竞争新优势。产业集群和产业链竞争新优势的形成不能依靠企业或产业的单打独斗，而是以集群或产业链的整体形式实现的。因此，应在原有产业集群、产业链的基础上进一步优化其内部的创新生态，比如完善竞争规则和创新支持服务体系，甚至建立切实可行的创新退出机制等，都应成为政策长期关注的重点。

第五，大力构建创新研发合作平台。研发合作平台较少是制约民营企业、家族企业特别是那些处于离散状态的中小型民营企业、家族企业技术创新的重要外部因素。鉴于此，各级政府需充分发挥公共服务的职能，统筹区域、行业、学科的科技资源，牵头建立创新合作联盟。鼓励行业龙头企业联合科研院所与上下游企业共建产业创新平台，形成科技成果转让通道，建立产学研用合作机制，让最新的科研成果能够迅速落地，让高素质人才能够在科研机构和企业之间顺畅地流动起来。此外，还要充分保护产权特别是知识产权，规范市场竞争秩序，打击各类市场垄断行为。

八、鼓励数字经济、智能技术在欠发达地区的深化

新的科技革命正在引领着我国新一轮发展的潮流，但与此同时也造成了巨大的"数字鸿沟"，这集中体现在发达地区与欠发达地区之间的差距上，这一差距甚至会进一步造成区域经济间的失衡，拉大不同区域间人们收入水平的差距，不利于我们追求的共同富裕目标。因此，在推进共同富裕，发展我国数字经济、智能经济的过程中，政府要高度重视这一问题，在制定相关政策时，要有意地采取一些倾斜政策。

第一，加快欠发达农村地区数字化转型的步伐。加快5G、互联网、云计算等数字基础设施在这些地区的投入，提高覆盖率和服务能力；加快欠发达农村地区数据信息资源的集聚和"三农"大数据平台的建设，加快其农业全产业

链的数字化转型；由于欠发达地区的乡村数字人才奇缺，成了严重制约了这些地区数字化转型的短板。因此，政府要在这些地区加快构建和完善农村数字人才体系，支持数字技术职业培训，培养数字创新技术应用人才，营造良好的经营环境。

第二，鼓励电商平台在欠发达地区落地生根。要通过税收等手段鼓励以阿里巴巴、腾讯、抖音、京东、美团等为代表的大型平台下沉到那些欠发达地区，由他们作为龙头带动当地形成"从无到有"的产业链生态。

第三，通过税收和小额金融等手段，鼓励欠发达地区的居民、中小企业，借助大平台从事小程序开发、网络主播甚至区块链等新经济活动，增加当地的就业人数和收入水平。

通过这些政策，促进广大欠发达地区的就业水平、产业结构和区域的均衡发展，最终实现全体人民的共同富裕。

第二节　对民营企业、家族企业的对策建议

以上我们着重从党和政府的角度提出了一些有关促进共同富裕的政策建议。那么，家族企业应当如何做呢？

一、家族企业参与共同富裕的方式、方法

（一）修正企业的使命，努力经营好自己的企业

长期以来，无论是学术界还是企业界都坚信企业的宗旨就是为股东创造更大的价值，即股东利益至上。然而，近些年来，利益相关者主义开始被广泛接受。2019年8月，美国"主要公司CEO的圆桌会议"（Business Roundtable）发布了一个由美国181名顶尖公司的CEO的联合声明，重新定义了"公司的使命"。声明一改过去公司股东利益至上的宗旨，提出了新的五项内容：一要为客户创造价值，二要投资于我们的员工，三要公平，合乎道德地与供应商打交

道，四要支持我们工作的社区，五要为股东创造长期价值。将追求股东长期利益放在了最后。这一改变反映了世界上企业经营宗旨的根本变化，对于中国的企业来说，除了企业经营理念的转变外，我们党还提出了共同富裕的理念。因此，我们的家族企业要将公司利益、股东利益、员工利益、客户利益、社区利益、国家利益和社会利益作为企业追求的目标，并按照这样的宗旨来安排企业的一切经营活动。

当然，我国的民营企业、家族企业从小到大，由弱变强的发展历程表明，广大的家族企业在做强做大自己企业的同时，为国家创造了巨大财富和大量的就业岗位。在我们追求共同富裕的过程中，允许家族企业为股东创造长远的价值，也要为主要的利益相关者提供更多福利，才能在客观上使它们为国家的经济增长、税收、产品服务、市场繁荣、出口创汇，乃至于全体人民的共同富裕作出贡献。

（二）为国为民照章纳税

家族企业作为民营企业的主体曾经为国家上缴了巨量的税收，为国家强盛及全体人民的共同富裕奠定了强大的物质基础。家族企业要始终明确自身的义务与责任，要依法纳税，足额纳税，自觉缴纳个人所得税，资本利得税，财产交易税等，绝不能采取任何偷税漏税的行为。与此同时，国家也要为家族企业创造税负公平的法律政策环境，尤其要把减轻税负的重点放在那些小微型家族企业和科技创新型企业身上。

（三）优化股权结构和股东盈利模式

股权结构是否合理直接影响着企业获利能力。我国大多数家族企业的股权结构并不十分合理，这已经影响了企业的发展战略、治理与管理结构、业绩成长和人才队伍建设等多个方面。因此，优化股权结构势在必行。可重点从以下三方面做起。

第一，股权结构的设计要符合企业战略的基本方向。假如你的企业要追求技术创新，那么股权的结构就要符合适宜于技术创新的逻辑，对关键的技术人才要有股权激励计划，等等。股权结构要有利于动态管理。比如引入外部股东、股权减持变现、股权质押融资、股权激励，等等，都应能与宏观经济趋势、政府政策、资本市场规则有效衔接。此外，对于家族企业而言，一个卓越的领军人物至关重要。其实企业最重要的任务就是寻找到最适合领导家族企业实现战略目标的领导者，企业在股权结构设计上要有利于这个领军人物对公司的控制。

第二，设计出清晰的股东盈利模式。很多家族企业尽管已有很长的存续年限，但并没有形成一套明晰的股东盈利模式。这主要在于没有建立起一套定期分红的机制，常常是只有投入而没有回报，这对公司的长期成长是十分不利的。因为如果家族成员作为股东不能按照商事规则进行盈利分配，那也意味着股东不会对等地承担风险。一旦真的面临风险，不仅企业难以承担，甚至会传导到家族内部，那将会导致家族企业的迅速崩溃。

第三，倡导将共同富裕上升到企业发展战略的高度，在安排企业收入分配时，可以考虑适当控制老板与高管的薪酬水平与增长节奏，制订扩大员工进入中等收入人群的中长期目标计划。

（四）处理好与债权人的关系

债权人是除了股东为企业提供资金的重要利益相关者。对于债权人，企业一定要讲究信誉。企业通过抓好资金的日常管理，经常向债权人主动汇报企业的经营情况，增强其对企业的信任度。此外，通过恪守信用，认真履约和充分考虑债权人的利益等，实现与债权人的双赢。由于银行通常是企业最大的债权人，因此，企业和银行要实现互惠共赢，必须首先做好自己，比如提高企业的诚信度和企业的盈利能力，然后通过与银行的深度合作，实现共同发展、共同繁荣。具体而言，在推进共同富裕过程中，家族企业针对债权人可以采取如下政策。

第一，增加债权人参与监督企业的途径。随着家族企业的成长，通常会增加债务融资比例。这就要求企业必须重视对债权人利益的关照，尤其是在企业治理制度安排上，给予债权人更多的决策知情权和监督权是非常必要的。

第二，争取在涉及ESG投资上获得债权人更多的支持。前面我们已经指出，ESG投资是企业参与共同富裕的重要方式。家族企业要想在ESG方面有所成就，借助债权人的力量是十分必要的。由于政府政策鼓励企业利用间接融资增加绿色投资[①]，那么，家族企业就可以利用绿色创新和更高的ESG表现来获得与债权人更积极的合作。只有得到债权人的支持，才能使得家族企业更好地践行绿色产品承诺，为实现碳达峰、碳中和战略目标作出更大贡献。

（五）优化家族企业的治理结构

企业的治理结构是处理股东与经营者之间关系的一套行为规则。对于家族企业这种家族与法人企业相互纽合的特殊企业而言，找到一个合适的治理结构是一件非常重要的事，尤其是在参与共同富裕的过程中。家族企业可以通过实施可持续发展战略、推行公司治理的透明化和在董事会议程中持续加入社会责任承担议程来提升公信力，从而获得公司治理的信息改善。

第一，在治理过程中，加入并持续实施可持续发展战略。家族企业可以通过实现经济、环境和社会的可持续性平衡，为社会创造更多的价值和效益。例如，建立环保标准和措施，推行节能减排，加强与供应商的合作等，从而提高企业的社会责任感和声誉。并通过持续推进可持续发展战略，降低外部资本市场对企业向善的监督成本，并可以促进公司治理的稳定和健康发展。

第二，在企业治理制度中逐步推行透明化管理。家族企业可以通过公开信息、披露相关决策过程、组织内部审计等措施，增强企业的透明度和公开性，为非家族股东提供更多的信息支持和参与机会，从而降低其对家族控制的不满和矛盾情绪。很多文献中，质疑独立董事的监督角色，难以真正起监督作用。但其与公司管理层（代理人）没有任何股权关系的身份，在提出合理建议时，较其他董事会成员而言，更不存在利益冲突，这体现了致用决策的社会化，尽管家族利益始终是自利的，但更多社会化、专业化的建议的提出，会有效改变机会主义和利己主义的代理行为，从而提高控制家族与机构投资者、中小散户等非

---

① 参见2020年6月，银保监会下发的《关于绿色融资统计制度有关工作的通知》，以及2021年6月，中国人民银行发布的《银行业金融机构绿色金融评价方案》。

家族的投资者对重大决策的合法性。

第三，促进企业股东对共同富裕话题的向心力。一方面，家族企业可以通过股东和董事制度，将家族积极参与慈善事业、赞助文化活动、推行员工福利等社会责任承担制度化，规范化。营造企业的良好的社会关系，提高企业的社会认同度和公众形象。另一方面，还可通过承担社会责任，加强不同股东间在面临共同的环境、社会问题时，加强沟通和合作，为非家族股东提供更多的舞台和机会，并充分利用非家族股东的社会资源和专业性，确保企业运作符合社会期望和规范，为非家族股东和其他利益相关者创造更多的共享价值。

第四，"家族委员会"是一个很好的家族企业治理模式。"家族委员会"是李锦记创新的家族企业治理模式。按照李锦记的说法，所谓家族委员会（Family Council）是家族企业中家族事务的管理组织。2002年，李锦记正式成立了家族委员会，该委员会由家族办公室和家族基金组成，具体的职能有五项：1.负责制定与修订家族宪章（Family Constitution）；2.关注家族价值观的传承与强化；3.指导全部家族成员的学习与培训；4.挑选和委任家族企业董事会的成员，通过董事会主席的任命和挑选；5.委任家族委员会下属各机构的负责人。[①]委员会采取"一人一票"的表决制度，如果是家族的重大事项，必须经过家族委员会全体成员投票决定；"家族宪法"的条款及条款的修订，必须得到家族委员会75%的成员的投票通过；一般事项则要超过50%的票数通过。如果赞成与反对的票数相同，则以掷骰子的方式来决定。每次形成新的决议后，家族委员会成员都要亲自签名。[②]也就是说，家族委员会主要负责家族日常事务的决策、家族事务的执行管理等，同时以规范所有家族成员的行为，协助家族成员之间的沟通，凝聚家族的力量。家族委员会侧重于研究怎样治理家族，至于企业的经营和管理，并不是家族委员会关注的重点。由于通过家族委员会可以有效地把企业事务与家庭事务相分离，就既保证了家族对企业的控制力与影响力，又在组织上规范了企业的活动，避免了家族企业常犯的干扰企业经营活动的通

① 宁向东.家族精神：李锦记传承百年的力量［M］.北京：经济日报出版社，2016：248-249.
② 宁向东.家族精神：李锦记传承百年的力量［M］.北京：经济日报出版社，2016：246-247.

病。我们认为，家族委员会是家族企业实行有效治理的典范，广大家族企业在践行共同富裕的过程中可以借鉴。

（六）关照好企业的员工

员工是家族企业重要的利益相关者，家族企业在践行共同富裕过程中就应当关照好自己的员工。家族企业家要与员工建立命运共同体，将企业发展利益、股东利益、其他利益相关者利益和企业员工利益紧密地结合起来，建立健全员工工资收入增长与企业效益、投资者利益共同增长机制，员工技能素质提高与企业生产效率提高共进机制，员工社会保障提升福利改善与企业生产环境安全健康条件改善共推机制。也就是说家族企业需要从员工的物质需求、精神需要等多方面做起，最大限度地满足员工的各种需求。具体而言，家族企业应当做好以下工作。

第一，增加对员工更低比例的裁员承诺。有研究通过国际比较发现，家族企业在疫情期间，会更显著地保护员工的就业权力，并在与非家族私营企业的比较中发现，家族企业在经济下行压力下，存在更低的裁员率和降薪率。社会情感财富理论认为，家族企业会基于情感的角度，在经济环境较差的情况下，通过降低资本投入和创新投入来降低现金流压力对企业的影响，而更大程度上，保存家族及非家族的员工在企业中的工资水平，并很少作出裁员决定来应对经营压力。尽管家族成员在企业中占据了更高的职位，但家族企业对员工的不离不弃，不仅为其员工提供了安全就业保障，还为当地缓解失业压力、保证经济生产的可持续性作出巨大社会贡献。而家族企业的非裁员行动需更多地进行信息披露和扩散。在非裁员承诺下，不仅能在劳动力市场上获得较高的人力资本，还可缓解内部员工与家族成员间的利益冲突，使得员工从内部共同富裕的用工平等争议的关注中，将注意力转移至更广阔的就业安全领域。

第二，建立和完善内部晋升和薪酬体系，优化人才边际成本。应建立强调以贡献（特别是知识和技术等创新型贡献）作为分配主原则。聚焦关键人群，实施差异化创新创业策略。对生存能力导向人群，应强调以社会创业和金字塔底层创业为抓手。对就业能力导向人群，要注重培养此类群体的终身就业能力。对创新能力导向人群，则应注重培养科技型创业的能力；在内部晋升和薪酬体系建设中，更应强调过程公平（规则和程序的公平），而非仅仅在制度中体现结果的"公平"。利用家族企业中更多的情感财富和情感链接，增加员工在企业中的幸福感，提高员工长期工作的价值感和成就感，从而将员工在长期职业中形成干中学的职业技能和素养，形成家族企业独有的长期人力资本，有效提高家族企业经营业绩。

此外，我国许多家族企业在实践中探索出一些很有特色的好做法，值得借鉴。浙江宁波方太集团经过多年摸索已经形成了一套有效的做法。最值得借鉴的是方太集团在企业内为员工营造出"四感环境"。[①]首先是"安全感"。这主要体现在员工的劳动安全、工作安心和薪酬良好三个方面。对于如何使员工"工作安心"上，方太主要借助于文化管理模式；而对于员工认同的"薪酬良好"方面，方太是在传统的基本工资、绩效工资、奖金、五险一金的基础上，实施了包括环境与发展、薪资、福利和分红的更细致的全面薪酬制度。在这种制度之下，员工不仅得到了物质获得的心理感受，并且从生活和援助、健康和安全、娱乐和关怀、学习和休假等方面得到了全面的福利保障。此外，方太还在此基础上，通过把员工当作"自己人"以及"身股制"等措施增强其归属感；通过个人成长、相互尊重、相互信任来营造员工有尊重感的氛围；通过物质奖励、认可表彰和职业发展等方法增强其成就感。在这些细致周全的安排下，极大地提高了员工对企业的认同感和满意度，增强了员工的参与意识和努力工作的意识。

（七）与供应商和客户精诚合作、互利共赢

供应商和客户是企业的利益相关者，是企业价值链中重要的环节，与供应商和客户的关系如何，同样影响着企业的经营和发展。在追求共同富裕的前提下，家族企业应当始终秉持合作共赢的理念，维持好与供应商和客户的长期关系。

---

① 周永亮，孙虹钢，庞金玲.方太文化［M］.北京：机械工业出版社，2022：166.

第一，遵从维护与供应商共赢的道义理念。企业特别是家族企业通常与供应商是一种长期合作关系。之所以能够维持长久，就在于平时能够做到这几点：比如在考虑自身企业的利益时，也关照到对方的利益；对于涉及双方的利益交叉点时，双方通过深入探讨设计出一套利益的分享机制；如果出现利益分歧，就要及时沟通，将矛盾化解在萌芽状态；假如合作中可能自己会吃一点亏，则宁愿让对方多得一点，自己少赚点，以求得下回的顺利合作；假如有时候不得不让对方先吃点亏，对方可能勉强接受，但要懂得事后补偿。

第二，重点关注与供应商高层的战略合作磋商。对于那些能够影响企业正常运营的关键供应商，企业要高度重视，要经常与其高层进行磋商，讨论企业的基本理念和长期的战略合作目标，比如，是否都怀有以最终客户为核心的价值观。由于在供应链上的每一个环节都是在为共同的最终消费者提供服务的，因此，所有的供应商，不论他们是处于供应链上的哪个环节，都有着同一个核心，假如链条上的某个环节出了问题都会影响到所有企业的利益，因此，企业与供应商实际上是一个命运共同体，这一点需要在与供应商的高层沟通中得到确认。此外，许多世界500强企业的实践表明，企业都会经常与关键供应商召开会议，共同讨论市场的变化趋势，双方潜在的扩张计划、长期技术问题和未来投资计划，等等，力争在这些重要方面与供应商有所协调。当然，要维持好与供应商的长期合作关系，还要做大量细致的工作，比如对供应商进行有针对性的培训，以提升他们的产品质量和流程水平。

同处理与供应商的关系一样，家族企业同样要用共赢理念来处理好与客户的关系。要懂得有钱大家赚，要给客户留有空间，不能把事做得太绝。由于所有客户都有自己的立场和利益，不能苛求客户会过于放弃自己的原则和利益，要让客户深切体会到，购买自己的产品一定会为其带来利益；双方的长期合作会有更大益处。

（八）搞好与社区的关系

企业是社区中的一个"公民"，社区是企业无法选择的利益相关者。尤其是家族企业，也许他们的家族祖祖辈辈就生活在那个特定社区里。在促进共同富裕的过程中，处理好与社区各个方面的关系是所有企业都不应该忽视的事情。

第一，树立"合格公民"形象。既然企业是社区的"公民"，那企业就应该努力将自己营造成一个"合格公民"的形象。企业不仅要积极地投入到社区的环境、卫生、公共设施、公共服务，以及其他社区活动之中，还要通过不断投入一定的财力、人力担负起自己应尽的社会责任，营造出一个环境优美，人们生活充实，风清气正的社会氛围。

第二，加强与社区各方面的沟通。企业应主动向社区公众介绍宣传企业的基本情况，经常邀请社区居民进入企业参观、座谈，使社区公众保持对企业动态的了解；通过各种渠道及时平息公众对企业的误解；要设专门攻关人员研究社情民意，搜集社区居民对本企业的意见建议，并及时调整企业对社区的应对策略；社区毕竟是一个小社会，公众的类型复杂，这就要求企业要广泛结交朋友，接触多种类型的公众代表，广泛征询他们的意见和看法，然后通过他们将企业的一些信息扩散到整个社区中去。

第三，积极参与社区公益活动。企业尽可能将内部的非生产性的文化、体育、医疗等福利设施向社区开放，使社区居民分享或受益，以维护和社区长期和谐的睦邻关系。赞助各种社会福利事业，多行善举，争取社区公众的信任和喜爱。

第四，企业甚至包括企业的员工要时刻警觉自己的言行，避免与社区发生不必要的利益冲突，特别是对"三废"的排放和广告牌等的处理是否得当，在社区中树立为社区谋利益的积极形象。

二、家族企业参与乡村振兴的方式方法

家族企业做大做强自己，关照好各类利益相关者是参与共同富裕的首要任务。此外，家族企业响应党的号召，积极参与到乡村振兴之中，也是促进共同

富裕的应有之义。这些年来，许多家族企业已在实践中探索出一些非常好的做法和模式。这里，我们在对各种案例研究的基础上，概括总结出几个典型的模式，以供广大的民营企业、家族企业参考。我们知道，脱贫解困、振兴乡村就是为了实现共同富裕，它需要立足当地的资源禀赋和乡土文化、社情民意；需要统筹基础设施建设、产业发展、公共服务、生态保护和乡村风貌改造，并在统一规划之下分步实施、梯次推进。

（一）产业帮扶

根据所在地及帮扶对象的实际情况，由政府牵头对接双方的产业意愿，按照企业经营特点确定产业项目，通过建立经济合作组织如股份合作制等形式，引入资金、技术、人才和管理经验，帮助发展当地产业，通过产业的发展来带动乡村致富。均瑶集团的"光彩·均瑶公益慈善专项基金"模式最为典型。

（二）就业帮扶

一方面，企业通过在当地创办企业，为当地居民提供更多就业岗位；另一方面，在企业开辟绿色通道，根据低收入者的技能状况，专门提供一些工作岗位，帮助他们实现就业，提高就业者及当地居民的收入水平。齐齐哈尔百花集团成功地探索出一条就业帮扶之路。

（三）教育帮扶

企业通过选拔无偿资助贫困地区或村庄的学生完成学业，或者企业与村庄结对子为当地子女上学等提供一揽子解决方案，结对企业点对点进行资助，甚至可以通过契约方式约定，被资助对象完成学业后直接到结对企业就业，这样既可以解决贫困地区的子女就学、就业等问题，也可以解决一些民营企业用工问题。李锦记长期实施的"希望厨师"公益项目最具代表性。

（四）救助帮扶

对于授援地区的老弱病残等特殊群体，企业可根据各自需求的实际情况，给予专门的救助帮扶，比如有些贫困家庭发生大病医疗等，企业可以出资设立专项基金进行帮扶；对生活特困户根据政府兜底情况给予一定的资金和物品救助等。均瑶集团在"扶危济困，帮扶弱势群体"方面做得很出色。

执笔人：

中国社会科学院经济研究所研究员、博士生导师

剧锦文

山东大学商学院金融系主任，副教授、博士、硕士生导师

凌士显

巢湖学院经济与法学学院讲师、博士后

金 缦

江西财经大学应用经济学院讲师、博士、硕士生导师

凌鸿程

下篇　案例

案例一：李锦记集团

1888年，李锦记创始人李锦裳先生在中国广东省南水镇发明了蚝油，创立了李锦记。历经135年的发展，家族四代传承，李锦记由最早期的酱料业务，发展至中草药健康产业、中药材种植以及物业投资、初创投资、企业文化顾问等，业务多元化，足迹遍布全球。

很多人不禁要问，是什么力量使这个百年企业始终生机勃勃、充满活力，令一代又一代人奋勇前进？又是什么引领家族企业在自身发展的过程中始终保持对社会的责任反馈，成为优秀的企业公民？通过对李锦记的研究，我们发现持续处理好家族企业在家族关系、商业创新、社会资源之间的关系是非常重要的，而处理的原则来源于家族的价值观和家族精神。本案例尝试以家族价值观、制度保障、多方责任为线索，分享李锦记家族参与共同富裕的源泉、动力与实践。

一、李锦记的使命与共同富裕理念

崇高的梦想与使命感将会产生无比巨大的动力。作为一个有着近140年历史的家族企业，李锦记家族的第一个使命是"弘扬中华优秀饮食文化"，为了实现这个梦想，李锦记始终把满足人们的需求放在第一位，坚持永不满足、不断创新、永远创业的理念，不断推出凝聚着中华饮食文化精髓、美味质优的创新产品，并在全球推广中华优秀饮食文化，通过发扬传统文化实现美味互通、文化互通，让中国与世界更好地交流与融合。同时，还不断夯实中国菜系文化，助力中餐文化的传承与发展。

在李锦记家族追逐第一个梦想取得胜利的时候，他们又提出第二个使命，"弘扬中华优秀养生文化，共创更健康更快乐的生活"，将五千年中华养生文化与东方传统智慧结合现代高新科技，生产、销售健康产品，持续推广健康生活方式，提供养生产品，传承中华养生智慧。同时积极参与社会事务和公益活动，反馈社会，努力推动社会的进步和发展。

李锦记家族通过对中华文化的传承和弘扬，保留了中华民族的独有特色，并为世界各地的人们提供了品味中华美食、体验养生之道的机会。同时，这两个使命也激励着李锦记家族企业持续创新发展，在经济、环境和社会方面扮演着积极的作用，为社会的繁荣和共同富裕作出贡献。

李锦记在百年辛勤的创业中继承和发扬了优秀的中华传统文化，很有创意地树立了"思利及人"的企业核心价值观，并使它渗透到家族成员及广大员工心中。"思利及人"，即"做事先思考如何有利于我们大家"，他体现的是古人"修身岂为名传世，做事惟思利及人"朴素而辩证的思维，蕴含着深厚的哲学思想，包括了儒家仁爱、人和以及道家平衡与辩证的思想，不仅在企业管理、家族治理中广泛推广应用，更在承担社会责任、参与共同富裕方面起到规范和准则的作用。

在李锦记看来，做人做事并不避讳利益，但是"思利"要从"利人"中来，道出了从思利到得利的客观规律。简单讲，"思利及人"强调惠及更多的人，从你、我、他到我们，从个人到集体，从小家到大家，从群体到社会。"思利及人"不是只考虑某一个人或某一群人的利益，而是站在发展的角度考虑整体的利益，站在更高维度超越个人和眼前的限制，站得高，才能看得远。

二、李锦记集团参与共同富裕的实践

李锦记集团不断实践三大企业文化，包括："思利及人"，这是李锦记家族的核心价值观，奠定了营商及处事之道；"自动波领导模式"，糅合中西领导要诀，以吸引人才，让员工尽展所长；"永远创业精神"，鼓励把握机会，持续创新突破。以下将分别围绕李锦记集团旗下李锦记酱料、无限极、天方健三个业务单元选取代表性案例进行说明。

（一）李锦记酱料

李锦记酱料集团始创于1888年，历经百余年的发展，已成为家喻户晓的酱料品牌，是"质量与信心"的标志。李锦记酱料总部设于中国香港，并在其他地区包括新会、黄浦和济宁、美国洛杉矶、马来西亚吉隆坡设立生产基地。现时，李锦记酱料供应逾300种产品，销售网络遍布全球100多个国家和地区。

1.在产品责任上，坚持"100－1＝0"，坚持超越标准的高质量

李锦记始创于1888年，经历了130多年的发展，始终坚守着"100－1＝0"的质量管理理念，代表李锦记对质量的极致追求，对质量有百分百的坚持，才能达到零缺陷的标准。李锦记把食品安全和高质量放在首位，通过严谨的生产管理，确保为消费者提供安全可靠、口感美味的产品。因为对质量的坚守，让李锦记成为远销100多个国家和地区的跨国酱料品牌。

李锦记的质量管理理念得到了全球认可。2011年，李锦记新会生产基地成为美国食品药品监督管理局（FDA）在中国全国性审核活动开展以来，首家零缺陷通过审核的食品公司。此外，李锦记还分别于2008年及2010年成为北京奥运会和上海世博会的指定酱料和餐饮原辅材料供应商；又在2016年成为G20杭州峰会调味品供应商。这些荣誉不仅展示了中国企业和品牌的实力，李锦记透过酱料在国际舞台上发扬中华优秀饮食文化，也体现了李锦记一直以来对质量的极致追求和对消费者的承诺。

李锦记还与中国航天事业紧密合作。李锦记酱料产品通过高规格的质量、安全检测及口味的严格要求，成为航天员的佐餐酱料。自2012年起八度成为神舟飞船的航天食品。2016年，李锦记还参与"太空180"试验，为志愿者提供了8款酱料产品和航天微波食谱及食用酱料，李锦记也在这一年荣升为"中国航天事业战略合作伙伴"。2017年至2018年，李锦记与深圳太空科技南方研究院合作，研发3D太空食品打印机并共建"3D航天食品打印技术及功能性调味品联合实验室"，为中国航天事业又贡献了一份力量。此外，李锦记还在北京航空航天大学设立了"李锦记航天奖学金"，以支持航天人才的培养。

2022年，李锦记蚝油制作技艺入选广东省第八批省级非物质文化遗产，

李锦记亦入选广东省第八批省级非物质文化遗产代表性项目保护单位；同年，李锦记获得广东省政府颁发的质量奖提名奖，是食品行业首家获此荣誉的企业。

通过对质量管理理念的坚持、对消费者的承诺和与中国航天事业的合作，李锦记一直在不断创新和贡献。李锦记的梦想从最初的"有华人的地方就有李锦记"，发展到现在的"有人的地方就有李锦记"，随着不断参与祖国的飞天梦，没人的太空也有了李锦记的身影。无论是顺应市场需求，还是引导市场走向，李锦记始终坚持永远创业精神，这与国家不断探索太空、发展航天事业的奋斗精神不谋而合。同时，李锦记也持续用安全、美味、创新的产品，不仅为中国航天事业贡献力量，还为发扬中华优秀饮食文化作出了突出的贡献。

2. 社会责任上，推动中餐人才储备——"扶志+扶智"的公益模式

作为一家生产酱料和调味品产品的企业，李锦记一直致力于发扬中华优秀饮食文化，早在十余年前，深入观察到很多乡村孩子因为家庭经济困难而缺少机会实现自身价值之后，李锦记汇集各方力量，于2011年启动李锦记"希望厨师"项目，每年从全国公开招募有志从事中餐烹饪的青年，全额资助其入读国家重点职业高中中餐烹饪专业，并鼓励学员学成后投身餐饮企业，为中餐业发展培养未来之星。

李锦记"希望厨师"项目是一个长期工程，其意义不仅在于企业的慈善捐赠，更在于企业全程参与、重在育人的公益活动。迄今为止，项目惠及四川、重庆、贵州、云南、甘肃、山西、陕西、内蒙古等23个省市自治区，使超过53个国家级贫困县受益，先后帮助1 100余名青年圆了学厨梦。这个项目不仅体现了"思利及人"的核心价值，也体现了企业的社会责任和可持续发展的核心基因。

公益项目要结合机构或企业的自身发展战略来设计完成，要起到项目执行、资源链接平台搭建的作用，以实现公益价值最大化。李锦记认为，企业的社会责任应源于商业模式，并与企业的发展战略相融合。在"思利及人"核心价值观及"发扬中华优秀饮食文化"使命的结合下，李锦记真正将社会责任践行到了企业的发展战略中。经过十余年深耕，"希望厨师"项目整合和链接企业资源，搭建起了一个政府、企业、学校、用人单位、公益机构、媒体等社会

各界爱心力量参与共建的平台，体现了社会合力的共同富裕。

李锦记"希望厨师"项目作为一个长期公益计划，12年来始终与国家同频，通过企业的力量搭建了更宽广的共同富裕舞台，产生了良好的社会效益，不仅受到广泛关注和好评，也为践现2035年"全体人民共同富裕取得更为明显的实质性进展"这一远景目标作出了企业的贡献。

2023年，李锦记"希望厨师"项目将仍在北京、成都、广州3地开班，并计划在全国范围内招募100余名符合条件的有志青年学厨圆梦，为更多家庭送去希望。通过"希望厨师"项目，李锦记将企业使命和社会责任相结合，深入洞察受助人的真实需求，以创新思维整合链接多方资源，这种共创共赢的模式，为更多企业提供了启示和借鉴。

3.在环境责任上，积极回应国家双碳政策，实现绿色创新

李锦记新会生产基地设有多项环保节能设施，推动绿色生产，将绿色可持续发展理念作为长期战略去贯彻执行。2018年，新会生产基地荣获中华人民共和国工业和信息化部颁发"国家绿色工厂"称号，是江门市首家获此殊荣的食品企业。2020年更成为全世界发酵食品行业领域第一家获LEED铂金认证的企业，以表彰李锦记在环境保护和绿色生产领域的超卓贡献。新会生产基地于2015年正式启用太阳能光伏发电系统并在2019年完成第二期项目，总建设面积约50 000平方米。光伏发电系统的启用，使李锦记成为广东省新会区第一家使用光伏项目的大型企业。

李锦记亦是全球首间将地源热泵应用于酱油生产的企业。利用恒温的地热能源作调节，蒸发器和冷凝器能为酱油发酵提供热水和冷水，从而减少温室气体排放，以及水和电的消耗。此外，李锦记是江门地区首家应用人工湿地技术来深度处理污水的食品企业。湿地公园于2021年正式投入使用，面积约16 000平方米，利用自然生态系统每天净化达4 000立方米已处理污水。2022年，新会生产基地实行沼气发电，李锦记成为江门市首家以沼气发电的企业。同年，首台零碳氢能源物流专车正式投入试用，从物流环节助力实现碳达峰、碳中和。李锦记通过绿色低碳工厂的打造，助力江门这个风土人情、地域特色鲜明、富有魅力的城市落实国家"双碳"战略，为推进当地经济社会发展全面

绿色转型作出贡献。

李锦记新会工厂更成为全国科普教育基地，通过开展科普教育宣传，让消费者了解食品安全、环保等方面的知识。李锦记持续扩大绿色低碳经济的人文关怀，形成区域性的绿色出行、环保行动的人文氛围。2023年，李锦记新会义工队组织了当地多种丰富有趣的环保活动，如景区健步清洁和植树造林活动，以增强周边社区居民环保行动的意识与主动性，同时帮助社区居民和企业员工、员工家属培养良好的环保习惯。在绿色工程的系列人文活动中，既能让李锦记员工感受为环保作出贡献的乐趣，又能很好地从企业公民的角度，与社区公民携手，形成合力共同关爱绿色家园。

4.构建可持续发展共同体

2022年，李锦记的《将节能减排融入生产环节，打造可持续的绿色工厂》案例作为调味品行业可持续发展的行动标杆，入选《可持续消费中国企业行动报告》。该报告于2022年11月9日在联合国气候变化大会第27次缔约方会议（COP27）中国角正式发布，旨在为国际社会认识和把握中国企业可持续消费与生产情况提供参考，以此展现中国企业在应对气候变化，支持SDG 12负责任消费与生产方面作出的贡献和成绩。

此外，李锦记还在第二届和第三届中国国际消费品博览会"全球消费论坛"中，与各级政府、专业机构、国际组织、专家学者和媒体等多方资源，共同探讨绿色消费、可持续消费在中国的发展新趋势、政策新动向、前沿新实践，并持续性地对全球可持续消费倡议提供支持。李锦记加入全球可持续消费倡议不仅仅是一个口号，其在产品生产、制造的各个环节中，将可持续发展理念融入其中，并推动供应链绿色化发展，保护环境、造福社会、共享成果。

李锦记会继续肩负"发扬中华优秀饮食文化"的使命，为全球消费者提供优质的酱料产品，并积极反馈社会，实现可持续发展。

（二）无限极

于1992年成立，是一家以中草药健康产品研发、生产、销售与服务为主的企业，以"弘扬中华优秀养生文化，共创更健康更快乐的生活"为使命。无限极专注健康养生领域多年，拥有广东新会、辽宁营口两大生产基地，具备完善的科研体系及一系列自主研发产品，同时亦秉承独特的企业文化，营造创新氛围，不断精益求精。公司尤其重视员工、业务伙伴和顾客关系，务实达到"客企一体"，携手打造健康人生。

随着后疫情时代人们对健康养生的需求、对中医药和中华养生文化的重视，对副业、创业机会的渴望，无限极围绕健康、质量、员工、伙伴、环境、社区六大领域创新实践，为共同富裕贡献力量与智慧。

1.持续创新责任——中医药健康养生行业自身发展与国家战略有机结合

中国文化底蕴深厚，中医药文化源远流长，中医药是中国古代科学的瑰宝，是中华民族智慧的结晶，历来受到党和国家的高度重视，在维护人口健康和经济社会发展中有着重要的意义。当前，中医药已迎来了传承发展的历史机遇期，强化创新驱动在中医药发展中的战略作用，积极抢占科技制高点，强化中医药技术、产品的领先地位，服务和标准的主导地位，牢牢把握发展的主导权，将是我国中医药行业高质量发展的国家战略。

在推动行业高质量发展方面，作为一家融合了传统中医药文化与现代领先科技的中草药健康企业，无限极始终以传统中医药文化精粹为内核，在健康养生这条主赛道上不断深耕。2015年，无限极与中国中医科学院中药资源中心建立了"中国中医科学院中药资源中心无限极中草药质量研究联合实验室"，研究中草药分子生药与道地性、中草药安全性评价及中草药国际化等，参与了77项中药材团体标准的制定，如党参、人参、枸杞、灵芝、巴戟天等。同年，无限极还与剑桥大学共同成立了"剑桥无限极研究中心"，聚焦延缓衰老领域，通过分子生物等先进技术，研究中草药功效成分的筛选和作用机制。通过持续性的行业标准推进，无限极逐步推动着行业的高质量发展。

在推动行业科技创新方面，2020年12月22日，无限极与科技部国家重点研发计划项目组正式签约，共同开展"辅助降血尿酸新保健功能及清利湿热中医功效"示范研发工作。2021年1月9日，无限极参与的科技部国家重点研发计划"中医药现代化研究"专项（中药复方保健产品示范研发项目降血尿酸新功能子项目）正式启动。

目前无限极已拥有564项有权专利，包括"中草药复合多糖"在内的多项自主科研技术及核心自主知识产权。此外，无限极还计划在2020—2024年五年间加大研发投入，主要用于多糖、植物甙、延衰等重点领域进行核心技术的研究与转化，中草药产品核心技术、功效和安全的科学论证，以及对新原料、新功能的基础研究与攻坚。

无限极通过30余年坚持弘扬中华养生文化的历史使命，着力构建中医药跨区域、跨国界、跨学科、高度互动、网络化的创新体系，大力推进高校、科研院所与地方政府的有效协同，秉承思利及人的李锦记家族核心价值观，坚持科技创新的理念，实现了围绕无限极的中医药创新资源和要素的有效汇聚，对保障中医药产业持续和健康发展，进一步提高中医药产业的高质量发展，贡献了巨大的价值。

2.持续健康责任——坚持弘扬中华优秀养生文化的使命

习近平总书记高度重视中医药事业，多次作出重要指示，强调"坚持中西医并重，传承发展中医药事业"，并指出："中医药学包含着中华民族几千年的健康养生理念及其实践经验，是中华文明的一个瑰宝，凝聚着中国人民和中华民族的博大智慧。"特别是在抗击疫情的过程中，我国中医药深度介入诊疗全过程，发挥了重要作用，体现了自身重要的文化价值。此外，中医施治讲究标本兼治，急则治标、缓则治本，既重治标、更重治本。强调医乃仁术，不仅是治病的医道，更是治人的医道，其中所蕴含的以人为本、标本兼治的厚重人本精神与共同富裕理念有异曲同工之妙。

在企业共同富裕理念推广方面，为弘扬中华优秀养生文化，倡导健康生活方式，帮助更多人实现健康人生。无限极深入挖掘中医药文化的时代价值，积极推广"养生固本健康人生"的健康理念。作为第十三届全国政协委员，李惠森曾多次将中医药文化普及提上两会议程，2022年提交了《关于以中医药为依托推动中华文化海外传播的建议》《关于进一步推动中医药保健食品产业健康发展激发企业科技创新动力的建议》的两份提案，聚焦中医药产业、企业科技创新等方向，关注中医药行业的健康可持续发展。

在企业共同富裕的践行推广方面，李惠森建议充分利用中医药的文化传播优势，借用各类载体讲好中医药故事，在向海外传播中医文化的同时，国人的中医药文化普及更要加大力度。而企业和企业家在产品、科技研发的同时，更不能忽略对中医药知识的科普，通过不断的科技创新赋能中草药行业，并通过无限极的产业链不断推广中医药文化，通过真实、生动的故事更具象地将企业共同富裕的践行方法有效推广。

通过结合社区的文明实践活动，无限极深入开展的"养生科普进万家"系列活动，不仅进一步关注群众养生科普，积极打造健康科普知识传播平台，提升群众健康文化素养，让群众信中医、爱中医、用中医；还针对群众看病就医需求，让中医药为人民群众的健康保驾护航，为群众提供面对面、零距离的医疗服务，在家门口就能感受到高质量的医疗科普服务。

3.持续质量责任——"100-1=0"

质量的科技创新方面，秉持"东方智慧+西方方法"成立无限极全球科学顾问委员会。在后疫情时代，大健康已然成为当下的热点话题，每个人要做自己健康的"第一责任人"，这其中最关键的是增强自身免疫力。这使得无限极的增健口服液、维C等产品需求也出现5~12倍的增长，供不应求。在市场需求激增的情况下，无限极始终坚持"100-1=0"，力求做到质量管理零缺陷、产品安全零容忍、质量服务零距离。

高质量的产品供应能力离不开专业的研发平台和团队。为了进一步提升无限极的工厂供应能力，2022年11月，无限极将原"无限极科学顾问委员会"正式升级为"无限极全球科学顾问委员会"，由来自全球不同国家和地区的多学科、多领域的中西专家组成，将传统中医药的智慧与现代科技方法相结合，持续在不同健康需求领域为无限极提供专业咨询与技术支持。位于广州无限极广场的无限极全球科研中心，总建筑面积1万平方米，拥有79间实验室，其中专业实验室61间，配备价值超过1.1亿元的国际先进仪器和设备。为了给消费者带来绿色、健康、高质量的产品，无限极通过"无限极全球科学顾问委员会"的组织能力升级，构筑设备齐全、先进的实验室，多学科专业人才队伍，并通过持续的研发投入，有力地保障了无限极的产品质量，并从而持续通过高质量产品对消费者有效需求进行持续供应，从质量责任上助推企业的共同富裕承担。

4.持续员工责任——帮助员工实现健康、家庭、事业三平衡

在长期就业承诺方面，无限极面对不确定的内外部环境，打造敏捷组织，始终坚持在能力范围内，为员工提供有竞争力的薪酬福利，并通过开展"X计划"等定制化人才培养项目，帮助员工获得持续成长与创新的能力。立足于健康和养生的主赛道，无限极拥有行业先进的职业发展平台，支持人才的学习与发展多个管道，为员工职业发展的每一步铺路，提供多元化的发展机会。2020年12月15日召开的"直销在保就业中的作用评估"研讨会上，北京大学中国直销行业发展研究中心发布的研究报告指出，自2005年立法以来，商务部根据法规核准了91家企业获得直销许可。据估计，15年来，可能有超过1 000万人成为这些直销企业的直销员，相当于为社会提供了170万个正规的就业机会。其中无限极作为获得直销许可中，拥有较高质量直销队伍的企业，也同时引领着行业在保就业方面作出杰出贡献，通过鼓励和带动更多的女性就业，推动企业有效践行共同富裕。

增加就业机会方面，在2022年无限极创业30周年庆典大会上，李锦记健康产品集团主席李惠森宣布了无限极使命升级的消息。升级后的企业使命为："弘扬中华优秀养生文化，共创更健康、更快乐的生活！"站在企业发展的新起点，李惠森以《共创更健康、更快乐的生活》为主题，分享了他对无限极未来发展的思考。李惠森表示："今天，世界充满变化和挑战，但机会也来自变化之中。后疫情时代，人们对健康养生的需求、对中医药和中华养生文化的重视和对副业、创业机会的需求等都在增加。未来，我们要为更多人创造更大的价值，就必须顺应趋势、主动求变，而首先需要再次明确的就是我们的使命。"这对鼓励无限极增加创业机会，与更多认同养生文化的消费者、经销商、合作伙伴与社会各界携手同行，承担更大的社会责任，共创美好未来的"共创"模式提出了更高的要求。

在关注职业健康方面，无限极同时营造包容、开放的工作氛围，提供无微不至的职场关怀。"倡导三平衡，创业更持久"是无限极在践行共同富裕战

略目标下一个独特的优势，"三平衡"——健康、家庭、事业的平衡，作为人生的三大支点，缺一不可。无限极倡导健康第一，家庭第二，事业第三，力求让广大业务伙伴在达成目标同时实现三平衡，让创业更持久。无限极企业鼓励创业合伙人，落实健康养生理念，成为健康快乐的践行者。很多创业合伙人从不懂养生、不会养生，到不断积累健康养生知识，拥有了健康的体魄和生活方式，变得更健康、更美丽、更有活力。

同时，无限极企业鼓励通过在线、线下结合的多场景化营销创业计划。包括在线购物、直播带货、社交电商等新业态领域，通过转型与创新来寻求未来发展的新方向。2020年是无限极"五五计划"的启动之年。顺应数字化大趋势，无限极于"五五"计划期间与腾讯智慧零售启动战略合作，通过数字化升级，创新"直销×社交电商"模式，实现服务、体验和效率的升级。可帮助无限极的创业合伙人并根据顾客的喜好和习惯精准分享、高效沟通，实现快速的协同发展和共同富裕。除了消费端直播带货，无限极还创新地把直播模式引入了生产端。通过直播连线，邀请公众参观企业复工复产的情况，无限极"透明工厂"——新会和营口的两大生产基地，首次在线对公众开放，跟随直播镜头和主播的生动讲解，消费者可以直观地了解到高质量健康产品的生产流程，亲眼见证无限极对质量的严格把控，增强消费者对品牌和产品的信任度。

5.持续环境责任——构建更好的共同富裕环境

在建设绿色工厂方面，为积极落实"双碳"目标，应对气候变化风险挑战，无限极不断探索在生产、运营、办公等各环节的低碳发展。2022年，位于辽宁省营口市的无限极生产基地，继李锦记新会工厂之后，也荣获了"绿色工厂"称号。跟随着李锦记新会绿色工厂的步伐，无限极营口绿色工厂也在持续进行低碳减排。2023年3月8日，光伏项目发电启动仪式在无限极营口生产中心举行，无限极营口生产中心光伏发电项目铺设规模达14 000平方米，装机容量1.37MW，年发电量1 634.9兆瓦时，减少二氧化碳排放量1 450吨，二氧化硫排放量49吨，相当于1 800多户家庭全年用电总量，并同时借鉴新会绿色工厂的社区照料方式，余电入网，用以对当地居民的绿色出行和生活，提供额外用电支持。

同时，李锦记家族通过鼓励旗下各企业减少环境污染，降低能耗和废排，实现与工厂当地居民和环境的共呼吸，无限极与李锦记酱料集团协同多地区、多工厂的绿色创新投入，充分利用余电共享的方式，为当地居民提供生活便利。

在推动绿色物流方面，无限极物流推广"两箱一车"模式，将低碳环保要求落实到供应链，并每年可减少碳排放7 000多吨。在物流运输中高频大量使用的纸箱，普遍存在着过度使用乃至浪费的情况。在降本增效的大趋势下，减少运输资源浪费是企业亟须解决的一个问题，就此无限极开启了"两箱一车"的模式来减少对资源的消耗。

在生产和配送环节，分别采用了"生产循环箱"和"销售循环箱"，"生产循环箱"用于生产端，用来配送原材料到工厂，以及投入生产车间进行拣货打包，并负责装运货物到全国22个配送中心，卸货后，再返回工厂投入下一次使用。当货物到达配送中心后，会改由"销售循环箱"装箱配送至无限极7 000多家终端门店，门店签收货品后，"销售循环箱"会被回收到配送中心再次利用。按照无限极在全国投入使用生产循环箱5万个，销售循环箱8万个估算，每年可以节约纸箱约170万个，减少碳排放3 300吨。

在环保用车方面，为降低燃油碳排放量，无限极自2022年开始在全国共投入70辆新能源车(包括电动车和氢能源车)用于物流配送，根据使用场景的不同，经估算一年可减少碳排放4 252.5吨。根据无限极的计划，到2030年将把新能源车的数量增加至110辆。该模式的环境效益、社会效益、经济效益得到了业内认可，在新近公布的"2022金蜜蜂企业社会责任·中国榜"中，无限极获评"ESG竞争力·双碳先锋"，并入选《2022年金蜜蜂责任竞争力案例集》。

在循环利用方面，无限极利用自身技术优势，先后开展了多个中药渣生态利用研究项目，证实药渣可在发酵饲料、食用菌代料等多个领域进行利用。针对中药产业中会产生的大量中药渣的处理，行业现行的处理方式相对粗放，一般采用堆放、填埋和焚烧的方式处理，各大企业每年用于处理药渣的费用支出也非常巨大，且中药渣综合利用存在易腐败、多样性、利用成本高等诸多技术问题，这使许多该领域的研究成果鲜少能实施应用。

无限极研发人员通过药渣特点、利用途径、技术研究重点分析等研究以及与权威学术机构、企业合作，将"中药渣发酵型饲料的研制与开发"的研究成果投入实施应用。自2010年7月起，无限极研发中心与华南农业大学、广东微生物研究所、广东天地食品集团等机构共同开展无限极中草药渣综合利用项目，并成立无限极中草药渣生态利用示范基地，先后开展了多项中药渣生态利用科研实验，证实了药渣可在发酵饲料、食用菌代料等多个领域进行利用。

到2021年，无限极实现4 100吨药渣100%循环利用，推进产业化转化。2011年12月，在中草药渣综合利用项目实现环境效益的基础上，进一步结合无限极的战略进行产业化转化，以增健药渣饲料喂养的土猪与著名的腊味传统配方、工艺相结合，制作出品质上乘的腊味产品。无限极通过持续开展的中药渣循环利用的研究和应用，使药渣变废为宝，实现资源循环再利用，同时具有成本较低、效益更高等特点，为推动地方环境保护，保护青山绿水作出贡献，也进一步为企业践行共同富裕提供较好的实施方案。

6.持续社区责任——打造共同富裕新思路

在社会捐赠方面，依托"思利及人公益基金会"平台，在高等职业教育、足球普及、志愿者服务等方面持续投入，同时依托分公司及广大志愿者团队，为各地社区提供及时、有效的帮扶，助力乡村振兴。

"思利及人公益基金会"是由无限极于2012年正式成立的非公募基金会，在秉承"思利及人"核心价值观下，以关注大众健康，凝聚社会爱心力量为己任，推动社会和谐与进步。基金会公益活动主要包括五个方面：

第一是"关注大众健康"，通过对无限极主业生产、销售过程中遇到的社区照料，提供公益服务。第二是"助力乡村振兴"，回应乡村振兴战略，为偏远地区的弱势群体、学生和教师提供健康赋能。第三是"支持低碳发展"，保护地球生态环境，应对全球气候变化，回应国家"双碳"目标，促进人与自然和谐相处。第四是"助推教育赋能"，主要针对教育发展项目，关注、支持经济欠发达地区的青少年教育事业及其他教育发展项目，通过对特殊群体的帮助，关注和帮扶低收入家庭，对持续降低和消除贫富差距助力。第五是"支援应急救灾"，直接针对弱势群体和受灾群众进行财物、金钱以及志愿服务的帮助，帮助弱势群体，扶危助困，为重大灾害提供援助。

在"关注大众健康"方面，思利及人公益基金会于2023年3月携手广东新快报社和广东省妇幼保健院的医生一起走进梅州市龙村镇水南小学，为孩子们带来口腔健康科普讲座、涂氟治疗，以及牙膏、书籍和慰问礼品等一批爱心物资。

根据2005年发布的第三次全国口腔健康流行病学调查和2017年发布的第四次全国口腔健康流行病学数据相比，我国近十年来儿童患龋齿的情况呈上升趋势。调查显示，我国5岁儿童龋齿患病率为70.9％，农村儿童口腔健康更是不容乐观。故而，无限极的思利及人公益基金会组织安排了无限极的研发工程师、中国牙病防治基金会认证的"健康口腔推广大使"们，为水南小学的孩子们带来有趣有料的科普小课堂，还为学生们送上了由无限极编写的《口腔健康预防保健是关键》的口腔科普书籍，帮助他们更好地学习口腔知识。

2022年6月由无限极与供应商合作伙伴组成的"无限极公益联盟志愿者协会"走进了江门市新会区三江镇九子沙小学，开展"童心抗疫 呵护成长"活动。无限极志愿者为该校学生普及了健康防疫知识，助力乡村孩子健康成长。自2018年起，无限极携手信息时报社，利用每年暑假举办"小候鸟"主题活动，先后组织"小候鸟"家庭参观广州地标广州塔、开展科技夏令营、游览岭南印象园、开展"昆虫探索大发现"活动，希望通过亲子交流，促进社区内忙碌而辛苦的流动家庭，可以认识社区，融入社区并健康生活。通过类似这样的健康活动，帮助社区内的民众加强健康意识，做健康养生的分享者、传播者，共创更健康、更快乐的生活。

在"助力乡村振兴"方面，无限极自2004年以来，连续19年携手"中华健康快车基金会"，以捐款、捐物、志愿者服务等多种形式支持健康快车扶贫治盲公益事业，参与支持的活动包括：火车医院探访团、亲子探访团、"一带一路"国际光明行、慈善演唱会、自驾车光明行等。截至2022年年底，已累计向中华健康快车基金会捐建眼科中心一家、为超过6 500名欠发达地区低收入患者实施免费复明手术。

2006年，无限极携手中央统战部启动"乡村中小学教师培训班"项目，为超过160多名乡村教师培训赋能。2019年，该项目又邀请来自贵州、甘肃两地5个定点扶贫县的100名乡村中小学教师，组建"定点扶贫县乡村中小学教师培训班"，资助乡村教师到广东广州的高校接受教育培训。

2015年，"无限极童梦阅读空间"公益项目正式启动，立足于李锦记的故乡——广东江门，通过改造学习阅读环境，投入长期服务的志愿者资源，设置科学的管理运作模式，让书香伴随孩子健康、快乐地成长。截至2023年5月，累计投入137万元，在9所乡村小学落地，受益学生6 200名，人均每周阅读时长增加2小时。

在"助推教育赋能"方面，无限极自2013年启动并持续推进"思利及人助学圆梦"项目，以职业教育赋能青少年。该项目覆盖全国30个省市（含直辖市/自治区），开设了44个助学圆梦班，投入超过2 600万元人民币，有效解决困境青少年教育、就业问题，助力"乡村振兴"，促进义务教育优质均衡发展，城乡一体化和农民富裕富足的共同富裕。

2022年，无限极"思利及人助学圆梦"项目帮助20名低收入家庭的青年学子顺利通过资格审核，入读了海南卫生健康职业学院护理专业。这是"思利及人助学圆梦"项目于2019年进入海口以来捐赠设立的第二个助学圆梦班，也是思利及人公益基金会设立的第22个"思利及人助学圆梦班"。为了这20个孩子，无限极通过思利及人公益基金会出资50万元人民币，将资助他们完成三年的学业。

与此同时，无限极通过"思利及人公益基金会"捐资设立的"思利及人助学圆梦班"在新疆轻工职业技术学院持续资助这些食品与生物技术专业的优秀学生在学院完成学业。目前毕业的45名同学中，有18名选择了继续升本科学习深造，其他27名已经在食品检验公司、食品加工厂、村委会、警务站等单位签约就业，大家对未来充满信心。该项目对助力学子掌握一技之长，"技能改变人生"产生了积极意义，也是"学校+企业+政府+社会组织"多方联动的成功探索。

自2015年以来，无限极联合中国青少年发展基金会，首次推出并持续运营了中国为农村与贫困地区小学儿童打造的足球公益项目——"希望工程·无限极快乐足球"。项目集快乐捐赠、快乐支教、快乐球场、快乐培训、快乐成长等为一体。经过6年的坚持，项目已经覆盖全国30个省（区），开展了178次支教，让全国超过100所学校5万多名学生受益。项目至今已累计捐款捐物1 900万元，在这些捐赠的支持下，已有超过100所乡村小学受到足球方面资助。项目先后获得"2015中国社会责任优秀案例奖""2016社会创新项目百强""2016中国优秀企业公益项目""2016中国外商投资企业履行社会责任优秀案例""2017年中国志愿服务好项目""希望工程30年·突出贡献者"等荣誉。

无限极自2015年，于内江师范学院选派多名支教志愿者在贵州、云南、甘肃、吉林、陕西、山西、四川等省近20所偏远小学，进行足球教练的支教活动。经过7年的坚持，项目已经覆盖全国30个省（区），开展了178次支教，让全国100余所学校5万多名学生受益。通过支教的自愿奉献方式，鼓励不同地区、不同年龄层的青少年间的教育交流，为社区融合和差距消除提供了有效途径。

类似这样的专注于"关注大众健康""助力乡村振兴""支持低碳发展""助推教育赋能""支援应急救灾"等领域的社会捐赠和项目资助，思利及人公益基金会承揽数十个，并在推进社区内不同特殊群体的共同照料、共同富裕提供落地解决方案。此外，依托基金会，无限极打造覆盖全国的百余个志愿服务站，并组织近万名（其中有超过7 000人在"中华志愿者协会"登记注册）志愿者，开展志愿服务700余场次，自愿奉献，以实际行动弘扬新时代的志愿服务精神。

通过青年志愿者在共同富裕志愿服务中踊跃参与、奉献有为，能够促进青年参与共同富裕进程：一方面志愿者关爱和帮助城乡群众，解决生活与发展困难，实现共同富裕；另一方面吸引和激励广大群众参与志愿服务，在奉献爱心、充实自我的过程中实现精神的提升，丰富共同富裕的内涵。在这一过程中，无限极通过基金会不断招募和壮大的青年志愿者队伍，发挥了先锋力量、创新力量、活跃力量，为实现共同富裕而不断贡献智慧和创意、爱心和热情；也能同时激励青年参与在共同富裕中的比重，使得具有共同富裕理念下的社会帮扶生生不息。

（三）天方健

作为李锦记集团成员，天方健（中国）药业有限公司于2015年成立，主要业务包括中药材、中药饮片、药食同源等产品的经营销售。天方健以正本清源，推动中药行业健康发展为使命，独创天方健种植管理模式，构建全产业链质量安全管理体系，从源头基地种植、采收、初加工、运输到仓储各环节保障中药材质量安全，做到全程可追溯，为大众提供"高质量、好功效、真道地"的中药材产品。

秉承李锦记百年传承的家族企业精神，天方健自创业以来，始终不忘思利及人、务实诚信、造福社会、共享成果的初心。天方健在践行共同富裕战略目标时，将重点围绕"乡村振兴""循环经济""收入保障"予以体现。

1.打造农业共同富裕新思路——天方健＋合作社＋农户一体化乡村振兴创新合作模式

"天方健＋合作社＋农户"的基地种植模式，以及"天眼"产品可追溯系统的建成，标志着天方健与药农形成了"一损俱损、一荣俱荣"的市场共生关系。"我们对于优质农户进行重点扶持，不仅给予资金支持，还优先提供菌种、农药、生产资料、种植技术服务；对于表现不足的农户予以辅导改进，对不合格的农户适时淘汰。"此外，天方健通过中药材种植管理模式培训与认证，有效带动了当地农户的农业技能提升，从而长久的带动就业和收入提高。天方健认为，这有利于让农户摆脱依赖的心态，凭自身的努力创业致富，确保精准扶贫真正发挥实效。为降低千百年来农业"靠天吃饭"所面临的多种自然风险和市场不确定因素，天方健还采取多种手段确保农民持续增收。天方健推出的"种植风险基金"，可为受损种植户提供一定的资金资助；"价格保障制度"，可与药农一次性签署种植协议，并提前约定回购价格及数量，进而规避了种植户盲目跟风种植的弊端。

截至2023年，天方健在全国拥有超过30个中药材品种及50个天方健认证的中药材种植基地。基地年产药材近千吨,带动中药材行业发展,令过百农户实现增收。通过"天方健+合作社+农户"的基地种植模式,并配套有"基准价+浮动价""风险基金"等各项保障措施,大大提升农业全行业种植水平和生态管理水平,有效带动农户增收致富,打造真正的产业化共同富裕体系。

2.打造循环经济——践行李锦记的可持续发展倡导

真正实现"青山绿水就是金山银山",不仅需要在生产环节注重减排环保,还应以共同富裕为目标,在循环经济上、引导农业产品多元化消费结构、发展循环农业上下功夫。

首先,在传统的茯苓种植模式上,为了降低农民采取整片砍伐、随砍随种、损害植被、破坏生态环境的传统农业模式,天方健与供应商积极寻求种植模式上的创新:不仅将传统的刀耕火种成功改进为"坡改梯"模式,还推出茯苓与油茶套种新手段,逐步实施林木流转与间伐,此举大幅提高了农民的收入,更改善了日益严重的水土流失状况。秉承"好产品是种出来的"产品理念,天方健也从发展循环经济中受益。

其次,在赤灵芝种植模式上,自2016年开始,天方健与广东微生物研究所及上海农科院合作进行技术研究,在陕西省汉中市及四川省绵阳市自建赤灵芝基地,就产地现有菌种出现严重退化,食药用菌栽培产生的资源浪费和环境污染问题,天方健不仅研究解决了赤灵芝有效成本含量低于《中国要药典》标准的问题,还同时利用循环经济,有效改善了产地现有菌种退化严重的现状,并提升全行业灵芝产量及全行业灵芝种植水平,为当地的循环农业、环境保护和持续发展提供了基础建设。

3.助力乡村振兴——构建道地原料溯源中药材生态圈体系

多年来,由于中药材的质量和产量无法保障,小农散户种植模式难免滋生造假、农药残留等不良现象,直接危及消费者对保健品的信心。天方健秉承"思利及人"的家训,就此开启了一场企业经营与精准扶贫政策相结合的社会试验。

首先,在育种源头方面,构建中药材生态圈。育有良种是落实"科技兴农"政策的第一步。接到天方健的邀请函后，上海农科院、广东微生物研究所等科研单位的专家也加入扶贫队伍，企业与科研单位联手研发新菌种，并对现有菌种进行提纯复壮，迅速改善产地现有菌种退化严重的现状。农业专家还走进田间地头，为农户提供高效的生物农药、病虫害防控的方法，技术帮扶补齐药农技术短板。在这种交互式学习、培训和生产中，药农的种植技术也迅速提升。

其次，在助农方面，构建中药材共同富裕生态圈。天方健为农户无偿提供"中药材种植管理模式"的培训和认证。通过天方健"中药材种植管理模式"认证后，药农可借助一整套现代化、规范化和标准化的种植方法，大幅提高中药材的产量和质量。

最后，在保证农户经营安全方面，天方健通过一系列保障措施，对"谷贵伤农、谷贱亦伤农"的农户经营问题进行风险管理。以往，药材种植分散粗放，全凭感觉和经验，不仅产量低还会导致有效成分含量不足，难以达到《中国药典》要求，农民更难以从广种薄收的经营模式中受益。天方健所带来的"天方健+合作社+农户的一体化乡村振兴创新合作模式"，不仅使农药残留和重金属超标问题不复存在、产品质量有所保障，还通过天方健向农户提供风险基金和预付款，签订长期订单，彻底解决了农户经营的"愁卖"难题。

多年来，天方健的签约农户以每年20%左右的收益增长，家庭年收入则从3万元增长到15万元，犹如滚动的雪球，加入生态圈的农户队伍迅速壮大。据公司统计，目前已在全国19个省区市建有40个中草药种植基地，包括华南地区的巴戟天、芡实、龙眼肉，西南地区的三七、茯苓、砂仁，东北地区的人参、五味子，西北地区的党参、当归、黄芪，以及华中地区的灵芝、茯苓。每新建一处种植基地，至少可吸纳20个种植大户，进而带动100人就业。此外，还在种植基地周边建有初级加工厂，又可创造至少50个就业岗位。

天方健率先打造"构建中药材生态圈""构建道地原料溯源体系"，确保种植、加工、研发、生产、销售、服务的全程可管控、可追溯——其不仅加强对源头采购的监管，还重点培养药农的产品文化和市场观念，通过中草药种植基地，吸引了在外务工人员回乡做药农，不仅提高了药农收入，还实现了家中老有所依、少有所养，真正为乡村振兴找到共同富裕之路。

三、结论

（一）家族核心价值观和使命是企业勇于实践共同富裕的家族基因

思利及人、务实诚信、造福社会、共享成果的家族精神，不仅是李锦记企业文化的重要组成部分，也是企业成功的重要因素之一。对李锦记而言，共同富裕的提出与"思利及人"的文化基因和经营秘诀异曲同工。"思利及人"是指"做事先思考如何有利于我们大家"，可以说李锦记家族的价值观不仅从初期就与国家共同富裕思想高度吻合，还通过百年践行，对我国其他家族企业在参与共同富裕的行动上给予有效的行动参考。

首先，"思利及人"作为一种企业家精神，旨在通过商业活动为社会创造价值，这种精神不仅要考虑李锦记自身的企业利益，也要关注社会的需求和福祉，同时与共同富裕战略目标中提出的"希望让社会上更多的人分享经济发展带来的红利，实现全体人民共同繁荣"的期望不谋而合。

其次，我们清晰地看到"思利及人"这一核心价值观是李锦记130多年发展中每一项决策的标准，是可持续发展的保障，它将中国传统文化的智慧与现代的利益相关方思想有机结合，是对参与共同富裕与企业核心价值观融合的最直接诠释。这种融合，体现了企业存在的理由和价值，是基业长青的根本性基础。

最后，在对共同富裕的持续实践中，李锦记家族将"思利及人"的精神融入企业文化中时，通过实现盈利和反馈社会的平衡，实现为员工提供更好的福利、创造更多的就业机会，缩小贫富差距，实现共同富裕；在外部坚持创造社会价值，促进多维度的平衡和协调发展，从而促进共同繁荣。

（二）积极参与共同富裕的实践也助力家族成就百年基业

李锦记历时百年、穿越经济周期持续发展，在现阶段更显弥足珍贵，为我国大量的家族企业在家族传承、家族企业可持续发展、推动共同富裕和社会效益平衡等方面，提供丰富的借鉴素材。

通过李锦记酱料集团的绿色工厂、"希望厨师"项目；无限极共创更健康、更快乐的生活、"思利及人助学圆梦"项目；天方健"天方健+合作社+农户"的乡村共同富裕和构建中药材生态圈等众多涵盖面广、社会效益显著的活动，不仅体现了李锦记家族积极参与共同富裕这一国家战略的热忱，还展现出其在承担社会责任、带动地区经济可持续发展方面的战略眼光与高水平。

以家族精神为引领，制度为保障，通过各业务职能的联动与实施，快速带动集团各业务单元承担共同富裕的积极性，并很好地协调了外部相关方和企业的配套合作，打造可持续践行共同富裕的生态圈。

家族企业目前在中国的民营企业中占有重要份额，李锦记家族的成功让我们感受到家族企业更有利于传统文化中社会责任基因的传承，更有利于快速吸收现代管理的经验，这是家族企业参与共同富裕实现可持续发展的优势。李锦记家族的经验具有更广泛的借鉴意义和现实作用，希望能为更多的企业所借鉴，在中国涌现出越来越多的以基业长青为目标、以推动社会共同进步与繁荣为企业愿景的优秀家族企业。

案例二：红豆集团

红豆集团创始于1957年，现有员工近3万名，产品从最初的针织内衣，发展到服装、轮胎、制药、园区开发四个领域，居中国民营企业500强前列。红豆集团创立66年来，一直坚持"共同富裕，产业报国，八方共赢"的企业使命。目前，集团拥有十多家子公司，包括红豆股份（600400）、通用股份（601500）两家主板上市公司，紫杉药业在新三板挂牌公开交易，分设美国纽约、日本、新加坡、泰国等境外机构。在柬埔寨王国联合中柬企业共同开发了11.13平方千米的西哈努克港经济特区，成为"一带一路"的样板。

一、三代传承的历史回溯

（一）周林森：带领大家致富的第一代创业者

红豆集团企业党建一直走在全国前列。1992年，红豆集团已有50多名党员。1997年就成立了集团党委。2020年年底，党员有1 300多名，下设3个二级党委、13个党总支、116个党支部，建立了纪委、工会、妇联、共青团等党群组织，创办了红豆报、红豆电视台、红豆党建微信等工作平台。

很多参观者慕名而来，几乎都会问同一个问题：红豆集团第一个党员是谁？他们得知是周林森，并且在1959年就已入党时，纷纷发出赞叹之声。那一年，红豆集团前身（互助社）刚成立两年。

周林森原先是弹棉花的农村工匠。1957年，他和几个弹棉花手艺人，响应国家关于"小手工业者组织起来"的号召，利用小集镇旧祠堂，办起了一个弹棉花、扎扫帚、做草席的小手工作坊。当时成立的组织叫互助社，类似现代企业意义上的合伙制企业。只不过，互助社属于集体，而现代合伙制产权属于私有。可以看出，红豆集团从成立那天起，就有共同富裕基因。此后经年，这个企业组织模式即便历经变化，互助、共富基因依然在其血液中流淌。

当时主要合伙人有周林森、蒋元生等，最多时有17名成员。他们靠简单的生产方式，为了美好生活愿景而奋斗。

在后来的一份新闻报道中，曾这样描绘当时的情景：20世纪50年代中期，中国一切事业的发展百废待兴，生机盎然。陈墅，这个江南小镇仍抱拥着乡村特有的平静和安宁，在逐步恢复的生产和生活中渐渐苏醒。沙子江畔，夜晚的马提灯、小油灯、洋蜡烛，纷纷亮起来，星星点点，倒映在波光粼粼的河面。周林森夫妇坚持几十年风雨砥砺，周家棉花小作坊一灯如豆，在沙子江畔的万家灯火中亮的时间更长了。

周林森是翻身农民，体验过旧社会的苦，也品尝过新社会的甜，目睹了共产党为广大劳苦大众争取自由平等所做的牺牲，所以他以感恩的心态，响应党和国家号召创立合作社。由于表现积极，周林森1959年入党，成为厂里第一名党员。入党后，他时刻以高标准要求自己，一心扑在工作上，甚至把家搬到工厂，起早摸黑，勤劳无私。

劳动过程是辛苦的，也是快乐的。弹棉花的人必须戴口罩，一天下来口罩就由白色变成了灰黑色，这个活不仅脏，而且还是个重体力劳动，大冬天干活常常只能穿一件衬衫。晚上没有电灯，只能点着油灯，在灰暗灯光下干活。周林森年长些，会主动照顾大家，大家也愿意和他谈心、说事儿。

1963年，小作坊开始织造土布，企业更名为回纺厂。1964年，由于弹棉花时吸入过多棉花粉尘，辛苦了一辈子的周林森在肺病折磨下离开了人世。那年，他才54岁。

年华虽逝，但第一代创业者勇于奋斗、追求共富、甘愿奉献的精神，成了红豆集团宝贵的精神财富，不断传承发扬。

（二）周耀庭：临危受命带领企业渡难关

1943年4月出生的周耀庭，1971年光荣入党，后来做了村支部书记。改革开放后，他率先摸索种西瓜、养拉毛兔、养地鳖虫等方法，带领村民致富，成为远近闻名的能人支书。

1972年以后，土布市场萎缩，回纺厂苦苦挣扎。1976年春天，无锡港下人民公社重新派人担任厂书记，回纺厂起死回生。1978年，工厂创立"山花"商标，生产针织服装，厂名也改为"针织厂"。

1983年年初，这家厂奄奄一息，面临倒闭。周耀庭听从乡党委调令，从港下镇荡上村党支部书记岗位调任濒临倒闭的港下针织厂任厂长。

这意味着周耀庭要离开村支书岗位、放弃家庭富业，全身心投入到港下针织厂工作。当时，他不是没有犹豫过，但回想童年很长一段时间随父亲住在回纺厂，工厂里凝结着上一代人的创业足迹和心血，于是便决定服从组织安排，走马上任。

经过近30年的艰苦努力，凭借独特的经营思路，周耀庭把一家名不见经传的乡办小厂，发展壮大成为国务院120家深化改革试点企业集团。

1994年，红豆服装被评为中国十大名牌，周耀庭获评全国优秀乡镇企业家和全国农业劳动模范；1995年，周耀庭被全国十大新闻单位推选为唯一的中国新农村新闻人物。多年来，周耀庭还先后获得几十项省级以上荣誉，如紫荆花杯杰出企业家贡献奖、"改革30年30人"称号、民营经济40年风云人物，等等。他还是九届、十届全国人大代表。现在依然担任红豆集团股东会会长，无锡耀庭慈善基金会名誉会长。

周耀庭说，支撑他前行的力量主要来自两方面：一是心中的理想，就是带领家乡父老乡亲脱贫致富；二是党组织，在企业最困难时，是工厂党员的先锋模范作用和党组织的战斗堡垒作用得到了充分发挥，才解决了一个个难题，渡过了一个个难关。

（三）周海江：大家选出来的领导者

红豆集团三代创业人都是中共党员。他们都以成为中共党员为荣，创业过程中始终对党怀有一种特殊感情。这种感情孕育红豆诞生、呵护红豆发展、培育红豆成长。这种感情，也让他们面对人生选择时，不再迷茫。周耀庭如此，周海江依然如此。

20世纪80年代，周海江在改革开放最前沿的深圳大学读书，光荣在校入党，并成为该校首届毕业生。毕业后，他被分配到河海大学教书。当时，周耀庭带领着红豆已进入正轨，但却苦于无法通过正规渠道获得大学生，这让他非常着急。当时，厂里清一色农民出身，多数是小学生、初中生，高中生都不多，更别提大学生。那个年代，大学生归国家分配，不可能给乡镇企业分配大学生。厂里的关键技术人员，也是周耀庭高价从上海请来的老师傅。企业小打小闹可以，做大了没有人才当然不行。这不是周耀庭一个人的窘境。当时，中国改革开放积累的势能正喷涌而出，全国发展势头迅猛，各种生产要素极其紧俏，别说是大学生，就是中专生，当时也是一家供百家求。在此历史大潮下，无锡一个乡镇小厂，吸引不到急需人才，一点也不让人意外。无奈之下，周耀庭动起了自家人的主意，力劝周海江回乡。既是大学生，又是大学老师，还是中共党员，有知识、见过世面，这样的人才上哪儿找？出于对党改革开放政策的信任，以及中共党员的胸怀和责任，周海江没有太多犹豫，忍痛辞职，放弃了大学"金饭碗"，来到前景不明的小厂，捧起乡镇企业"泥饭碗"。作为红豆引进的第一位党员大学生，周海江从普通员工干起，车间主任、分厂老总，他几乎干遍了红豆所有基层岗位，直到2004年通过海选任集团总裁。2017年1月，周海江以高票接任董事局主席兼CEO，全面掌管红豆集团。从普通员工，到红豆新当家人，周海江整整干了30年。

作为集团新当家人，他牢记自己首先是一名中共党员。名片上"党委书记"头衔总是放在前边，提出并践行"铸就红色品格，打造绿色企业，建设幸福红豆"的发展理念。"铸就红色品格"就是注重党建，守法经营、产业报国。"打造绿色品格"就是发展生态绿色产业，积极履行社会责任。"建设幸福红豆"，就是不断提高员工待遇，改善员工生活，提高员工幸福指数。

二、大胆进行制度创新，强化党建的治理能力

随着实践积累，以现代企业制度＋企业党建＋社会责任"三位一体"为基本内涵的中国特色现代企业制度也在周海江任内逐渐成形。党的十七大、十八

大、十九大、二十大代表，红豆集团党委书记、董事局主席周海江说，党的方针政策集中了全党、全国精英的集体智慧，体现国家意志和发展规律，会产生持续的影响力。所以，红豆集团在企业党建上，形成的核心理念就是"听党话、跟党走，看绿灯、走正道"。

（一）党是主心骨、稳定器

周耀庭经常说这样一句话："在党的政策中看前景。"这看似简单的一句话，正是红豆集团60多年创业经验的高度概括。从创业之初到现在，红豆集团始终把学习研究党的方针政策作为企业发展的第一课。多年来，红豆集团每一项重大决策，每迈出一大步，都是在认真学习党的方针政策中获得灵感。每到重大关头，都是党的政策指明了方向；每到困难时刻，都是靠党组织发挥政治核心和战斗堡垒作用，化险为夷，保证了企业稳定健康发展。

2007年10月16日，周海江在党的十七大江苏代表团小组讨论会上发言时，把红豆集团党建经验进一步总结为"一核心三优势"。实践是检验真理的唯一标准。对于一项来源于实践的经验总结、理论概括，也只有再次用于指导实践，才能证明其效果。

"一核心"，就是把企业党组织定位于企业政治核心。

红豆集团党建体系里，党组织不影响董事会、监事会、经理层三者之间相互制衡。同时，企业必须无条件服从党的政治理念。党组织做到经营管理上不干涉，充分支持；贯彻落实党的方针政策上，当好核心，发挥作用。有了核心，就有了定力。改革开放这么多年，提供了许多重大机遇，但为什么不少企业常常错失机遇？就是这些企业缺少定力，不能及时吃透党和国家方针政策，误判大势。有了政治定力，就如有了主心骨、稳定器，企业才有发展定力。例如，红豆集团在柬埔寨开发西哈努克港经济特区项目，最初困难重重，许多人不看好。红豆集团之所以坚持不动摇，就是因为他们坚信国家政策，坚信两国友谊，坚信发展前景。

"三优势"是指企业党建工作在三方面发挥重要作用，即把党的方针政策转为企业机遇优势，把党的组织优势转化为企业人才优势，把党的政治优势转化为企业和谐优势，从而解决民营企业"三大先天缺陷"，即抓不准机遇、人才资源缺乏、企业人心不齐问题。

同时，红豆形成了"一融合双培养三服务"党建工作法，"五个双向"党建工作机制，"三个服务走在前"的实践特色。红豆集团的党建工作得到了上级党组织的充分肯定。红豆集团党委先后获得全国先进基层党组织、非公企业双强百佳党组织、全国纺织行业党建工作模范企业等多项荣誉称号。2012年10月，中共中央组织部向全国发文推广学习红豆集团党建经验。2015年，"红豆党建工作法"被中共中央组织部电教中心确定为向全国推广的"八个党建工作法"之一。2019年7月，红豆集团党建经验入选中组部编印发行的"不忘初心、牢记使命"主题教育案例丛书。

（二）把党的方针政策转化为企业的发展机遇

创业多年，周耀庭、周海江和其他管理层找到了发展的有效路径：把党的方针政策转化为企业机遇。

1957年，3个弹棉花的农民，在国家"小手工业者组织起来"的号召下，组建起了生产合作社，成为红豆集团前身；1983年，工厂抓住改革开放之初的机遇，大胆改革创新，发展乡镇企业，使濒临倒闭的小厂扭亏为盈，迎来了企业发展的春天；1992年，企业抓住邓小平南方谈话后带来新一轮思想解放的机遇，成立了全省首个乡镇企业集团，壮大了规模；1993年，企业乘国家深化经济体制改革的东风，积极向上争取政策，全面实行了内部股份制改革，实现了企业产权根本性改变，激发了活力；2001年，红豆集团抓住资本市场开放机遇，实现了红豆股份在上海证交所上市，迈开了企业资本经营新步伐；2007年，红豆集团响应国家"走出去"战略号召，在柬埔寨西哈努克港建立了11.13平方千米经济特区，拓展了跨国发展新空间；党中央提出"科学发展观""建设生态文明"理念后，红豆集团顺势大力发展红豆杉绿色生态产业，为企业可持续发展找到了新路径。

党的十八大以来，党中央作出了"全面建成小康社会、全面深化改革、全面依法治国、全面从严治党"的战略部署，红豆集团及时响应，调整布局，在原有传统产业加快转型升级、两化融合基础上，跨行业进入了电信转售、光伏发电、电子商务领域。加大金融投资业发展，实现3只股票上市和增发，并投资参股10多个金融和科技项目，成功获批开办民营锡商银行，抓住许多重大发展机遇。

如今，在新发展理念指引下，红豆集团再上台阶，坚持实施"三自六化"战略，加快进化升级，追求卓越绩效，向"千亿红豆、智慧红豆、幸福红豆、百年红豆"目标奋进。

（三）党组织是企业最大的人才库

作为红豆集团引进的第一个大学生，周海江在一篇文章中表达过对人才的想法："对于企业来说，有两样永远是嫌少不怕多的：一样是资金，还有一样是人才。而人才更为重要。"

如何从机制上保证企业人才源源不断？经过长时间探索，红豆集团发现，党建工作对企业人才建设具有独特作用。"因为，党组织在培养人才、使用人才、凝聚人才方面有着独特方法，党组织就是企业最大人才库。"周海江解释说，党组织是一个精英集中的组织。虽然不能说所有的精英都在党内，但可以说进入党组织的都是优秀分子。从平均率看，党员大学生综合素质，总体上比普通大学生高；党员职工综合素质，总体上比普通职工高。

为此，红豆集团除在人才招聘中向党员倾斜以外，还逐渐形成了一套"双培养"机制。

一是把党员培养成企业人才。坚持把党员培养成企业骨干、推荐党员骨干成为经营管理人才，形成提拔一名党员、树立一面旗帜、带动一片职工的生动局面。比如，西服车间的郭军伟，进厂之初只想当个好裁缝。他经过公司培训和自身钻研，获得了全国纺织行业技术能手、全国五一劳动奖章等多项荣誉，担任了技术科长，并在车间设立了党员示范岗，带动了一批技术骨干成长。

二是把企业人才培养成党员。红豆集团党委实施"百才工程"，建立院士工作站、博士后工作站，先后引进博士、高级工程师等各类高级人才100多名。对各类骨干人才，党组织有意培养他们入党，扩大党员在企业人才中的比例。截至2022年三季度，红豆集团拥有党员1 400多名，公司股东代表、工厂的厂长经理党员覆盖率达96%以上。近三年，共有300多名一线职工被培养成为党员，35名优秀党员被培养成为厂长经理。

周海江认为，把企业担子交给党员挑，起码可以维护好三个利益：一是维护好企业员工利益，协调各方关系；二是维护好国家、社会利益；三是在维护好前面两个利益的同时，维护好股东利益。企业发展了，就是对股东利益最大维护。比如，有个外来大学生叫卞亚波，他就是在红豆集团逐步成长起来的"放心当家人"。卞亚波2004年2月从学校毕业后来到红豆，进步很快，不久就担任了工艺员。第二年，他创造条件自建理化实验室，自编《实验员手册》，对原材料入厂规范化监控。面对供应商的说情送礼，他一律拒绝，坚持按标准严把材料质量关。后来，党组织培养他入了党。从此，他工作更加努力，被评为"优秀工程师"和"优秀管理员"，成长为通用公司的战略投资部部长。而今，他已担任通用股份公司等红豆集团旗下公司高管。

（四）把党的政治优势转化为企业追求共同富裕的动能

周海江提出，党的核心价值观是形成优秀企业文化的源泉。特别是党中央提出的实现中华民族伟大复兴中国梦执政理念，"国家富强、民族振兴、人民幸福"的奋斗目标，具有很强的催人奋进感召力。红豆集团确立的"共同富裕、产业报国"宗旨，"诚信、感恩、奉献、卓越"企业精神，"千亿红豆、智慧红豆、美丽红豆、幸福红豆"的红豆梦，都融入了党的核心理念，形成了企业强大的精神凝聚力和推动力。

其中，红豆集团的产权制度就体现了"共同富裕""散财聚人"理念。红豆原始股东有800名、大股东50名，并对高层人才根据业绩给股份产权；对骨干人才，提供公平竞争机会，以岗位获得高薪；对基层员工，不断提高待遇和收入，提升幸福获得感。

党的政治优势促进了企业正气的弘扬。比如，内部人控制是现代公司头痛的问题，红豆集团以前也出现过"一家两制"，把公司利益输送到自家企业的情况。为此，红豆集团纪委先后制定了九项规定，要求党员干部在工作、对外协作、社会生活中，保持清廉正气，坚决禁止"黄赌毒"和"一家两制"。在2014年开展的党的群众路线教育实践活动中，红豆集团全体党员都郑重写下了"五不承诺"：不侵害群众利益、不搞"一家两制"、不搞关系供应、不参与赌博、不公款私用。多年来，红豆集团党员干部杜绝了"一家两制""黄赌毒"等违法违纪违规现象，带动了整个企业向上正气。

红豆集团以党的理想信念激励人，用党的思想工作方法教育、团结人，通过开展一系列实践教育活动，在企业产生了弘扬正气、化解矛盾、凝聚人心作用，不断增强企业凝聚力，保证了员工队伍稳定，职工流失率一直控制在较低水平。

三、顺应企业变革潮流，创新企业运营机制

（一）改制：为走好共富道路搭建法治化股份制平台

从互助合作社到乡镇企业，再到股份制公司，最终形成中国特色现代企业制度，红豆集团的探索看似稳扎稳打的背后，是无数个日夜的艰辛付出。其中，股份制改造的过程最为艰难。

原本作坊式的针织厂，自1983年以后产销连续翻番，终于在1992年在全省建立起首家乡镇企业集团江苏红豆针纺集团。随着规模扩大，一些问题也随之突显。每到奖励兑现后，就会出现"能人跑路"现象。奖给销售有功人员10万元，他拿了钱第二天就不来了。为什么呢？因为他用10万元买了20台缝纫机自己就能办厂了。科技人员拿了10万元奖励，明天也不来了，因为他有技术，现在有了些资本，也能当小老板了。显然，靠分配激励机制，不能从根本上留住能人。

要想把员工、能人真正留下来并成为企业的主人，只有靠产权制度改革。新机遇的大门是从1992年逐渐打开的。邓小平南方谈话之后，国家开始在国企试点股份制，建立了一批股份制企业和股份公司，并在香港上市。但对乡镇企业的股份制改革，国家尚无明确政策。但改革前沿的广东、个私经济发达的浙江等早已先行先试，而以乡镇集体所有制为特色的"苏南模式"地区，则处在包袱沉重的观望犹豫之中。

周耀庭并没有坐等，主动找到镇里和县里的领导，要求搞股份制改革。上级领导们意见不一，反对大于支持。主要原因：一是国家没有出台乡镇企业股份制改革的文件；二是难以处理乡镇与企业之间的资产比例。企业资产给多了，有人会说是搞资本主义；给少了，创业者和团队没有积极性。

怎么办？关键时期，企业家的智慧发挥了关键作用。他们提出了一个"增量扩股"的股份制改造方案：1993年以前的资产全归镇政府，保证乡镇利益不受损失；此后企业发展产生的增量资产，由红豆员工以及港下镇村民通过"增量扩股"方式成为红豆股东。

这种增量扩股改制方式体现了企业家的大智慧。身为董事长的周耀庭又挺身把个人利益"押"给上级，则体现了一位优秀企业家在关键历史时期的担当。他对镇上承诺说："我们工厂搞股份制后，我的工资仍由镇上确定，不由董事会定，这样行不行？"最后，上级领导同意了红豆的改制方案。当年年底，红豆集团"增量扩股"首次启动，镇政府把股权比例放在30%。招股说明书在镇上各处公开张贴，广大员工和乡里乡亲争相凑钱，按"入股自愿、利益共享、风险共担、股权平等"原则投资入股。随着公司多次分红和扩股以及镇政府变现，镇政府所占比例逐年减少。到2002年，镇政府股权比例已稀释到3.0921%。2003年8月，镇政府股份全部分红变现，且在历次增资扩股中未有新投入，这部分股权最终转让给企业当家人。至此，股改后的股权结构是：集团董事长周耀庭持股27.48%，周海江持股12.37%，郭小兴等自然人持股60.15%。经过多次产权改革、股份转让，红豆集团最终由一家乡镇集团所有制企业成功改制为股份合作制企业。这是一次突破性的制度变革，此后对企业发展的驱动意义将日益显现出来。

完成股改后，红豆集团共有800名初始股东，50名控股大股东。与此同时，集团麾下的每个工厂都建立了明晰的产权制度，每个工厂约50%的股份都由管理层共同持有。这种多元化的产权机制，防止了股权过于集中的不良倾向。值得一提的是，红豆集团创造的"增量扩股"改制模式，解决了苏南地区乡镇企业改制中普遍遇到的难题，后来被广泛效仿和借鉴，为"苏南模式"走出困境、再显活力提供了新路。

（二）塑造有效的人才遴选机制

在红豆集团股份制改革完成后，激发经营层建功立业的创造性就成为当务之急。经过酝酿，1995年10月，周耀庭对外宣布了一条爆炸性新闻："红豆集团决定以百万年薪向全球公开招聘总经理。"这个新闻的爆炸点在于："百万年薪""总经理让外人当"。新闻一经发布，迅即引起了轰动效应。

当时很多人都有一个疑问："周耀庭怎么不选他儿子周海江，反而要在全球寻找人才？难道周海江的能力不行！"其实，周海江创建并分管的国际公司，当时已是全集团8大子公司中业绩最好的，而且他在集团的重要决策中经常发挥至关重要的作用，与集团董事局其他成员的想法和意见保持高度一致，也是集团决策的坚定执行者。最关键的是，周海江当时已是集团常务副总经理。周耀庭的这个举动，确实也让30出头的周海江有点想不通。

随着时间推移，周海江逐渐明白了周耀庭的良苦用心。现代企业制度的一条基本原则是所有权、经营权分离。股东干好股东的事儿，管理层做好管理层的事儿，各司其职，各负其责。股东秉承责任导向，对公司运营承担最终责任。管理层以能力导向为主，纳天下英才为己所用才是真正现代化公司的胸怀。如果股东中有能力超群者，选任为管理层成员，是最佳方案；如果没有，就要从全球市场中择优选择。

后来，经过慎重选择，红豆集团聘用了加拿大籍华人、45岁的陈忠担任总经理。此后9年，周海江一直在集团下属子公司总经理岗位上历练，能力不断提升。2001年，在周海江主持下，"红豆股份"成功上市。在此期间，他还成功实施了对上海申达摩托车厂的兼并，推进了红豆赤兔马摩托车产业的扩张。他分管的子公司业绩继续在全集团各子公司中位居首位。他还抽出时间，脱产在中央党校学习了半年，并去美国马里兰大学培训半年，边工作边充电积累新知识。2004年9月13日，红豆集团决定在内部公开竞争选聘总裁。初选阶段的投票竞争相当激烈，但到最终阶段，周海江以绝对优势高票当选红豆集团总经理。

2017年1月，经董事会决定，周海江接任红豆集团董事局主席兼CEO。

"我很高兴，父亲也很高兴，他觉得我终于靠能力、靠业绩、靠制度来接手集团公司这副担子了，他从此也可以轻松一些了。"周海江回忆说。

红豆集团这套赛马式人才遴选机制，适用于各层级主要岗位。结果，红豆集团中层以上500多位骨干人才中，七成以上是外来人才；100多位三级企业负责人中，五成以上是外来人才；30多位集团高层经营管理人才中，近一半是既非亲也非故的人才。全集团形成了由10多位博士、200多位硕士、2 000多位大学生组成的人才梯队，"一方水土用八方人"的育才聚才氛围为红豆集团健康发展注入了强大动力。

（三）构建党企双向融合的独特治理机制

在探索建立现代企业制度过程中，红豆集团的当家人意识到，在历经长期的实践检验后，西方式现代企业制度被证明是企业运行客观规律的本质反映，是市场经济规律在企业运行这一具体对象的作用机制，是科学地促进有效开展经营活动的基本规则。当中国也开始建设社会主义市场经济体制时，理应将其有效作用于企业运行的市场经济规则拿来使用。但是，作为一项人类制度文明探索的阶段性成果，它的一些弊端也逐渐暴露出来。比如，管理层过度追求任期内的效益最大化而造成的劳资矛盾、股东单纯追求投资收益而造成的全局性利益失衡、"两权分离"容易形成内部人控制等。

经过多年探索，红豆集团当家人提出，中国特色现代企业制度必须"形神兼备"：一方面，中国需要现代企业制度，现代企业制度完全能在中国生根，这是形；另一方面，现代企业制度必须进行中国化改革，必须用"中国特色"来培植滋养和完善弥补现代企业制度，这是神。其中，中国特色社会主义的国家制度，中国共产党的长期执政理念，中国的文化传统、风俗习惯、社会环境、自然生态，对现代企业制度植入中国企业提出了富有中国特色的要求。运用得好，这些"中国特色"对现代企业制度运行的推力是正向的、持续的，泊来的人类管理经验就有了中国魂、中国神，一定能克服现代企业制度的一些先天缺陷。

这正是红豆集团"一融合、双培养、三引领"党建工作方法的由来。"一融合"是把党建工作与企业经营紧密融合在一起，发挥党的政治优势，为企业塑身注魂。具体整合路径：一是"交叉任职"机制，全面实行党委班子经营管理层交叉任职，保证党建工作与生产经营管理融合共进。二是"双向互动"机制，党组织与经营管理层双向互动，每周召开党委成员和经管高层联席会，及时传达学习党和国家的方针政策，化为企业发展经营理念。三是"立即行动"机制。对党和国家最新出台的有利于企业健康发展的方针政策，立即作出部署，落实措施，采取行动。

"双培养"是指企业党员与企业人才的双向培养，发挥好党组织的"人才库"作用。

"三引领"就是以党建工作引领先进企业文化、引领构建和谐企业、引领履行社会责任，从而把党的政治优势转化为企业发展经济优势。在引领先进企业文化方面，红豆集团把党的核心价值观作为形成企业文化的源泉，确立了一系列企业文化理念，把党建文化与优秀传统文化和现代文化相互融合，规范广大职工行为。在引领构建和谐企业方面，充分发挥党群组织作用，健全关爱帮扶职工制度，持续实施职工收入增长计划，及时收集职工意见建议，不断提高员工生活待遇，丰富员工娱乐生活，增强员工幸福指数。在引领履行社会责任方面，始终不忘国家利益和社会利益，积极帮助周边村厂经济发展，热心各项社会公益事业。

通过"一融合、双培养、三引领"党建工作方法，红豆集团在探索中国特色现代企业制度方面，迈出了决定性步伐，为中国特色现代企业制度赋予了活的灵魂。

四、追求八方共赢，扎实推进共同富裕

（一）积极承担社会责任

传承红色基因的红豆集团，听党话、跟党走、报党恩，自觉践行全心全意为人民服务的根本宗旨，为党分忧、为国履责、为民担当。其中特别值得一提的是，2020年以来，面对疫情要防住、经济要稳住、发展要安全三大考题，红

豆集团就交出了让人民满意的答卷。

2020年春节期间，新冠疫情在武汉暴发后，周海江一方面以个人名义向党组织交纳1 000万元特殊党费支持抗疫，另一方面指挥企业不惜代价紧急转产，大年初六就组织人员克服道路受卡、供货单位停工、车间工人休假等种种困难，千方百计采购设备和原料、本地招工，组织党员干部突击队，迅速将服装车间、制药净化车间改造成隔离衣、防护服、口罩等抗疫产品生产线，及时向武汉一线提供了65万件隔离衣，受到国务院联防联控机制医疗物资保障组来信感谢，称赞红豆是"当之无愧的抗击疫情'军工厂'，为打赢疫情防控阻击战作出重要贡献"。同时，红豆集团及时向社会提供了急需的口罩一亿多只，并向柬埔寨红十字会捐赠口罩100万只，得到柬方高度赞扬。2020年9月召开的全国抗击新冠肺炎疫情表彰大会上，周海江获得"全国优秀共产党员""全国抗击新冠肺炎疫情先进个人"两项殊荣。

2022年3月，疫情在长三角地区的江阴、苏州、上海、无锡等地反复出现，地处长三角中心地带的红豆集团，积极响应江苏省委组织部发出的《关于在坚决打赢疫情防控阻击战中充分发挥党组织和党员干部作用的通知》，组织70多名党员和300多名员工建立红豆志愿者团队，织牢疫情防控网。4月初上海疫情暴发后，红豆上海公司党支部及时将12 000件物资紧急驰援上海青浦方舱医院建设，彰显"红豆速度""红豆温暖""红豆力量"。6月底疫情在无锡多地发生后，集团党委发出紧急通知，广大管控区党员积极响应，迅速加入小区抗疫志愿者队伍，赢得了社会一片赞誉。

抗击新冠疫情只是红豆集团履行社会责任的一个片段。多年来，红豆集团一直积极投入各类公益事业，投资建立了援疆扶贫服装工厂，设立了红豆慈善基金、无锡耀庭慈善基金、无锡红豆关爱老党员基金等，累计捐款捐物5.8亿多元。2022年7月1日，红豆集团又与延安市梁家河村签订了村企合作助力乡村振兴合作框架协议，迈开了红豆集团助力乡村振兴、推进基层党建的新步伐。红豆集团的艰辛努力和付出，得到社会各界支持，即便在疫情防控期间，企业发展也没受到太大影响。2022年前6个月，红豆集团营销总额持续增长，主导开发的柬埔寨西哈努克港经济特区实现进出口总额同比增长50%，通用股份在泰国的轮胎生产基地产销量同比增长96%，服装出口订单同比增长50%。与此同时，红豆的"智改数转"走在全市前列，智能化服装车间和轮胎车间单耗成本下降一成、人员减少五分之二、生产效率提高二成。

（二）走中国特色企业社会责任之路

多年来，红豆集团一直按照社会责任管理体系（CSC9000T）标准，做好社会责任的落实工作。2006年5月，红豆集团作为中国纺织企业社会责任管理体系（CSC9000）的首批试点单位，推行了行业社会责任行为准则，并于2007年4月通过CSC9000T认证，成为中国纺织行业第一家全面执行企业社会责任的企业。2008年，红豆股份向社会发布了《社会责任报告》，这也是中国第一批向外公布企业社会责任报告的服装企业。2016年，报告范围扩大到全集团，对外公布了首份《红豆集团社会责任报告》。

红豆集团把社会责任扛在肩上，把追求共同富裕的使命记在心头，坚持系统观念，在把企业社会责任嵌入中国特色现代企业制度中的同时，不断丰富履责内涵，探索创新途径。已经形成了"三个定位"和"八方共赢"的理念和路径。红豆集团的经验得到全国总工会的高度肯定，被列为全国产业工人队伍建设改革试点单位中唯一的民营企业。

三个定位包括，社会定位，作出更多的经济贡献；发展定位，树立良好的企业形象；内部定位，营造良好社会形象。

社会定位方面，红豆集团对社会的经济贡献集中在五个方面：一是吸纳更多的社会劳动力。目前吸纳各类劳动力10多万人，其中集团本部有2万多人，设在全国各地近4 000个专卖店有4万多人，为红豆集团配套服务的400多个协作工厂有5万多人。二是努力上交更多的税金。红豆集团一直是地区纳税最高的企业。近年来，红豆集团纳税增长幅度甚至超过了营销增长幅度，主要是因为企业增值盈利能力得到了提升。三是不断提高员工报酬待遇。实施员工收入"三年倍增计划"，员工收入普遍高出周边同行。四是带动周边地区经济发展。多年来，红豆集团先后出资3亿多元，帮助周边8个村、12个厂发展。实现了"红豆越发展，当地人越幸福。"五是提供更多社会资助。至2020年年底，红豆集团对外捐款捐物达5.5亿元，先后荣获江苏省"最具爱心慈善捐赠企业"、CCTV"最具分享精神雇主奖"、"中国优秀企业公民"等称号。

发展定位方面，主要包括三个关键点：一是对消费者高度负责。成立商标科和法务机构，常年开展打假行动和维护消费者权益行动，成为中国服装行业首家"售后服务五星级认证"企业、"全国售后服务十佳单位"。二是对资源消耗高度关注。红豆集团在无锡市最早设立自己的4.2平方千米工业园，集聚了上百家工厂，节省了大量土地和能源资源。投资1.4亿元建热电厂，提高能源利用率。投资数千万元建立污水处理厂和8万吨给水处理厂，提高水资源循环利用率。三是对环境保护高度重视。坚决关停污染项目，大力发展红豆杉种植开发等生态产业，投资开发太阳能发电项目，有效降低工业单位能耗物耗，实现低碳环保生产。

内部定位方面，营造持续的和谐环境。在员工中普遍实施"四铸四有"工程，企业与职工共筑利益共同体、事业共同体、命运共同体。一是以思想引领铸魂，确保职工奋斗有方向。通过企业党建，建立"双培养"机制，培养了一支有理想、有信念，能吃苦、能战斗，敢胜利、争奉献的员工队伍。二是以素质提升铸匠，确保职工事业有希望。实施"制度选人"，打通职业通道。基层职工获评"三星级职工"就可到红豆大学带薪免费深造，进入管理岗位，中层职工可以通过"竞争上岗"实现个人职业提升。近5年来，700多名职工通过竞争上岗走上管理岗位。对于高层，给予股权激励。三是以帮扶济困铸爱，确保职工生活有奔头。即使在抗击新冠肺炎疫情的特殊时期，也做到"不裁员、不降薪"。每年投入近8 000万元，为一线职工提供食宿优惠。建造20幢职工宿舍楼，对有特殊贡献的人才提供安家补贴80万元。建立2 500万元红豆慈善基金，先后有900多人次困难职工得到资助，共计1 012.5万元。四是以身心关爱铸家，确保职工权益有保障。成立工会委员会，设劳动争议调解委员会、劳动法律监督委员会等，维护职工合法权益。在各工厂、食堂广泛设置由专人收集、领导亲自拆阅的"书记信箱""工会信箱"。每个一线车间设置职工可以自由提意见、发牢骚的"回音壁"。每年3月设为"挖潜月"，面向职工开展合理化建议征集奖励活动。推进"有话好商量"，形成双向沟通、双方协商机制，把矛盾化解在萌芽状态。

"八方共赢"指企业要维护好股东、员工、顾客、供方、合作伙伴、政府、环境、社会（社区）八方的利益，建立起共赢的关系。

与股东共赢，就是要保证股东的投资安全及相关权益，争取到最大的回报，特别要注意保护好小股东利益。与员工共赢，就是给员工提供较好的薪酬和工作生活条件，提供良好的事业发展平台，让员工与企业共同成长。与客户共赢，就是要为顾客提供性价比更高的物品和超值服务，为客户创造价值。与供方共赢，就是要与优秀供应方形成战略合作关系，共同发展，共享利益。与合作伙伴共赢，就是与加盟商、代理商、中介服务等合作伙伴，形成共生共荣的良性生态圈。与政府共赢，就是要积极帮助政府在解决就业、缴纳税收等方面多挑担子，建立良性互动政商关系，双方都能获得更多理解和支持。与环境共赢，就是要做到人与环境协调发展，可持续发展，保持生态平衡。与社会（社区）共赢，就是要带动和改善周边社区共同发展，支持各项公益事业，使社会更加和谐。

周海江认为，"八方共赢"是符合"经济民主"要求的关键之举。红豆集团多年形成的民主管理、利益共享、社会责任机制和共同富裕理念，有力保证了企业的经济民主。企业的经济民主制度，对于克服西方现代企业制度下往往存在的内部人控制、大股东垄断、CEO独断等倾向，十分有利。企业之间的竞争最初集中在产品和产业，后来拓展到产业链，而今延伸到企业运行生态圈。生态圈就是由相关利益方构成的。八方共赢，构建了相关利益方的和谐生态圈，自然会增强企业的综合竞争实力。

五、结论

第一，党建可以与现代企业制度进行有效融合。

通过不断的转型发展，红豆集团已经成了现代企业制度的典范。与此同时，红豆集团很早就在企业中引入党建，已经成功地探索出一套非常有效的"企业党建+现代企业制度+社会责任"的治理机制。

第二，党的领导有助于推动民营企业参与共同富裕的实践。

红豆集团推行的现代企业制度+企业党建+社会责任的"三位一体"模式，实现了以"以资本为中心"到"以人民为中心"的转变。"以资本为中心"的发展理念产生于西方现代化进程，具有时代进步性，但也有先天缺陷。在红豆集团形成的中国特色现代企业制度中，用党建+社会责任对其进行了纠偏，并实现系统优化，改善优化了企业生产关系和生态环境，极大解放和促进了生产力。同时，"三位一体"模式能够体现"经济效率"和"社会公平"的双赢，有利于短期利益、长期利益的平衡，有利于局部利益、整体利益的协调，为实现有为政府与有效市场的结合创造了微观条件。

2012年10月，中国社会科学院曾组织数十位专家对红豆集团实践探索的"三位一体"中国特色现代企业制度，对"红豆道路"做过专题研讨，并给予了充分肯定。2012年，中共中央组织部43号文以《红豆集团探索构建中国特色现代企业制度的实践与启示》为题向全国做了推广，认为"三位一体"的中国特色现代企业制度，符合我国国情，适应非公企业持续健康发展需要，具有独特优势和强大生命力。在民营企业建立并推行这一制度，必将为推动我国民营企业健康发展乃至整个经济社会又好又快发展，注入生机活力。

第三，红豆集团的八方共赢理念，丰富了民营企业社会责任的内涵。

红豆集团在国内以及在柬埔寨西哈努克港经济特区的八方共赢实践，是习近平总书记提出的"构建人类命运共同体"在企业层面的体现。截至目前，已有来自中国、欧美、东盟等国家及地区160多家企业入驻西哈努克港经济特区，为红豆集团的努力做了最好的背书。

案例三：方太集团

方太集团于1996年由茅理翔、茅忠群父子共同创立，在27年的发展历程中始终专注于高端厨电领域并带动中国厨电行业全面超洋品牌，且初步形成了"具有方太特色、中西合璧的文化体系"，是中华文化与企业现代管理相结合的典型企业。目前企业拥有员工逾17 000人，在全球范围内拥有102个分支机构，高端市场占有率稳居厨电行业第一，连续八年荣登亚洲品牌500强，2022年销售收入162.43亿元，也是国内厨电行业首家突破百亿的企业。

方太集团董事长兼总裁茅忠群提出，"方太立志要成为一家伟大的企业，伟大的企业不仅是一个经济组织，要满足并创造顾客需求；而且是一个社会组织，要积极承担社会责任，不断导人向善，促进人类社会的真善美。"在民营企业践行落地共同富裕的新征程上，方太集团将扎实推动共同富裕与企业的使命愿景深度融合，制定发布《方太助力共同富裕计划第一个五年行动纲要》（见图1），坚持物质富裕与精神富裕并重、普遍需求与特色项目并进、物资支持与运营赋能并行，着力发挥企业多年来在科技、文化、经营等方面所积累的实践经验，在员工成长、文化传播、幸福建设、教育支持、慈善救助、社会价值六大责任领域发起十项行动计划，全维度地将企业的商业价值创造与社会价值创造结合起来，形成推动企业、行业、地区经济可持续高质量发展的助力，全力摸索企业参与浙江高质量发展建设共同富裕示范区的实践经验。

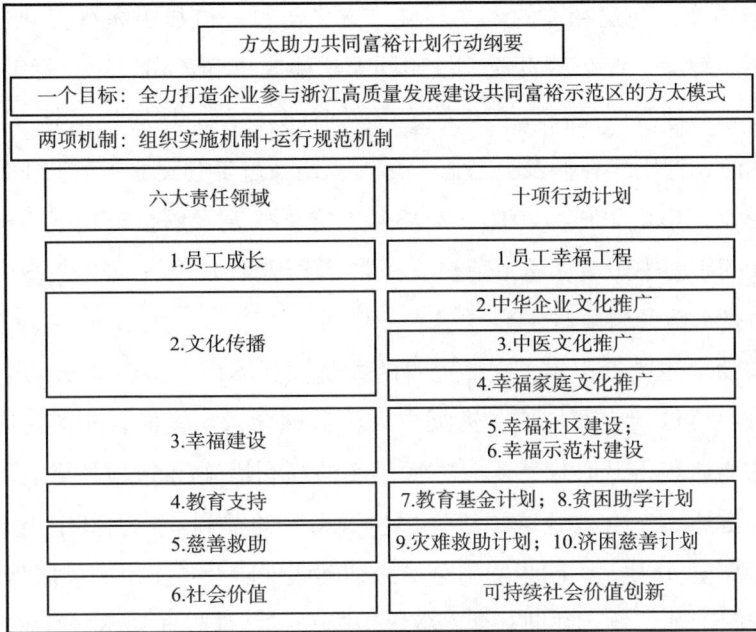

图1 方太助力共同富裕计划行动纲要

一、聚焦员工成长，探索成果共享新路径

自2008年企业导入中华文化以来，方太致力于推动实施员工幸福工程。以实现员工"物质与精神双丰收，事业与生命双成长"为核心，坚持以"持续提升员工收入，扩大中等收入群体比例"为目标，突出"让员工获得长期可持续且高质量收入增长的能力"，不断优化收入分配机制和中长期激励机制，适当加大员工身股分配。突出知识价值、科技创新、高端人才导向，完善公司教育培训体系，加大企业内部教育投入，促进员工能力培养和发展，丰富精神文化生活，着力为员工营造更具安全感、归属感、尊重感、成就感的"四感环境"，确保每名员工都能够共享企业经营发展成果。计划到2025年，税后年收入达到中等收入的员工比例超过当地政府目标10个点以上。

1.积极履行企业雇佣责任

方太视员工为家人，始终坚持"以人为本"的理念，努力为员工提供优越的工作环境，构建和谐的人文环境。方太与每一位员工履行劳动合同的订立、变更、解除、终止等责任，按照国家法律要求和公司规定执行工时制度、作息时间和各种假期福利。依法为员工缴纳社会保险、住房公积金，员工享受带薪年休假、特别年休假及公益假。另外，还通过工会建立了与职工代表的内部沟通与反馈申诉渠道。2016—2018年，方太两度荣膺全球权威机构怡安翰威特评选的年度中国最佳雇主荣誉——学习践行奖和"文化匠心"。

2.构建全面薪酬福利体系

方太为全体员工构建了立体完善的薪酬福利体系，由环境&发展、薪资、福利、身股分红四方面构成，遵循方太价值理念，从全面薪酬的角度综合考虑员工的物质获得及心理感受。方太落实的福利措施超50项，重点加强了员工购房、健康、子女教育这"三座民生大山"的福利保障，其中员工购房借款额度提高至30万元，同步实施全员缴纳健康保险及员工家庭健康保险计划，建立困难职工子女教育补助基金。各级工会开展春节节日关怀、返乡送站、元宵、端午、中秋关爱等活动，切实提升普惠性职工福利关怀额度，让员工拥有更多获得感、幸福感。

3.明确职业发展荣誉机制

自2002年起，方太先后实行了阳光计划、群星计划、起航计划、飞翔计划、巅峰计划等人才培养与发展项目，为后备干部、中基层干部、中高层干部提供晋升发展机会。从2012年起，方太开始搭建专业任职资格体系，建立人才标准与能力评价机制，鼓励员工以职业化、专业化的行为作出优秀成绩和突出贡献，牵引员工不断提升专业能力和技术水平。建立专业、管理双通道发展模式，每位方太员工都可以根据自身特长和意愿，选择向专业通道或管理通道发展，满足员工职业发展需求，保障员工充分实现自我价值。

方太还设立了精神荣誉激励机制，如功勋人物、模范员工、双强标兵等三大公司级荣誉奖项，以及面向公司全体员工的文化践行奖。根据服务年限5年、10年、15年、20年、25年等设有相应的公司纪念金币。

4.完善员工参与分配机制

自2010年5月起，方太实行"全员身股制"，将全体员工纳入企业利润分享的范围，只要员工入职满两年，都可获得身股分红。2020年、2021年、2022年公司连续三年增加了用于员工身股分红分配的提取比例，这种中长期激励制度经过了十多年的持续优化，已成为公司员工收入中不可或缺的一部分。

5. 重视员工心性能力教育

方太认为，员工的成长和收获不仅仅是物质层面，而应该是"物质与精神双丰收，事业与生命双成长"。方太投资逾4亿元建设了超50 000平方米的企业学校，每年将近销售额1%的经费投入到员工教育培训当中，为全体员工提供了多样化的技能培训课程、文化教育课程和中医健康养生学习等。方太不仅要帮助员工实现职业的发展，更要帮助员工提升个人修为，让员工成为德才兼备、身心健康的社会成员。

6. 关心员工健康工作生活

方太提供良好的职业健康安全教育和培训资源及机会，建立了全面的职业健康安全教育和培训实施计划。2022年方太开展新员工三级安全教育、主要负责人/安全管理人员/特种作业人员培训、一线岗位全员EHS培训及其他EHS专项培训共21 000余人次。方太内部设有中医室、医务室，通过线上、线下等形式开展健康咨询诊疗服务，为员工解决健康疑惑。通过中医诊断、养生术法、锻炼功法、保健疗法及生活指导等方式为员工解决健康问题，同时在饮食、起居、情志和运动等各方面给出合理化建议，不断提升员工的自主健康意识。2021年中医诊疗咨询覆盖6 800余人次，平均NPS为98.63%。

二、聚焦幸福传递，探索公益慈善新路径

2018年，方太提出了全新的企业使命——"为了亿万家庭的幸福"，并提出了新时代家庭幸福观——"衣食无忧、身心康宁、相处和睦、传家有道"，同时搭建了方太幸福家App平台，为每一位用户、每一个中国家庭带来幸福智慧和启迪。

1. 长期坚持落地幸福文化

自2010年起，方太致力助推中华优秀文化教育，发起推动"我陪孩子读经典""国学图书室"两大公益项目。"我陪孩子读经典"项目致力于搭建传承国学典籍、增进亲子沟通的平台，自2011年6月至2022年年底，已开展近550场活动，吸引3 800余组家庭参与，线上线下影响人数超230万人，在全国31个城市建立了45个国学推广基地。

方太的幸福家庭文化推广以"十年助力1 000万家庭提升幸福感"为目标，开展了一系列线上线下的活动，包括以"修身"为目的的个人幸福力修炼营，以"齐家"为目的的家庭幸福力修炼营，以及幸福测试、幸福报告、线上课程、直播答疑、社群互动、打卡践行等丰富的活动内容，传播幸福家庭文化，助力亿万家庭幸福建设，目前方太幸福家私域规模已达700万。

2. 联合推动社区村落建设

2019年8月12日，方太发布"幸福社区"共建倡议。2020年7月方太联合中国社区发展协会、新浪地产、恩派公益基金会、中国社区扶贫联盟，以及首批13家共建单位共同发起"幸福社区共建公益计划"，并成立"幸福社区共建公益联盟"，共同打造美善环境、精诚服务、和乐成长、互助公益的新型社区和幸福家园。截至目前，联盟已有签约共建单位102家，共建社区2 562个，覆盖全国16个省市，30余个城市，200余个街道，覆盖超过1 600万个社区。

方太联合慈溪毛三斝村、宁丰村等签约共建幸福示范村，制订三年共建计划，通过建设国学图书室、幸福厨房，开展中医健康、残疾人扶贫等各项活动，从精神和物质两个方面助力示范村建设发展。

3. 坚持教育办学推广文化

2006年，方太第一代企业家茅理翔先生发起成立宁波家业长青民营企业接班人专修学校，旨在帮助民营企业解决传承与转型两大世界性难题。学校倡导民营企业要传承并弘扬优秀的企业家精神，要培育与时俱进、承担社会责任的优秀年青一代接班人。学校开设培训加陪跑课程活动，累计深度跟踪逾500个民营企业、培训30 000余人次。

2018年，方太第二代企业家茅忠群先生发起成立方太文化研究院，开设了方太文化体验营、践行营、修炼营、游学营等线上线下课程活动，与更多民营企业家共同研习中华优秀传统文化，一起探讨"中学明道、西学优术、中西合璧、以道御术"的经营管理方式，帮助民营企业家找到适合自身企业实际的经营理念与发展道路。自成立以来，方太文化研究院累计接待了8 000余名企业家。2022年，茅忠群先生还发起成立了杭湾书院，书院使命是"培育未来企业领袖和优秀社会主义建设者"，书院价值观是"明德亲民·止于至善"，书院院训是"志道、博学、笃行"。

4.积极参与公益慈善事业

自成立以来，方太多次荣获爱心民营企业与企业家慈善之星等荣誉称号。目前公司正筹备成立方太幸福公益基金，首期投入5 000万元启动资金，每年将持续投入不少于公司利润1%的资金，总体公益慈善投入约2%。方太积极整合公益慈善资源，聚焦重点特色项目，推进助力共同富裕事业发展。

教育支持。方太设立"方太·国学""方太博约"等专项资金预算，定向支持助学、办学和学术研究。累计向浙江大学、上海交通大学、北京师范大学、宁波大学、慈溪中学、全球化智库（CCG）等教育研究机构和其他社会机构累计捐赠逾2亿元。

慈善救助。方太长期定向支持救灾、扶贫、敬老。例如，向汶川震区、舟曲震区、云贵旱区、玉树震区、雅安灾区、余姚灾区等突发灾害事件捐赠逾2 000万元；成立"母亲暖心邮包"公益项目，对慈溪市567名及四川省布拖县3 959名困境儿童提供帮扶；捐建长河镇敬老院，长期支持7个敬老基金。

三、聚焦社会价值，探索创新发展新路径

成立至今，方太累计缴纳税收逾140亿元（含个人所得税）。方太集团董事长兼总裁茅忠群提出，方太要积极承担社会责任，要坚持仁爱为体、合理为度、幸福为本的创新发展观，坚持以顾客为中心、以员工为根本的创新原点，

以"用创新科技更好地推动个人幸福、家庭幸福和社会幸福"为目标，在厨电智能化、数字化、环保化、健康化等科创领域探索以科技赋能推动可持续社会价值的新路径，为实现共同富裕积累创新势能、贡献科技力量。

1.使命愿景定义社会价值

方太的使命是"为了亿万家庭的幸福"，方太要着力为顾客提供无与伦比的高品质产品和服务，打造健康环保有品位的生活方式，大力弘扬中华文化，让亿万家庭享受更加美好的生活，实现幸福圆满的人生。方太愿景要求企业围绕"顾客得安心、员工得成长、社会得正气、经营可持续"落地创新战略与经营管理。方太从使命愿景维度定义了方太企业的社会价值，并以此牵引企业创新发展。

2.创新管理引领行业潮流

方太自成立以来始终重视技术创新，在技术研发的同时，不断完善创新管理方法和人才队伍建设。2003年，方太引入集成产品开发（IPD）模式、理念与方法，逐步新建、优化完成了 OR、MM、MPP、CDP、TPP、TPD、CBB 等流程，并于 2019 年启动新一代 IPD 变革，2020 年引入国际领先的研发信息化系统建设（PLM/标准智慧软件）。方太坚持每年将不少于销售收入的5%投入厨电研发，逐步构建起了一个业内最大的千人级别的研发团队，搭建了与各大高校、科研机构高效协同的科研合作平台，且在日本、德国等地建立全球研究院，让人才成为持续创新的源头。截止到2022年，方太拥有超过9 600件国内授权专利，其中发明专利超2 400件，拥有专业厨电领域最大专利池，烟灶消洗品类国内专利数量超越洋品牌，成为行业创新典范。2022年荣获中国民营企业发明专利授权量十强、浙江省创造力百强企业第三名等荣誉。同时，方太还是国家技术创新示范企业、国家知识产权示范企业。

例如，近年来在文化、技术和方法的聚力支持下，基于产品创新，方太以"仁爱之心"打造"制冷油烟机"，解决厨房夏热痛点；全球首创的水槽洗碗机集成洗碗、果蔬净化、水槽三合一功能引领健康环保生活方式；原创发明了NSP 膜色谱双效净水技术净水机，让中国人喝上健康好水。

例如，为落地"顾客得安心"的创新战略，向顾客提供动心、放心、省心、舒心、安心的"五心服务"体验。方太在全国建设了超过10 000个终端网点，布局了40余家线下体验店，每年举办各类家庭聚会、亲子烹饪活动超过3 200场；倾力打造了全程顾问式服务系统，设置了500+全媒体台席，2021年优质交互平台顾客满意度达99.82%、一次解决率达87.74%、受到顾客表扬21 674次，持续领跑行业的全渠道交互平台。

3.绿色发展适配时代要求

方太始终秉持"绿色、低碳、循环"发展理念，积极倡导人与自然和谐相处，持续通过防污减排、节能以及资源再利用等路径，不断减少对环境的影响。同时方太积极响应国家"3060"双碳计划，立足企业自身现状，拟订行动计划及未来5年碳排放指标。预测2025年：实现万元总产值综合能耗较2020年下降13.5%，单位产值二氧化碳排放较2020年下降18%，清洁能源占比较2020年提升10%；2030年，制造环节电力消耗20%来源于可再生能源，产品能效平均水平提升30%。

4.四商协同发展共生进步

方太将与供应商、经销商、服务商和制作商四商之间的关系定义为伙伴关系，并将这一群体称之为"特殊的方太人"。以供应商为例，方太秉持"命运共同体理念"，长期支持供应商提升质量管理、生产管理、队伍建设、企业文化，为逾百家供应商、11 738人次提供咨询式帮扶，帮助六家企业荣获国家级管理奖项。

5.坚守行业正当竞争原则

方太的使命愿景要求企业必须做一个优秀的企业公民。基于此，方太要求以公司名义开展的任何经营活动都不得存在垄断、贿赂、不正当竞争等行为，提倡双赢发展、成人之美而不成人之恶的原则；秉持不打价格战、只打价值战的理念。

"富而有义，富而有爱，富而有责"，这是总书记对民营企业的殷切指导和期望。在迈向共同富裕、实现中华民族伟大复兴的新时代、新征程道路上，方太将继续踔厉奋发、勇担使命，把"为了亿万家庭的幸福"的企业使命和"成为一家伟大企业"的企业愿景与国家共同富裕计划深度结合：内部积极构建和谐劳动关系，推动构建全体员工命运共同体，让企业发展成果更公平惠及全体员工；外部筑牢依法合规经营底线，加强自主创新，弘扬中华文化，做爱国敬业、守法经营、创业创新、回报社会的企业典范，持续探索实践共同富裕的"方太模式"。

案例四：均瑶集团

2023年是上海均瑶（集团）有限公司（以下简称均瑶集团）创业第32年，这些年来，均瑶集团一步一个脚印，从苍南小渔村走到温州市，最后成功登陆国际化大都市上海，由一个家庭作坊式的个体工商户逐渐发展成以实业投资为主、营收几百亿元的大型企业集团。一路走来，得益于积极创新的企业精神，也得益于全体同仁的努力，更得益于改革开放的好政策。

创业初期，也就是20世纪80年代，王氏三兄弟的父亲就告诫他们，"做人做事，要对得起自己胸口一巴掌地"。就是父亲这句最平凡朴实的语言，指引王氏三兄弟拧在一起干事业。抓住1990年北京亚运会宣传品印制的机会，王氏兄弟积累了人生的第一桶金，这才有了1991年包飞机的经济基础。"赚到钱后要多做好事多做善事。"老父亲的教诲让三兄弟的人生有了忠厚的底色。当年包飞机，最初最朴实的想法，就是解决老乡往返两地交通不便的难题。经过半年多的努力，在盖满了100多个图章后，1991年7月28日，长沙至温州的包机航线开始了处女航。随着包机业务的发展，前前后后开通了温州飞往全国各地的50多条航线，并在1992年成立了"温州天龙包机公司"，确定了"创立一家永续经营的企业"使命，这就是"百年老店"的雏形。

均瑶集团是以实业投资为主的现代服务业企业，现已形成航空运输、金融服务、现代消费、教育服务、科技创新五大业务板块的多元布局，旗下4家A股上市公司，员工近20 000人，2021年企业总资产达1 022亿元，上缴税款30.1亿元。我国民营企业发展，是改革开放以来在党的方针政策指引下发展起来的，特别是党的十八大以来，以习近平同志为核心的党中央围绕优化营商环境、支持民营经济健康发展、为中小企业纾困解难等出台了一系列重要改革举措，营造良好的法治环境和营商环境，进一步增强了经济发展的活力、拓展了社会创造财富的空间。民营企业起来以后，扎实推进共同富裕更为民营企业发展提供了新的发展机遇，既要富而思源，又要富而思进、富而思善，把积极创新、创造财富、依法纳税、增加就业作为助力共同富裕的最基本方式，实现先富带后富、帮后富，在共同富裕道路上承担更多社会责任。

均瑶集团履行社会责任的脚步所及之处遍布全国，在稳健发展、持续转型升级的同时，始终以"为社会创造价值，建国际化现代服务业百年老店"为企业使命，秉持"义利兼顾、以义为先，自强不息、止于至善"的共同富裕的精神，确立"均瑶是我们的，更是社会的"的企业社会责任观，在推动共同富裕进程中，升级社会责任履行的方式，从"股东至上"转向"社会至上"，将社会财富最大化作为企业长远发展的目标。

一、脱贫攻坚，彰显共同富裕精神

2016年，均瑶集团响应国家"脱贫攻坚"号召，在内部专门成立"均瑶集团精准扶贫行动领导小组"，向中国光彩事业基金会捐赠一亿元，设立"光彩·均瑶扶贫济困专项基金"（后更名为"光彩·均瑶公益慈善专项基金"），先后在贵州、湖北、云南、甘肃、广西、新疆6省区13地通过多种创新模式践行精准扶贫。

其中，2017—2020年，在贵州省望谟县洛郎村实施的万亩高产板栗示范园扶贫项目"小板栗坐上大飞机"共派出集团200多人次先后20次深入贵州大山深处开展走访、调研，制定了均瑶集团出资采购生产资料免费发放供贫困户种植板栗、按劳动发放种植薪资、挂果后联系当地生产商统一收购的帮扶模式，形成了"短期+长效"的"造血"机制。同时，均瑶集团结合自身的产业特点与优势，利用旗下吉祥航空的有力条件，帮助当地板栗生产企业光秀公司通过了民航总局航空食品审批，开发板栗成为航机食品，拓宽销路、提升知名度，形成了产业扶贫的良好循环。该项目曾因方式创新、效果显著获得"国务院扶贫优秀案例"荣誉称号。

为帮助三峡库区移民就业，均瑶集团持续投资20多亿元实施"万头奶牛养殖计划"，打通上下游产业链，带动就业人数5 000多人。历年来坚持对口援疆支持工作，捐赠价值1 000万元免费往返探亲机票，捐赠1 000万元建设新疆喀什莎车县图文信息中心；多年来，均瑶集团主动参与中国光彩事业"南疆行""宁夏行""红安行""信阳行""井冈行""延安行"等活动并捐款5 000多万元，支持老区建设。

二、同舟共济，全力抗击疫情

2020年年初，武汉暴发新冠疫情，全国各地防疫物资告急。均瑶集团快速响应，成立"均瑶全球行动小组"，发挥自身国际化经营优势，安排旗下吉祥航空境外营业网点在全球范围内不计成本、不设上限地搜寻、采购防疫物资并通过吉祥航班运输到国内，为抗疫初期物资紧缺的各个地区提供资源支持；在全世界多地上演"最美逆行"，接送多班次武汉旅客归家，受到央视报道并引发广泛好评；向全国工商联建言设立"海外快捐"制度，并开辟"绿色通道"，在全球范围无偿承运海外爱心抗疫物资回国；解封后提出一系列举措全面助力武汉复工复产，竭尽所能地支持全国抗疫工作。2020—2021年新冠疫情期间，均瑶集团组织员工全球采购并捐赠100多万件防疫抗疫物资，并无偿承运300多万件抗疫物资，全集团共计捐赠抗疫物资折合人民币超过1亿元。均瑶集团的抗疫成果获得了来自中央统战部、全国工商联、上海市委、市政府等多个单位颁发的奖项，受到国家级、省市级媒体的广泛报道，赢得了社会的普遍认可。

三、公益助教，关注教育发展

2005年，上海市开展教育改制，均瑶集团踊跃参与并承接了"上海市世界外国语小学"和"上海市世界外国语中学"的民办改制，坚持非盈利办学模式，让"精心办学"成为均瑶集团投身社会公益的新渠道；先后在上海、浙江、安徽等地开办和托管60余所学校，为实现教育地区均衡作出了重大贡献。除此之外，均瑶集团还累计捐赠超过7 700万元设立"均瑶育人奖"，先后在上海徐汇区、奉贤区，四川都江堰，新疆喀什，贵州毕节，广西百色，云南昆明，贵州望谟等地资助贫困学生继续学业，鼓励优秀教师持续为国家教育发展贡献力量；参与大学生志愿服务西部计划并捐款1 000万元，助力3万大学生走进西部。

四、扶危济困，帮扶弱势群体

均瑶集团始终关注国家大事，2008年汶川大地震发生后，均瑶集团动员全体员工自愿抗震救灾，安排吉祥航空不分昼夜免费为灾区抢运紧急救灾物资70吨，并通过上海光促会捐款400万元人民币，带动员工捐款和党员交纳特殊党费超过100万元；2010年4月获悉青海玉树地震消息后，集团内部启动紧急救援，将2万箱价值126万元的牛奶通过救灾通道第一时间运送到玉树灾区；2018年，均瑶集团联合中国残疾人协会、中国社会福利基金会共同发起"站立计划"公益项目并捐款400万元，在贵州遵义、湖北宜昌、云南昆明、江西井冈山四地，共为100多名患有骨病肢残的贫困人士提供免费手术治疗；在三州三地的甘肃临夏州开展"光彩助盲"，为盲人培训和对接就业安置。2021年郑州发生特大水灾后，均瑶集团立刻号召旗下各业务板块主动迅速就近开展救援行动，捐赠饮用水、益生菌和其他救灾必需的民生保障物资，为当地受灾群众提供力所能及的帮助；上海疫情暴发后，均瑶健康向医护人员捐赠益生菌产品，已捐赠益生菌产品和材料9 800份，支持上海医疗行业抗击当时疫情感染高峰，据报道，均瑶健康计划捐赠专利益生菌产品共计3万箱，赠送天然软矿泉水4 000箱，捐赠物资总价值超过400万元，捐赠物资覆盖2.5万名医护人员。

共同富裕是社会主义的本质要求，是中国式现代化的重要特征。均瑶集团把全体人民的共同富裕作为企业发展的价值追求。通过参与国家的"脱贫攻坚"项目、公益助教等活动，始终将共同富裕与企业发展紧密地联系在一起。

案例五：匹克集团

匹克体育是一家以"创国际品牌，做百年企业"为宗旨的集团式企业，创办于1989年，主要从事设计、开发、制造、分销及推广"匹克"牌运动装备，品类覆盖篮球、跑步、综训、运动生活、儿童等多个领域，至今已有三十四年的发展历史。先后荣获中国驰名商标、中国名牌产品、国家体育产业示范单位、商标运用金奖等荣誉。

作为中国第一批自主品牌，匹克先后在北京、美国、厦门、泉州、广州等地建立5个设计研发中心，在泉州、宜春等地建立3个先进制造及物流仓储基地，在西安建立新材料创新中心。目前，匹克线下零售网点，在全国省市基本实现全覆盖；线上搭建多平台、全覆盖的第三方网络销售平台矩阵，并布局全网全渠道自建商城。自2005年启动国际化战略以来，公司自主品牌产品已出口110多个国家和地区，遍布欧、美、亚、非、澳五大洲，成为中国民族品牌成功国际化的标杆。

一、坚持科技创新驱动，重构研发体系，实现转型升级

近年来，公司以科技创新为驱动，实施战略升级。2018年年底，由匹克自主研发的"态极"科技，因其鞋底瞬间反弹自适应的特性，打破国际技术垄断，受到了消费者的热捧，引爆市场。依托于"态极"科技，公司还先后开发出跑步鞋、拖鞋、篮球鞋等系列产品，多品类销售跻身行业前五，成为新国货代表。此外，公司还在3D打印科技、超氢科技、澎湃科技等前沿科技创新引领，拥有核心专利超过450个，推动公司业务快速发展。2021年9月，在全民健身和"双减"等政策以及国潮消费的直接推动下，作为传统的头部品牌，匹克也迎来了新的发展机遇，获得由华润国调、建信信托等多家国有基金公司和

多家市场化投资公司联合战略投资，投资金额近15亿元，加速了匹克国内IPO的步伐。

以"态极"科技为突破，公司对研发体系进行了重构，分别在厦门、北京两地成立125创新工场和运动科技创新部，建设了一个拥有产品设计研发、运动科学试验、未来趋势分析、新材料研发、3D打印智能制造、产品检测等综合型、跨区域的研发体系。为进一步推动研发能力跨越升级，2022年11月，匹克3D打印智造中心在泉州揭牌，成为实现3D打印设计制造一体化的运动品牌。从2018年起，匹克积极与高校科研机构合作，组建科技创新联合体，并形成支撑匹克全业务发展的先进鞋材创新联合体、先进功能面料创新联合体、3D打印智能制造创新联合体3条主线，提升技术创新能力，推动公司实现高质量发展。

二、以匹克慈善基金为抓手，推动公益项目，积极承担社会责任

长期以来，匹克秉承"诚信回报社会，为社会创造价值"的经营理念，积极投身教育、医疗、公共事业等社会各项公益事业建设。早在2007年，匹克就与泉州市慈善总会开始爱心合作，成立1 000万元"匹克慈善基金"，每年开展助学、助残、助医、助困等公益活动。截至目前，"匹克慈善基金"已追加至1亿元。此外，匹克每年还斥资支持全球体育事业发展，连续多年赞助支持中国排球联赛、中国女篮联赛、现代五项国家队以及第十一届中国残运会等体育事业发展，并累计赞助巴西、乌克兰、新西兰、比利时等13个国家奥委会，赞助塞尔维亚、德国、尼日利亚15个国家篮球国家队，推动民族品牌国际化发展。

2020年春节，在国内疫情最紧张时候，匹克通过国外的合作伙伴采购3 000多套防护服及300多个护目镜在第一时间捐献到湖北抗疫一线，并用公司的3D打印设备生产了10 000多个口罩调节器送往武汉各医院，帮助医务人员解决口罩长时间佩戴疼痛等问题。匹克还从国外采购了几十万个口罩，除了满足自己的开工需求外，通过匹克天猫旗舰店为广大消费者送出了20多万个

口罩，解决了消费者的燃眉之急。

2021年，山西省遭遇连续强降雨天气侵袭，暴雨致百万人民群众受灾，匹克第一时间成立了应急救助小组，制订救灾方案并迅速执行，向山西捐赠1 000万元物资，助力当地救灾、民生保障与灾后重建等工作。同样在2021年，河南遭受历史罕见的暴雨侵袭，匹克迅速启动了抗灾紧急行动。CEO许志华在社交平台发布：河南省内受灾地区的匹克店铺立刻投入到抗洪救灾工作中，对有需求的困难群众提供避难场所，我们在店铺里准备了食品、饮用水、干净的鞋子和衣服，全部免费。同时，匹克在河南还组织了100多人的爱心小分队，冒着道路冲毁、积水等危险，驱车近800余车次10 000余公里，将鞋服送到受灾最严重的乡镇灾民手中。

2022年3月，福建泉州骤然出现疫情，匹克在第一时间捐赠500万元现金及物资，支援泉州抗疫一线。同时，匹克还火速成立应急支援小组，一批鞋服、口罩、隔离服等紧缺物资则送往防疫一线人员手中。为服务乡村振兴，精准助力农民增收，截至目前，匹克已连续三年通过直接采购的方式，助力福建浦城大米销售。此外，匹克积极助力中国航天基金会，关注祖国航天事业发展，同逐中国梦、复兴梦的实现。

匹克创始人、集团董事长许景南表示："我们将继续肩负起民族品牌的担当，坚守初心和承诺，积极履行社会责任。"匹克坚持科技创新驱动，带动就业以及产业链上下游企业的进一步发展，推动公司实现高质量发展，为中华民族的伟大复兴作出应有的贡献。

案例六：齐齐哈尔百花集团

坐落在东北黑土地、中国鹤家乡——黑龙江省齐齐哈尔市的本土民营企业齐齐哈尔百花集团，自1996年创办至今，近30年间坚持"为家乡创造财富、让员工实现价值、助商户事业成功、让社会更加美好"的企业使命，在高质量发展中通过"扶持待业人员再就业、创建商会、举办小交会、带动大学生创业、热心公益事业、组建青联会"等多种形式和方法，为推动区域经济发展、推动共同富裕做了民营企业应有的积极贡献。

一、真情相助、出资相扶，为待业人员提供就业平台

20世纪90年代，齐齐哈尔百花集团正处于艰难的初创期，百花人凭着一往无前的创业精神创办了"齐齐哈尔百花大厦"。吃水不忘挖井人，先富还要带后富。自1995年起，百花集团积极响应市政府实施再就业工程的号召，持续不断为下岗职工、待就业职工等提供了新的就业平台，助力他们实现了二次就业、创业。

1995年5月，百花集团在齐齐哈尔百花大厦免费拿出了百余个经营摊位，为百余名特困下岗职工免去了一年的摊位租金，让下岗再就业的职工们有了重新用自己的双手创造财富、实现价值的勇气。解决了摊位费还不够，为了解决经营者的流动资金，百花集团组织家族成员、企业员工开展了"献爱心，筹集启动资金"活动。集团副总以上领导每人拿出5 000元，企业职工也纷纷慷慨解囊，为大厦经营者解决了一时之困，为他们的创业提供了保障。此外，集团还多次同市商业银行进行洽谈，先后为近千名经营者办理小额低息贷款，帮助他们解了燃眉之急。1998年改制初始兼并市无线电十厂时，百花集团又将在职员工全部安排上岗，并补交了该厂拖欠的养老金，使321名退休职工的晚年

生活有了保障。2000年在全市中小企业产权制度改革中，百花集团又响应政府号召对1 036名国有职工都进行了妥善安置。就这样，齐齐哈尔百花集团在你帮我扶中，带领数千名下岗职工、待就业人员撸起袖子加油干，用自己踏踏实实的努力、勤勤恳恳的付出，逐步走向了共同富裕之路。

在推动共同富裕的进程中，百花集团对商家秉持着"扶上马再送一程"的服务理念，一直将商家定位为共同谋求发展、创造价值的合作伙伴，"百花人"这一称呼也已经深入百花员工、百花商家等不同群体的人心。在商场经营中，租赁商家虽然要自主经营、自负盈亏，但同时会接受集团的指导和管理，企业和经营者产权明晰、互相依存、利益一致。为此，集团经营策划班子走遍全国各大一流市场，及时研究国内外市场的商品信息，把握市场脉搏，并根据经营状况和市场需求，及时为业户提供调整经营品类的指导。为了使业户降低上货成本、节省上货时间，百花集团曾专门在义乌设立了商品采购运输办事处，根据业户提供的商品明细和要求，为业户组织货源运回齐市、送至柜台。

百花集团针对业户开展的服务几乎贯穿经营全过程，正是有了这种及时、准确的指导和服务，加上经营者自主、灵活的经营销售，以百花园商场为主的百花集团不断呈现新的发展活力。通过百花集团数十年的扶植和培养，这些当年的下岗职工经营者，都过上了幸福的小康生活。现在，许多经营者的业务已经扩大，他们围绕百花集团旗下的各大商场及齐齐哈尔良好的商业环境，开办了餐饮、运输、理发、旅店、娱乐、超市、浴池、家政服务、出租车、人力车等服务项目，百花集团带动了他们的再就业，他们又为数万名齐齐哈尔的老百姓提供了难能可贵的就业岗位，以实际行动将推动共同富裕落到了实处。

二、组建商会、做好党建，发挥组织力量促行业发展

为让百花的两个主体——企业主体和经营主体更加紧密地团结在一起，发挥百花集团旗下数千名商家的力量，使企业稳定健康持续发展，推动商家经营迈上新台阶，2003年8月，百花集团牵头、百花商家参与组建了"齐齐哈尔市百花商会"。百花商会是以百花各经营平台为支撑的多业态行业商会，目前设

立7个同业商会、33个行业协会、约1 500名会员，是实行全员会员制的社团组织，是全国工商联会员单位，齐齐哈尔市工商联直属商会。

多年来，百花商会以帮助、引导、教育、服务为宗旨，始终把办服务型商会、塑高素质团队、建新型实干班子、创优秀党组织为工作主线，积极发挥30多个基层行业协会、基层商会组织的作用，规范、推动和引领各个行业健康发展，营造各行业之间公平良好的竞争环境，发挥商会和商家之间的桥梁和纽带作用。这些协会是商会的"细胞"和"血管"，源源不断地向组织输送"营养"，使商会工作时刻充满生机和活力。2018年百花商会在全市率先被全国工商联认定为"四好商会"，2021年被全国工商联认定为"全国百家党建示范基地"。通过商会多年的协调和努力，如今企业重大经营决策都能征求商会意见和建议，会员有了更多、更充分的话语权，两者关系实现了由单纯的租赁关系向同舟共济、携手发展、分享红利的新型合作伙伴关系转变。

通过组建商会为商家了找到组织，也为进一步推动商家及各行业共同富裕提供了助力。而在推动共同富裕的过程中，我们始终离不开党的领导。为了进一步强化党对社团组织的领导，百花商会成立之初就建立了党支部。党的十八大、十九大、二十大以来，习近平总书记对加强党的领导、强化党建工作多次提出要求和作出重要部署，百花商会党支部通过学习，进一步认识到党建工作的重要性，把党建工作提到重要日程重点强化。

集团每年度通过一系列学习教育活动，提高了党员的政治觉悟，在广大会员中起到引领和带头作用。同时在百花园商场创建"党员商业街"，统一悬吊旗帜，设立党员专柜。党员在一线文明服务，诚信经营，起到了一名党员就是一面旗帜，一个阵地的示范引领带动作用。

与此同时，百花集团旗下百盛物业坚持党管物业原则，围绕"创建红色阵地、树立红色先锋、搭建红色平台、宣传红色文化、传递红色关怀、激活红色细胞"六个红色主题开展党建引领、红色物业体系化创建工作，依托"党建引领，吹哨报到"基层社会治理模式，充分发挥在职党员、离退休党员、志愿者的作用，全面提升了物业服务水平，真正让人民群众感受党的温暖，感恩新时代享有的幸福感和获得感。

百花集团的党建工作受到了区政府的认可，2019年铁锋区以百花园商场为中心建造"百花商圈党建联盟"党建示范阵地地标，全区仅设两处，有效利用百花规模效应实现党建工作与商圈发展的共频、共振、共赢。百花商会党支部被齐齐哈尔市委组织部、市工商联党组评为2017年优秀党组织，为今后更好地开展党建工作起到了积极的推动作用。

三、创办小交会、打通城乡网，带动商家把小商品批发做专做实

扎实推进共同富裕，要不断发展、坚持发展。为进一步带动商家发展，打造东部小商品集散中心，2004年起，百花集团又依托百花商会，经国家商务部批准，创办了中国（齐齐哈尔）国际小商品交易会（以下简称小交会）。小交会初期由百花集团、百花商会组织承办两届，社会影响较好，引起齐齐哈尔市委市政府的高度重视和关注，经研究决定从第三届开始升格由齐齐哈尔市人民政府主办，百花集团、百花商会承办，由此小交会的档次、质量、规模得到全方位提升。

自2004年首届小交会成功举办以来，至今已经举办了十七届。通过齐齐哈尔市主会场的辐射效应，在周边县（市）区旗城市设立分会场，小交会的国内影响力也由最初的东北三省遍及全国各地，有力地拉动了齐齐哈尔市的客流、物流、信息流、资金流，树立了齐齐哈尔的城市形象，成为齐齐哈尔一张城市名片。此外小交会吸引来自俄罗斯、韩国、朝鲜、蒙古等东北亚国家，越南、缅甸、尼泊尔等东南亚国家纷纷前来参会参展。在各级政府、企业和厂商家共同努力下，实现中蒙俄贸易往来。

近年来，受新冠疫情影响，小交会暂时停办。虽然现阶段没有了小交会的助力，但多年来通过承办小交会，百花集团带领旗下商家累积了大量市场信息和资源，取得了良好的经济效益和社会效益，在推动共同富裕的进程中取得了实实在在的成绩。

此外，早在2005年百花集团就带动百花商会响应国家商务部号召，与国家"万村千乡"市场工程对接。集团组织商家本着保证诚信、价格公平、售后

服务的原则与各县级物流配送中心对接，开展"小商品下乡"农超对接活动。既参与支持了国家的"万村千乡"市场工程，丰富了农家店的经营品种，方便了农民日常生活，又可为会员、县级物流配送中心、农家店拓宽销售渠道、增加经济效益，达到了"三赢"的良好效果。对此，市商务局在富裕县还专门召开了对接交流现场会。在当下国家大力推进乡村振兴战略的大背景下，百花集团将下大力气继续把"万村千乡"工程扎实接续推进，面对潜力巨大的农村广阔市场，带领商家把质优价廉的商品配送到农民手中。

四、提供平台、打造基地，扶持大学生就业创业

一个地区的发展离不开新生力量的推动。为了让更多大学生留在齐市本地发展，为区域经济发展注入新的活力，2009年开始，百花集团响应市委市政府号召，勇于承担社会责任，在百花园商场拿出1万平方米的经营面积、450个铺位、1 000万元的投入，打造了齐齐哈尔市首家大学生就业基地，为大学生打造展示自我才华和能力的平台。同年8月8日，百花大学生创业基地——百花园"搜秀创业园"启动；同年12月25日孵化的第二个大学生创业园——电子城"IT创业园"启动；2015年启动第三个大学生创业园——景新设计创业园，以百花家居生活广场为依托，以设计、绘画、装修、装潢、美术为创业主体。

除了投资和提供平台，百花大学生创业基地还免费为创业者提供网络端口接入店铺，提供网络销售平台支持，免费组织大学生创业者外出参观学习。定期邀请成功人士、专业资深人士与大学生结成"一帮一"帮扶互助对子，传授成功经商经验。百花还开办大学生创业培训指导和商业经营管理培训班，帮助大学生解决创业初期的困难，使其快速融合在企业与个人发展的进程中。同时百花集团积极奔走于市工商、税务、银行等部门为大学生争取诸多优惠政策，获得各职能部门的大力支持。

百花大学生创业基地先后被省命名为"黑龙江省中小企业孵化基地"，被市政府授予"齐齐哈尔大学生就业见习基地"，被齐齐哈尔市政府列为"惠民工程"，被共青团齐齐哈尔市委授予"青年就业创业见习基地"称号。百花大

学生创业基地不仅帮助和扶持了大学生就业和创业，同时大学生们通过创业经历找到了个人定位和人生目标，为成功走向未来奠定了基础，也为在校大学生树立了创业榜样。

此外，为贯彻落实国家农业经济结构战略调整方针，实施科技含量高的优良种子工程和绿色工程，研究开发质量效益型农业经济项目及科研产品的推广和销售，配合西部开发、培育、推广和销售绿色植被等名优特优良品种，引进国内外园艺林木种子和木苗，搞好培育和推广工作，百花集团从2000年开始与齐齐哈尔大学合作，联合开发农业科研实验基地，为大学生实习见习，高校开展科研活动提供技术支持。

五、创办青联会、传送接力棒，家族式创二代蓄力赛跑

历经商海二三十年的洗礼和磨砺，如今百花的商家们已经蜕变为齐齐哈尔市商业服务领域的精英骄子。然而当初胸怀抱负的有志青年现在多数已经迈入花甲之年，拼搏几十年的产业成就了百花人"子承父业"的特有模式和现象，家族式创二代应运而生。

为了把以百花商会创二代会员为主的青年会员整合起来，鼓励青年一代从百花老一辈创业者的手中接过接力棒，把吃苦耐劳、艰苦奋斗的创业精神接续传承、发扬光大，2021年11月百花商会——青年创业联合会成立。青年人肩负打造时尚潮流百花的经营使命，传承父辈的基业，快速融入商业大军中。

针对创二代经商经验不足的情况，青联会定期邀请不同行业的成功创业"前辈"们现身说法，把"过来人"的创业经历、宝贵经验无私地传授给他们，让他们在创业的路上少走弯路。为帮助大家利用现代数字化手段盈利增效，青联会创办了百花线上直播联盟，一经推出就受到了热烈欢迎，每期都有不同行业的创二代走进直播间，推介商品。线下则组织开展实体店如何在新形势下赋能增效等培训和座谈，进行头脑风暴，促进年轻人之间的思想碰撞和交流，用理念武装头脑，用实践检验效果。每次活动结束后，青年商家们热情不减，自发进行进一步的沟通交流。

　　传统商服业升级换代是时代发展必然，创二代肩负打造时尚潮流百花的历史使命，开拓创新，打造升级出一个个时尚精品店。在百花经营40年的商户刘哥从当初创业的1米柜台已经发展到近500米的大卖场，如今这份基业已经传承到其女儿手中，她以年轻人敏锐视角进一步装修升级打造了水具店铺，把水具经营做到极致，受到消费者的认可。今年已经60多岁的郝叔是农民出身，他在百花经营几十年，先后把同村郝氏家族共计70余人带入百花经营，他们如今逐渐成为百花经营大军中的生力军。

　　像这样子承父业，扎根在百花这片投资沃土的创二代还有很多，百花集团的创业平台滋养了他们的父辈，让他们靠辛勤的双手积累了家族产业，未来的发展和希望落在了青年人的肩上，相信这批年轻的创二代们会承载着父辈的殷切嘱托，把父辈用辛勤和汗水打下的基业传承下去并发扬光大，把家族产业做大做强。

　　多年来，百花集团通过创造财富、解决就业、帮扶救助、提供平台等方式方法，实现先富带后富、帮后富。未来，百花集团将继续脚踏实地做好服务，带动更多经营者在共同富裕道路上承担更多社会责任。

案例七：新疆奥生投资有限公司

凝聚民营经济的力量在共同富裕的伟大征程中，民营企业是见证者、受益者，更是参与者、推动者。新疆奥生投资有限公司成立于2002年，为响应国家号召奥生投资公司自觉把自身发展放到高质量发展、竞争力提升、现代化先行的宏大场景中，聚力科技创新驱动转型升级，全面增强企业核心竞争力，不断做强做优做大企业。公司主要经营体育项目投资，基本建设投资，旅游业投资、文化产业投资、棋类竞赛的策划以及文化艺术培训等。

奥生公司坚持党的方针与政策，努力围绕党和政府的振兴乡村、脱贫致富的目标积极助力山区跨越式发展，努力寻求企业发展和社会责任的最大公约数，为高质量发展建设共同富裕示范区作出更大贡献。奥生集团董事长江伟认为"对于民营企业家来说，就是既要富而思源，又要富而思进、富而思善。奥生始终保持奋进姿态、主动拥抱数字经济、承担更大社会责任，把积极创新、创造财富、依法纳税、增加就业作为助力共同富裕的最基本方式"。

一、打造企业与员工"命运共同体"

奥生集团已经全面启动了共同富裕计划，通过完善实施全员收入增长计划、全员家庭健康保险计划、全员职业提升计划，实现产业共富。

通过实施股权激励计划，将股权分配给百名员工，让员工从打工人变成合伙人。江伟介绍说，企业的高质量发展是推进共同富裕的根基，奥生投资开发有限公司坚持创新创业转型升级，在新发展理念战略指引下，构建新发展格局。在科技农业、文化教育、特色旅游等前沿技术领域提升能力，积极布局未来天地网一体化、智慧立体的出行生态。

同时借助数字创新打造新的行业标准，建设未来工厂和健康有机食品，树立"员工至上"理念，加快打造企业与员工"命运共同体"。秉持"民以食为天"的发展理念，以产业带动为主，就业帮扶、公益捐赠等为辅，积极参与"万企帮万村""千企结千村"等乡村振兴专项行动。

二、农业拓疆

根据党中央提出的农业、农村、农民问题是关系国民生计的根本问题，把解决好三农问题作为全党工作的重中之重。

奥生投资开发有限公司为响应国家的号召积极实施农业拓疆计划。江伟董事长认为强国必先强农，农强方能国强，农业强国是社会主义现代化强国的根基，推进农业现代化是实现高质量发展的必然要求。

新疆作为中华农耕文明重要发源地之一，谈到新疆都知道新疆瓜果好，其实农作物的种植也是具有得天独厚的条件。其一新疆地域广阔，其二土地受到天山雪水的灌溉使农业种植条件好，其三日照时间长，植物生长周期长，工业污染几乎为零，所以农产品的质量好，营养价值高。

特别是新时代10年，农业强、农村美、农民富的时代画卷在新疆大地展开。集团利用天山天池地域的林地、耕地等农业资源采用"自然农法"的种植方式，种植绿色环保有机果蔬及农作物，同有识之士们成立了库尔班·吐鲁木合作社。他们以服务三农、造福百姓的初心使命，充分运用党和政府惠及民生福祉的好政策，用良心和责任扑下身子，沉到一线，建设健康农业生态圈。

集团积极发挥南疆地区特别是和田地区的区域特色，发展有机产业，打造农业文化品牌"神农汇"品牌，形成了有机生态绿色环保的种植、研发、生产、销售健康产业链。其中最具特色的产品便是享誉天山南北的"羊脂籽米"。产品有了收益后，库尔班·吐鲁木合作社按照每人股金兑现了30%的分红，大家的脸上洋溢着幸福欢笑。目前，公司有设施农业基地3 000多亩，年产大米2 000多吨，年产值可达1.5亿元，带动周边700多人参与到粮食栽培等工作，并辐射带动500余人就业。让广大农民在产业发展中分享增值收益、实现增收致富。此外，集团还不断加强农村创业园区、孵化实训基地建设，持续增加工资性收入。

与此同时，集团在阜康市兴建农业产业园，本着打造一、二、三产业齐发展的思路，形成种植、加工、观光为一体的农业产业园。该产业园种植基地2019年已启动，产业园2022年已启动建设。产业园规划种植基地通过特色经济作物推动，带领乡村农民一道，从已有的5000亩发展到5万~10万亩，打造出新疆特色茶园"文冠果茶"。结合二产为游客提供文冠果茶种植炒制、文冠果茶饮料制作工艺的参观展示的沉浸式体验。带动当地就业1000余人，打造了当地生态美丽乡村的名片。并且已和携程度假农庄达成合作协议，种植基地园区加工园区成为携程天山度假农庄的旅游观光景区。

集团为抓好农产品建设了仓储保鲜冷链物流设施，努力以基础设施现代化支撑农村现代化。着力建设生态美、环境美、人文美、管护水平高的生态宜居美丽乡村，留住乡风乡韵乡愁。并完善联农带农机制，以市场、服务、股份为纽带，建立更具约束力和稳定性的联结关系，让农民共享经营收益。

三、文化润疆

文化艺术培训是文化产业的重要组成部分，将成为21世纪最有前途的发展行业之一。新疆奥生文化艺术培训中心以国学文化传播为基础，以琴、棋、书、画培训为核心，同时辅以对乌鲁木齐中小学生围棋免费普及和中小学教师免费书法培训，系统地传播中华优秀传统文化，提升新疆中小学教师和青少年的人文素养。设立了"蒲公英计划"，进行免费普及培训。迄今为止，已为乌鲁木齐43所幼儿园和37所小学共50000余人提供了免费普及培训。

奥生文化村设有中国书法家协会新疆书法考级中心，新疆兵团书法考级中心，新疆维吾尔自治区书法院、新疆天山书画院和新疆军垦美术馆的书画培训等优势资源。同时还配备有书画艺术资格认证考试中心、中小学教师书法培训区、中小学文化艺术教育培训区（围棋文化室、书法文化室、绘画文化室、琴文化室）、文化艺术爱好者学习交流区为一体的培训中心。通过这个项目进一步推动新疆文化产业发展，满足各族群众日益增长的文化需求，从小培养，从优培养。推进中华优秀传统文化在新疆的传播，尤其是在新疆青少年心中扎根。对提高青少年的文化素养，养成健康的审美情趣和良好的生活习惯，逐渐强化各族青少年对祖国、对中华民族、对中华文化、对中国特色社会主义道路的高度认同，帮助各族青少年树立正确的世界观、人生观、价值观。

在此期间，集团创办新疆《天山书画》报，是新疆第一张有内部刊号的美术书法专业类报纸，月刊8版，全国免费交流。自2013年元月创刊至今，共出版30期187个版。推介全国及新疆书画名家200余人。全面准确地报道了新疆及全国书画创作活动，为打造天山画派，促进新疆书画艺术发展提供了强有力支持。在此期间，为上万名书画爱好者、教育传播者提供了就业岗位。实现从学前、中小学到大学，从普教、职教到特教的结对帮扶全覆盖。

四、旅游兴疆

生态文明与民营企业发展息息相关。良好的生态环境是民营企业发展最好的自然基础。为了实施旅游兴疆战略，建设生态文明，践行绿色发展理念。优化旅游发展环境，促进旅游业高质量发展，在2022年年初，公司进军旅游产业。企业依托新疆自然资源，借助天山天池文化基地，完善了天山旅游体系。进行科技创新，以科技塑形，与当代科技形式创新融合。

传承独特文化，以文化铸魂。其中新疆区域文化特色阜康文化意为"物阜民康"，阜康历史悠久，早在汉唐时期就是古丝绸之路上的重要驿站。集团打造的西王母文化园项目就是地处阜康市南部，位于阜康市政府东南方向，规划总用地285.14亩，复合多种业态，打造出综合旅游产品。将展示、游乐、演艺、商业、住宿、休闲、康养、研学等多种体验方式叠加组合，带来多元化感受，打造新时代文旅4.0产品。为"一带一路"重要的文化游产业区提供基础。

新疆奥生集团也是携程集团首家授予省（区）级办事处的单位。携程集团与新疆奥生联手，可以充分发挥各自资源、机制、技术等优势和专长，拓展和拓宽双方合作领域和途径，落实好乡村振兴文旅项目，推广提升新疆文旅产业融合发展，为文化润疆大业尽绵薄之力。江伟董事长认为坚持生态和可持续发展是新疆最突出的优势，也是推进共同富裕最坚实的底气。培育一批红色游、生态游、康养游、冰雪游、研学游、民俗文化游等优质产品，逐步实现新疆旅游由过境地向目的地转变。吸引更多的人来到新疆，爱上新疆，最后留在新疆。推动乡村旅游项目落地，促使高端住宿为核心，带动目的地产业增收，以人才赋能，激活乡村振兴内生动力，促进乡村产业升级，加快乡村现代化建设，并作出积极贡献。

五、设立专项基金

中华少年儿童慈善救助基金会库尔班·吐鲁木民族团结互助专项基金是由新疆奥生集团和新疆维吾尔自治区国际国内公共关系协会共同创立。这是中华儿慈会首个面向新疆的专项基金，旨在继承发扬库尔班·吐鲁木爱党爱国情怀，促进民族团结，服务于新时期的民族团结大发展。通过此基金，帮助需要帮助的人，将团结友爱的精神发扬光大，助力"民族团结一家亲"活动及新疆地区少年儿童的汉语和艺术教育学习，实现新疆对内地人民多年来无私援助的感恩。

以实际行动感党恩，听党话，跟党走，回馈社会各界对新疆各族同胞的深切关怀。企业组织参与精准扶贫帮困活动。扶贫帮困、奉献爱心，为践行党的十九大报告提出的精准扶贫、打赢新疆扶贫攻坚战贡献力量，连续几年赴南疆地区扶贫帮困。2017年年底，企业向帕哈太克里乡教育扶贫资金、村级大数据平台项目建设捐款20万元。同时还向两个村的困难群众每户送上500千克"暖心煤"。随后，企业与协会们深入一村、六村，走访贫困户，为他们送上了面粉、食用油、砖茶等生活物资。随后又到一村幼儿园，为老师送去油笔，给孩子们送去书包。在疫情期间，公司农业板块"羊脂籽米"推出"用购买代替捐赠的方式"进行公益回馈，使2 000多人得到扶贫帮助。

案例八：宁波佳尔灵气动机械有限公司

一、公司概况

宁波佳尔灵气动机械有限公司成立于1999年，是一家专业从事气动元器件设计生产的国家高新技术企业，中国液压气动密封件工业协会气动专业分会副会长单位，国家工业和信息化部门重点专精特新"小巨人"企业。公司位于宁波溪口气动产业园，注册资金2 300万元，现有厂房5万平方米、员工400余人，产品不仅畅销全国，2003年起就出口到东南亚、欧美等65个国家和地区。

作为中国民族气动产业第一方阵重要一员，佳尔灵气动秉着"为全球客户量身定制气动控制技术解决方案"的经营战略和"实现自主关键气动产品替代进口"的经营理念，专注于小型化、集成化、智能化、模块化气动控制系统、执行系统的关键核心元器件研发攻关。自主研发的各类产品作为智能制造装备、先进交通装备、高端医疗器械及精密仪器仪表等重点领域的核心基础零部件，广泛应用于工业自动化、生命健康、高铁、新能源汽车等多个产业领域，并实现了与一些世界500强和国内大型上市企业的配套合作，还曾为北京奥运会"鸟巢"和"水立方"工程的供排水系统及上海"世博会"环保回收系统提供产品配套。

公司设立有省级高新企业研发中心和博士后工作站，与浙江大学、北京理工大学、北京航空航天大学等知名院校保持产学研合作，与德国知名气动生产商AIRTEC企业强强联合，在产品研发、销售、工艺及员工培训等方面深度合作。年研发经费投入占年营业额的5%以上，现已累计拥有各项专利91项，并先后主特和参与了21项国家标准、7项行业标准的制定、修订工作。

公司先后荣获了浙江省知名商号、浙江省AAA级守合同重信用单位、浙江省中小微企业创新发展先进单位、国家行业标准制定突出贡献单位、中国气动行业"十三五"科技创新突出贡献单位奖、浙江省级五一劳动奖状等多项荣誉。

佳尔灵，从卖产品，到爱客户，力争做"中国好气动"。为客户创造价值、为社会创造财富，实现产业报国宏伟目标。

二、家族企业 共同富裕

1.家族企业与家族兴旺

家族企业一开始都是以家族里面的人为主，家族人员在创业初期起到了关键的作用，之后，家族人员在企业中也得到了学习与成长的机会，部分人员担任公司中高管理层，参与公司的经营与管理。佳尔灵就是在企业自身不断发展过程的影响下，很多原来在公司做销售、生产、技术的家族人员出去自己创办销售公司或代理公司产品，或给公司做来料加工等，都取得了一定成绩，不仅实现了个人成功，也带动了更多的就业机会，完善了地方气动产业上下游产业链。同时，佳尔灵的成长也无形中影响了家族中一些成员的创业梦想，在佳尔灵的帮助和支持下，在当地的其他产业（如餐饮、酒店、旅游等）投资创业，促进了家族共同富裕。

佳尔灵视职工如家人，在办好企业自身的前提下，通过各种形式培养了大批技能型、管理型、经营型人才。其中一部分人才目前已成为公司核心骨干，还有更多的人才走向社会，他们有的成为其他企业的管理和技术人才，有的则自主创业，成立了气动制造公司、销售代理公司、咨询管理公司，等等，极大地推动了地方气动产业的快速、蓬勃发展。

2. 家族企业与精神富裕

佳尔灵一直注重企业人才培养。"佳尔灵学习班"由单谟君总经理于2019年推动成立，不仅给全体员工发放了《文化自信与民族复兴》一书，并要求全员阅读；他亲自带领公司管理骨干赴南赣参加了"管理之道，可学而至"南赣治理阳明文化研学活动和贵州龙场"苦难即辉煌"主题研学活动；还先后组织公司中高层及各部门骨干等开展了德鲁克《五项修炼提升职场竞争力》《稻盛哲学与提升工作效能的72个方法》《阳明心学与个人战略》等内容丰富的学习，致力打造心灵建设平台，引领全员学习中华文化，学习阳明心学，提升自己的心灵品质，开发心灵宝藏。另外，公司内部还建有"周五讲堂"，通过引进外部讲师及公司内部高级技术人员担任讲师对员工进行专业知识培训，提升员工专业技能。公司人力资源部门每年都会制订完善的年度培训计划，常年与健峰、长松、金蓝盟、胜经等咨询培训机构合作，以"请进来"和"走出去"的双重模式培养了大批骨干人才。

佳尔灵一直关注团队精神财富建设。公司新厂房的设计建设就是围绕面积1 000余平方米的室内体艺中心展开。体艺中心配备有篮球、羽毛球、气排球、乒乓球和多种健身器材，独立的"职工书屋"有各种藏书一千多册，每天免费向职工开放；公司还组建了"佳尔灵篮球俱乐部"，定期组织职工开展丰富的文体活动，让大家工作之余能放松自我、增强体质。孩子是祖国的未来，也是每一位家长的希望，为解决职工子女暑假期间安全、学习的急难愁盼事宜，公司于2018年开始，每年暑假两个月开设"职工子女暑假托管班"，截至今年已连续举办第六期；以"健康、快乐、学习、成长"为宗旨，专职招聘的两位托管老师精心制订计划、认真辅导作业、用心教小朋友做手工、绘画、打球等，暑假托管班受到职工的一致好评。为陶冶职工情操，公司总经理特聘了一名溪口当地的聋哑残疾人画家长期驻厂画画。此人不仅聋哑，还因小时候的一次意外导致双手截肢，但他自强不息，通过自身努力学习绘画技能，成为本地一名小有名气的画家；公司为他专门设了一间书画室，不仅将他的成长励志经历在职工和每年的托管班小朋友间宣传，还将他的书画作品分发给职工以及客户，以文化提心智。此外，公司工会自2000年成立以来，组织结构不断完善，不仅组建了由退伍军人成立的"消防/应急小分队"，随时为公司和周边企业消防安全保驾护航；在维护职工合法权益、保障职工各项福利待遇的基础上，引领全体职工会员开展"义务献血""扶贫赈灾捐款""五水共治志愿活动""演讲比赛""技能竞赛""全员五小创新活动"等丰富活动，在推动企业文化建设的同时，也建立了稳定和谐的劳动关系。

3. 家族企业与社会责任

佳尔灵公司总经理单谟君作为奉化溪口本地人，在企业的发展壮大过程中，始终不忘家乡情怀。2008年起他就担任镇上两个村的经济顾问，利用企业自身发展优势为所在村镇小企业提供技术、咨询和资金支持。同时热衷于地方慈善公益事业，设立"500万慈善帮困冠名基金"、建设村文化礼堂、结对贫困生助学扶贫、修缮敬老院、出资修路灯，等等，已累计投入各项公益捐助600多万元。

佳尔灵公司自1999年正式成立以来，员工基本来自溪口镇各村人员，鉴于良好的企业文化氛围和福利待遇，企业职工队伍长期都很稳定，目前公司本地职工占70%以上，十年以上工龄职工占公司职工总人数的50%以上。大家在自己的家乡就能有好的就业环境，使得工作、家庭能很好地兼顾，从而达到了双赢。

奉化是国家气动产业集群区，佳尔灵目标是遵守行业行规，积极承担行业发展的责任与担当，推动中国气动产业的发展，世世代代创建"绿色生态"的环境。公司不仅先后通过了GB/T 24001-2016环境管理体系和GB/T 45001-2020职业健康安全管理体系认证，还取得2021年无废城市细胞"无废工厂"和2022年度宁波市级"绿色工厂"称号。

近几年来，面对国际环境变化，佳尔灵公司及时调整运营策略，不断加大自身研发投入，积极在高端气动领域探索和尝试。先后在轨道交通、新能源汽车、高端纺织机械、自动化、医疗大健康等领域研发了大量高端气动产品，不仅解决了诸多国家卡脖子技术难题，还不断发展高质量的客户群，做"门当户对"的生意，为客户创造价值，为社会产生影响力，与国家经济命运同频共振。

案例九：南京金箔控股集团有限责任公司

金箔集团是一个立足于南京的本土企业，1955年成立。从当年的金箔小作坊到如今发展成为拥有8个集团产业、3个产业联盟板块、汇聚大大小小近百家企业的金箔大家庭。

企业在不断发展壮大的过程中，积极践行共同富裕的理念。最近公司系统地提出了"三个金箔"新理念，即幸福金箔、福利金箔、成功金箔，希望在民营企业的传承发展当中探索出一条新路。

第一，金箔企业聚英才，幸福金箔稳人心。

金箔集团始终将职工的成就感、幸福感作为企业经营决策的第一要务。金箔几十年来从不强调一切服从分配，而是实行双向选择，凡在金箔集团任职者思想上尽量不让其有隔阂感，生活上有困难尽可能圆满及时地解决。总之，尽量让所有金箔人感受到温暖、幸福、自在。公司坚信金箔员工就是金箔最大的财富，集团党委始终牢记《东方红》歌词中的"为人民谋幸福"这句话，牢记为职工谋幸福的初衷不能改变，每年10月，金箔集团都要召开职工对话会，这项制度至今已经坚持了28年，成为金箔的传统活动。为树立楷模、弘扬正气，公司持续开展十佳新闻人物、十佳党员、十佳妇女、十佳青年等各种先进人物的评比活动，还经常让员工填写"你想干什么""你能干什么"的意向书，供企业选人、用人、调整作参考，想方设法让每一位金箔人感到自由平等、安居乐业。

在金箔集团以人为本的指导思想引领下，乐于在企业干20年、30年的忠诚职工比比皆是，职工中年轻时就在金箔就业，结婚生子后、孩子长大后再上金箔就业的也很普遍，职工思想上的安定给企业的稳定带来了极大的帮助。

第二，金箔家族传温情，福利金箔暖人心。

金箔集团将精神和物质、福利有机结合起来，让所有金箔职工从入职到退休都能得到较好的福利，宁愿股东少分配，也要让金箔职工没有后顾之忧。

金箔人从工作到正常退休养老，从身体康健到生病治疗，都能够享有好福利；员工家庭困难会有配套福利；员工干到老，回家有福利；员工干得好，贡献大，福利就更多。简言之，在金箔就是通过福利多多，让员工享受创造的成功果实。

近年来，金箔集团通过摸家底发现一种现象，即参加过金箔改革的第二代、第三代的功臣以及后来的一些传承人，因为没有股权，到了退休年龄后，拿到的退休金很少，生活困难一时没有办法解决。为此，金箔集团近年特别出台了职工退休补贴，对那些在集团服务多年、业绩很好的老骨干、老职工，尤其是为集团做过特殊贡献的骨干制定了一系列的补贴标准，让员工退休生活得到了极大的保障。目前金箔家族各项福利金政策共有15项，项项落实，而不是纸上谈兵，具体包括职工子女的入托、入园、入学，职工的租房、吃饭、购房、购物、买车、资源共享等。

第三，金箔熔炉铸匠心，成功金箔聚人心。

金箔集团提出，一个好的企业不仅有物质产品、精神产品，更为重要的是必须将金箔集团打造成一个培育人才的大熔炉，为企业、为社会培养更多的人才。因此，金箔集团将关心人、培养人、帮助人、教育人当作根本任务来抓。

进入新时代，金箔集团坚持实行企业师带徒的活动，各种技术人才都是通过师傅带徒弟模式一代一代地传承。企业不仅要培养各种技术人才，而且还要将管理人才、领衔人才培养出来。集团的创始人张宝泉亲自兼任创业导师，通过课程培训、游学等形式，传授宝贵的一线管理经验，不仅授人以鱼，更是授之以渔。在金箔集团，不强调服从分配，而是你想干什么尽量让你干什么，设法让每一位职工都能人尽其才，努力使所有职工都能够得到锻炼、得到发挥、取得成功。

金箔集团尽可能让所有有理想、有抱负、有志向的员工心愿都能得到实现。让金箔企业成为金箔人的"三台"：为你搭建的平台、让你表演的舞台、成为你的后台。让员工在金箔实现自我价值，练就一身本领，成为被社会各界刮目相看的人才。

案例十：哈尔滨中央红集团

哈尔滨中央红集团创办于1992年。长期以来，公司以商品流通为中心，向产业上下游延伸，先后创办了"有机生态农业""绿色食品加工业""社区零售商业""文化产业"四大产业。现在该集团公司已经形成了一个生态型、可持续发展的大健康产业链集团。集团拥有6 000多亩土地的有机生态农场及多个养殖基地，占地10万平方米的绿色食品加工园区，300余家哈尔信阳光农园生态精品超市、社区便利超市，分布在哈尔滨、沈阳、北京等地，书院与书店相结合的新型连锁书店入驻社区超市，满足城市社区居民的文化生活需求。

中央红的超市叫阳光农园生态精品超市，在北京、沈阳开设了哈信黑土绿色食品体验超市、体验餐厅，打造从田间地头到消费者餐桌的新鲜直供、生态健康模式。目前，哈尔信超市门店已成为所在地区居民消费必逛的生活购物场所，并有了"看得到的新鲜，吃得到的安全"的好口碑。

公司创建了企业全体员工持股的股份制企业，100%由全体员工持股，人人都变成股东，实现了身份的转换。公司有3 000多名员工，这样就变成了既是员工，又是企业主人的形式。公司一直坚持领导参加劳动、员工参加管理，改革一切不合理的规章制度，实行领导、专业技术人员和普通员工三结合。由于企业所有制改了，员工的身份改变了，既是主人，又是劳动者，还是参与者，所以由共享经济、分享经济一直发展过来，公司觉得这个体制是非常对的，这也是我们实现共同富裕的一种路径。

关于企业效益分配，公司有以下几个方面的做法：第一是统一认识，保税收。国家税收是我们对国家的贡献，是全体人民共同富裕的保障，所以在税收方面要不拖不欠，坚决做纳税先进企业。第二是企业与银行之间必须建立诚信合作关系，确保不欠利息，保障资金正常周转。第三是必须保证生产成本中合理成本的合理支出，只有成本控制管理好，企业才能顺利发展下去。第四是在经营当中必须保持收入的合理性和有效性。

更重要的一点是税后的福利问题。税后利润怎么分配是一个非常科学的问题，一是保员工薪酬，二是保企业的扩大再生产资金，三是保股东分红。比如员工除了薪酬之外，还有效益工资、效益奖励、贡献鼓励等。因为公司做有机绿色食品有便利条件，所以公司每个员工除正常的薪酬之外，每个月有1 000元的福利，从决策层到基层，执行的福利标准一致，全部是企业自产、自采的有机生态绿色食品，公司的农场、食品加工厂生产什么，公司在基地采购什么，都会优先以福利形式发放给员工品尝。公司为员工设置的福利标准不一定能保证员工的全家需求，但公司重点强调要保证孩子和老人的需求，员工非常认可公司的做法。现在公司全体员工都是企业的会员，这种分享机制让企业的员工队伍更团结、更有竞争力。员工薪酬合理分享后，再进行企业留存资金管理，扩大再生产。近30年来，公司发展了四大产业，采取的就是扩大再生产的形式，而且不搞融资，完全靠自有资金、靠企业自己的积累一步一步地走下来，直到现如今大健康产业链的形成及有效运转。这样就保证了公司真正把共同富裕这条路一直走下去，走得更远，走得更久。

公司不仅仅是带领全体员工致富，还力图带领更多与我们合作的伙伴共同富裕。由于公司的有机生态农业、绿色食品加工业都要和农民打交道，所以带领农民一起致富是非常重要的。在这方面，公司为农村儿童创办幼儿园，对困境中的农村创业女性进行帮扶、手把手教农村妇女读书识字、参与种植管理……现在与公司合作的农民，近些年旧房翻新，盖了敞亮的砖瓦房；大部分村民家里有了私家车；公司让过去把生活重心放在种地、吃饭、睡觉的农民有了斗志，有了更多想法，想让孩子上好学校，想要在自己家里创业等。公司改变了黑龙江黑土地上一部分农村家庭青壮年男女外出打工，老人、孩子留守的现状。在公司的带动下，一批批留家、留守的妇女们开始创业，公司提出的"创业不离家，打工不离村"的致富理念，得到了认同。通过公司的产业来带动地方区域经济发展，引导人们逐渐认识了共同富裕的美好前景。中央红有机生态农场是国家级示范农场，创办农民大学堂，开展知识、技术、文化等方面的培训，邀请专家、学者、城市消费者走进农场、走进农民大学堂，为农民朋友、企业员工进行健康生活理念分享，取得了较好的效果。

公司自创业之初就提出坚持做有社会责任担当，受社会尊敬的企业。在企业内部，公司建立了互助基金会，充分发挥工会的职能和作用，解决员工的实际困难，员工的孩子上学有助学金，家庭遭遇困境有互助基金，支持员工过好自家的小日子，不被困难所困，安心工作服务社会。在社会上，公司和哈尔滨市妇联组织共同成立了哈尔滨市妇女儿童基金会，成立这些年来，已经帮助数千名孩子完成求学梦，帮扶困境中的妇女脱贫。从2019年开始，公司又设立了新的项目，为偏远郊区特困学校的孩子们建阳光操场、阳光运动场，让农村特困地区的孩子和城里的孩子一样可以快乐奔跑。这个公益项目社会反响也非常好，得到了众多女性创业者和企业家的支持。

案例十一：好医生药业集团有限公司

　　好医生药业集团成立于1986年，在凉山各级党委的关心支持下，经过30多年的发展，形成目前集科工贸一体、以药业为核心的"大健康"产业全面发展的集团，有员工2万多名，企业连续十年被评为工信部"中国医药工业百强企业"，是农业产业化国家龙头企业，中国中药制药百强企业，该公司主要从以下三个方面参与到共同富裕的实践之中。

　　第一，因地制宜，发挥主动性发展中医药产业。中药产业占公司全产业的60%以上，需要优质的药材。经过调研，20多年前，公司决定在家乡发展中药种植产业，因地制宜，带动当地群众致富。作为三区三州深度贫困之一的大凉山，有些地方曾经是不通公路、不通电、不通信号、没有产业的。从1996年起，好医生通过调研，采取"支部＋公司＋合作社＋基地＋农户"的组织模式，在大凉山发展中药材产业。公司提供技术培训，对种出来的药材保底收购，最大限度降低种植户风险。因为一家一户要参与现代市场博弈和竞争，是比较弱的，如果有企业把他们组织起来会好很多。通过20多年的实践和努力，好医生在凉山9个县带动农户种植全覆盖，中药材种植的地方有优质土壤环境，种出来的药材效果会非常好。公司有了优质的原料，生产出的药品疗效自然会好，形成了良性循环。目前中药材种植面积已经突破了5万亩，带动了10万多各群众致富。2022年秋天我们收购附子等中药材2 000多吨，仅现金支付农民就有3 000多万元。

　　在公司对口帮扶的布拖县火灯村，有位种植大户马查尼尔，他没有走出过大凉山，小时候经常挨饿，弟兄姊妹四人衣服从来都是老大穿完老二穿，老二穿完老三穿，甚至几人就一套衣服。但是现在，凉山发生了翻天覆地的变化，经济条件改善，让他的思想也发生了变化。他把他的两个孩子送出大凉山接受教育，许多像他这样家庭的孩子，无论是上中专、大专或者是大学毕业以后，很多又到了好医生，这正是产业带动共同富裕的实践结果。

第二，全产业链发展，深耕市场，打造品牌。为确保种植的附子全部收购进厂，好医生在凉山州布拖县投资1.1亿元，建立精深加工厂，自动化中药饮片生产线，从而形成了同基地种植优质原料—本地收购—工厂加工—对外销售的中药材全产业链，现代化加工厂每年可以处理附子4 000多吨，苦荞1 000多吨，其他中药材3 000多吨，年产值1.3亿元，利税3 500多万元，带动200多人就业。

好医生在凉山先后投资建立了9家企业，提供就业岗位超2 000个，其中700多个来自过去的贫困家庭，员工人均收入达到3万元以上。少数民族同胞进入工厂，解决了企业劳动力的问题，同时，他们接受现代企业的管理及教育后，解放了思想，改变了生活习惯，提高了文化素养。

第三，建设标准园区，助力乡村振兴。过去扶贫攻坚期间，对于如何帮扶一个村实现乡村振兴是有固定标准的，让他们在土地流转以后有稳定的收入，到园区工作能够拿到一份工资。为此乡村振兴专项工作组建设了4个标准化现代化产业园区，打造了5个乡村振兴的样板，扩大帮扶区域，建立加工基地和标准化的种植基地，通过一系列因地制宜、连接地气、坚强有力的措施，取得了该地区的振兴。

2023年，好医生将采取更加精准、更加务实、更加有效的措施，力争种植中药材面积达到55 000亩。现代农业园区增加2~3个。

主要参考文献

1.Anderson, R. C., Reeb, D. M. Founding-family ownership, corporate diversification, and firm leverage, The Journal of Law and Economics, 2003, 46（2）: 653–684.

2.Asker, J., Farre-Mensa, J., Ljungqvist, A. Corporate investment and stock market listing: A puzzle, Review of Financial Studies, 2015, 28: 342–390.

3.Becht, M., Franks, J., Mayer, C., Rossi, S. Returns to shareholder activism: Evidence from a clinical study of the Hermes UK focus fund, Review of Financial Studies, 2009, 22（8）: 3093–3129.

4.Beckhard, R. , Dyer, G. Managing change in the family firm—Issues and strategies, Sloan Management Review, 1983, 24（3）: 59–66.

5.Berrone, P., Cruz, C., Gomez-Mejia, L.R. Socioemotional wealth in family firms theoretical dimensions, assessment approaches, and agenda for future research, Family Business Review, 2012, 25（3）: 258–279.

6.Bertrand, M. Schoar, A. The role of family in family firms, Journal of Economic Perspectives, 2006, 20（2）: 73–96.

7.Bogle, J. C. The modern corporation and the public interest, Financial Analysts Journal, 2018, 74（3）: 8–19.

8.Campopiano, G., De Massis, A. Corporate social responsibility reporting: A content analysis in family and non-family firms, Journal of Business Ethics, 2015, 129（3）: 511–534.

9.Cirilloa Romano M, Pennacchiol. All the Power In Two Hands: the Role of CEOs in Family IPOs, European Management Journal, 2015, 33（5）: 392–406.

10.Croci, E., Doukas, J. A., Gonenc, H. Family control and Financing Decisions, European Financial Management, 2011, 17（5）: 860–897.

11.Croci, E., Rigamonti, S., Signori, A. Performance, investment, and financing patterns of family firms after going public, Corporate Governance: An International Review, 2022, 30（6）: 686– 712.

12.De Massis, A., Di Minin, A., Frattini, F. Family driven innovation: Resolving the paradox in family firms, California Management Review, 2015, 58: 5–19.

13.Delery, J. E., Roumpi, D. Strategic human resource management, human capital and competitive advantage: Is the field going in circles, Human Resource Management Journal, 2017, 27（1）: 1–21.

14.DesJardine, M. R., Durand, R. Disentangling the effects of hedge fund activism of firm financial and social performance, Strategic Management Journal, 2020, 41: 1054–1082.

15.Dyck, A., Lins, K. V., Roth, L., Wagner, H. F. Do institutional investors drive corporate social responsibility? International evidence, Journal of Financial Economics, 2019, 131: 693–714.

16.Dyer, W. G. , D. A. Whetten. Family Firms and Social Responsibility: Preliminary Evidence from the S&P 500, Entrepreneurship Theory & Practice, 2006, 30（6）: 785–800.

17.Essen V., Strike M., Carney V.M., Sapp, S. The Resilient Family Firm: Stakeholder Outcomes and Institutional Effects, Corporate Governance: An International Review, 2015, 23: 167–183.

18.Faccio, M., Marchica, M. T., Mura, R. Large shareholder diversification and corporate risk–taking, The Review of Financial Studies, 2011, 24（11）: 3601–3641.

19.Fama, E. F., Jensen, M. C. Separation of ownership and control, The Journal of Law and Economics, 1983, 26（2）: 301–325.

20.Fan, D., Zhu, C. J., Huang, X., Kumar, V. Mapping the terrain of international human resource management research over the past fifty years: A bibliographic analysis, Journal of World Business, 2021, 56（2）: 101–185.

21.García–Sánchez I–M, Martín Moreno J., Khan S.A., Hussain N. Socio–emotional wealth and corporate responses to environmental hostility: Are family firms more stakeholder oriented, Bus Strat Env, 2021, 30: 1003–1018.

22.Ghisetti, C. , F. Quatraro. Green Technologies and Environmental Productivity: A Cross–sectoral Analysis of Direct and Indirect Effects in Italian Regions, Ecological Economics 132. Complete, 2017: 1–13.

23.Godfrey, P. C., Merrill, C. B. The relationship between corporate social responsibility and shareholder value: An empirical test of the risk management hypothesis, Strategic Management Journal, 2009, 30 (4): 425–445.

24.Gómez-Mejía, L.R., Larraza-Kintana M. He Determinants of Executive Compensation in Family Controlled Public Corporation, Academy of Management Journal, 2003, 46 (2): 226–237.

25.Grossman, S. J., Hart, O. D. Takeover bids, the free-rider problem, and the theory of the corporation, The Bell Journal of Economics, 1980: 42–64.

26.Gómez-Mejía, L.R., Haynes, K., Nuñez-Nickel, M., Jacobson, K., Moyano-Fuentes, J. Socioemotional wealth and business risks in family-controlled firms: Evidence from Spanish olive oil mills, Administrative Science Quarterly, 2007, 52 (1), 106–137.

27.Hansen, C. Block, J.H. Public family firms and capital structure: A meta-analysis, Corporate Governance(Oxford): an international review, 2020: 12354.

28.Hojnik, J., M. Ruzzier. What drives eco-innovation? A review of an emerging literature, Environmental Innovation & Societal Transitions, 2016, 19: 31–41.

29.Jensen, M. C., Meckling, W. H. Theory of the firm: Managerial behavior agency costs and ownership structure, Journal of Financial Economics, 1976, 3 (4): 305–360.

30.Kappes, I., Schmid, T. The effect of family governance on corporate time horizons, Corporate Governance: An International Review, 2013 (21): 547–566.

31.Kashmiris, Mahajanv. A Rose by anyother name: are Family firms named after their founding families rewarded more for their new product introductions, Journal of Business Ethics, 2014, 124 (1): 81–99.

32.Kavadis, N., Thomsen, S. Sustainable corporate governance: A review of research on long-term corporate ownership and sustainability, Corporate Governance: An International Review, 2023, 31 (1): 198–226.

33.La Porta, R., Lopez-de-Silanes F., Shleifer A. Corporate Ownership Around the World, Journal of Finance, 1999, 54 (2): 471–517.

34.Lester Richard, Cannella. Interorganizational Familiness: How Family Firms Use Interlocking

Directorates to Build Community–Level Social Capital, Entrepreneurship Theory and Practice, 2006.

35.Li J., TANG Y. I. CEO hubris and firm risk taking in China: the moderating role of managerial discretion, Academy of Management Journal, 2010, 53 (1): 45–68.

36.Lyandres, E., Marchica, M. T., Michaely, R., Mura, R. Owners' portfolio diversification and firm investment, The Review of Financial Studies, 2019, 32 (12): 4855–4904.

37.Mayo, M., Gómez–Mejía, L., Firfiray, S., Berrone, P., Villena, V. H. Leader beliefs and CSR for employees: The case of telework provision, Leadership and Organization Development Journal, 2016, 37 (5): 609–634.

38.Miller, D., Le Breton–Miller, I., Lester, R. Family and lone founder ownership and its strategic implications: Social context, identity and institutional logics, Journal of Management Studies, 2011, 48 (1): 1–25.

39.Mishra, C. S., McConaughy, D. L. Founding family control and capital structure: The risk of loss of control and the aversion to debt, Entrepreneurship Theory and Practice, 1999, 23 (4): 53–64.

40.Morck, R.K., Wolfenzon, D., Yeung, B. Corporate governance, economic entrenchment, and growth, Journal of Economic Literature, 2005, 43 (3): 655–720.

41.Naldi, L. , Cennamo, C. , Corbetta, G. , Gómez–Mejía, L. Preserving socioemotional wealth in family firms: asset or liability? the moderating role of business context, Entrepreneurship Theory and Practice, 2013, 37 (6): 1341–1360.

42.Qian, J., Strahan, P. E. How laws and institutions shape financial contracts: The case of bank loans, The Journal of Finance, 2007, 62 (6): 2803–2834.

43.Rajan, R. G., Zingales, L. What do we know about capital structure? Some evidence from international data, The Journal of Finance, 1995, 50 (5): 1421–1460.

44.Schmid, T. Control considerations, creditor monitoring, and the capital structure of family firms, Journal of Banking & Finance, 2013, 37 (2): 257–272.

45.Schnatterly, K. and Johnson, S.G. Independent boards and the institutional investors that prefer them: Drivers of institutional investor heterogeneity in governance preferences, Strat. Mgmt. J, 2014, 35: 1552–1563.

46.Setia–Atmaja, L., Tanewski, G.A., Skully, M. The Role of Dividends, Debt and Board Structure in the Governance of Family Controlled Firms, Journal of Business Finance & Accounting, 2009, 36：863–898.

47.Shleifer, A., Vishny, R. W. A survey of corporate governance, The Journal of Finance, 1997, 52（2）：737–783.

48.Su, Y., Xia, J., Zahra, S. A., Ding, J. Family CEO successor and firm performance：The moderating role of sustainable HRM practices and corporate philanthropy, Human Resource Management，2022：1–24.

49.Villalonga, B. The impact of ownership on building sustainable and responsible businesses, Journal of the British Academy, 2018, 6（s1）：375–403.

50.Ward, J.L. Growing the family business：Special challenges and best practices, Family Business Review, 1997, 10（4）：323–337.

51.Wei K. C., Zhang Y. Ownership structure, cash flow and capital investment：evidence from East Asian economies before the financial crisis, Journal of Corporate Finance, 2008, 14（2）：118–132.

52.Wiseman, R. Gómez–Mejía, L. A behavioral agency model of managerial risk taking, Academy of Management Review, 1998, 23（1）：133–153.

53.Zellweger, T. M., Kellermanns, F. W., Chrisman, J. J., Chua, J. H. Family control and family firm valuation by family CEOs：The importance of intentions for transgenerational control, Organization Science, 2012, 23（3）：851–868.

54.北京大成企业研究院.2018年民间投资与民营经济发展：重要数据分析报告［M］.北京：中华工商联合出版社，2020.

55.北京大成企业研究院.国有、民营、外资企业重要数据全景简明比较分析——基于第四次经济普查数据［M］.北京：社会科学文献出版社，2019.

56.北京大成企业研究院.推动共同富裕，民企担纲主力（工作论文），2021年10月.

57.陈德林.乡村振兴视域下地方高职院校助推乡村人才振兴的路径研究［J］.湖北科技学院学报，2022（42）.

58.陈德球，肖泽忠，董志勇.家族控制权结构与银行信贷合约:寻租还是效率?［J］.管理世界，2013（9）.

59.陈凌.茅理翔.创业式传承［M］.北京：机械工业出版社，2019.

60.陈宗胜，杨希雷.共同富裕视角下全面综合测度城乡真实差别研究［J］.财经科学，2023（1）.

61. 邓小平. 邓小平文选：第2、3卷［M］. 北京：人民出版社，1993，1994.

62. 弗朗西斯·福山. 信任：社会美德与创造经济繁荣［M］. 海口：海南出版社，2001.

63. 高德步. 中国民营经济史［M］. 太原：山西经济出版社，2014.

64. 高云龙，徐乐江. 中国民营企业社会责任报告（2018、2019、2020）［M］. 北京：中华工商联合出版社，2019，2020，2021.

65. 工信部. 我国已培育三批4762家"专精特新"小巨人企业. 人民网，2021-09-07.

66. 郭跃进. 论家族企业家族化水平的测定原理与方法［J］. 中国工业经济，2022（12）.

67. 何晓斌. 民营企业的创新研发与转型升级［J］. 中华工商时报，2019-07-04.

68. 贺志锋. 论家族企业的定义［J］. 当代财经，2004（6）.

69. 黄孟复. 中国民营经济史·大事记［M］. 北京：社会科学文献出版社，2009.

70. 姜付秀，郑晓佳，蔡文婧. 控股家族的"垂帘听政"与公司财务决策［J］. 管理世界，2017（3）.

71. 剧锦文. 企业与公司治理理论研究［M］. 北京：中国经济出版社，2018.

72. 剧锦文. 中国经济：路径与政策［M］. 北京：社会科学文献出版社，2001.

73. 克林·盖尔西克. 家族企业的繁衍——家庭企业的生命周期［M］. 北京：经济日报出版社，哈弗商学院出版社，1998.

74. 李善民，王陈佳. 家族企业的概念界定及其形态分类［J］. 中山大学学报（社会科学版），2004（3）.

75. 李实，万海远. 中国收入分配演变40年［M］. 上海：格致出版社，上海人民出版社，2018.

76. 李新春，张书军. 家族企业：组织、行为与中国经济［M］. 上海：上海三联书店，上海人民出版社，2005.

77. 列宁. 列宁全集：第29卷［M］. 北京：人民出版社，1985.

78. 刘海建. 应将利益相关者的预期纳入企业捐赠的实际决策中［J］. 新华文摘，2022（17）.

79. 刘迎秋. 中国非国有经济改革与发展30年研究［M］. 北京：经济管理出版社，2008.

80. 刘子旭，娄阳. 代际差序格局与继任二代开发支出会计政策选择——基于家族企业社会情感财富理论［J］. 财会通讯，2022（17）.

81. 马克思，恩格斯. 马克思恩格斯文集：第1、3、5卷［M］. 北京：人民出版社，2009.

82. 毛泽东. 毛泽东选集：第五卷［M］. 北京：人民出版社，1977.

83.宁向东.家族精神：李锦记传承百年的力量［M］.北京：经济日报出版社，2016.

84.秦艳，蒋海勇.制造业绿色转型与共同富裕的互动机理及路径——基于绿色分工演进视角［J］.企业经济，2022（41）.

85.全国工商联经济服务部.2022年中国民营企业500强调研分析报告［R］.2022.

86.孙光国，戴明禹，滕曼茹.攻不破的"家族化怪圈"：家族主义文化驱使企业重回家族化治理模式吗？［J］.南开管理评论，2023（1）.

87.托马斯·齐维格.家族企业管理：理论和实践［M］.任力，译.厦门：厦门大学出版社，2022.

88.汪三贵.在发展中战胜贫困——对中国30年大规模减贫经验的总结与评价［J］.管理世界，2008（11）.

89.王国璋，郑宏泰，黄绍伦.李文达传——酱料大王的传奇［M］.香港：三联书店（香港）有限公司，2022.

90.王钦敏.中国民营经济发展报告No.13（2015—2016）［M］.北京：中华工商联合出版社，2017.

91.王希，陈言.民营企业家社会资本与企业社会责任——基于海外经历的调节效应分析［J］.山西财经大学学报，2022（44）.

92.吴超鹏，薛南枝，张琦，吴世农.家族主义文化、"去家族化"治理改革与公司绩效［J］.经济研究，2019（2）.

93.习近平.在民营企业座谈会上的讲话.人民日报，2018-11-02.

94.习近平.扎实推动共同富裕［J］.求是，2021（20）.

95.小艾尔弗雷德·D.钱德勒.看得见的手——美国企业的管理革命［M］.北京：商务印书馆，1987.

96.闫华红，巩晓薇.家族企业利益相关者关系的协调——基于社会情感财富的视角［J］.会计之友，2018（4）.

97.严若森，张志健.家族控制权结构对企业过度投资的影响——外部制度环境的调节作用［J］.财贸研究，2016（27）.

98.叶银华.家族控股集团、核心企业与报酬互动之研究——台湾与香港证券市场之比较［J］.管理评论（台湾），1999（2）.

99.詹姆斯·E.波斯特，安妮·T.劳伦斯，詹姆斯·韦伯.企业与社会：公司战略、公共政策与伦理（中译本）［M］.北京：中国人民大学出版社，2005.

100.张翠子，蒋峦，凌宇鹏，鲁竞夫.CEO权力对家族企业数字化转型的影响研究［J］.管理学报，2022（1）.

101.中共中央文献研究室.十一届三中全会以来党的历次全国代表大会中央全会重要文件选编［G］.1998.

102.中国民（私）营经济研究会家族企业委员会.中国家族企业社会责任报告［M］.北京：中信出版社，2011，2013.

103.中国民营经济研究会家族企业委员会.中国家族企业传承报告（2015）［M］.北京：中信出版社，2015.

104.中国民营经济研究会家族企业委员会.中国家族企业年轻一代状况报告（2017）［M］.北京：中信出版社，2017.

105.中国民营经济研究会家族企业委员会.中国家族企业生态40年［M］.北京：中华工商联合出版社，2019.

106.钟凯，刘金钊，王化成.家族控制权会加剧企业资金期限结构错配吗？——来自中国非国有上市公司的经验证据［J］.会计与经济研究，2018（32）.

107.周立新：家族涉入与企业社会责任——来自中国制造业的经验证据［J］.经济管理，2011（9）.

108.周永亮，孙虹钢，庞金玲.方太文化［M］.北京：机械工业出版社，2022.

109.朱丽娜，高皓.家族控制、社会情感财富与企业慈善捐赠的关系研究［J］.管理学报，2020（17）.

110.中国统计局.中国统计年鉴（1985）［M］.北京：中国统计出版社，1985.

111.专精特新"小巨人"企业发展加速.人民日报，2021-08-25.

后　记

　　《中国家族企业与共同富裕研究报告》是中国民营经济研究会家族企业委员会编著的第六本有关家族企业的报告。此前，委员会于2011年、2013年、2015年、2017年和2019年相继推出了《中国家族企业发展报告》《中国家族企业社会责任报告》《中国家族企业传承报告》《中国家族企业年轻一代状况报告》《中国家族企业生态40年》。

　　这一关于中国家族企业的系列报告，分别从不同理论和现实角度，进行全方位的探索和研究，就家族企业所特有的发展、治理、传承、转型和升级等诸多问题进行思考和阐释，并同时提供了百余家家族企业案例供读者参考。

　　中国家族企业的成长历经坎坷，直到改革开放才重获新生和发展。随着国家一系列理论突破和政策调整，作为我国基本经济制度内在要素的家族企业，不断借助外部环境的改善，充分与社会资源融合，为企业的发展争取到员工认同、社会理解和舆论支持。家族企业群体持续克服自身的局限性，重塑外在形象与精神品格，促进家族企业年轻一代健康成长，从而加深了社会各界对家族企业的理解，提升了家族企业的整体地位，推动了民营经济的正向发展。

　　当前，我国经济开始由高速增长阶段转向高质量发展阶段，处于转变发展方式、优化经济结构、转换增长动力的重要时期，而在我国经济结构中充满创造力和竞争力的家族企业，已形成一股不容忽视的重要力量，其健康发展和对价值导向的坚守，无疑应当受到广泛的关注与重视。

进入新时代以来，党和政府多次出台关于营造更好发展环境支持民营企业改革发展的政策和意见，同时，又明确指出："共同富裕是社会主义的本质要求，是中国式现代化的重要特征，要坚持以人民为中心的发展思想，在高质量发展中促进共同富裕"，在态度鲜明的批驳社会上对民营企业种种不正确议论的同时，也对民营企业自身提出要依法合规经营，弘扬企业家精神，主动承担社会责任，做爱国敬业，创业创新，回报社会的要求。

历史证明，家族企业与共同富裕所涉及的理论和实践，与中华传统文化中蕴藏的道德伦理"义利观"息息相关，中国家族企业自古就有以财富回报乡土的传统，不乏"富且仁"，真诚回馈社会之士，善行公益、扶危济困，追求共同富裕一直是中华商道的崇尚之风，经久未绝。

中国民营经济研究会家族企业委员会在日常工作中，会明显感受到来自企业的困惑：例如，应如何理解共同富裕？企业究竟做些什么才算是参与共同富裕？各级政府和企业对共同富裕的理解是否一致？推动共同富裕的前提条件是什么？当前的社会环境和法制环境是否具备条件？这些都是大家所关心和亟待明确的，总之，就是家族企业与共同富裕二者之间究竟应是一种什么样的关系？

10年前，也就是2013年，委员会在为编著《中国家族企业社会责任报告》进行调研时，也曾遇到过类似问题，如家族企业在初创时期，是否应主要关注自身发展和创造利润，还是需要承担非强制性的社会责任？是否等到企业发展到了成长期和成熟期，才更适合开展非强制性的社会责任？这在本质上是如何理解家族企业在社会中所扮演角色的问题。

委员会编著《中国家族企业与共同富裕研究报告》主要历经了四个阶段：一是请示全国工商联和中国民营经济研究会领导对根据社会实践提出的报告主

题进行方向性定位。全国工商联原副主席、中国民营经济研究会会长李兆前和中国民营经济研究会执行副会长兼秘书长沈丽霞亲自对报告内容提出修改意见；二是与相关专家学者一起就全国工商联原副秘书长、中国民营经济研究会原常务副会长王忠明制定的报告框架进行深入论证；三是在收集材料的同时到李锦记、方太和红豆等多家家族企业调查研究，并征求企业家对报告主题的建议和意见；四是由专家进行报告撰写并请企业提供案例文章。

报告撰写者是中国社会科学院经济研究所研究员、中国社会科学院大学经济学院教授剧锦文组成的写作团队，成员包括凌世显、凌鸿程和金缦；报告学术指导为中国社会科学院国家二级研究员、中国社会科学院研究生院原院长刘迎秋。

遴选出的企业案例有11家，分别是：1.李锦记集团；2.方太集团；3.红豆集团；4.均瑶集团；5.匹克集团；6.齐齐哈尔百花集团、7.新疆奥生投资有限公司；8.宁波佳尔灵气动机械有限公司；9.南京金箔控股集团有限责任公司；10.哈尔滨中央红集团；11.好医生药业集团有限公司。

案例撰写人有：刘艳、齐瑞萍、江玉锦、江楠、许秋丽、李琴、吴念博、金缦、范斌、杨薇、宫盛俐、栾芳、耿福能和章晓雯。

全国工商联副秘书长、经济服务部部长林泽炎应委员会之邀为本书撰写序言。

中国亚洲经济发展协会执行会长、中国民营经济50人谈秘书长刘红路在报告的论证、调研等方面做了大量工作。

中国民营经济研究会家族企业委员会创会会长、李锦记集团执行主席李惠森不仅长期对家族企业系列报告的出版给予支持，还亲自为本书撰写序言。

我们希望此次编著和出版《中国家族企业与共同富裕研究报告》能够达至以下几个目标：

1.帮助读者深入理解共同富裕；2.给企业以信心，让企业安心；3.推动发展有助于企业"做大蛋糕"的政策和法律环境；4.厘清家族企业与共同富裕的关系；5.鼓励企业将可持续发展和参与共同富裕进行战略性结合；6.持续为家族企业群体正名；7.保障中国家族企业系列报告工作的延续性。

最后，我希望本书能够引起社会各界，特别是企业家、专家学者和社会组织的关注，并欢迎大家提出意见和建议。

中国民营经济研究会家族企业委员会秘书长

赵　兹